EGON BELLGARD

Die Geldvermögenshaltung von Produktionsunternehmen

Studien zu Finanzen, Geld und Kapital

Band 4

Die Geldvermögenshaltung von Produktionsunternehmen

Eine empirische Analyse für die Bundesrepublik Deutschland

Von

Dr. Egon Bellgardt

Duncker & Humblot · Berlin

Die Deutsche Bibliothek – CIP-Einheitsaufnahme

Bellgardt, Egon:
Die Geldvermögenshaltung von Produktionsunternehmen : eine empirische Analyse für die Bundesrepublik Deutschland / von Egon Bellgardt. – Berlin: Duncker und Humblot, 1995
(Studien zu Finanzen, Geld und Kapital ; Bd. 4)
Zugl.: Frankfurt (Main), Univ., Diss., 1994
ISBN 3-428-08340-7
NE: GT

Fotoprint: Color-Druck Dorfi GmbH, Berlin
Printed in Germany

ISSN 0939-5113
ISBN 3-428-08340-7

Gedruckt auf alterungsbeständigem (säurefreiem) Papier
entsprechend ISO 9706 ♾

Vorwort

Die gesamtwirtschaftliche Vermögensstruktur der Bundesrepublik Deutschland hat seit dem Zweiten Weltkrieg eine deutliche Verschiebung zugunsten der finanziellen Vermögensteile und zulasten des Sachvermögens erfahren. Von diesem Strukturwandel betroffen ist nicht nur die Gesamtwirtschaft, sondern auch der Sektor der Produktionsunternehmen, was auf verschiedenen Ebenen eine Debatte auslöste: In der populären Diskussion wird vor allem auf die Ähnlichkeit großer Industrieunternehmen mit Banken abgehoben. Die zunehmende Bedeutung des Finanzmanagers in den Unternehmen wird in der betriebswirtschaftlichen Literatur erörtert. Mögliche negative Beschäftigungseffekte stehen in wirtschaftspolitischen Auseinandersetzungen im Mittelpunkt.

Die geldmengenorientierte Geldpolitik, wie sie seit den achtziger Jahren von verschiedenen Nationalbanken betrieben wird, hat zwar zu einer ganzen Reihe von Untersuchungen zur Geldnachfrage und zum Geldangebot geführt. Weniger liquide Geldvermögensarten und Vermögensstrukturaspekte fanden dagegen kaum Berücksichtigung, obwohl sie vor dem Hintergrund von Portfolioeffekten ebenso geldpolitische Relevanz besitzen. Ferner finden die Untersuchungen meist auf makroökonomischem Niveau statt, obwohl zunächst offen ist, ob auf mesoökonomischer Ebene vergleichbare Entwicklungsmuster und Ursache-Wirkungs-Beziehungen exisistieren.

Der genannte Wandel in der Vermögensstruktur der Produktionsunternehmen und dessen wirtschaftspolitische Brisanz einerseits und die Tatsache, daß das Phänomen im Rahmen von Geldvermögensanalysen für die Bundesrepublik Deutschland bisher nicht umfassend behandelt wurde, waren Motivation für das Enstehen vorliegender Arbeit. Obwohl in diesem Zusammenhang selten genutzt, stand mit der Bilanzstatistik der Deutschen Bundesbank für die Bundesrepublik Deutschland ein Quellenwerk zur Verfügung, das mesoökonomische Informationen zu verschiedenen Geldvermögensarten verschiedener Wirtschaftszweige für einen längeren Zeitraum bereitstellt.

Die vorliegende Arbeit wurde vom Fachbereich Wirtschaftswissenschaften der Johann Wolfgang Goethe-Universität Frankfurt am Main als Dissertation angenommen. Mein herzlicher Dank gilt dem Erstgutachter der Arbeit, Herrn Prof. Dr. Werner Neubauer. Er hat das Entstehen der Arbeit gefördert und stand immer - auch bei verwickelten Problemen - zu intensiver Diskussion bereit. Herrn Prof. Dr. Fritz Abb sei für die Übernahme des Zweigutachtens, seine jederzeitige Gesprächsbereitschaft und sein Engagement auch unter zeitlich engen Bedingungen gedankt.

Daneben gebührt besonderer Dank Herrn Diplom-Volkswirt Andreas Behr, Herrn Diplom-Volkswirt Ullrich Bertz und Herrn Diplom-Volkswirt Diplom-Kaufmann Martin Kinkel. Sie haben meine Arbeit mit kritischen Hinweisen und manchen praktischen Unterstützungen begleitet. Für das Korrekturlesen des Manuskripts bedanke ich mich bei Frau Annette Ortwein und Frau Ursula M. Weiler dafür, daß sie mir in der letzten Phase der Arbeit am Institut den "Rücken frei hielten", bei Frau Heiderose Rupps und Herrn Diplom-Volkswirt Michael Schmidt, für die Klärung von Fragen im Zusammenhang mit der Datenbasis schließlich bei Herrn Dr. Hans Friderichs von der Deutschen Bundesbank.

Frankfurt am Main, den 18. November 1994 Egon Bellgardt

Inhaltsverzeichnis

Tabellenverzeichnis

Abbildungsverzeichnis

Symbolverzeichnis

a_B	Anteil der betriebsbezogenen Aufwendungen an allen Aufwendungen
a_G	Anteil der fixen Aufwendungen an allen Aufwendungen
a_j	Anteil der Aufwandsart j an allen Aufwendungen
A	Aufwendungen ohne Materialaufwand (fixe Aufwendungen)
A_b	betriebliche fixe Aufwendungen ($PA+ÜA+AB_{SA,WB}$)
AB_{SA}	Abschreibungen auf Sachanlagen gemäß Jahresabschluß (Abschreibungen zu Anschaffungspreisen)
$AB_{SA,WB}$	Abschreibungen auf Sachanlagen zu Wiederbeschaffungspreisen
AI	Aufwandsintensität ($(A+MA)/BS_p$)
AT	Absatztempo ($\approx$ U / (VR+FOLL))
b_j	Regressionskoeffizient
BS_p	preisbereinigte Bilanzsumme (= Gesamtvermögen zu Wiederbeschaffungspreisen)
CF	Cash Flow
CFE	Cash Flow-Elastizität
CFI	Cash Flow-Intensität
Cov(X,Y)	Kovarianz der Variablen X und Y
dw	Durbin-Watson-Statistik
D	Differenzenoperator
E( )	Erwartungswertoperator
EOL	auf dem Operating Leverage-Risiko basierende Erfolgselastizität
EFL	auf dem Financial Leverage-Risiko basierende Erfolgselastizität
EGL	auf dem gesamten Leverage-Risiko basierende Erfolgselastizität
ε_j	Umsatzelastizität des partiellen Jahresüberschusses $JÜ_j$
ε_G	Umsatzelastizität des Gesamterfolges
i	Laufindex
I_{LIV}	Gesamtwirtschaftliche Inflationsrate (Veränderungsrate des Preisindexes der letzten inländischen Verwendung)
j	Laufindex
JÜ	Jahresüberschuß
$JÜ_b$	betrieblicher Jahresüberschuß
$JÜ_{VS}$	Jahresüberschuß vor Steuern
k_{AB}	Preiskorrekturfaktor der bilanziellen Abschreibungen auf Sachanlagen
k_{Aus}	Preiskorrekturfaktor der sonstigen Sachanlagen (in etwa Ausrüstungen)
k_{Bau}	Preiskorrekturfaktor der Grundstücke und Gebäude
KZ	Kundenziel in Tagen ($\approx$ FOLL/U $\cdot$ 365)
m	Anteil der Materialaufwendungen an allen Aufwendungen (in Abschnitt 3.1: Anzahl der Parameter der Regressionsgleichung)
n	Anzahl der Beobachtungen in der Regressionsanalyse
MA	Materialaufwendungen

MW	Marktwert des Gesamtkapitals
p	Preis
PA	Personalaufwendungen
Q...	Vermögensquote (Anteil der jeweiligen Vermögens- oder Kapitalposition am Gesamtvermögen zu Wiederbeschaffungspreisen in Prozent)
QBT	Beteiligungsquote
QEK	Eigenkapitalquote
QFOKf	Quote der sonstigen kurzfristigen Forderungen
QFOLf	Quote der langfristigen Forderungen
QFOLL	Quote der Forderungen aus Lieferungen und Leistungen
QGV	totale Geldvermögensquote
QKM	Kassenmittelquote
QLM	Quote der liquiden Mittel
QRL	Rücklagenquote
QRS	Rückstellungsquote
QWP	Wertpapierquote
r	in Abschnitt 3.1: Operator zur Ermittlung des Veränderungskoeffizienten
r^2	Quadrat des Korrelationskoeffizienten, Bestimmtheitsmaß
r_K	Kapitalkostensatz
r_R	Realertragsrate
RE	Rohertrag (Gesamtleistung minus Materialaufwand)
RQ	Renditequotient ($Z_{SV}/Z_{WP,R}$)
RR	relativer Rohertrag ($RE/SV_{WB} \cdot 100$)
RS	Rückstellungen
s_x	Standardabweichung der Variablen X
s_u	errechnete Standardabweichung der Störvariable im stochastischen Regressionsmodell
σ	wahre Standardabweichung der Störvariable im stochastischen Regressionsmodell
SA_{GB}	Grundstück und Gebäude
SA_{SO}	Sonstige Sachanlagen (Sachanlagen abzüglich Grundstücke und Gebäude)
SG	Scheingewinn
SV	Sachvermögen
SV_{WB}	Sachvermögen zu Wiederbeschaffungspreisen
U	Umsatz (im stochastischen Regressionsmodell: Störvariable)
$U_{krit}^{(B)}$	betriebsbezogener kritischer Umsatz
UA_B	betriebliche Umsatzabweichung (auf den Erfolg bezogen)
UA_G	gesamte Umsatzabweichung (auf den Erfolg bezogen)
UA_{NB}	nichtbetriebliche Umsatzabweichung (auf den Erfolg bezogen)
$UA_B^{(CF)}$	betriebliche Cash Flow-orientierte Umsatzabweichung ((PA+ÜA-DRS)/RE)
$UA_G^{(CF)}$	gesamte Cash Flow-orientierte Umsatzabweichung
ÜA	Übrige Aufwendungen
UDVR	Umschlagsdauer des Vorratsvermögens in Tagen ($\approx VR/U \cdot 365$)

ÜE	Übrige Erträge
UI	Umsatzintensität (U/BS_p)
v	variable Stückkosten
Var(X)	Varianz der Variablen X
VR	Vorräte
X_{ji}	Wert der unabhängigen Variable Nr. j an Beobachtung i
$\bar{X}$	arithmetisches Mittel der Variable X
Y_i	Wert der abhängigen Variable an Beobachtung i
Y_i'	errechneter Wert der abhängigen Variable für Beobachtung i
$\bar{Y}$	arithmetisches Mittel der Variable Y
ZA	Zinsaufwendungen
ZD	Zinssatzdifferenz ($Z_{WP} - Z_T$)
ZE	Zinserträge
Z_{SV}	Sachvermögensrendite ($((RE-A_b)/SV_{WB} \cdot 100)$)
Z_T	nominaler Zinssatz für Termingeld (1 bis 3 Monate, 0,1 bis 1 Mio. DM)
$Z_{T,R}$	realer Zinssatz für Termingeld (1 bis 3 Monate, 0,1 bis 1 Mio. DM)
Z_{WP}	nominale Umlaufsrendite festverzinslicher Wertpapiere
$Z_{WP,R}$	reale Umlaufsrendite festverzinslicher Wertpapiere

Abkürzungsverzeichnis

Sektorenbezeichnungen

BA	Baugewerbe
BK	Bekleidungsgewerbe
CH	Chemische Industrie
EB	Eisen-/Blech-/Metallwarenherstellung
EH	Einzelhandel
EI	Eisenschaffende Industrie
EL	Elektrotechnik
ER	Ernährungsgewerbe
GH	Großhandel
HB	Holzbearbeitung
HV	Holzverarbeitung
KU	Kunststoffwarenherstellung
MB	Maschinenbau
NE	NE-Metallerzeugung
PP	Papier-/Pappeverarbeitung
SE	Steine- und Erdengewinnung
SF	Straßenfahrzeugbau
SL	Stahl-/Leichtmetallbau
TX	Textilgewerbe

Sonstige

Bd.	Band
BFuP	Betriebswirtschaftliche Forschung und Praxis
DIW	Deutsches Institut für Wirtschaftsforschung
DM	Deutsche Mark
etc.	et cetera
Hg.	Herausgeber
HWWA	Hamburger Weltwirtschaftliches Archiv
Ifo	Ifo-Institut für Wirtschaftsforschung
Jg.	Jahrgang

Mio.	Millionen
Mrd.	Milliarden
Nr.	Nummer
RWI	Rheinisch-Westfälisches Institut für Wirtschaftsforschung
S.	Seite
u. a.	und andere
vgl.	vergleiche
Vol.	Volume
ZfBF	Zeitschrift für betriebswirtschaftliche Forschung
ZVEI	Zentralverband der Elektrotechnischen Industrie

1. Einleitung

Die wirtschaftliche Entwicklung von Volkswirtschaften wird begleitet von strukturellen Veränderungen.[1] Bei der Beobachtung und Analyse derartiger Veränderungen steht vor allem die Produktions- und Beschäftigungsstruktur im Mittelpunkt.[2] Einer empirischen Erforschung der Ursachen und der Konsequenzen des Strukturwandels in der Bundesrepublik Deutschland dient die Strukturberichterstattung der großen Wirtschaftsforschungsinstitute.[3] Den im Mittelpunkt stehenden Strukturwandlungen realer Aktivitäten stehen Strukturwandlungen im finanziellen Bereich gegenüber.[4] Eines dieser Phänomene ist der empirische Befund, daß es in einer Volkswirtschaft im Zuge ihrer wirtschaftlichen Entwicklung zu einer Verschiebung der Vermögensstruktur zugunsten der finanziellen Vermögensteile und zulasten der Sachvermögen kommt.[5] Gerade in der Bundesrepublik Deutschland scheint dieses Phänomen besonders deutlich aufzutreten.[6] Eine besondere Bedeutung im Rahmen dieses Strukturwandels kommt den Vermögensstrukturentscheidungen der Produktionsunternehmen[7] zu, die wichtiger Träger der Sachvermögensbildung sind.[8]

Die vorliegende Arbeit stellt einen empirischen Beitrag zur Diskussion über diesen Anstieg der von Produktionsunternehmen gehaltenen finanziellen Aktiva dar. Zwei Ziele werden verfolgt:

- Erstens soll die Entwicklung der von Produktionsunternehmen gehaltenen Geldvermögen seit Anfang der siebziger Jahre, sowohl für sich genommen als auch im Vermögensstrukturzusammenhang nachgezeichnet werden.

- Zweitens sollen Hinweise auf die ökonomischen Ursachen der beobachteten Vermögensstrukturverschiebungen gegeben werden. Dabei soll der Anteil

---

1 Vgl. Fourastié (1954).

2 Ausgegangen wird dabei von dem statistischen Strukturbegriff. Dieser umfaßt den Anteil von Teilaggregaten an einem Aggregat. Vgl. Bombach (1964), S. 12.

3 Vgl. etwa Gahlen (1982) und Gerstenberger (1985).

4 Wechselwirkungen von monetären Aspekten und Strukturwandel wurden im Rahmen von Anfang der achtziger Jahre im Rahmen von drei Sondergutachten untersucht. Vgl. Gerstenberger/Hölterhoff (1983), Härtel u. a. (1984) und RWI (1983b).

5 Vgl. Goldsmith (1985).

6 Vgl. Schlesinger (1987), S. 17, Ehrlicher/Francke (1988), S. 393 - 470, und Neubauer (1989).

7 Nach der hier zugrundegelegten Begriffsfassung der Deutschen Bundesbank ist dies der gesamte Unternehmensbereich ohne die finanziellen Sektoren (Banken, Bausparkassen, Versicherungen) und ohne den Sektor Wohnungswirtschaft.

8 Vgl. Ehrlicher/Braun (1993), S. 124 - 125.

des Geldvermögens am Gesamtvermögen nicht als bloßes Residuum eines bestimmten Sachvermögensanteils aufgefaßt werden. Vielmehr sollen spezifische Bestimmungsgründe zur Erklärung herangezogen werden.

Obwohl die Produktionsunternehmen hinsichtlich ihrer Entscheidungsparameter und Entscheidungsprozesse im Vergleich zu anderen Gruppen von Wirtschaftsakteuren[9] eine vergleichsweise hohe Homogenität aufweisen, muß dennoch mit der Existenz von Besonderheiten in den Wirtschaftszweigen gerechnet werden. Diesen Besonderheiten wird in der vorliegenden Arbeit dadurch Rechnung getragen, daß wirtschaftszweigbezogene Analysen einen breiten Raum einnehmen.

Die Arbeit ist wie folgt aufgebaut. Nach der Einleitung erfolgt in Abschnitt 2 eine definitorische und theoretische Grundlegung. Im Rahmen der definitorischen Grundlegung wird auch der verwendete Geldvermögensbegriff erläutert. Im theoretischen Teil findet eine Zusammenstellung der in der Theorie genannten Bestimmungsgründe der Geldvermögenshaltung statt. Dies geschieht durch Erörterung geld- und geldvermögenstheoretischer Ansätze.

In Abschnitt 3 erfolgt die Darstellung grundlegender Aspekte der angewandten statistischen Methoden und der Datenlage. Durch die methodischen Erörterungen sollen die empirischen Teile der Arbeit entlastet werden. Im einzelnen erfährt dabei die Komponentenanalyse[10] eine grundsätzliche methodische Würdigung. Diese ist ein in der empirischen Wirtschaftsforschung eingesetztes statistisches Verfahren, das es ermöglicht, eine interessierende Untersuchungsgröße in sie determinierende, definitorisch-tautologische Grössen zu zerlegen. Im wesentlichen findet sie im Abschnitt 4 dieser Arbeit Verwendung. Im Anschluß daran erfolgt eine kritische Erörterung der Regressionsanalyse. Mit dieser werden die Zusammenhangsanalysen des Abschnitts 5 durchgeführt. Im zweiten Teil des Abschnitts 3 erfolgt die Beschreibung der Datenlage. Die der vorliegenden Arbeit zugrundeliegende Datenquelle ist die Bilanzstatistik der Deutschen Bundesbank.[11] Sie erlaubt - im Gegensatz zur Finanzierungsrechnung der Deutschen Bundesbank - auch einen Einblick in die finanziellen Aktiva und Passiva von Wirtschaftszweigen. (Die Analyse von Jahresabschlüssen, wie sie das Statistische Bundesamt durchführt,[12] ist für die Fragestellung weniger geeignet. Einmal sind hierin nur Kapitalgesellschaften vertreten, zum anderen werden keine längerfristig vergleichbaren Zeitreihen bereitgestellt. In der Finanzierungsrechnung der

---

9 In der hier gewählten Abgrenzung sind dies die Wohnungswirtschaft, der Staat, die privaten Haushalte und die finanziellen Unternehmen.

10 Dieses oft auch als Komponentenzerlegung bezeichnete Verfahren ist nicht zu verwechseln mit dem multivariaten Verfahren der Hauptkomponenten- und Faktorenanalyse.

11 Vgl. Deutsche Bundesbank (1983), sowie Novemberhefte der Monatsberichte der Deutschen Bundesbank, verschiedene Jahrgänge.

12 Vgl. Statistisches Bundesamt (1990).

Deutschen Bundesbank[13] stellen die Produktionsunternehmen insgesamt nur einen Sektor dar. Es liegen hier keine wirtschaftszweigspezifischen Angaben vor.)

Die nun folgenden empirischen Analysen stellen den Hauptteil der Arbeit dar. In Abschnitt 4 wird zunächst die Entwicklung des Niveaus und der Struktur der Geldvermögen der in der Bilanzstatistik vertretenen Unternehmen nachgezeichnet. Der Niveauentwicklung wird der entsprechende Befund der Finanzierungsrechnung gegenübergestellt. Durch die anschließende Betrachtung von Geldvermögensquoten wird die Geldvermögensentwicklung vor den Hintergrund der gesamten Vermögensentwicklung gestellt.[14] Damit lassen sich die stattgefundenen Verschiebungen in der Portfoliostruktur der Produktionsunternehmen nachzeichnen. Mit der Betrachtung der Geldvermögens-Verpflichtungs-Relation erfolgt eine Analyse der Entwicklung der Nettoschuldnerposition der Produktionsunternehmen.

In Abschnitt 5 werden Zusammenhänge zwischen den Geldvermögensquoten und der Geldvermögens-Verpflichtungs-Relation einerseits und in Frage kommenden Einflußfaktoren andererseits untersucht. Die Analyse besteht aus jeweils drei Schritten: Erstens werden theoretische Bestimmungsfaktoren in operationale Kennzahlen überführt. Dazu ist die Erörterung und der Vergleich geeigneter Meßkonzepte erforderlich. Einen vergleichsweise breiten Raum nimmt hier die Besprechung bilanzanalytischer Verfahren zur Ermittlung von Risikokennzahlen ein. Zweitens wird die zeitliche Entwicklung der abgeleiteten Kennzahlen nachgezeichnet. Drittens findet eine regressionsanalytische Überprüfung der empirischen Zusammenhänge zwischen den Geldvermögensvariablen und den Kennzahlen statt. Die Analysen finden sowohl für die Unternehmen der Bilanzstatistik insgesamt als auch für die darin enthaltenen einzelnen Sektoren statt.

Abschnitt 6 schließlich dient einer Zusammenfassung der wesentlichen Ergebnisse.

---

13 Vgl. Deutsche Bundesbank (1990).

14 Die Geldvermögensquote gibt den Anteil des Geldvermögens am Gesamtvermögen in Prozent an. Es werden auch partielle Geldvermögensquoten definiert, die den Anteil einer bestimmten Geldvermögensart am Gesamtvermögen angeben.

2. Theoretische Grundlegung

Im nachfolgenden Abschnitt 2.1 erfolgen grundlegende Begriffsdefinitionen. Sodann wird in Abschnitt 2.2 ein Überblick über die wesentlichen Theorien zur Geldnachfrage und Geldvermögensnachfrage gegeben. Abschnitt 2.3 zeigt die wesentlichen Typen empirischer Arbeiten. Abschnitt 2.4 beschließt dieses zweite Kapitel mit einer Schlußfolgerung für die weitere Vorgehensweise.

2.1. Definitorischer Rahmen

2.1.1. Geldvermögensbegriff

Geld und Geldvermögen werden in der Literatur nicht einheitlich abgegrenzt. Hilfreich zur Abgrenzung ist die Betrachtung von Geldfunktionen. Im wesentlichen lassen sich drei Funktionen unterscheiden:[1]

(1) Tauschmittelfunktion. Arbeitsteilige Ökonomien sind als Tauschökonomien organisiert. Bedingt durch die Arbeitsteilung sind die Wirtschaftseinheiten gezwungen, jeweils selbst produzierte Güter gegen jene nicht selbst produzierten Güter einzutauschen, die zu konsumieren gewünscht werden. Die einfachste Form findet sich in Form des Naturaltausches, in dem Güter direkt gegen Güter eingetauscht werden. Existiert in einer Ökonomie Geld als anerkanntes Tauschmedium, können die erforderlichen Tauschakte effizienter abgewickelt werden als in einer Naturaltauschökonomie.[2]

(2) Funktion als Recheneinheit. Geld hat daneben die Funktion als Recheneinheit. Die Existenz einer Recheneinheit ermöglicht es, heterogene Güterbündel zu aggregieren. Dies geschieht durch Bewertung von Gütermengen durch Preise, die in dieser Recheneinheit ausgedrückt sind. Der so ermittelte Wert stellt dann das Aggregat des heterogenen Güterbündels dar. Existiert keine Recheneinheit, können heterogene Güterbündel nicht aggregiert werden. Sie können dann nur durch Enumeration der Mengen dargestellt werden.

---

1 Vgl. z. B. Issing (1990), S. 1 - 3, und Jarchow (1990), S. 15 - 18.

2 Vgl. etwa Brunner/Meltzer (1971) und Niehans (1971).

(3) Wertaufbewahrungsfunktion. Die Existenz von Geld versetzt die Wirtschaftseinheiten zudem in die Lage, Kaufakt und Verkaufsakt zu unterschiedlichen Zeitpunkten vorzunehmen. Diese Geldfunktion konstituiert somit die Existenz von Geldbeständen. Wirtschaftseinheiten, die den Verkaufsakt dem Kaufakt zeitlich vorziehen, erzielen dadurch einen positiven Bestand an Geld. Eine der Verwendungsmöglichkeiten dieses Geldbestandes ist es, ihn anderen Wirtschaftseinheiten (entgeltlich) zur Verfügung zu stellen, damit diese ihre Kaufakte vor ihren Verkaufsakten tätigen können.

Soll allein und sehr streng auf die Tauschmittelfunktion abgehoben werden, so werden typischerweise lediglich Münzen, Banknoten und Sichtguthaben betrachtet. Diese Geldvermögensarten werden als *Geld* bezeichnet. Als *geldnahe Forderungen* werden Termineinlagen und Spareinlagen betrachtet. Diese Geldvermögensarten zeichnen sich dadurch aus, daß sie zwar der Wertaufbewahrung dienen, mittelbar aber auch zu Tauschzwecken verwendet werden können. Nach einer Transformation in Münzen, Banknoten oder Sichtguthaben stehen sie zur Verausgabung für Güterkäufe zur Verfügung. Diese Transformation geschieht nicht kostenfrei, es fallen Transaktionskosten an. Als nicht mehr geldnah werden jene Geldvermögensarten aufgefaßt, deren Transformation in Zahlungsmittel schwierig oder mit hohen Transaktionskosten verbunden ist. Diese werden häufig auch als *Geldkapital* bezeichnet, um zu unterstreichen, daß sie überwiegend der Wertaufbewahrung, also einer Kapitalanlage, dienen.

In der vorliegenden Arbeit wird von einem weiten Geldvermögensbegriff ausgegangen, der das gesamte bilanzielle Forderungsvermögen von Unternehmen umfaßt. Eingeschlossen sind damit alle drei vorgenannten Geldvermögenstypen: Geld, geldnahe Forderungen und Geldkapital.[3]

2.1.2. Geldvermögen und Vermögensrechnung

Aufbauend auf dem im Vorabschnitt definierten Geldvermögensbegriff zerfällt das Vermögen einer Wirtschaftseinheit in die beiden Aktiva Geldvermögen und Sachvermögen.[4] Setzt man vom Vermögen die Verpflichtungen ab, verbleibt - als zweite Position auf der Passivseite - das Nettovermögen. Das Nettogeldvermögen entspricht dem Geldvermögen abzüglich der Verpflichtungen. Die Summe aus Nettogeldvermögen und Sachvermögen ergibt ebenfalls das Nettovermögen. Diese Zusammenhänge lassen sich in einem einfachen Kontenschema abbilden, das als Vermögenskonto bezeichnet werden soll.

---

3 Vgl. im einzelnen Abschnitt 3.2.1.2.

4 Um deutlich zu machen, daß Verpflichtungen nicht abgesetzt wurden, wird bisweilen auch von Bruttovermögen und Bruttogeldvermögen gesprochen.

Vermögenskonto

Aktiva	*Passiva*
Sachvermögen	Verpflichtungen
Geldvermögen	Nettovermögen
Vermögen	Vermögen

Dieser grundsätzliche Aufbau des Vermögenskontos gilt für jede einzelne Wirtschaftseinheit und für die Gesamtheit aller Wirtschaftseinheiten. Das über alle Wirtschaftseinheiten aggregierte Vermögenskonto ist Gegenstand der Vermögensrechnung innerhalb des Volkswirtschaftlichen Rechnungswesens.[5]

Die Vermögenskonten einzelner Wirtschaftseinheiten lassen sich durch Aggregation zu Gruppenkonten zusammenfassen. Von Interesse sind hier die Vermögenskonten einzelner Wirtschaftsbereiche einer Volkswirtschaft. In der vorliegenden Arbeit steht der Wirtschaftsbereich Produktionsunternehmen im Mittelpunkt. Die im Vermögenskonto einer Gruppe ausgewiesenen Bestände sind abhängig vom gewählten Aggregationsverfahren. Hier lassen sich zwei Typen unterscheiden:

(1) Bei der konsolidierenden Aggregation werden die zwischen zwei Wirtschaftseinheiten der gleichen Gruppe bestehenden Forderungen und Verpflichtungen gegeneinander aufgerechnet. Durch diese Vorgehensweise werden in den aggregierten Konten nur Forderungen und Verpflichtungen gegenüber nicht der Gruppe angehörenden Wirtschaftseinheiten erfaßt. Im konsolidierten Vermögenskonto einer offenen Volkswirtschaft entspricht das Nettogeldvermögen den Nettoforderungen gegenüber dem Ausland.

(2) Bei der additiven Aggregation wird auf die gegenseitige Verrechnung von Forderungen und Verpflichtungen verzichtet. Der für die Gruppe ausgewiesene Bestand ist die Summe der Einzelbestände.

Die Entscheidung für eines der beiden Aggregationsverfahren ist abhängig von der Fragestellung. Grundsätzlich muß entschieden werden, ob der durch die konsolidierende Aggregation in Kauf zu nehmende Informationsverlust hingenommen werden kann. Da Vermögensstrukturentscheidungen der Produktionsunternehmen nachvollziehbar bleiben, ist für die vorliegende Arbeit der additiven Aggregation der Vorzug zu geben.[6] Die hauptsächlich verwendete Bilanzstatistik der Deutschen Bundesbank beruht auf diesem Aggregationsverfahren (vgl. Abschnitt 3.2.1).

---

5 Vgl. dazu etwa Stobbe (1989), S. 65 - 69.

6 Vgl. Neubauer (1994), Kapitel 12.

Zur Durchführung von Vermögensstrukturanalysen kann darüber hinaus nicht auf ein Nettovermögenskonzept abgehoben werden. Wird nämlich eine Vermögensstrukturanalyse bei konsolidierender Aggregation lediglich verzerrt, wird sie bei einem Nettovermögenskonzept verunmöglicht, da einzelne Verpflichtungspositionen nicht einzelnen Vermögenspositionen zurechenbar sind: Es können lediglich die gesamten Verpflichtungen dem gesamten Vermögen gegenübergestellt werden. In der vorliegenden Arbeit findet überwiegend ein Verzicht auf das Nettokonzept statt. Geldvermögensbestände und Geldvermögensquoten werden unter Verzicht auf eine Verrechnung mit den Verpflichtungen ausgewiesen (vgl. Abschnitte 4.1 bis 4.4). Allein zur Beurteilung der Nettoschuldnerposition der Produktionsunternehmen soll auf das Nettogeldvermögen abgehoben werden. Als Maßzahl des Nettogeldvermögens wird dazu die Geldvermögens-Verpflichtungs-Relation herangezogen (vgl. Abschnitt 4.5).

2.2. Geld- und Geldvermögenshaltung im theoretischen Überblick

2.2.1. Quantitätstheoretische Ansätze

2.2.1.1. Grundmodelle

In der Quantitätstheorie steht an zentraler Stelle die Umlaufsgeschwindigkeit V_T des Geldes. Diese ist definiert als

$$V_T \equiv \frac{P_T \cdot T}{M}.$$

P_T bezeichnet dabei das Preisniveau, T das Handelsvolumen, das heißt der Realwert aller gehandelten Güter und Dienstleistungen einer Betrachtungsperiode und M die Geldmenge. V_T gibt an, wie häufig die Geldmenge in einer Betrachtungsperiode zur Abwicklung von Gütertransaktionen Verwendung findet (Umlaufsgeschwindigkeit). Irving Fisher hat diese Definitionsgleichung benutzt, um die Quantitätsgleichung abzuleiten.[7] Diese stellt sich zunächst auch als Definitionsgleichung dar:

$$M \cdot V_T \equiv P_T \cdot T.$$

(Es hat sich auch eine weitere Form der Quantitätsgleichung eingebürgert, bei der nicht das gesamte Handelsvolumen T, sondern nur die gesamtwirtschaftliche Wertschöpfung betrachtet wird.[8]) Die Quantitätsgleichung stellt eine reine Identitätsgleichung dar, die nicht falsifizierbar ist. Werden für die

---

[7] Vgl. Fisher (1913).
[8] Vgl. etwa Issing (1990), S. 130.

beteiligten Variablen bestimmte Annahmen getroffen, so geht sie in die Quantitätstheorie über. Irving Fisher geht davon aus, daß die Umlaufgeschwindigkeit unabhängig von der Geldmenge ist und allein von Faktoren überwiegend technischer Natur abhängt. So werden die Bevölkerungsdichte, die Verkehrsgewohnheiten, Transportgeschwindigkeiten und andere technische Bedingungen genannt. Ferner wird angenommen, daß die Geldmenge eine durch die Zentralbank kontrollierbare Größe darstellt. Das Transaktionsvolumen schließlich hat in der Quantitätstheorie exogenen Charakter. Sein Niveau bestimmt sich durch die regionale Ressourcenverteilung, die Arbeitsteilung, die Bedürfnisse der Verbraucher, die Verkehrsinfrastruktur und andere Faktoren. Mit diesem Annahmenbündel läßt sich die zentrale Aussage der Quantitätstheorie ableiten, die besagt, daß eine Erhöhung der Geldmenge zu einer proportionalen Zunahme des Preisniveaus führt. Eine reale Wirkung bleibt damit aus.

Ergänzt man die zuvor getroffenen Annahmen um die Annahme eines im Gleichgewicht befindlichen Geldmarktes, bei dem die angebotene Geldmenge M der nachgefragten Geldmenge M_D entspricht, so läßt sich die Quantitätsgleichung in eine Bestimmungsgleichung der Geldnachfrage umformulieren:

$$M_D = \frac{P_T \cdot T}{V_T}.$$

Aufbauend auf der Quantitätstheorie und mit weitreichenden formalen Ähnlichkeiten entstand die Kassenhaltungstheorie.[9] Im Mittelpunkt steht die häufig als Cambridge-Gleichung bezeichnete Beziehung

$$M = k \cdot P_T \cdot T,$$

die sich formal von der nach der Geldmenge aufgelösten Quantitätsgleichung nur dadurch unterscheidet, daß auf der rechten Seite nicht die Umlaufgeschwindigkeit des Geldes, sondern ihr Kehrwert, der sogenannte Kassenhaltungskoeffizient, als Faktor erscheint. Wird wiederum von einem im Gleichgewicht befindlichen Geldmarkt ausgegangen ($M = M_D$), können die drei Faktoren auf der rechten Seite als Bestimmungsgrößen der Geldnachfrage aufgefaßt werden. Der Kassenhaltungskoeffizient k wird als eine von den Zahlungssitten der Wirtschaftseinheiten abhängige, kurzfristig konstante Größe aufgefaßt. Die Zahlungssitten als Bestimmungsfaktor des Kassenhaltungskoeffizienten geben der Cambridge-Gleichung den Charakter einer Verhaltensgleichung. Grundsätzlich beinhalten die Quantitätsgleichung und die Cambridge-Gleichung zwar denselben Zusammenhang, "nur gewährt die Cambridge-Gleichung eine verhaltenslogische Erklärung der Geldnachfrage, während bei der Quantitätsgleichung oft auf den etwas mechanistischen

---

9 Vgl. Marshall (1923).

Begriff der Umlaufgeschwindigkeit zurückgegriffen wird, die als 'notwendige' Größe erscheint."[10]

Zusammengefaßt lauten die wesentlichen Grundgedanken einer quantitätstheoretisch orientierten Geldnachfragetheorie:

(1) Wirtschaftseinheiten halten Geld nur zum Zwecke der Bewältigung von Transaktionen.

(2) Die Menge des nachgefragten Geldes ist zum einen abhängig von den mit Preisen bewerteten Transaktionen.

(3) Zum anderen ist sie abhängig von relativ zeitinvariaten technischen Bedingungen bzw. Zahlungsgewohnheiten, welche sich in der Höhe der relativ konstanten Umlaufgeschwindigkeit bzw. des relativ konstanten Kassenhaltungskoeffizienten niederschlagen.

2.2.1.2. Neo-Quantitätstheorie

Durch die Arbeiten von Milton Friedman hat die quantitätstheoretische Idee eine Erweiterung erfahren.[11] Daher auch die Bezeichnung Neo-Quantitätstheorie. Die Geldnachfrage der privaten Haushalte und der Unternehmen wird hier unterschieden. Es wird davon ausgegangen, daß Geld für private Haushalte eine von verschiedenen Formen der Vermögenshaltung ist und die Nachfrage nach Geld von einer ähnlichen Gruppe von Variablen bestimmt wird wie die Nachfrage nach Konsumgütern. Diese Variablengruppe umfaßt die übrigen Vermögensformen, Preise und Erträge der verschiedenen Vermögensformen sowie die Neigungen und Präferenzen der Nachfrager. Als Bestimmungsgrößen der Geldnachfrage werden im einzelnen genannt:

- Das Preisniveau (P), das die realen Erträge aller Vermögensformen bestimmt.
- Das Gesamtvermögen als Barwert des sogenannten permanenten Einkommens (Y/r). r ist dabei der Ertragssatz des Gesamtvermögens.
- Die Ertragsraten von nominal verzinslichen Wertpapieren und Anteilspapieren (r_V und r_A).
- Die Inflationsrate i.
- Das Verhältnis von Einkommen aus nicht-menschlichem Vermögen zu dem Einkommen aus menschlichem Vermögen (Humankapital) (w).
- Einflüsse, die die Neigungen und Präferenzen der Geldnachfrager bestimmen (u).

---

[10] Felderer/Homburg (1991), S. 81.

[11] Die nachfolgende Darstellung bezieht sich auf Friedman (1956b).

Als Geldnachfragegleichung kann geschrieben werden:

$$M = f(P, Y/r, r_V, r_A, i, w, u).$$

Zunächst wird nun angenommen, daß r durch r_V und r_A bestimmt ist. Wird davon ausgegangen, daß die privaten Haushalte in realen Größen planen, weist die Geldnachfragefunktion eine lineare Homogenität bezüglich des Preisniveaus und des Nominaleinkommens auf. Sie kann damit umgeschrieben werden zu:

$$\lambda \cdot M = f \quad (\lambda \cdot P, \lambda \cdot Y, r_V, r_A, i, w, u).$$

Wird speziell gesetzt $\lambda = 1/Y$, so resultiert:

$$\frac{M}{Y} = f(P/Y, 1, r_V, r_A, i, w, u) \quad \text{bzw.} \quad M = f(P/Y, 1, r_V, r_A, i, w, u) \cdot Y.$$

Faßt man das nominale Einkommen als Indikator des Transaktionsvolumens auf, so ergibt sich, daß der Kassenhaltungskoeffizient M/Y in der Auffassung von Milton Friedman von anderen Variablen als den als relativ stabil angenommenen Zahlungssitten abhängt, was im Zusammenhang mit der Cambridge-Gleichung angenommen wurde. Die relative Stabilität des Kassenhaltungskoeffizienten ist ersetzt worden durch eine stabile Funktion.

Milton Friedman geht davon aus, daß diese Beziehung auch für Unternehmen gilt. Die Kosten der Geldhaltung hängen von der Art ihrer Finanzierung ab. Entsprechen die Finanzierungsformen der Unternehmen den Anlageformen der privaten Haushalte, so können die oben genannten Variablen r_V, r_A, P und i als Kosten der Geldhaltung der Unternehmen aufgefaßt werden. Friedman deutet aber die Grenzen dieses Blicks von Seiten der Mittelherkunft an. Für den Fall, daß Unternehmen gleichzeitig Halter von nominal verzinslichen Wertpapieren und Anteilspapieren sind, wird auf eine Erweiterungsbedürftigkeit des Ansatzes hingewiesen. Ferner wird darauf hingewiesen, daß Unternehmen das Ausmaß der erforderlichen Geldhaltung in gewissem Rahmen selbst gestalten können. Die diesbezüglichen substitutiven Möglichkeiten sind aber so vielgestaltig, daß deren Preise nicht explizit in der Geldnachfragefunktion berücksichtigt werden können. Es wird davon ausgegangen, daß Geld einen produktiven Dienst für das Unternehmen leistet. Damit gewinnt Geld die Funktion eines Produktionsfaktors. Der produktive Dienst geht über die Variable u in die Geldnachfragefunktion ein. Der Kassenhaltungskoeffizient der Produktionsunternehmen (Geldbestand je Umsatzeinheit) wird durch diese Überlegungen in gleicher Weise variabilisiert wie bei den privaten Haushalten.

2.2.2. Keynessche Liquiditätspräferenztheorie

Die Keynessche Liquiditätspräferenztheorie[12] baut in einigen Teilen auf der Quantitätstheorie auf, ergänzt sie jedoch um zusätzliche Aspekte. Übereinstimmung besteht zunächst darin, daß auf die Tauschmittelfunktion des Geldes abgehoben wird. Der dort vernachlässigte Vermögenscharakter des Geldes wird allerdings in gewisser Weise berücksichtigt. Im Vordergrund stehen bei Keynes drei Motive zur Geldhaltung, die je zu einem Teilaggregat des gehaltenen Geldes führen.

1. Das Transaktionsmotiv veranlaßt Wirtschaftseinheiten zur Haltung der Transaktionskasse. Keynes zerlegt das Transaktionsmotiv in das Einkommensmotiv und das Geschäftsmotiv.[13] Das Einkommensmotiv liegt der Haltung von Geld durch private Haushalte zur Überbrückung des Zeitraums zwischen dem Erhalt von Einkommen und dessen Verausgabung zugrunde. Diese Geldhaltung hängt überwiegend vom laufenden Einkommen ab. Das Geschäftsmotiv liegt der Geldhaltung von Unternehmen (dealern) zugrunde. Diese überbrücken durch Geldhaltung den Zeitraum zwischen dem Entstehen der Geschäftskosten und dem Eingang der Umsatzerlöse. Das Ausmaß dieser Geldhaltung ist abhängig von der laufenden Produktion und damit gleichfalls vom laufenden Einkommen. Sowohl hinsichtlich des Motives als auch hinsichtlich der Indikatoren des Transaktionsvolumens besteht weitgehende Übereinstimmung mit den quantitätstheoretischen Vorstellungen.

2. Das Vorsichtsmotiv veranlaßt die Wirtschaftseinheiten zur Haltung der Vorsichtskasse. Das Vorsichtsmotiv basiert auf der Tatsache, daß perfekte Voraussicht über die Zahlungsströme nicht gegeben ist. Vorsichtskasse wird gehalten, um auch zur Begleichung unerwarteter Zahlungsverpflichtungen in der Lage zu sein. Es wird davon ausgegangen, daß das Volumen unerwarteter Verpflichtungen mit dem Einkommen der Wirtschaftseinheiten ansteigt. Die Haltung von Vorsichtskasse ist aber nicht kostenfrei. Muß nämlich auf die Vorsichtskasse nicht zurückgegriffen werden, da keine unerwarteten Zahlungsverpflichtungen eingetreten sind, sind der Wirtschaftseinheit Kosten entstanden. Diese bestehen in dem entgangenen Zinsertrag auf die Mittel, die als Vorsichtskasse gehalten wurden und nicht verzinslich angelegt wurden. Die Haltung von Vorsichtskasse ist also mit Opportunitätskosten verbunden. Durch diese Überlegungen wird neben dem Transaktionsvolumen der Zins als Determinante der Geldhaltung eingeführt. Letzteres steht klar im Widerspruch zur quantitätstheoretischen Auffassung, bei der ja die Geldhaltung nicht vom Zins abhängig ist.

---

[12] Vgl. Keynes (1936), S. 194 - 209.
[13] Vgl. Keynes (1936), S. 195 - 196.

3. Erwartungen über zukünftige Entwicklungen konstituieren auch das dritte Geldhaltungsmotiv, das Spekulationsmotiv. Die Erwartungen betreffen die zukünftige Entwicklung der Rendite am Wertpapiermarkt. Im Modell wird ein einziges Wertpapier betrachtet, das die verzinsliche Alternative zur zinslosen Kassenhaltung darstellt. Erwartet eine Wirtschaftseinheit steigende Renditen des Wertpapiers, so ist es attraktiv, Geld nicht in Wertpapiere anzulegen, sondern es in der Spekulationskasse zu halten, um die Renditesteigerung erst abzuwarten. Die einzelne Wirtschaftseinheit hat nun spezifische Erwartungen über das künftige Renditeniveau. Allgemein wird im Modell davon ausgegangen, daß alle Wirtschaftseinheiten bei niedriger aktueller Rendite mit höherer zukünftiger Rendite rechnen. Steigen die Nominalzinsen, so fällt der Kurs der Wertpapiere im Bestand. Wirtschaftseinheiten werden also dann zu Lasten ihrer Spekulationskasse Wertpapiere kaufen, wenn der Zinsertrag den erwarteten Kursverlust übersteigt. Daraus läßt sich für jede Wirtschaftseinheit - gemäß ihrer individuellen Erwartungen - ein kritischer Nominalzins ableiten. Wird dieser überschritten, so löst die Wirtschaftseinheit ihre gesamte Spekulationskasse auf und kauft Wertpapiere. Da die Erwartungen und damit die kritischen Zinssätze bei den einzelnen Individuen unterschiedlich sind, ergibt sich für die gesamtwirtschaftliche Spekulationskasse eine Abhängigkeit vom aktuellen Zinssatz. Auch dieses Geldhaltungsmotiv begründet eine Zinsabhängigkeit der Geldhaltung.

Zusammengefaßt bedeutet dies folgendes. Die Transaktionskasse und die Vorsichtskasse sind vom Einkommen abhängig, die Vorsichtskasse und die Spekulationskasse sind vom Zinssatz abhängig. Die gesamte Geldhaltung ist somit bei Keynes einkommens- und zinsabhängig. Durch die Einführung des Vorsichtsmotivs wurde die bisherige Annahme perfekter Voraussicht fallengelassen. Unberücksichtigt bleiben weiterhin die Transaktionskosten.

2.2.3. Mikroökonomische Kassenhaltungsansätze

W. J. Baumol und James Tobin entwickelten ein Modell zur Erklärung einer vom Zins abhängigen Transaktionskasse mit Transaktionskosten.[14] Sie gehen von einem Planungszeitraum aus, in dem alle Zahlungen in gleichen Abständen und in gleicher Höhe erfolgen. Die optimale periodendurchschnittliche Kassenhaltung für Transaktionszwecke (Transaktionskasse) ermittelt sich dann als

$$M_T = \sqrt{\frac{k \cdot T}{2 \cdot r}}$$

[14] Vgl. Baumol (1952) und Tobin (1956).

wobei r der Ertragssatz und k der fixe Kostensatz ist, der bei Auflösung einer Anlage anfällt. Aus dieser Formel leitet man ab, daß die durchschnittliche Kassenhaltung mit dem Transaktionsvolumen T und den fixen Kosten k (unterproportional) steigt und mit dem Ertragssatz r fällt. Diese Interpretation ist aber nur aufgrund der gemachten Annahmen möglich.

Als eine Erweiterung der Überlegungen von Baumol und Tobin kann der von Klaus Schöler formulierte Ansatz aufgefaßt werden.[15] Er basiert konzeptionell auf Modellen einer Mehrproduktunternehmung.[16] Statt mehreren Produkten werden zwei Abteilungen eingeführt: die Produktionsabteilung, die ein Gut herstellt, und die Finanzabteilung. Beide Abteilungen operieren mit einer bestimmten Technologie, die als Produktionsfunktion dargestellt wird. Vereinfachend wird für die Finanzabteilung eine linear-homogene Produktionsfunktion angenommen. Die Produktionsabteilung verfolgt die Maximierung des Gewinns aus Güterproduktion und Güterabsatz, die Finanzabteilung verfolgt die Maximierung des Gewinns aus dem Geldvermögen unter der Nebenbedingung der Liquiditätserhaltung. In beiden Abteilungen kommt im einfachsten Fall nur der Produktionsfaktor Arbeit zum Einsatz. Mit dem Modell können verschiedene Fragestellungen modelltheoretisch beantwortet werden. Die erste ist die nach der gewinnmaximalen Aufteilung des Produktionsfaktors Arbeit auf die beiden Abteilungen. Die zweite ist die nach der optimalen Kassenhaltung. Im Ergebnis kommt letztere zu dem Schluß, daß die optimale durchschnittliche Kassenhaltung durch eine Vielzahl von Einflußgrößen bestimmt wird. Im einzelnen sind diese:

(1) der Output der Vorperiode ,

(2) die Netto-Opportunitätskosten der Kassenhaltung (Differenz des Zinssatzes für Finanzaktiva und Inflationsrate, letztere wird als Ertragssatz für das als Geld gehaltene Geldvermögen aufgefaßt),

(3) eine Reihe weiterer Kenngrößen, die aus den in beiden Abteilungen eingesetzten Technologien resultieren:

  a) fixe Transaktionskosten einer Umwandlung von Finanzaktiva in Geld,

  b) Güterpreis,

  c) Quotient der Grenzproduktivitäten in Güterproduktionsabteilung und Finanzabteilung,

  d) Quotient aus Lohnsatz und Grenzproduktivität des Faktors Arbeit in der Finanzabteilung.

---

15 Zum Nachfolgenden vgl. Schöler (1988).

16 Vgl. etwa MacDonald/Slivinski (1987).

Während sich zwischen der optimalen durchschnittlichen Kassenhaltung und dem Output der Vorperiode sowie den in (3) genannten Größen eine positiv korrelierte Beziehung ergibt, wirken steigende Netto-Opportunitätskosten der Kassenhaltung negativ auf die Kassenhaltung. Die gewonnenen Ergebnisse gelten freilich unter den gemachten Annahmen, die für empirische Analysen als zu restriktiv erscheinen. Es wurde aber deutlich, daß es für Unternehmen gerade auch die Kennzahlen der Produktionssphäre sind, die Einfluß auf die Höhe der Kassenhaltung haben.

2.2.4. Portfoliotheorie

Die bisherigen Ansätze versuchten, die Nachfrage nach Geld zu erklären. Das Ausmaß der Nachfrage nach weiteren Geldvermögenskomponenten, die nicht Geld sind, ergab sich dabei gewissermaßen als Residuum: Jener Teil der anlagefähigen Mittel, der nicht als Geld gehalten wird, wird als Geldvermögen anderer Art gehalten. Zweifelhaft ist, ob Wirtschaftseinheiten ihre Dispositionen in dieser Sequenz bestimmen oder ob die Entscheidungen nicht simultan erfolgen. Im Falle simultaner Entscheidungen geht die Theorie der Geldnachfrage in eine Theorie der Vermögenshaltung über. Die auf Arbeiten von Harry M. Markowitz[17] und James Tobin[18] zurückgehende Portfoliotheorie widmet sich dieser Fragestellung.

2.2.4.1. Mikroökonomische Portfoliotheorie

Die mikroökonomische Portfoliotheorie geht von folgenden Annahmen aus:

1. Alle Vermögensarten j lassen sich durch ihre Ertragsrate und ihr Risiko hinreichend charakterisieren. Das bedeutet, daß Fristigkeiten und ähnliche weitere Attribute der Vermögensarten in dem Modell keine Rolle spielen.

2. Als Ertragsrate gilt die erwartete Rendite r_j^e einer Vermögensart, als Risiko deren Varianz s_j^2. Die erwartete Rendite ist normalverteilt.

3. Der Nutzen des Gesamtvermögens ist eine Funktion der erwarteten Rendite des Gesamtvermögens und deren Varianz: $U = f(r^e, s^2)$.

4. Dem Investor wird risikoscheues Verhalten unterstellt.

Hält nun eine Wirtschaftseinheit ein Portfolio aus mehreren Vermögensarten, so ist die Ertragsrate des Portfolios (r) das mit den jeweiligen Port-

---

17 Vgl. Markowitz (1959).

18 Vgl. Tobin (1961). Besonders auf die Geldnachfrage bezogen: Tobin (1958).

folioanteilen a_j gewichtete arithmetische Mittel der Ertragsraten der einzelnen Vermögensarten:

$$r^e = \sum_{j=1}^{n} a_j \cdot r_j^e .$$

Die erwartete Portfoliorendite liegt daher immer zwischen der geringsten und der höchsten erwarteten Rendite der im Portfolio befindlichen Vermögensarten.[19] Das Portfoliorisiko errechnet sich als

$$s^2 = \sum_{j=1}^{n} \sum_{i=1}^{n} a_j \cdot a_i \cdot cov_{ij} = \sum_{j=1}^{n} \sum_{i=1}^{n} a_j \cdot a_i \cdot s_j \cdot s_i \cdot \rho_{ij} .$$

Der Ausdruck cov_{ij} entspricht für $i \neq j$ der Kovarianz der erwarteten Ertragsraten von Vermögensart i und Vermögensart j. Für i = j steht er für die Varianz der für Vermögensart i erwarteten Ertragsrate. ρ_{ij} ist der Korrelationskoeffizient zwischen den Ertragsraten der Vermögensarten i und j. Die Bestimmungsgleichung für die Portfoliovarianz zeigt, daß das Portfoliorisiko nur in einem Spezialfall dem mit den Portfolioanteilen gewichteten arithmetischen Mittel der Risiken der beteiligten Vermögensarten entspricht. Dieser Spezialfall ist dadurch gekennzeichnet, daß die erwarteten Renditen aller beteiligten Vermögensarten perfekt positiv korreliert sind, sich also für alle i und j ein Korrelationskoeffizient von +1 ergibt. Ist nur einer dieser Korrelationskoeffizienten kleiner als Eins, fällt das Portfoliorisiko geringer aus als das gewichtete arithmetische Mittel der Einzelrisiken. Ein Teil des Risikos wurde also eliminiert durch die Aufteilung des Vermögens auf verschiedene Vermögensarten (Risikodiversifikation).

In der mikroökonomischen Analyse ist es zunächst üblich, innerhalb der möglichen Portfolios effiziente Portfolios zu ermitteln. Ein Portfolio ist dann effizient, wenn kein anderes Portfolio existiert, das den gleichen Ertrag bei geringerem Risiko aufweist (oder bei gleichem Risiko einen höheren Ertrag erbringt). Die so eingegrenzten effizienten Portfolios werden im Ertrag-Risiko-Diagramm als Effizienzlinie abgetragen. Ziel ist es nun, aus diesen effizienten Portfolios ein optimales Portfolio zu ermitteln. Zwei Voraussetzungen sind zur Lösung erforderlich. Erstens muß angenommen werden, die Wirtschaftseinheit sei risikoscheu. Zweites muß die Nutzenfunktion der Wirtschaftseinheit bekannt sein. Ist diese bekannt, kann im Ertrags-Risiko-Diagramm eine Schar von Nutzenindifferenzkurven abgetragen werden. Zur Ermittlung des Optimums wird der Tangentialpunkt von Indifferenzkurve und

---

19 Unterstellt ist, daß es keine risikolose Vermögensart gibt und Verschuldungsmöglichkeiten nicht existieren.

Effizienzlinie ermittelt. Das diesen Punkt kennzeichnende Wertepaar (Ertrag, Risiko) ist durch eine bestimmte Portfoliostruktur (bestimmte Werte für a_j) gekennzeichnet, die von der Wirtschaftseinheit zu wählen ist. Die verschiedenen Komponenten des Geldvermögens gingen in einem umfassenden Ansatz allesamt in das Portfolio ein. Die Geldnachfrage ergäbe sich über den optimalen Anteil des Geldes am Portfolio. Verändern sich die Parameter kommt es zu einer entsprechenden Anpassung der Portfoliostruktur, also zu einer Veränderung der Nachfrage nach einzelnen Assets. Während in den Grundmodellen jegliche Parametervariationen Anpassungsvorgänge auslösen, reagieren erweiterte Modelle, die auch Transaktionskosten berücksichtigen, träger: Hier muß erst ein gewisses Mindestmaß an Parametervariation vorliegen, bevor es zu Umstrukturierungen kommt.[20]

2.2.4.2. Makroökonomische Portfolioansätze

Es handelt sich - im Gegensatz zu der mikroökonomischen Portfoliotheorie - weniger um ein Entscheidungskonzept als vielmehr um ein Erklärungskonzept. In der hochaggregierten Theorie betrachtet Tobin nicht das Gesamtvermögen, sondern nur das sogenannte Außenvermögen. Dieses ist das Nettovermögen der Privaten und beinhaltet das Zentralbankgeld, sonstige Staatsschuldtitel und den bestehenden Sachvermögensbestand. Nachfolgend wird vereinfachend von Geld, Wertpapieren und Sachvermögen gesprochen. Auf die Betrachtung des Innenvermögens, das aus dem von Geschäftsbanken geschaffenen Geld und den Forderungen von Privaten gegen Private besteht, wird verzichtet. Als Gleichung läßt sich das nominale Außenvermögen der Privaten (W_{nom}) darstellen als[21]

$$W_{nom} = M + WP + P_K \cdot K.$$

Dabei bezeichnet M das gehaltene Geld, WP den Wertpapierbestand, P_K den Marktpreis des Sachvermögens und K den Sachvermögensbestand. Der Marktpreis P_K des Sachvermögensbestandes ergibt sich aus dessen Ertragswert. Dieser hängt von den aus der Sachvermögensnutzung erzielbaren Erträgen und den Kosten des im Sachvermögen gebundenen Kapitals ab (vgl. weiter unten). Dividiert man durch das Preisniveau P, gelangt man zum realen Außenvermögen (W):

$$W = \frac{M}{P} + \frac{WP}{P} + \frac{P_K}{P} \cdot K = \frac{M}{P} + \frac{WP}{P} + q \cdot K.$$

---

20 Vgl. Dumas/Luciano (1991), S. 591 - 592.

21 Die Notation der nachfolgenden Ableitungen orientiert sich an Felderer/Homburg (1991), S. 220 - 227.

Die Variable q ist das sogenannte Tobinsche q. In der vorstehenden Form wird unmittelbar deutlich, daß q als relativer Preis der Güter des Sachvermögensbestandes aufgefaßt werden kann, da es aus der Relativierung des Marktpreises des vorhandenen Sachvermögens bezüglich des Preises aller neu produzierten Güter hervorgegangen ist. (Hierbei wird davon ausgegangen, daß zwischen dem Preisniveau der Sachvermögensgüter und dem Preisniveau der Konsumgüter kein Unterschied besteht.) Es läßt sich folgender Sachverhalt festhalten. Liegt der Marktpreis P_K des Sachvermögensbestandes über dem Preis P neu produzierter Sachvermögensgüter ($q > 1$)[22], ist es für die Privaten vorteilhaft, ihren Sachvermögensbestand zu Lasten der anderen Vermögenskomponenten auszuweiten. Das Portfolio der Privaten wird in diesem Fall als ungleichgewichtig betrachtet. Durch die erhöhte Nachfrage nach neuen Sachvermögensgütern steigt P und durch die Erhöhung des Sachvermögensbestandes fällt dessen Marktpreis P_K, da das Angebot der mit dem Sachvermögensbestand produzierten Güter steigt. Beide Effekte bewirken ein sinkendes q. Wird der Wert $q = 1$ erreicht, ist das Portfolio erneut im Gleichgewicht.[23]

Nachfolgend soll nun gezeigt werden, welches spezifische Investitionskalkül mit der vorgeführten Interpretation von q korrespondiert. Dazu werden zwei Ertragsraten eingeführt. Die erste wird als Realertragsrate (häufig auch Grenzleistungsfähigkeit des Kapitals) bezeichnet. James Tobin nennt sie "marginal productivity of capital".[24] Sie entspricht dem internen Zinsfuß des in Sachanlagen gebundenen Vermögens. Vereinfachend wird von einer unendlichen Nutzungsdauer des Sachvermögensbestandes und einem uniformen Ertragsstrom über diese Zeit ausgegangen. Die Realertragsrate r_R ist nun jener Zinssatz, der den mit ihm diskontierten Ertragsstrom und den Wert des Sachvermögens zu Wiederbeschaffungspreisen ($P \cdot K$) zum Ausgleich bringt. Setzt man in der makroökonomischen Sicht den Ertragsstrom gleich dem nominalen Sozialprodukt, so läßt sich vorstehender Zusammenhang notieren als:

$$P \cdot K = \frac{P \cdot Y}{r_R}.$$

Geht man davon aus, daß die Realertragsrate r_R nicht nur für den Sachvermögensbestand, sondern auch für Erweiterungen desselben gilt, entspricht sie dem internen Zinsfuß einer Investition in Sachvermögen. Dieser bringt dann die Summe der mit ihm diskontierten Investitionserlöse mit den Beschaffungskosten zum Ausgleich.

---

22 Eine äquivalente Bedingung ist natürlich, daß der Marktwert des Sachkapitals (Sachkapitalbestand bewertet zum Marktpreis = $P_K \cdot K$) den Wert des Sachkapitals zu Wiederbeschaffungspreisen (Sachkapitalbestand bewertet zum Preis neuer Kapitalgüter = $P \cdot K$) übersteigt.

23 Uwe Westphal gibt zu diesem Mechanismus ein instruktives Beispiel für die Wohnungsbauinvestitionen. Vgl. Westphal (1988), S. 172 - 178.

24 Tobin (1961), S. 35.

Im Rahmen eines Investitionskalküls muß dem internen Zinsfuß ein Vergleichszins gegenübergestellt werden. Typischerweise wird dazu der sogenannte Kalkulationszinsfuß herangezogen. Dies ist jener Zinssatz, mit dem Kapitalgeber den aus einer Vermögensanlage resultierenden Ertragsstrom diskontieren. Er kann auch als von diesen Kapitalgebern geforderte Mindestverzinsung oder als Kapitalkostensatz aufgefaßt werden.[25] Diskontiert man nun den Ertragsstrom des makroökonomischen Sachvermögensbestandes (also das nominale Sozialprodukt) mit dem genannten Kapitalkostensatz r_K, so resultiert der Marktwert des Sachvermögens:

$$P_K \cdot K = \frac{P \cdot Y}{r_K}.$$

Unter den gemachten Annahmen gilt also

$$q = \frac{P_K}{P} = \frac{\frac{P \cdot Y}{r_K}}{\frac{P \cdot Y}{r_R}} = \frac{r_R}{r_K}.$$

Tobins q darf danach als Verhältnis von Realertragsrate zu Kapitalkostensatz aufgefaßt werden. Analog dem Vorteilshaftigkeitskalkül der Methode des internen Zinses ist somit eine Investition in Sachvermögen dann vorteilhaft, wenn die Realertragsrate den Kapitalkostensatz (als Kalkulationszinsfuß der Kapitalgeber) übersteigt.

In der Darstellung der makroökonomischen Portfoliotheorie wurden bisher nur Ertragsaspekte berücksichtigt. Von Risikoaspekten wurde abgesehen. Es wurde lediglich vorgeführt, unter welchen, durch die Ertragsverhältnisse geprägten Bedingungen, eine Portfolioumschichtung zu Lasten von Geld oder Wertpapieren zu Gunsten des Sachvermögens vorgenommen wird. Welchen Risiken die einzelnen Vermögenspositionen unterliegen und in welcher Beziehung diese zueinander stehen, blieb bisher offen. Diesbezüglich wird davon ausgegangen, daß Geld und Wertpapiere ähnlichen Risiken unterliegen. Dabei steht vor allem das Inflationsrisiko im Vordergrund, von dem ja beide Vermögensarten in gleicher Weise betroffen sind.[26] Da ihre erwarteten Erträge somit positiv korreliert sind, werden sie als Substitute aufgefaßt. Beim Sachvermögen verhält es sich anders. Entwickeln sich die Preise des Sachvermögens parallel zum allgemeinen Preisniveau, unterliegt das Sachvermögen nämlich nicht dem Inflationsrisiko. Vielmehr ist es von der Verschiebung der relativen Preise bedroht. Bedingt durch den technischen Fortschritt sowie weiterer

25 Tobin beschreibt ihn als jene Ertragsrate, die die Vermögensbesitzer von dem Sachvermögen verlangen und bezeichnet sie "supply price of capital". Vgl. Tobin (1961), S. 34 - 35.

26 Vgl. Tobin (1961), S. 34.

ökonomischer Randdaten (wie Konsumneigung, (internationaler) Wettbewerb etc.) kann sich die interne Verzinsung des Sachvermögens im Zeitablauf verändern.[27] Dadurch verändert sich auch der relative Preis des Sachvermögens. Die Erträge von Geld und Wertpapieren auf der einen und Sachvermögen auf der anderen Seite unterliegen demnach unterschiedlichen Risiken, die Erträge sind nicht korreliert, beide Vermögensgruppen stehen in einem komplementären Verhältnis zueinander.

2.2.5. Zusammenfassung weiterer Überlegungen

Am Ende des Abschnitts 2.2 sollen mit einem knappen Hinweis auf sektorale Modelle die Grenzen des gegenwärtigen theoretischen Kenntnisstandes angedeutet werden. Grundzüge einer mesoökonomischen Analyse unter Einbeziehung der finanziellen Sphäre weisen Mehr-Sektoren-Modelle keynesianischer und neoklassischer Prägung auf.[28] Im allgemeinen werden dort zwei Sektoren (Konsumgutindustrie, Investitionsgutindustrie) betrachtet, in manchen Modellen ergänzt um einen Vorleistungssektor. Trotz geringer Sektorenzahl erreichen derartige Modelle einen hohen Komplexitätsgrad. Einige der aufgeworfenen Fragestellungen lassen sich zudem keiner analytischen Lösung zuführen.[29] Die erforderlichen empirischen Lösungen erfordern aber im allgemeinen zusätzliche a priori-Informationen (vor allem bezüglich der Parameter).[30]

Bisher wurde von steuerlichen Aspekten abgesehen. Mit den makroökonomischen Konsequenzen der Besteuerung für Investitionsentscheidungen befaßt sich Martin Feldstein in mehreren Arbeiten. Im Mittelpunkt stehen die Ursachen des Rückgangs der US-amerikanischen Investitionsquote in den sechziger und siebziger Jahren. Als wesentliche Determinanten dieses Rückgangs erachtet er das herrschende Steuersystem, das nominelle, nicht reale Einkommen besteuert. Nach Martin Feldstein ist ein solches System für eine Ökonomie ohne Inflation geschaffen. In einer Ökonomie mit Inflation führt ein solches System bei konstanten nominalen Steuersätzen zu einem Anstieg der effektiven Steuersätze.[31] Insbesondere die steuerlichen Abschreibungsregeln, die Absetzungen nur in Höhe des historischen Aufwands zulassen, sind dafür verantwortlich, daß die reale Steuerbelastung ansteigt, denn die genannten Absetzungen werden den aktuellen Gewinnen gegenübergestellt und führen so zu einer Aufblähung des zu versteuernden Gewinns über dessen realen Wert

---

27 Vgl. Felderer/Homburg (1991), S. 225.
28 Vgl. etwa Benavie (1976).
29 Vgl. Benavie (1976), S. 80 - 81.
30 Vgl. Meyer (1981) und Ewerhart (1991), S. 19 - 27, .
31 Vgl. Feldstein (1983a), S. 1 - 2.

hinaus.[32] Das führt zu einer spezifischen steuerlichen Benachteiligung des Sachvermögens.

Für die vorliegende Arbeit ist in diesem Zusammenhang die Frage von Bedeutung, ob mit der steuerlichen Benachteiligung des Sachvermögens eine Bevorteilung des Geldvermögens einhergeht. Derartige steuerbedingte Strukturwirkungen werden in der Literatur allerdings überwiegend bezogen auf die Kapitalstruktur[33], weniger bezogen auf die Vermögensstruktur besprochen. Geldvermögen unterliegt nicht einem der Art nach vergleichbaren Verschleiß wie Sachvermögen. Sein Wert wird lediglich durch eine allgemeine Steigerung der Güterpreise ausgehöhlt. Dieser Werteverzehr spielt bei der Besteuerung von Geldvermögenserträgen allerdings keine Rolle: Auch bei dieser Vermögensart sind grundsätzlich die Nominalerträge zu besteuern. In empirischen Untersuchungen geht man dann auch meistens davon aus, daß Unternehmenserträge aus Geld- und Sachvermögen den gleichen Steuersätzen unterworfen sind.[34]

2.3. Überblick zu empirischen Arbeiten

2.3.1. Geldmengen-Sozialprodukt-Korrelationen

Als quantitätstheoretisch motiviert dürfen die zahlreichen empirischen Arbeiten über den Zusammenhang zwischen Geldmenge und Sozialprodukt gelten. Friedman und Schwartz kommen zu folgenden Schlußfolgerungen:[35]

1. Eng korrespondierende Änderungen von Geldmenge und ökonomischer Aktivität.

2. Stabilität der Beziehungen zwischen monetären und ökonomischen Änderungen.

3. Monetäre Änderungen hatten oft exogenen Charakter, sie waren nicht Reflex ökonomischer Änderungen.

Dieser Befund hat über Jahrzehnte hinweg eine Reihe von diesbezüglichen weiteren empirischen Untersuchungen ausgelöst.[36] Im Mittelpunkt stand hier meist die Frage nach der Exogenität. Es sollte ergründet werden, ob das Bruttosozialprodukt die Geldmenge bestimmt oder ob von einer umgekehrten

---

32 Vgl. Feldstein (1983b), S. 116.

33 Vgl. etwa Peles / Sarnat (1979), Rangazas / Abdullah (1987), Auerbach (1987) und Swoboda (1991).

34 Vgl. Dicke / Trapp (1987), S. 56.

35 Vgl. Friedman/Schwartz (1963), S. 676.

36 Vgl. Henn/Nakhaeizadeh (1989), S. 403.

Kausalrichtung auszugehen ist. Die Arbeiten gehen methodisch sehr unterschiedlich vor und führen zu abweichenden Ergebnissen. Im allgemeinen deuten jedoch die regressionsanalystisch durchgeführten Untersuchungen auf einen recht losen Geldmengen-Sozialprodukt-Zusammenhang hin, der wirtschaftspolitisch nicht genutzt werden kann.[37] Die Debatte über Kausalitätsfragen steht im Mittelpunkt.[38] Häufig werden Kausalitäts- bzw. Exogenitätstests durchgeführt.[39] Angesichts bestehender Kollinearitäten und Autoregressionen in den Störvariablen sind diese Tests allerdings vorsichtig zu bewerten.

2.3.2. Geld und Produktionsfunktion

Als eine Erweiterung von Geldmengen-Sozialprodukt-Korrelationen können Ansätze aufgefaßt werden, die eine Geldvariable in eine makroökonomische Produktionsfunktion aufnehmen. Ziel dieser Ansätze ist es, einen partiellen Beitrag des Geldes zum Output zu quantifizieren. Eine tiefere theoretische Begründung für die Vorgehensweise wird in diesen Arbeiten nicht gegeben. Ihnen liegt lediglich die Hypothese zugrunde, daß der Einsatz der Produktionsfaktoren Arbeit und Kapital allein nicht ausreicht, um Güter zu produzieren. Zu den frühen Arbeiten dieser Art zählt die von Sinai/Stokes, welche nachfolgend exemplarisch skizziert wird.[40] Hierbei wird von einer makroökonomischen Cobb-Douglas-Produktionsfunktion mit den Produktionsfaktoren Arbeit und Kapital ausgegangen, die um den zusätzlichen Faktor reale Geldmenge erweitert wird:

$$Q = A \cdot L^a \cdot K^b \cdot M^c \cdot e^{l \cdot t}$$

bzw. logarithmiert

$$\ln Q = \ln A + a \cdot \ln L + b \cdot \ln K + c \cdot \ln M + l \cdot t.$$

In verschiedenen Schätzansätzen wird die (reale) Geldmenge M dabei durch die Geldmengenaggregate M1, M2 und M3 operationalisiert.[41] Als Ergebnis wird hervorgehoben, "that real money balances, however defined, are an important input in the production function"[42]. Der Standardfehler wird durch Hinzunahme von Geldmengenaggregaten reduziert und fällt bei Hinzunahme von M1 am geringsten aus. Insbesondere der Koeffizient a fällt bei

---

[37] Vgl. Neubauer (1976), S. 372.

[38] Vgl. Ciccolo (1978).

[39] Vgl. etwa Karmann/Ketterer/Nakhaeizadeh (1987). Das methodische Vorgehen orientiert sich an Granger (1969). Die signifikanteste Kausalitätsbeziehung (Geldmenge ist kausal für Sozialprodukt) fand sich für die Zentralbankgeldmenge und die Geldmenge M3. Für M1 und Sozialprodukt entdecken die Autoren eine gegensätzliche, für M2 und Sozialprodukt keine Kausalitätsrichtung.

[40] Vgl. Sinai/Stokes (1972). Zu einem Überblick vgl. auch Moroney (1972).

[41] Die verwendeten Daten stammen aus Christensen/Jorgensen (1970) und Friedman/Schwartz (1970).

[42] Sinai/Stokes (1972), S. 294.

Hinzunahme eines Geldmengenaggregats deutlich geringer aus. Dies wird damit begründet, daß gerade der Einsatz des Faktors Arbeit Verteilungsaktivitäten erforderlich macht. Die Autoren weisen darauf hin, daß es sich lediglich um eine explorative Studie handelt,[43] die nicht frei von Spezifikationsproblemen ist.

2.3.3. Empirische Portfoliomodelle

Der Einsatz des Instrumentariums der mikroökonomischen Portfoliotheorie für empirische Fragestellungen scheitert vor allem an bestehenden Datenproblemen und der Unkenntnis der Nutzenfunktion. Die Datenprobleme sind vor allem darin zu sehen, daß das Modell mit erwarteten Werten operiert. Diese erwarteten Werte kann man durch Vergangenheitswerte zu approximieren versuchen. Das Problem unbekannter Nutzenfunktionen läßt sich kaum beheben. Nur für den streng risikoscheuen Investor läßt sich dessen optimales Portfolio ermitteln: es ist das risikominimale Portfolio. Auch die Effizienzlinie läßt sich natürlich berechnen. Diese ist auch für den nicht streng risikoscheuen Investor hilfreich, stellt sie doch eine Möglichkeit zur groben Beurteilung bestehender oder geplanter Portfolios dar. Mikroökonomische empirische Portfoliomodelle weisen - wie andere Verfahren der Investitionsrechnung[44] auch - den Charakter eines Entscheidungsmodells auf. Für eine Ursachenforschung kommen sie weniger in Betracht.

Bei empirischen makroökonomischen Portfoliomodellen wird die Haltung bestimmter Vermögensformen durch ökonometrische Strukturgleichungen modelliert. Als exogene Variablen werden typischerweise Ertrags-, Transaktions- und Vermögensindikatoren verwendet.[45] Risikomaße bleiben allermeist unberücksichtigt. Das dürfte wohl auf die schon angesprochenen Datenprobleme zurückzuführen sein. Geschlossene Portfoliosysteme, die die Form interdependenter Gleichungssysteme aufweisen, werden unter Berücksichtigung bestimmter Nebenbedingungen geschätzt.[46]

Die formale Spezifikation von Geldnachfragefunktionen unterscheidet sich von einer rein auf der Liquiditätspräferenztheorie von Keynes basierenden Geldnachfragefunktion überwiegend durch die zusätzliche Berücksichtigung von Vermögensindikatoren.

Das Ausmaß des Einflusses neuer finanzieller Instrumente[47] auf die Geldnachfrage ist bisher allein Gegenstand theoretischer Analysen[48] und hat in empirischen Arbeiten noch kaum Eingang gefunden.

---

43 Vgl. Sinai/Stokes (1972), S. 291.

44 Zu Weiterentwicklungen der Grundmodelle der Portfoliotheorie vgl. Hielscher (1991).

45 Vgl. Backus/Brainard/Smith/Tobin (1980), S. 274, und Tödter/Wewel (1991), S. 236 - 240.

46 Vgl. etwa Parkin (1970), S. 482, und Tödter/Wewel (1991), S. 236.

47 Vgl. Kremer (1987) und Göppl (1987).

48 Vgl. Meyer (1990).

Die Portfolios von Produktionsunternehmen betreffend wird teilweise mit der rigiden Annahme gearbeitet, sie hielten keine finanziellen Aktiva.[49] Diese Annahme basiert letztlich auf dem keynesschen Kreislaufgedanken, bei dem eben nur die privaten Haushalte sparen. Auch für die in der zitierten Quelle modellierte US-amerikanische Ökonomie ist eine solche Annahme aber unrealistisch, berücksichtigt man, daß US-amerikanische Unternehmen in hohem Maße Geldvermögen bilden und halten.[50] Sollen ganze Portfoliosysteme geschätzt werden, ergeben sich vor allem durch die zwischen den verschiedenen Zinssätzen bestehenden Multikollinearitäten Schätzprobleme.[51]

Direkten Bezug zur makroökonomischen Portfoliotheorie von Tobin weisen die Arbeiten auf, die sich der empirischen Ermittlung von Tobins q widmen.[52] Ziel dieser Arbeiten ist es, damit eine Determinante von Portfoliostrukturen abzuleiten. Auch zur Erklärung der Geldvermögensnachfrage der Produktionsunternehmen kann Tobins q herangezogen werden, führt doch im Modell ein q von kleiner Eins zu einer Umschichtung der Portfolios zu Gunsten der Geldvermögenskomponenten.

Die Analyse sektoraler Vermögensportfolios findet seltener statt. Dies mag für die Bundesrepublik Deutschland zum Teil mit der Datenlage begründet werden (vgl. Abschnitt 3.2). Ein anderes Problem stellt die Theorielage dar. Generell leiden alle sektoralen Untersuchungen darunter, daß es kein integrierendes sektorales Strukturmodell gibt. In der empirischen Praxis ist man daher entweder darauf angewiesen, makro- oder mikroökonomische Partialmodelle aufzugreifen und durch Analogieschlüsse auf die sektorale Ebene zu übertragen. Angesichts dieser ungünstigen Theorielage wurde insbesondere im Rahmen der Strukturberichterstattung der Wirtschaftsforschungsinstitute für die empirischen Analysen ein Methodenpluralismus gefordert.[53]

2.4. Schlußfolgerung

Die Geldvermögenstheorien weisen überwiegend einen makroökonomischen oder mikroökonomischen Charakter auf. Eine mesoökonomische theoretische Analyse der Geldnachfrage existiert nur fragmentarisch. Eine Diskussion um Bestimmungsgründe der neben Geld existierenden Geldvermögenskomponenten (Geldkapital) findet weniger intensiv statt. Die vorgestellten volkswirtschaftlichen Theorien stellen keine operationalen

---

49 Vgl. Backus/Brainard/Smith/Tobin (1980), S. 265. Nicht so Ewerhart (1991), S. 98 - 100.

50 Vgl. Ruggles/Ruggles (1992), S. 119.

51 Vgl. Ewerhart (1991), S. 62, Tödter/Wewel (1991), S. 245, und Backus/Brainard/Smith/Tobin (1980), S. 282.

52 Vgl. Gebauer (1976), Ketterer/Vollmer (1981b) und Funke (1992). Zu einer speziellen Anwendung vgl. Servaes (1991).

53 Vgl. Nehring (1985), S. 11.

Modelle bereit, mit der die Frage nach den Ursachen der Geldvermögenshaltung von Produktionsunternehmen beantwortet werden könnte. Sie geben aber Hinweise auf die ins Auge zu fassenden Ursachenkomplexe:

(1) *Preisveränderungsraten:* Die Inflationsrate stellt in der Neo-Quantitätstheorie einen der Bestimmungsgründe der Geldnachfrage dar. Darüber hinaus unterliegen alle Geldvermögensarten einem realen Werteverzehr durch die Steigerung von Güterpreisen. Damit können Preisveränderungsraten als negative Komponente des realen Ertrages von Geldvermögen aufgefaßt werden.

(2) *Ertragsraten und Risiken:* Im Rahmen portfoliotheoretischer Ansätze ist die Haltung einer Vermögensart bestimmt durch deren Ertragsrate, deren Risiko sowie den Ertragsraten (Alternativertragsraten) und Risiken anderer Vermögensarten. Die mikroökonomische Portfoliotheorie bietet zwar ein vollständiges Modell, das den Zusammenhang zwischen der Portfoliostruktur und den genannten Vermögenscharakteristika beschreibt. Dem Wesen nach handelt es sich dabei aber eher um ein Entscheidungskonzept und ist daher zur Erklärung einer bestimmten, beobachteten Portfoliostruktur weniger geeignet. In der sogenannten makroökonomischen Portfoliotheorie steht mit Tobins q eine relative Ertragsrate im Mittelpunkt der Erklärung der Vermögensstruktur der Volkswirtschaft.

(3) *Transaktionsvolumina:* Während die Bedeutung des Zinses in den Geldnachfragetheorien umstritten ist, ist die Bedeutung des Transaktionsvolumens unstrittig. Daher muß davon ausgegangen werden, daß es ebenso zur Erklärung der von Unternehmen für Transaktionszwecke gehaltenen Geldvermögen beiträgt.

(4) *Übrige Ursachen:* Die mikroökonomischen Kassenhaltungsansätze legen es nahe, Transaktionskosten und Produktionsvariable wie Produktivitäten und Faktorkosten als Bestimmungsgründe der Geldvermögenshaltung zu berücksichtigen. Während es auf mesoökonomischer Ebene und angesichts recht heterogener Geldvermögensaggregate unmöglich erscheint, Transaktionskosten zu berücksichtigen, kann die Berücksichtigung betrieblicher Kosten- und Effizienzmaße zumindest ansatzweise erfolgen.

Die genannten Bereiche sollen in der vorliegenden Arbeit durch einen Satz operationaler Kennzahlen erfaßt und auf ihren Zusammenhang mit der Geldvermögensentwicklung hin untersucht werden (vgl. Abschnitt 5).

3. Statistische Methoden und Datenlage

Im nachfolgenden Abschnitt 3.1 werden die beiden in den empirischen Teilen der Arbeit zum Einsatz kommenden statistischen Verfahren besprochen. Hier handelt es sich um die Komponentenanalyse und die Regressionsanalyse. Dabei wird auch auf die grundlegenden Probleme eingegangen, die beim Einsatz dieser Methoden entstehen.

Im Abschnitt 3.2 wird die Datenlage erörtert. Dazu werden die Datenquellen vorgestellt, die Grundlage der empirischen Analysen der vorliegenden Arbeit sind. Es wird auf Erhebungsaspekte und grundsätzliche Anwendungsprobleme der statistischen Quellenwerke eingegangen. Auch die Festlegung des Untersuchungszeitraumes und eine Erörterung, auf welche Weise die konjunkturelle Situation in der vorliegenden Arbeit dargestellt wird, findet sich dort.

3.1. Verwendete statistische Methoden

3.1.1. Die Komponentenanalyse

In diesem Abschnitt werden die Grundmodelle der Komponentenanalyse skizziert und die grundlegenden methodischen Probleme besprochen. Spezielle Verfahrensvarianten werden in den jeweiligen Abschnitten abgeleitet und diskutiert. Um Verwechslungen vorzubeugen sei folgender Hinweis gegeben. Die in dieser Arbeit verwendeten Verfahren der Komponentenanalyse haben nichts zu tun mit dem multivariaten Verfahren der Hauptkomponentenanalyse (oder auch Faktorenanalyse).

3.1.1.1. Vorbemerkung

Komponentenanalytische Verfahren werden in vielen Teilen der empirischen Wirtschaftsforschung eingesetzt.[1] Es lassen sich ganze Verfahrensgruppen darunter subsummieren. Einen festen Platz haben sie beispielsweise in der Strukturberichterstattung der Wirtschaftsforschungsinstitute.[2] Einige der stati-

---

1 Vgl. Stützel (1978).

2 Vgl. etwa Ifo (1981).

stischen Konzepte des Sachverständigenrates zur Begutachtung der gesamtwirtschaftlichen Entwicklung haben ebenfalls komponentenanalytischen Charakter.[3] Ferner treten sie in Form sogenannter zahlenlogisch-analytischer Kennzahlensysteme in Erscheinung.[4] Das Kennzahlensystem der Zentralverbands der Elektrotechnischen Industrie ist ein bekanntes System dieser Art.[5] Derartige Kennzahlensysteme sind auch Grundlage von Weiterentwicklungen hin zu sogenannten Expertisesystemen.[6] Trotz dieser Verbreitung haben sie bisher kaum Eingang in die Lehrbücher der wirtschaftsstatistischen Methodenlehre gefunden. Ziel der Komponentenanalyse ist es,

(1) existierende Verbindungen zwischen einzelnen ökonomischen Kennzahlen offenzulegen (Darstellung der Verflechtungsstruktur der Kennzahlen), um dadurch ein Gesamtbild der für einen Analysezweck relevanten Kennzahlen zu erhalten,

(2) Kennzahlen in sie determinierende Kennzahlen zu zerlegen,

(3) die Veränderung von Kennzahlen in die Veränderungen der sie determinierenden Kennzahlen zu zerlegen,

(4) Hinweise auf erklärende Ursachen[7] bestimmter Phänomene zu erhalten.

Jede Komponentenanalyse beginnt mit der Definition einer geeigneten Komponentenfunktion. Hinsichtlich ihrer Konstruktion lassen sich zwei Typen von Komponentenfunktionen unterscheiden: definitorische und nichtdefinitorische. Bei definitorischen Komponentenfunktionen wird die abhängige Variable Y durch solche Komponenten bestimmt, die Y selbst nicht enthalten. Eine definitorische Komponentenfunktion basiert häufig auf

- grundlegenden ökonomischen Verbindungen (wie etwa Umsatz = Preis · Menge),
- Definition von Summen (z. B.: Vermögen = Geldvermögen + Sachvermögen oder Gewinn = Erlöse – Kosten).

Nichtdefinitorische Komponentenfunktionen sind dadurch gekennzeichnet, daß die abhängige Variable Y selbst in den sie erklärenden Komponenten enthalten ist. Dieser Sachverhalt resultiert daraus, daß Ausgangspunkt der Ableitung einer nichtdefinitorischen Komponentenfunktion die Tautologie Y = Y ist. Diese Tautologie wird zu identischen Erweiterungen genutzt. Diese können additiver oder multiplikativer Art sein. Ist Y die Produktionsmenge

---

3 Vgl. etwa Sachverständigenrat (1990), S. 309 - 316.
4 Einen Überblick gibt Buchner (1985), S. 35 - 54.
5 Vgl. ZVEI (1989).
6 Vgl. Mertens (1989).
7 Vgl. Wagner (1972), S. 61.

eines bestimmten Gutes und A der zu dieser Produktion erforderliche Arbeitseinsatz, dann läßt sich aus der Tautologie Y = Y durch identische Erweiterung mit dem Arbeitseinsatz A/A eine nichtdefinitorische Komponentenfunktion ableiten:

$$Y = Y \qquad Y = Y \cdot \frac{A}{A} \qquad Y = \frac{Y}{A} \cdot A\,.$$

Vorstehende Komponentenfunktion hat den Charakter einer Produktionsfunktion, bei der sich das Produktionsergebnis aus dem Produkt aus Arbeitsproduktivität und Arbeitseinsatz ergibt. Bei dieser und ähnlichen Erweiterungsoperationen stehen ökonomisch-inhaltliche Überlegungen im Vordergrund. Ist die Interpretation der Komponenten einer definitorischen Komponentenfunktion bereits gegeben, muß sie bei nichtdefinitorischen Komponentenfunktionen separat erfolgen. Auch davon ist es abhängig, ob eine Komponentenfunktion die erforderliche Validität aufweist. Die Prüfung auf Validität ist an dieser Stelle deshalb besonders wichtig, da identische Erweiterungen auch zu ökonomisch unplausiblen Komponenten führen können. Nach Abschluß von Konstruktion, Interpretation und Validitätsprüfung werden nichtdefinitorische Komponentenfunktionen genauso weiterverarbeitet wie definitorische.

Die Komponentenanalyse läßt sich in eine Niveauanalyse und eine Veränderungsanalyse zerlegen. Bei der Niveauanalyse steht die Frage im Vordergrund, wie sich das Niveau der abhängigen Variable Y durch das Niveau der Komponenten bestimmt. Bei der Veränderungsanalyse wird betrachtet, welchen Beitrag die Veränderungen der Komponenten zur Veränderung der abhängigen Variable leisteten.

3.1.1.2. Niveauanalyse

Die Niveauanalyse stellt den ersten Schritt der komponentenanalytischen Auswertung dar. Sie ist Voraussetzung für die meist im Mittelpunkt des Interesses stehende Veränderungsanalyse.

Definitorische Komponentenfunktionen

Definitorische Komponentenfunktionen ergeben sich direkt aufgrund der für die abhängige Variable Y gültigen Definitionsgleichung. Der Zwei-Komponenten-Fall additiven Zerlegungstyps lautet allgemein:

$$Y = K_1 + K_2\,,$$

der des multiplikativen Zerlegungstyps:

$$Y = K_1 \cdot K_2 .$$

Die Niveauanalyse läßt sich beim additiven Zerlegungstyp auch in der Weise durchführen, daß man die Komponentenwerte bezüglich Y relativiert. Falls alle Komponenten nur Werte größer oder gleich Null annehmen können, ergibt diese Relativierung den Anteil der jeweiligen Komponente an Y (ausgedrückt als Dezimalbruch). Können Komponentenwerte auch kleiner als Null sein, so ergibt die Relativierung ganz allgemein eine Verhältniszahl.

Nichtdefinitorische Komponentenfunktionen

Bei der Konstruktion einer nichtdefinitorischen Komponentenfunktion des additiven Zerlegungstyps wird die Identität Y = Y auf der rechten Seite um einen additiven Term identisch erweitert. Dieser additive Term konstituiert sich durch Größen, denen eine sachliche Einflußnahme auf Y zugetraut werden darf. Geht von X ein sachlicher Einfluß auf Y aus, so kann geschrieben werden:

$$Y = Y + (X - X) .$$

Dieser Ausdruck stellt die Komponentenfunktion in ihrer reduzierten Form dar, da sie offenlegt, welche erklärenden Variablen eingeführt wurden.[8] Durch Umgruppierung ergibt sich die strukturelle Form:

$$Y = (Y - X) + X .$$

Sie zeigt die Struktur des definierten Komponentenschemas. Die Komponentenfunktion weist zwei Komponenten auf. Die Komponente X kann man sich als eine Art Primäreffekt vorstellen. Die Komponente Y−X umfaßt dann als Differentialeffekt alle nicht auf X rückführbaren, Y erklärenden Effekte.

Wird ein multiplikativer Zerlegungstyp unterstellt, so ergibt sich durch multiplikative identische Erweiterung der rechten Seite der Identität Y = Y um den Faktor X/X der Ausdruck:

$$Y = Y \cdot \frac{X}{X} = \frac{Y}{X} \cdot X .$$

Wieder entstehen zwei Komponenten. Auch hier kann X als Primäreffekt, und Y/X als Differentialeffekt aufgefaßt werden. Tabelle 1 faßt die Typen von Komponentenfunktionen im Rahmen der Niveauanalyse noch einmal zusammen.

---

8 Vgl. Neubauer (1990), S. 12.

Tabelle 1: Typen von Komponentenfunktionen in der Niveauanalyse

Konstruktionstyp	Zerlegungstyp	
	additiv	multiplikativ
definitorsich	$Y = K_1 + K_2$	$Y = K_1 \cdot K_2$
nichtdefinitorisch	$Y = Y + (X-X)$ $Y = (Y-X) + X$ $Y = K_1 + K_2$	$Y = Y \cdot \frac{X}{X}$ $Y = \frac{Y}{X} \cdot X$ $Y = K_1 \cdot K_2$

3.1.1.3. Veränderungsanalyse

Im Rahmen der Veränderungsanalyse gibt es keine formalen Unterschiede hinsichtlich des Konstruktionstyps der Komponentenfunktion (definitorisch oder nichtdefinitorisch). Da je nach Fragestellung grundsätzlich absolute oder relative Veränderungen im Mittelpunkt des Interesses stehen können, muß aber hinsichtlich des Zerlegungstyps der Komponentenfunktion unterschieden werden. Ohne methodische Probleme läßt sich die Veränderungsanalyse nur durchführen, wenn

(a) absolute Veränderungen additiver Komponentenfunktionen oder

(b) relative Veränderungen multiplikativer Komponentenfunktionen

ermittelt werden sollen. Nur in diesen Fällen läßt sich die Änderung von Y ohne Rest in die Änderungen der beteiligten Komponenten zerlegen. Bei der Ermittlung absoluter Veränderungen multiplikativer Komponentenfunktionen und relativer Veränderungen additiver Komponentenfunktionen verbleiben Änderungsteile, die nicht einzelnen Komponenten zuordenbar sind. Diese als Joint-Effekte (oder Misch-Effekte) bezeichneten Änderungsteile stellen eines der am meisten diskutierten methodischen Probleme der Komponentenanalyse dar. Gehört die in Frage stehende Komponentenfunktion einem der oben vorgestellten Grundtypen an (rein additiv oder rein multiplikativ), so können Joint-Effekte durch die Betrachtung der dem Zerlegungstyp entsprechenden Veränderungsart (also absolut oder relativ) gänzlich vermieden werden. In der empirischen Praxis treten sie dennoch häufig auf. Das liegt insbesondere an zwei Gründen:

(1) Es lassen sich nicht in allen Fällen Komponentenfunktionen definieren, die einem reinen Zerlegungstyp angehören. Häufig haben Komponentenfunktionen einen gemischt additiv-multiplikativen Charakter. Bei derartigen Mischformen treten im Rahmen der Veränderungsanalyse Joint-Effekte immer auf. Aus Gründen der besseren Handhabbarkeit werden dann häufig die absoluten Änderungen betrachtet. Es kann angegeben werden, welcher Anteil der Gesamtveränderung auf die einzelnen Änderungskomponenten entfällt. Bei relativen Änderungen ist dies nicht möglich.

(2) Wegen dieser praktischen Vorzüge absoluter Änderungen wird häufig auch bei rein multiplikativen Komponentenfunktionen auf absolute Änderungen abgestellt, was Joint-Effekte entstehen läßt.

Die Zahl der Joint-Effekte wächst mit der Zahl der Komponenten überproportional. Bei K Komponenten existieren insgesamt

$$\sum_{j=1}^{K} \binom{K}{j}$$

Joint-Effekte (j ist die Nummer der Komponente). Meistens wird auf die Einzelangabe jedes Joint-Effekts verzichtet und nur deren Summe ausgewiesen. Wenn diese hinreichend klein ist, wird die Zerlegung als brauchbar aufgefaßt. Tabelle 2 faßt die in der Veränderungsnanalyse auftretenden Grundtypen von Komponentenfunktionen noch einmal zusammen.

Tabelle 2: Typen von Komponentenfunktionen in der Veränderungsanalyse

Interessierende Art der Veränderung	Zerlegungstyp der Komponentenfuntion in der Niveauanalyse	
	additiv	multiplikativ
absolut	$\Delta Y = \Delta K_1 + \Delta K_2$	$\Delta Y = \Delta K_1 \cdot K_{20} + \Delta K_2 \cdot K_{10} + \Delta K_1 \cdot \Delta K_2$
relativ	$rY = rK_1 \cdot rK_2 \cdot \frac{rY}{rK_1 \cdot rK_2}$	$rY = rK_1 \cdot rK_2$

Anmerkungen: Δ = Differenzenoperator, r = Operator zur Ermittlung des Veränderungskoeffizienten.

3.1.1.4. Beurteilung

Im Mittelpunkt der Kritik an der Komponentenanalyse steht der tautologische Charakter von Komponentenfunktionen. Von Ekkehard von Knorring etwa wirft dem tautologischen Umformen Inkonsequenz und Willkürlichkeit vor.[9] Diesen Problemen kann allerdings durch das Beachten von Validitätsbedingungen bei der Konstruktion der Komponentenfunktion vorgebeugt werden. Werner Neubauer nennt drei derartige Bedingungen:[10]

1. "Die Komponenten müssen in Ansehung des Untersuchungszweckes relevant, interessant sein."[11]

2. Von den Komponenten darf nicht nur ein rechnerischer sondern es muß ein plausibler sachlicher Einfluß auf die Untersuchungsgröße ausgehen.

3. Die Komponenten müssen hinreichend unabhängig sein.

Durch tautologische Erweiterungen gewonnene Komponenten können zu definitorischen Abhängigkeiten zwischen diesen Komponenten führen.[12] Die in den Veränderungsanalysen unterstellte unabhängige Variation der Einzelkomponenten ist dann zwar weiterhin rechnerisch möglich, jedoch nicht mehr sachgerecht. Das Entstehen von definitorischen Abhängigkeiten läßt sich allerdings bereits bei der Konstruktion der Komponentenfunktion vermeiden.[13]

Neben definitorischen Abhängigkeiten können auch funktionale Abhängigkeiten zwischen den Komponenten existieren. Die für die Veränderungsanalyse erforderliche isolierte Variationsmöglichkeit einzelner Komponenten ist hierbei genauso problematisch wie bei der Existenz definitorischer Abhängigkeiten. In bestimmten Märkten etwa kann von einer Unabhängigkeit der Umsatzkomponenten Menge und Preis nicht ausgegangen werden. Unterstellte, frei isolierbare Komponentenänderungen wären hier unrealistisch.[14] Ließe sich die funktionale Verbindung zwischen den Komponenten offenlegen, könnte man zum Zwecke der Veränderungsanalyse gemäß dieser Funktion realistische Änderungsannahmen zugrunde legen. Dies würde dadurch geschehen, daß man nur eine Komponente frei variiert und die Änderung der funktional abhängigen Komponente als Funktionswert ermittelt. Umgehen läßt sich das Problem funktionaler Abhängigkeiten dann, wenn nur solche Komponenten in die Komponentenfunktion eingehen, für die theo-

9 Vgl. Knorring (1978), S. 562.
10 Vgl. Neubauer (1990), S. 16 - 19.
11 Neubauer (1990), S. S. 16.
12 Vgl. Ifo (1981), S. 3 - 4.
13 Vgl. Neubauer (1990), S. 18 - 19.
14 Vgl. Ifo (1981), S. 17.

retisch und/oder empirisch ein hoher Grad an Unabhängigkeit nachgewiesen werden kann. Im übrigen ist der genannte Einwand kein spezifischer gegen die Komponentenanalyse. Auch in anderen multivariaten Verfahren sind Abhängigkeiten zwischen erklärenden Variablen ein Problem (vgl. Abschnitt 3.1.2).

Auf das Problem der Joint-Effekte wurde bereits eingegangen. Je mehr diese für die Änderung der Untersuchungsgröße von Bedeutung sind, um so geringer ist der Erklärungsgehalt der Komponentenfunktion, da dann bedeutende Teile der Änderung nicht auf die in der Komponentenfunktion enthaltenen Komponentenvariationen zurückzuführen ist. Es wurden Vorschläge unterbreitet, wie die Joint-Effekte aufzulösen seien. So könnte man daran denken, sie proportional zur Höhe der isolierten Komponentenvariationen auf diese aufzuteilen oder sie völlig zu unterdrücken. Beide Vorgehensweisen lassen sich allerdings nicht plausibel begründen. Lassen sich Joint-Effekte nicht vermeiden, ist die methodisch sauberste Vorgehensweise die des separaten Ausweises derselben.

Nach Vincenz Timmermann fehlt es Komponentenanalyseverfahren an dem Einbezug exogener Informationen, wie etwa bestimmter Verhaltensweisen und technischer und institutioneller Bedingungen. Daher seien sie nicht in der Lage, Erklärungen im Sinne eines ökonomischen Modells bereitzustellen. Sie könnten allenfalls dem Auffinden von Regelmäßigkeiten und der Gewinnung von Hypothesen dienen, die erst in einem zweiten Schritt zur Formulierung von Modellannahmen und Modellzusammenhängen führen können.[15]

3.1.2. Die Regressionsanalyse

3.1.2.1. Vorbemerkung

Das wohl am meisten verbreitete Instrument der empirischen Zusammenhangsanalyse ist die Regressionsanalyse. Sie erlaubt eine komprimierte Beschreibung des Einflusses einer oder mehrerer unabhängiger Variablen auf eine abhängige Variable. Im Mittelpunkt steht eine aus den empirischen Daten zu ermittelnde Gleichung, die meist linear in den Koeffizienten und in den Variablen ist. Die mit dieser Gleichung errechneten Werte der abhängigen Variable stellen einen Mittelwert dar, der sich für eine Beobachtung mit vorgegebenen Werten der unabhängigen Variablen ergibt (dynamisches Mittel). Die Koeffizienten der Gleichung geben eine Art mittleren Einfluß der zugeordneten unabhängigen Variable auf die abhängige Variable an.

[15] Vgl. Timmermann (1982), S. 31.

3.1.2.2. Grundmodell

Erster Schritt der deskriptiven Regressionsanalyse ist die Auswahl der interessierenden abhängigen und unabhängigen Variablen, deren Zusammenhang beschrieben werden soll. Genauso wie bei der Komponentenanalyse muß von den berücksichtigten unabhängigen Variablen nicht nur ein rechnerischer, sondern auch ein sachlicher Einfluß auf die abhängige Variable ausgehen.

Zweiter Schritt ist die Festlegung einer geeigneten Funktionsform für die Regressionsgleichung. Die Eignung kann anhand der empirischen Daten beurteilt werden. Sind beispielsweise anhand von Streuungsdiagrammen Nichtlinearitäten in der Beziehung zwischen abhängiger und unabhängiger Variable erkennbar, so muß dies bei der Festlegung der Gleichungsform berücksichtigt werden.[16] Wird nämlich in einem solchen Fall von einer linearen Beziehung ausgegangen, so werden die empirisch beobachteten Zusammenhänge durch die Regressionsfunktion nicht hinreichend gut erfaßt. Geht man von einer linearen Gleichung mit m+1 Koeffizienten b_j aus, lautet die zu bestimmende Regressionsfunktion

$$Y_i = \sum_{j=0}^{m} b_j \cdot X_{ji},$$

mit Y_i = Wert der abhängigen Variable an Beobachtung i, X_{ji} = Wert der unabhängigen Variable X_j an Beobachtung i (für $j \geq 1$) und $X_{0i} = 1$ für alle i. (Durch die 'Scheinvariable' X_0 wird ein konstanter Term in der Regressionsgleichung berücksichtigt.)

Im dritten Schritt erfolgt die Bestimmung der Koeffizienten b_j der Regressionsgleichung. Ausgangspunkt ist ein bestimmtes Anpassungskriterium zwischen den empirischen Werten und den durch die Regressionsgleichung errechneten Werten der abhängigen Variable. Das übliche Verfahren im Rahmen deskriptiver Analysen ist die Methode der kleinsten Quadrate. Diese verwendet als Anpassungskriterium die Summe der quadrierten Abstände zwischen empirischen Werten (Y_i) und errechneten Werten (Y_i') der abhängigen Variable über alle n Beobachtungen, welche zu minimieren ist. Formal läßt sich das Anpassungskriterium wie folgt notieren

$$\sum_{i=1}^{n}(Y_i - Y_i')^2 = \sum_{i=1}^{n}\left(Y_i - \sum_{j=0}^{m} b_j \cdot X_{ji}\right)^2 \rightarrow \text{Minimum!}$$

Die Koeffizientenwerte, die diese Summe minimieren, erhält man durch partielle Differentiation nach denselben. Sind die Variablen X_j linear unab-

[16] Durch geeignete Variablentransformation lassen sich viele nichtlineare Ausdrücke in lineare überführen.

hängig und ist die Zahl der Beobachtungen größer als die Zahl der Variablen ($n>m+1$), ergibt sich ein $m \times (m+1)$-Gleichungssystem, das eindeutig nach den gesuchten Koeffizienten b_j zu lösen ist. Im Fall nur einer unabhängigen Variable ergeben sich als Bestimmungsgleichungen für die Koeffizienten b_0 und b_1:

$$b_0 = \overline{Y} - b_1 \cdot \overline{X} \qquad b_1 = \frac{Cov(X,Y)}{s_x^2}$$

Es bedeuten: $\overline{Y}$ arithmetisches Mittel der abhängigen Variable, $\overline{X}$ arithmetisches Mittel der unabhängigen Variable, Cov(X,Y) Kovarianz der Variablen X und Y, s_x^2 Varianz der Variable X.

Als vierten Schritt kann man die Beurteilung der erzielten Anpassungsgüte auffassen. Die Anpassungsgüte läßt sich durch das Bestimmtheitsmaß beurteilen. Dieses gibt den Anteil der durch die Regressionsfunktion erklärten Streuung an der gesamten Streuung der abhängigen Variable an.[17] Je näher dieses bei Eins liegt, um so straffer ist der Zusammenhang zwischen abhängiger und unabhängiger Variable. Vorsicht ist bei dieser Interpretation geboten, wenn es nicht die berücksichtigte unabhängige Variable ist, von der ein sachlicher Einfluß auf die abhängige Variable ausgeht, sondern eine dritte Variable Einfluß sowohl auf die abhängige als auch die unabhängige Variable nimmt (Problem der Scheinkorrelation).

Im fünften Schritt erfolgt die Interpretation der Koeffizienten. Formal ist die Interpretation der Koeffizienten von der Form der Gleichung abhängig. Im einfachen linearen Fall geben die Koeffizienten b_j ($j \geq 1$) das Vielfache einer Veränderung der unabhängigen Variable an, um das sich die abhängige Variable im Durchschnitt ändert. Im Falle mehrerer unabhängiger Variablen liegt diesen Interpretationen die Voraussetzung zu Grunde, daß diese sich isoliert verändern lassen. Je enger die unabhängigen Variablen korreliert sind, um so höher ist die sogenannte Kollinearität und um so problembehafteter ist die Interpretation. Herrscht strenge funktionale Verbundenheit zwischen mindestens zwei unabhängigen Variablen, so ist das Gleichungssystem zur Bestimmung der Koeffizienten b_j nicht mehr lösbar. Nicht streng-funktionale Abhängigkeiten verhindern nicht die Identifizierung der Koeffizienten, sondern die Isolation der Einzeleinflüsse der unabhängigen Variablen.[18] Eine häufige Folge davon sind unplausible Koeffizientenvorzeichen.

Eine zusätzliche Information im Rahmen multipler Regressionsanalysen gibt die Betrachtung partieller Bestimmtheitsmaße bzw. partieller Korrelati-

[17] Die Wurzel des Bestimmtheitsmaßes entspricht dem Betrag des Korrelationskoeffizienten.
[18] Vgl. Schneeweiß (1990), S. 136.

onskoeffizienten. Das partielle Bestimmtheitsmaß ist das Quadrat des partiellen Korrelationskoeffizienten. Der partielle Korrelationskoeffizient der Variable X_k ist der Korrelationskoeffizient der Residuen einer Regression von Y auf alle X_j ($j \neq k$) und der Residuen einer Regression von X_k auf alle X_j ($j \neq k$). Das der Variable X_k zugeordnete partielle Bestimmtheitsmaß gibt somit an, welcher Teil der durch die übrigen unabhängigen Variablen X_j ($j \neq k$) nicht erklärten Varianz der abhängigen Variable Y von der Variable X_k erklärt wird, nachdem diese um den Einfluß der übrigen unabhängigen Variablen bereinigt wurde. Je geringer das partielle Bestimmtheitsmaß von X_k ist, um so geringer ist der zusätzliche Erklärungsanteil von X_k bei gegebenen Erklärungsanteilen der übrigen unabhängigen Variablen. Der partielle Korrelationskoeffizient bzw. das partielle Bestimmtheitsmaß einer Variable X_k gibt somit Hinweise auf deren isolierten Beitrag zur Varianz der abhängigen Variable Y.[19]

3.1.2.3. Stochastisches Regressionsmodell

Durch die Setzung bestimmter Annahmen, kann vom Grundmodell der Regressionsanalyse auf das stochastische Regressionsmodell übergegangen werden. Das Erklärungsziel verändert sich dadurch nicht, es lassen sich aber einige zusätzliche Ergebnisse ableiten. Zu den gesetzten Annahmen: Das lineare stochastische Regressionsmodell geht von der Existenz einer in der Grundgesamtheit geltenden linearen Beziehung zwischen der abhängigen Variable Y und den m unabhängigen Variablen X_j aus (j ist die Nummer der unabhängigen Variable). Es wird ferner angenommen, daß der von den X_j ausgehende Einfluß auf Y durch die stochastische Komponente U gestört wird. Nimmt man an, daß die Werte der unabhängigen Variablen gegeben sind und berücksichtigt wiederum die Scheinvariable X_0, so ergibt sich Y_i als Linearkombination der X_{ji} ergänzt um den stochastischen Term U_i:

$$Y_i = \sum_{j=0}^{m} B_j \cdot X_{ji} + U_i.$$

Y selbst ist damit eine Zufallsvariable. Da nur eine Stichprobe beobachtbar ist, ist es das Ziel der stochastischen Regressionsanalyse, Schätzwerte für die Koeffizienten B_j und die Störvariable U zu ermitteln. Dazu sind zunächst Annahmen bezüglich der stochastischen Eigenschaften der Störvariablen erforderlich. Es wird angenommen, daß sich die stochastischen Störeinflüsse im Mittel ausgleichen, daß der Erwartungswert von U_i bei gegebenen X_j also

19 Vgl. Schneeweiß (1990), S. 130.

Null, U_i damit hinsichtlich seines Erwartungswertes, auch unabhängig von den X_j ist:

(A1) $E(U_i|X_1, ..., X_m) = 0$.

Ferner wird für die Variable U von Homoskedastizität ausgegangen, was bedeutet, daß die Varianz von U_i konstant und damit unabhängig von den X_j ist:

(A2) $Var(U_i|X_1, ..., X_m) = \sigma^2$.

Mit diesen Annahmen ergibt sich für den Erwartungswert und die Varianz der abhängigen Variable:

$$E(Y_i|X_1, ..., X_m) = \sum_{j=1}^{m} B_j \cdot X_{ji} \quad \text{und} \quad Var(Y_i|X_1, ..., X_m) = \sigma^2.$$ [20]

Weitere Annahmen sind:

(A3) $E(U_i\, U_k|X_1, ..., X_m) = 0, \; i \neq k$

Die Werte U_i und U_k zweier Beobachtungen i und k sind unkorreliert. Zur Durchführung von Signifikanztests der Koeffizienten ist noch folgende Annahme erforderlich:

(A4) $U|X_1, ..., X_m$ ist normalverteilt.

Die Ermittlung der Koeffizienten des stochastischen Regressionsmodells kann in gleicher Weise erfolgen wie bei der deskriptiven Regressionsrechnung, also etwa mit Hilfe der Methode der kleinsten Quadrate. Auch das Bestimmtheitsmaß kann analog ermittelt werden. Gelten allerdings die getroffenen Annahmen, so lassen sich weitere Maßzahlen ermitteln, mit denen die Güte des Regressionsmodells beurteilt werden kann.

Hier sind zunächst die Standardabweichungen der errechneten Regressionskoeffizienten b_j (Schätzwerte für die B_j) zu nennen. Liegt Homoskedastizität vor, so lassen sie sich im Falle nur einer unabhängigen Variablen X schätzen als:

$$s_{b_0} = s_u \cdot \sqrt{\frac{1}{n} + \frac{\bar{x}^2}{n \cdot s_x^2}} \quad \text{und} \quad s_{b_1} = \frac{s_u}{\sqrt{n} \cdot s_x}.$$

$\bar{x}$ = Stichprobenmittelwert der unabhängigen Variable, s_u geschätzte Standardabweichung um die Regressionslinie (Schätzwert für σ), n Anzahl der Beobachtungen, s_x = Standardabweichung der unabhängigen Variable in der

20 Vgl. Schneeweiß (1990), S. 32.

Stichprobe. Die so errechneten Standardabweichungen können dazu benutzt werden, die errechneten Koeffizientenwerte einem Signifikanztest auf den Wert Null zu unterziehen. Der sich so ergebende ("beobachtete") Wert des t-Tests wird bei der Ergebnispräsentation häufig zusammen mit den Koeffizientenwerten angegeben. Läßt sich die Hypothese eines Koeffizientenwerts von Null zu einem gegebenen Signifikanzniveau ablehnen, so wird dies als Beleg dafür gedeutet, daß die dem entsprechenden Koeffizient zugeordnete Variable einen signifikanten Einfluß auf die abhängige Variable ausübt.

Verbreitet ist auch der Durbin-Watson-Test auf Autokorrelationsfreiheit der Störvariablen. Dieser ermöglicht Aussagen darüber, ob die benachbarten Ausprägungen der Störvariablen einer linearen autoregressiven Beziehung der Art

$$U_i = \rho \cdot U_{i-1} + \varepsilon_i$$

unterliegen. ρ wird als Autokorrelationskoeffizient bezeichnet und gibt die Korrelation benachbarter Werte[21] der Störvariablen an. ε_i stellt eine stochastische Störkomponente der Autokorrelationsbeziehung dar. Als Testgröße ("Durbin-Watson-Statistik") dient der Ausdruck

$$dw = \frac{\sum_{i=2}^{I} (u_i - u_{i-1})^2}{\sum_{i=1}^{I} u_i^2}.$$

u_i bezeichnet den mit der ermittelten Regressionsgleichung errechneten Wert der Störvariable für Bebachtung i, I bezeichnet die Gesamtzahl der Beobachtungen.. Zwischen dieser Testgröße und dem Autokorrelationskoeffizienten gilt approximativ die Beziehung

$$dw \approx 2 \cdot (1-\rho).$$

Je nach dem Wert der Testgröße kann auf das Ausmaß der Autokorrelation geschlossen werden. Bei völliger Abwesenheit von Autokorrelation ($\rho = 0$) ist dw = 2, bei vollständiger positiver Autokorrelation ($\rho = +1$) ist dw = 0 und bei vollständiger negativer Autokorrelation ($\rho = -1$) ist dw = 4. In Abhängigkeit von der vorzugebenden Irrtumswahrscheinlichkeit, der Anzahl der Beobachtungen und der Anzahl der unabhängigen Variablen existieren für die Testgröße dw allerdings zwei Unbestimmtheitsbereiche. Fällt das errechnete dw in dieselben, so kann die Hypothese abwesender Autokorrelation weder bestätigt noch verworfen werden. Die Unbestimmtheitsbereiche ergeben sich über die

[21] In Längsschnittsanalysen sind dies die Werte zweier aufeinanderfolgender Beobachtungsperioden.

tabelliert vorliegenden Werte d_u (unterer Wert) und d_o (oberer Wert). Es lassen sich folgende Fälle unterscheiden:

Fall	dw liegt im Intervall	Aussage (zu gegebener Irrtumswahrscheinlichkeit)
1	$[0, d_u[$	positive Autokorrelation
2	$[d_u, d_o]$	*keine Aussage möglich*
3	$]d_o, 4\text{-}d_o[$	keine Autokorrelation
4	$[4\text{-}d_o, 4\text{-}d_u]$	*keine Aussage möglich*
5	$]4\text{-}d_u, 4]$	negative Autokorrelation

Deutet der Durbin-Watson-Test auf Autokorrelation der Störvariablen hin, so muß mit einer Fehlspezifikation des Regressionsmodells gerechnet werden, welche unter anderem darauf zurückzuführen sein kann, daß wichtige unabhängige Variablen unberücksichtigt geblieben sind oder eine falsche Funktionsform gewählt wurde.[22]

Betrachtet man die Anwendungen der Regressionsrechnung in der empirischen Wirtschaftsforschung so fällt auf, daß hier die stochastischen Merkmale nicht die dominante Rolle spielen. Im Vordergrund stehen die mit der Regressionsanalyse gewonnenen deskriptiven Aussagen und nicht etwa die Beurteilung der Voraussetzungen und Implikationen des stochastischen Modells.[23] Eine der Ausnahmen bilden die zu den Koeffizienten häufig angegebenen Werte zum t-Test der Koeffizienten auf den Wert Null. Auf der Grundidee dieses Tests basiert eine in der vorliegenden Arbeit verwendete Heuristik (Daumenregel) zur Beurteilung der Stabilität von Regressionskoeffizienten (vgl. Abschnitt 5.1). Ferner wird in der vorliegenden Arbeit die Durbin-Watson-Statistik im Zusammenhang mit der Berechnung ausgewählter multipler Regressionsgleichungen präsentiert.

3.2. Datenlage

3.2.1. Die Bilanzstatistik der Deutschen Bundesbank

3.2.1.1. Erhebung

Die Bilanzstatistik der Deutschen Bundesbank basiert auf der Auswertung von Jahresabschlüssen, die der Deutschen Bundesbank im Zusammenhang mit der Bonitätsprüfung von Wechselverpflichteten eingereicht werden. In dieser

---

22 Vgl. Schneeweiß (1990), S. 188 - 189.

23 Vgl. Grohmann (1976), S. 323.

Statistik werden Bilanz- und Erfolgsdaten auch auf Ebene von Wirtschaftszweigen veröffentlicht. Demgemäß liefert sie auch entsprechende Informationen zu Geldvermögen und Verpflichtungen. Bei der Verwendung dieser Daten sind einige erhebungsseitige Probleme zu berücksichtigen. Zunächst stellt die Bilanzstatistik eine nicht zufällige Stichprobe dar, da sie auf den von den Kreditinstituten an die Deutsche Bundesbank eingereichten Jahresabschlüssen basiert. Inwieweit diese Unternehmen repräsentativ sind und mit welchen Verzerrungen möglicherweise zu rechnen ist, läßt sich nicht direkt abschätzen. Da die Bilanzen jedoch zwecks Bonitätsprüfung von Wechselverpflichteten bei den Kreditinstituten eingereicht werden, sind jedenfalls nur solche Unternehmen ausreichend repräsentiert, bei denen Handelswechsel als Instrument der Finanzierung auftreten. Auch dürften Unternehmen guter Bonität überrepräsentiert sein, da die Kreditinstitute Wechsel von Unternehmen schlechter Bonität der Bundesbank erst gar nicht zum Rediskont anbieten. Unterrepräsentiert sind die Unternehmen der Landwirtschaft und der meisten Dienstleistungsbereiche sowie die freiberuflich Tätigen. Die Bundesbank verwendet wegen dieser Verzerrungen eine gebundene Hochrechnung der Ergebnisse. Hochrechnungsschlüssel ist das Verhältnis der aus dem Bilanzmaterial ermittelten Umsätze und den Umsätzen gemäß der Umsatzstatistik des Statistischen Bundesamtes (gegliedert nach Wirtschaftszweigen und Rechtsformen).

Bei den eingereichten Bilanzen handelt es sich zu 90 Prozent um Steuerbilanzen. Der Erstellung von Bilanzen liegen die vom Gesetzgeber erlassenen Vorschriften zugrunde. Die Einhaltung bestimmter Bilanzierungsprinzipien (zum Beispiel Niederstwertprinzip) führt unter Umständen zu Wertansätzen, die nicht mit den tatsächlichen Werten übereinstimmen. Andererseits sind die in den Bilanzen ausgewiesenen Werte die einzigen, die zugänglich sind. So sind etwa auch die Kreditinstitute darauf angewiesen, die bilanziellen Wertansätze als Grundlage einer Bonitätsbeurteilung von Unternehmen zu verwenden. Den Kreditinstituten kommt aber eine "vorsichtige" Bewertung entgegen, da sie in gewissser Weise zu Mindestwerten führt. Anderen Bilanznutzern kommt dieser Tatbestand allerdings nicht unbedingt entgegen, da sie nicht an "vorsichtigen", sondern an möglichst "wirklichkeitsnahen" Wertansätzen interessiert sind.

Die sektoralen Daten liegen zudem nicht für alle einbezogenen Wirtschaftszweige separat vor. Angaben existieren für das Verarbeitende Gewerbe, das Baugewerbe, den Groß- und Einzelhandel. Innerhalb des Verarbeitenden Gewerbes werden Angaben nur für jene sechzehn Wirtschaftszweige veröffentlicht, die genügend repräsentiert sind. (Vgl. Tabelle 3.) Gemessen an den Umsätzen laut Umsatzsteuerstatistik repräsentierten diese Wirtschaftszweige allerdings ca. 79 Prozent der Umsätze des Verarbeitenden Gewerbes insgesamt (im Jahr 1980, neuere Angaben liegen nicht vor). Gemessen an den erfaßten Umsätzen ist das Baugewerbe mit 37,0 Prozent am schlechtesten repräsentiert, gefolgt vom Einzelhandel mit 49,1 Prozent und der Holzverarbeitung mit 51,1 Prozent. Am besten ist die NE-Metallerzeugung repräsentiert (100 Prozent der erfaßten Umsätze), gefolgt von der Elektrotechnik (97,8 Prozent) und dem Textilgewerbe (92,7 Prozent). Im Durchschnitt aller erfaßten Unternehmen wurden 69,2 Prozent der Umsätze erfaßt.

Tabelle 3: Sektorale Gliederung der Bilanzstatistik der Deutschen Bundesbank

Verarbeitendes Gewerbe	Grundstoff- und Produktionsgütergewerbe[a)]	Chemische Industrie
		Steine- und Erdengewinnung
		Eisenschaffende Industrie
		NE-Metallerzeugung
		Holzbearbeitung
	Investitionsgüterproduzierendes Gewerbe[a)]	Stahl-/Leichtmetallbau
		Maschinenbau
		Straßenfahrzeugbau
		Elektrotechnik
		Eisen-/Blech-/Metallwarenherstellung
	Verbrauchsgüterproduzierendes Gewerbe[a)]	Kunststoffwarenherstellung
		Holzverarbeitung
		Papier-/Pappeverarbeitung
		Textilgewerbe
		Bekleidungsgewerbe
		Ernährungsgewerbe
Baugewerbe		
Handel	Großhandel	
	Einzelhandel	

Quelle: Deutsche Bundesbank, Monatsberichte, verschiedene Novemberhefte. *Anmerkung:* a) Diese Gruppenbildung erfolgte durch den Verfasser.

Die Daten des Zeitraums bis 1979 sind einem Sonderdruck der Deutschen Bundesbank entnommen.[24] Die Daten der nachfolgenden Jahre entstammen den Novemberheften der Monatsberichte der Deutschen Bundesbank. Nach Auskunft der Deutschen Bundesbank ist ein neuer Sonderdruck in Vorbereitung. Dieser kann in der vorliegenden Arbeit nicht mehr berücksichtigt werden. Die im neuen Sonderdruck veröffentlichten Angaben entsprechen allerdings denen der Novemberhefte der Monatsberichte. Nach Empfehlung

24 Vgl. Deutsche Bundesbank (1983).

der Deutschen Bundesbank wurden die Daten eines bestimmten Jahres jenem Novemberheft entnommen, in dem sie letztmalig veröffentlicht wurden.

Bedeutsam für die empirischen Analysen sind einige Brüche in den Datenreihen. Der erste relevante Bruch ist Folge der Veränderung der Wirtschaftszweigsystematik des Statistischen Bundesamts. Erstmalig werden die Daten des Jahres 1980 nach neuer Systematik ausgewiesen. Gleichzeitig verwendet die Deutsche Bundesbank ab 1980 ein neues Hochrechnungsverfahren, das gegenüber dem alten Verfahren hinsichtlich einer tieferen Größenklassenbildung verbessert wurde.[25] Die Daten des Jahres 1980 sind sowohl nach alter als auch nach neuer Systematik bzw. Hochrechnung ausgewiesen. Es gibt zwei denkbare Versuche, diesen Datenbruch zu berücksichtigen.

(1) Bei Betrachtung von Niveauwerten kann der Bruch offengelegt werden. In graphischen Zeitreihendarstellungen wird sich dies dadurch niederschlagen, daß Polygonzüge an den Bruchstellen unverbunden bleiben. Veränderungsanalysen für die Jahre bis 1980 werden nach alter Datengrundlage, Veränderungsanalysen ab 1981 nach neuer Datengrundlage ermittelt. Dieses Verfahren führt allerdings nur bei relativen Veränderungen zu über die Bruchstelle hinweg vergleichbaren Werten. Bei absoluten Veränderungen, Niveaus und Verhältniszahlen (sowohl intersektorale als auch intrasektorale[26]) sind die Werte über die Bruchstelle hinweg nicht mehr vergleichbar und wie angedeutet offenzulegen.

(2) Eine zweite Möglichkeit ist der Ausgleich des Datenbruches durch Verkettung der Datenreihen. Verkettungsfaktor ist das Verhältnis der Datenwerte im Jahr des Bruches. Empfehlenswert ist eine von den neuesten Jahren rückwärts zu den älteren Jahren verlaufende Verkettung. Auf Grundlage dieser verketteten Reihen können dann auch Veränderungsanalysen über die Bruchjahre hinweg durchgeführt werden. Bei Betrachtung von Veränderungsraten würde dies zum gleichen Ergebnis führen wie nach der zuvor geschilderten ersten Möglichkeit. Bei absoluten Veränderungen, Niveaus und Verhältniszahlen ergibt sich eine direkte Vergleichbarkeit auch über die Bruchstellen hinweg, wenn unterstellt wird, daß der Verkettungsfaktor auf Grundlage des überlappenden Jahres das Ausmaß der Unterschiedlichkeit in allen korrigierten Jahren hinreichend abbildet.

Da es sich um keine gravierenden Einschnitte handelt, hat der Verfasser der zweiten Möglichkeit den Vorzug gegeben: Die Niveaudaten der Jahre bis 1979 einschließlich wurden durch folgende Prozedur transformiert:

---

[25] Auch die bilanzanalytische Behandlung des Sonderpostens mit Rücklageanteil wurde ab 1980 verändert (vgl. weiter unten).

[26] Verhältniszahlen innerhalb eines Sektors sind dann von dem Datenbruch betroffen, wenn die ins Verhältnis gesetzten Größen in unterschiedlichem Ausmaß von dem Datenbruch betroffen waren.

$$X_{ijt}^{k} = X_{ijt} \cdot \frac{X_{i,j,1980}^{neu}}{X_{i,j,1980}^{alt}} \qquad i = 1,\dots,I \quad j = 0,\dots,19 \quad t = 1972,\dots,1979$$

mit:

X_{ijt}^{k}	verketteter Wert der Größe i in Sektor j und Jahr t,
X_{ijt}	Originalwert der Größe i in Sektor j und Jahr t,
$X_{i,j,1980}^{neu}$	Wert der Größe i in Sektor j im Jahr 1980 nach neuer Wirtschaftszweigsystematik und neuem Hochrechnungsverfahren,
$X_{i,j,1980}^{alt}$	Wert der Größe i in Sektor j im Jahr 1980 nach alter Wirtschaftszweigsystematik und altem Hochrechnungsverfahren,
i	Nummer der Jahresabschlußposition,
I	Gesamtzahl der betrachteten Jahresabschlußpositionen,
j	alle Unternehmen (j=0), 19 Sektoren (j=1,..., 19).

Die Umstellung der Wirtschaftszweigsystematik führte im wesentlichen zu Umgruppierungen von Unternehmensgruppen. Einzelne Gruppen wurden ihrem bisherigen Wirtschaftszweig ausgegliedert und einem anderen zugeordnet. Der angegebene Verkettungsfaktor gibt den Effekt dieser Umgruppierungen auf die jeweilige Jahresabschlußposition an. Ist er größer Eins, wurden dem betrachteten Wirtschaftszweig, gemessen an der jeweiligen Jahresabschlußposition, per Saldo mehr Unternehmensgruppen neu zugeordnet als ausgegliedert. (Die Verkettungsfaktoren der Rücklagen und der Rückstellungen enthalten allerdings eine weitere Komponente, die auf die veränderte bilanzanalytische Behandlung des Sonderpostens mit Rücklageanteil zurückgeht. Vgl. weiter unten.)

Ein zweiter Datenbruch entsteht durch den Übergang auf das neue Bilanzrecht ab dem Jahre 1986.[27] In welchem Ausmaß es durch veränderte Bilanzpolitiken zu Verzerrungen kommt, läßt sich generell nicht sagen. Betroffen ist der Ausweis für die Unternehmen insgesamt und alle einzeln ausgewiesenen Sektoren. Lediglich einige den Ausweis der Wertberichtigungen und des Berichtigungspostens zum Eigenkapital betreffende Änderungen lassen sich rechnerisch näherungsweise berücksichtigen. Die Erläuterung dazu erfolgt im nächsten Abschnitt im Zusammenhang mit der Besprechung einzelner Bilanzpositionen.

---

27 Vgl. Wöhe (1988), Steiner/Jaschke (1988) und Mayer (1989).

Von einem dritten Datenbruch sind vier der neunzehn Sektoren[28] und dadurch auch die Gesamtheit der Unternehmen betroffen. Ursache war die Ausgliederung von umorganisierten Unternehmen ab 1988.[29] (Die Werte vor Ausgliederung lagen für das Jahr 1988 ebenfalls vor.) Eine Vergleichbarkeit der Ergebnisse wurde wiederum durch Verkettung hergestellt. Ziel war es, die sektorale Zusammensetzung der Jahre bis 1988 auch für die beiden folgenden Jahre zu unterstellen. Dies wurde durch eine Vorwärtsverkettung zu erreichen versucht. Allgemein lautete die Verkettungsprozedur:

$$X_{ijt}^{k} = X_{ijt} \cdot \frac{X_{i,j,1988}^{alt}}{X_{i,j,1988}^{neu}} \qquad i = 1,\dots,I \qquad j = 0,8,9,18,19 \qquad t = 1989,1990$$

mit:

X_{ijt}^{k}	verketteter Wert der Größe i in Sektor j und Jahr t,
X_{ijt}	Originalwert der Größe i in Sektor j und Jahr t,
$X_{i,j,1988}^{alt}$	Wert der Größe i in Sektor j im Jahr 1988 vor Ausgliederung umorganisierter Unternehmen,
$X_{i,j,1988}^{neu}$	Wert der Größe i in Sektor j im Jahr 1988 nach Ausgliederung umorganisierter Unternehmen,
i	Nummer der Jahresabschlußposition,
I	Gesamtzahl der betrachteten Jahresabschlußpositionen,
j	alle Unternehmen (j=0), Straßenfahrzeugbau (j=8), Elektrotechnische Industrie (j=9), Großhandel (j=18), Einzelhandel (j=19).

3.2.1.2. Nachgewiesene Daten

In diesem Abschnitt wird ein Überblick über die in der Bilanzstatistik der Deutschen Bundesbank ausgewiesenen Jahresabschlußdaten gegeben. In der Tabelle 4 ist das Schema der dort ausgewiesenen vereinfachten Bilanz dargestellt.[30]

Nachfolgend findet eine Besprechung einzelner Positionen statt.[31] Für bestimmte Vergleichszwecke findet dabei ein Zugriff auf die beiden anderen

---

28 Betroffen waren der Straßenfahrzeugbau, die Elektrotechnik, der Großhandel und der Einzelhandel.

29 Vgl. Deutsche Bundesbank, Monatsbericht November 1991, S. 33.

30 Derartige Vereinfachungen werden auch in den kommerziellen Jahresabschlußdatenbanken für die Bundesrepublik vorgenommen. Einen Überblick geben Küting/Weber (1993), S. 438 - 445.

31 Soweit nichts anderes angegeben ist, stammen die Angaben aus: Deutsche Bundesbank (1983), S. 7 - 9.

Datenquellen statt, die erst in den Folgeabschnitten besprochen werden. Es wird mit den im Vordergrund stehenden Geldvermögensarten begonnen.

Die Kassenmittel umfassen Banknoten, Münzen, Sichtguthaben, Termingelder sowie andere Bank- und Postscheckguthaben. Hier sind also die Positionen zusammengefaßt, denen eine Zahlungsmittelfunktion zukommt. Es sind jene Geldvermögensformen enthalten, die auch Bestandteil der gesamtwirtschaftlichen Geldmenge M3 sind. Nachteilig an diesem Ausweis ist, daß zinstragende und zinslose Formen vermischt sind. Das liegt nicht am Bundesbank-Ausweis, da auch in den Einzelbilanzen keine weitere Aufspaltung vorgenommen wird. Legt man die Angaben der Finanzierungsrechnung der Deutschen Bundesbank für die Produktionsunternehmen zugrunde, so kommt dem Bargeld und den Sichteinlagen in den Jahren 1972 bis 1990 ein Gewicht von durchschnittlich knapp 60 Prozent der Summe aus Bargeld, Sichteinlagen und übrigen Bankeinlagen zu.[32]

Tabelle 4: Vereinfachtes Bilanzschema

Aktiva	*Passiva*
SACHVERMÖGEN	EIGENMITTEL
Sachanlagen	Eigenkapital
Grundstücke und Gebäude	Rücklagen
Sonstige Sachanlagen	
Vorräte	VERPFLICHTUNGEN
Roh-, Hilfs- und Betriebsstoffe	Verbindlichkeiten
unfertige Erzeugnisse	Kurzfristige Verbindlichkeiten
fertige Erzeugnisse, Waren	aus Lieferungen und
	Leistungen
GELDVERMÖGEN a)	sonstige
Kassenmittel	Langfristige Verbindlichkeiten
Forderungen	Rückstellungen
Kurzfristige Forderungen	
aus Lieferungen und	Rechnungsabgrenzungsposten
Leistungen	
sonstige	
Langfristige Forderungen	
Wertpapiere	
Beteiligungen	
Rechnungsabgrenzungsposten	
BILANZSUMME	BILANZSUMME

Anmerkung: a) Bei der Bundesbank als Forderungsvermögen bezeichnet.

32 Quellen: Deutsche Bundesbank (1990), S. 52 - 54; Deutsche Bundesbank (1991), S. 35; eigene Berechnungen.

In den Forderungen aus Lieferungen und Leistungen sind auch die Besitzwechsel enthalten, da diese den zugrundeliegenden Forderungen zuzuordnen sind.[33] Heterogener ist das Aggregat der sonstigen kurzfristigen Forderungen. Diese umfassen "Anzahlungen auf Werte des Umlaufvermögens und den Wert von Leistungen, die zwar schon erbracht, aber noch nicht abgerechnet wurden (z. B. noch nicht abgerechnete Bauten bei Bauunternehmen). In dieser Position werden auch die Forderungen an verbundene Unternehmen ausgewiesen, soweit sie nicht als langfristig erkennbar sind."[34] Einen Hinweis auf die Grobstruktur dieser Position gibt die Bilanzstatistik des Statistischen Bundesamts: Im Jahre 1990 entfiel bei den großen Kapitalgesellschaften des Produzierenden Gewerbes mehr als die Hälfte dieser Bilanzposition auf Forderungen gegen verbundene Unternehmen.[35] In der Bilanzstatistik der Deutschen Bundesbank dürfte dieser Anteil wegen der Repräsentanz kleiner Unternehmen deutlich geringer zu veranschlagen sein. Den Daten der Deutschen Bundesbank nach zu urteilen, entfielen die nach altem Bilanzrecht separat als Passivposten ausgewiesenen sonstigen Wertberichtigungen auf die Forderungen aus Lieferungen und Leistungen. Zur Herstellung einer Vergleichbarkeit wurden die Werte der ausgewiesenen Forderungen aus Lieferungen und Leistungen vor 1986 um die sonstigen Wertberichtigungen gekürzt.

"Langfristige Forderungen sind bei den Jahresabschlüssen, die nach den Vorschriften des Aktiengesetzes (alte Fassung) gegliedert sind, Ausleihungen mit einer ursprünglich vereinbarten Laufzeit von mindestens vier Jahren. Bei den übrigen Jahresabschlüssen gehören hierzu gewährte Darlehen, Hypotheken, Rückkaufswerte von Versicherungen u. a."[36]

In der Position Wertpapiere sind Papiere aller Fristigkeiten zusammengefaßt. Enthalten sind festverzinsliche Wertpapiere und solche Aktien, die nicht als Beteiligung verbucht wurden. Der Anteil kurzfristiger und langfristiger festverzinslicher Wertpapiere dürfte je nach Zinsstruktur schwanken.[37] Über den Aktienanteil läßt sich keine Aussage formulieren.[38]

"Als Beteiligung gelten Kapitalanteile an anderen Unternehmen, die auf Dauer und mit Beteiligungsabsicht, d. h. zur Einflußnahme oder zur Herbeiführung einer engen wirtschaftlichen Verflechtung, gehalten werden, gleichgültig, ob die Anteile in Wertpapieren verbrieft sind oder nicht."[39]

---

33 Vgl. auch Coenenberg (1992), S. 138.

34 Deutsche Bundesbank (1983), S. 7.

35 Quellen: Statistisches Bundesamt (1990), S. 25; eigene Berechnungen. Die sonstigen kurzfristigen Forderungen wurden angenähert durch das monetäre Umlaufsvermögen ohne Wertpapiere und Kassenmittel.

36 Deutsche Bundesbank (1989), S. 7.

37 Das bestätigt auch ein Blick in die Finanzierungsrechnung der Deutschen Bundesbank. Vgl. Deutsche Bundesbank (1990), S. 52 - 54, und Deutsche Bundesbank (1991), S. 35

38 Die Finanzierungsrechnung läßt hier keine Aussage zu, da dort lediglich eine Position Aktien existiert, Beteiligungen aber nicht ausgewiesen sind.

39 Deutsche Bundesbank (1983), S. 8.

Zu den übrigen Aktiva. Die Sachanlagen sind in Grundstücke und Gebäude, sowie sonstige Sachanlagen aufgegliedert. Zu den sonstigen Sachanlagen gehören neben Maschinen, maschinelle Anlagen, Betriebs- und Geschäftsausstattungen. Auch im Bau befindliche Anlagen, Anzahlungen auf Anlagen, Patente, aktivierte Firmenwerte und andere immaterielle Werte sind hier ausgewiesen. Um einen Eindruck über die relative Bedeutung dieser Komponenten zu erhalten, wird wieder die Bilanzstatistik des Statistischen Bundesamts herangezogen. Die Tabelle 5 zeigt, daß in dem Sammelposten sonstige Sachanlagen jene Positionen überwiegen, die im Rahmen der Volkswirtschaftlichen Gesamtrechnung den Ausrüstungen zugeordnet sind.

Tabelle 5: Struktur der Sachanlagen (ohne Grundstücke und Gebäude) und immateriellen Vermögensgegenstände großer Kapitalgesellschaften des Produzierenden Gewerbes im Jahre 1990

Bezeichnung der Position	Mrd. DM	Prozent
Technische Anlagen und Maschinen	89,3	71,4
Andere Anlagen, Betriebs- und Geschäftsausstattung	17,0	13,6
Geleistete Anzahlungen auf Sachanlagen und Anlagen im Bau	15,4	12,3
Konzessionen, gewerbliche Schutzrechte u. ä., Lizenzen	2,5	2,0
Geschäfts- oder Firmenwert	0,6	0,5
Geleistete Anzahlungen auf immaterielle Vermögensgegenstände	0,3	0,2
Summe	125,1	100,0

Quellen: Statistisches Bundesamt (1990), S. 40 - 41; eigene Berechnungen.

Nach Übergang zum neuen Bilanzrecht werden die Wertberichtigungen auf Sachanlagen nicht mehr separat als Passivposten ausgewiesen. Vielmehr werden die Wertberichtigungen seither direkt auf der Aktivseite vorgenommen. Den Daten der Deutschen Bundesbank nach zu urteilen, entfielen die nach altem Recht ausgewiesen Wertberichtigungen auf Sachanlagen vollständig auf die sonstigen Sachanlagen. Zur Herstellung einer Vergleichbarkeit wurden die Werte der ausgewiesenen sonstigen Sachanlagen für die Jahre bis 1986 um die Wertberichtung auf Sachanlagen gekürzt. Mit dieser Korrektur verschwindet der Passivposten Wertberichtungen auch für die Jahre bis 1986.

Als Aktivposten verbleiben die Vorräte (sie sind in drei Positionen zerlegt: (1) Roh-, Hilfs- und Betriebsstoffe, (2) unfertige Erzeugnisse und (3) fertige Erzeugnisse und Waren) und ein Rechnungsabgrenzungsposten[40].

Zu den Passiven. Die Tabelle 6 gibt einen Überblick über die Komponenten des Eigenkapitals in Unternehmen verschiedener Rechtsformen. Bei einem rechtsformspezifischen Vergleich der Eigenkapitalausstattung ist mit bestimmten Verzerrungen zu rechnen, da

40 Für die Jahre bis 1986 wurde der Berichtigungsposten zum Eigenkapital mit den Rücklagen verrechnet (vgl. dazu unten). Die verbleibende Differenz stellt die Rechnungsabgrenzungsposten dar.

- das Eigenkapital von Aktiengesellschaften und Gesellschaften mit beschränkter Haftung zugleich Beteiligungsbesitz anderen Unternehmen darstellt und
- das Privatvermögen der Inhaber von Personengesellschaften und Einzelfirmen nicht als Eigenkapital erscheint, obgleich es für Gläubiger des Unternehmens eine vergleichbare Funktion aufweist.[41]

Ferner bleiben die sogenannten stillen Reserven unberücksichtigt, die durch zu geringe Wertansätze von Aktiva (bedingt durch Sonderabschreibungen und Unterbewertungen) entstehen können. Ein näherungsweiser Ausgleich der Unterbewertungen des Sachvermögens wird in der vorliegenden Arbeit versucht werden (vgl. Abschnitt 4.4.1).

Tabelle 6: In der Position Eigenkapital berücksichtigte Komponenten nach Rechtsform des Unternehmens

Rechtsform	Berücksichtigte Eigenkapitalkomponente
Aktiengesellschaft	Grundkapital
GmbH	Stammkapital
Genossenschaft	Geschäftsguthaben
bergrechtliche Gewerkschaft	Stammvermögen
andere Rechtsformen	Kapitalkonten der Inhaber bzw. Gesellschafter
	Darlehen persönlich haftender Gesellschafter

Quelle: Deutsche Bundesbank (1983), S. 8.

"Die Rücklagen enthalten sowohl gesetzliche als auch freiwillige Rücklagen, Sonderposten mit Rücklageanteil sowie den Gewinnvortrag. Ab 1980 [...] werden die Sonderposten mit Rücklageanteil hier nur noch zur Hälfte eingerechnet."[42] Die andere Hälfte wird bei den Rückstellungen ausgewiesen. Diese Vorgehensweise versucht dem unklaren Charakter dieses Passivpostens zu begegnen. Er besteht aus zwei Komponenten. Die erste umfaßt sogenannte steuerfreie Rücklagen, die zu einer zeitlichen Verschiebung von der Besteuerung führt. Die zweite umfaßt steuerrechtliche Mehrabschreibungen, die eine Minderung der Einkommens- und Ertragssteuer in den Jahren ihrer Durchführung bewirkt. In den Folgejahren werden dadurch aber die Abschreibungen gekürzt, was zu einem Steuernachteil führt. In der externen Bilanzanalyse ist daher die Daumenregel verbreitet, den Sonderposten mit Rücklageanteil zur

[41] Vgl. Deutsche Bundesbank (1983), S. 8.
[42] Deutsche Bundesbank (1983), S. 8.

Hälfte als Eigenkapital und zur Hälfte als Fremdkapital auszuweisen.[43] Zur Abschätzung der quantitativen Bedeutung dieses Postens dient ein weiterer Blick in die vom Statistischen Bundesamt ausgewerteten Jahresabschlüsse großer Kapitalgesellschaften. Dort würden im Jahre 1990 durch die genannte Berücksichtigung des Sonderpostens mit Rücklageanteil die Rücklagen um knapp 7 Prozent und die Rückstellungen um knapp 3 Prozent erhöht.[44] In der vorliegenden Arbeit wird der Wechsel in der Handhabung des genannten Postens ab dem Jahr 1980 durch die weiter oben beschriebene Verkettungsprozedur kompensiert. Vor der Verkettung werden die bilanziellen Rücklagen der Jahre 1972 bis 1985 um den Berichtigungsposten zum Eigenkapital gekürzt und damit eine Vergleichbarkeit mit dem Rücklagenausweis nach dem seit 1986 geltenden neuen Bilanzrecht gewährleistet.

Die erste Komponente der kurzfristigen Verbindlichkeiten stellen die Verbindlichkeiten aus Lieferungen und Leistungen dar, die auch die Wechselverbindlichkeiten enthalten. Die sonstigen kurzfristigen Verbindlichkeiten enthalten Verbindlichkeiten gegenüber Kreditinstituten, erhaltene Anzahlungen und, soweit nicht als langfristig erkennbar, Verbindlichkeiten gegenüber verbundenen Unternehmen. Die Verbindlichkeiten gegenüber Kreditinstituten werden erst seit 1989 separat ausgewiesen. Für die in der vorliegenden Arbeit beabsichtigte längerfristige Analyse müssen sie daher unberücksichtigt bleiben. Im Jahre 1990 betrug der Anteil der Verbindlichkeiten gegenüber Kreditinstituten etwa 32 Prozent der sonstigen kurzfristigen Verbindlichkeiten. Über zwei Drittel dieser Position dürften somit auf die erhaltenen Anzahlungen und die Verbindlichkeiten gegenüber verbundenen Unternehmen entfallen.[45] Bei den großen Kapitalgesellschaften des Produzierenden Gewerbes fällt der Anteil dieser Positionen mit etwa 82 Prozent noch höher aus. Die erhaltenen Anzahlungen leisten dazu einen Beitrag von etwa 34 Prozentpunkten, die Verbindlichkeiten gegenüber verbundenen Unternehmen und solchen mit denen ein Beteiligungsverhältnis besteht, leisten einen Beitrag von etwa 21 Prozentpunkten.[46]

"Langfristige Verbindlichkeiten sind bei aktienrechtlich gegliederten Abschlüssen Verbindlichkeiten mit einer ursprünglich vereinbarten Laufzeit von mindestens vier Jahren. Bei den übrigen Jahresabschlüssen gehören hierzu aufgenommene Darlehen, Hypotheken-, Grund- und Rentenschulden [...]."[47] Im Jahre 1990 entfielen davon knapp 62 Prozent auf Verbindlichkeiten gegen-

---

43 Vgl. Küting/Weber (1993), S. 67 - 68. Zu den bilanzrechtlichen Vorschriften vgl. Coenenberg (1992), S. 189 - 195.

44 Quellen: Statistisches Bundesamt (1990), S. 24 - 25; eigene Berechnungen.

45 Vgl. Deutsche Bundesbank, Monatsbericht November 1993, S. 32 - 33.

46 Quellen: Statistisches Bundesamt (1990), S. 24 - 25; eigene Berechnungen. Die genannten Werte beziehen sich auf das Jahr 1990.

47 Deutsche Bundesbank (1983), S. 8.

über Kreditinstituten.[48] Bei den großen Kapitalgesellschaften des Produzierenden Gewerbes war dieser Anteil mit etwa 56 Prozent annähernd gleich hoch. Etwa 21 Prozent entfielen hier ferner auf Verbindlichkeiten gegenüber verbundenen Unternehmen und Unternehmen mit denen ein Beteiligungsverhältnis besteht.[49]

Die Rückstellungen enthalten u. a. Steuer- und Pensionsrückstellungen und ab 1980, wie bereits oben erörtert, die Hälfte des Sonderpostens mit Rücklagenanteil. Die enthaltenen Pensionsrückstellungen werden erst ab 1989 ausgewiesen, so daß sie in den beabsichtigten längerfristigen Analysen nicht berücksichtigt werden können. Im Jahre 1990 machten sie etwa 41 Prozent der gesamten ausgewiesenen Rückstellungen aus.[50]

In der Tabelle 7 ist das vereinfachte Schema der Erfolgsrechnung dargestellt, das die Grundlage der vorliegenden Arbeit ist. Ausgangspunkt ist der Umsatz, von dem Erlösschmälerungen abgesetzt wurden. Durch Addition der Bestandsveränderungen an fertigen und unfertigen Erzeugnissen und der anderen aktivierten Eigenleistungen ergibt sich die Gesamtleistung des Unternehmens. Es werden zwei weitere Ertragspositionen ausgewiesen. Erstens die Zinserträge, die auch die Diskonterträge enthalten. Zweitens die übrigen Erträge (Erträge aus Beteiligungen, aus der Auflösung und Herabsetzung von Rückstellungen und Wertberichtigungen, Abgänge und Zuschreibungen beim Anlagevermögen). Werden diese beiden Ertragsarten zur Gesamtleistung addiert, resultieren die gesamten Erträge des Unternehmens. Von diesen Erträgen werden die Aufwendungen abgesetzt. Zunächst sind dies die Materialaufwendungen (bei Handelsbetrieben der Wareneinsatz). Danach erfolgt die Absetzung der verbleibenden Aufwandsarten:

- der Personalaufwand (Löhne, Gehälter, Sozialabgaben und freiwillige Sozialleistungen),
- die Abschreibungen, gegliedert nach Abschreibungen auf Sachanlagen und sonstigen Abschreibungen,
- der Zinsaufwand einschließlich Diskontaufwendungen, Kredit- und Überziehungsprovisionen und Abschreibungen auf ein aktiviertes Disagio[51],
- die Steuern, in denen sowohl Steuern vom Einkommen und Ertrag als auch Verbrauchs- und sonstige Steuern enthalten sind, (Die Einkommen- und Vermögensteuer der Inhaber von Personengesellschaften und Einzelkaufleuten erscheint hier nicht.)

---

48 Vgl. Deutsche Bundesbank, Monatsbericht November 1993, S. 32 - 33.
49 Vgl. Statistisches Bundesamt (1990), S. 24 - 25.
50 Vgl. Deutsche Bundesbank, Monatsbericht November 1993, S. 32 - 33.
51 Zur Aktivierung und Abschreibung eines Disagios vgl. Coenenberg (1992), S. 218 - 219.

- die übrigen Aufwendungen, bestehend aus Mieten, Pachten, Werbe-, Reise- und Forschungsaufwendungen, sowie nicht im Materialverbrauch ausgewiesene Vorleistungen.

Es resultiert der Jahresüberschuß. Nur bei Kapitalgesellschaften darf dieser als wirklicher Jahresüberschuß nach Steuern aufgefaßt werden. Bei den anderen Unternehmensformen handelt es sich um den Jahresüberschuß vor Einkommensteuer. Eine hier nicht aufgeführte Zwischengröße ist der Rohertrag. Er ergibt sich als Differenz aus Gesamtleistung und Materialaufwand. Eine weitere Zwischengröße ist der erweiterte Rohertrag, der sich als Summe aus Rohertrag, Zinserträgen und übrigen Erträgen ergibt.

Tabelle 7: Vereinfachte Erfolgsrechnung

	Umsatz
+	Bestandsveränderungen an Erzeugnissen und andere aktivierte Eigenleistungen
	Gesamtleistung
+	Zinserträge
+	Übrige Erträge
	Gesamte Erträge
−	Materialaufwand
−	Andere Aufwendungen
	Personalaufwand
	Abschreibungen
	Abschreibungen auf Sachanlagen
	Sonstige Abschreibungen
	Zinsaufwand
	Steuern
	Übrige Aufwendungen
	Jahresüberschuß

3.2.2. Andere Datenquellen

Die zentrale Datenquelle der vorliegenden Arbeit ist die eben vorgestellte Bilanzstatistik der Deutschen Bundesbank. Bei der vorangegangenen Erörterungen wurde an manchen Stellen bereits auf zwei weitere Datenquellen vorgegriffen: die Finanzierungsrechnung der Deutschen Bundesbank und die Bilanzstatistik des Statistischen Bundesamts. Einer kurzen Skizze beider Quellenwerke dient der vorliegende Abschnitt.

3.2.2.1. Die Finanzierungsrechnung der Deutschen Bundesbank

Die Finanzierungsrechnung der Deutschen Bundesbank ist eine Statistik, die Angaben zu makroökonomischen Finanzvermögensanalysen bereitstellt.[52] Neben einer Bestandsrechnung der Geldvermögen und der Verpflichtungen wird auch eine die Geldvermögensbildung und die Kreditaufnahme umfassende Stromrechnung durchgeführt. Beide Teile sind konzeptionell nicht ganz vergleichbar. Das führt dazu, daß die Bestandsveränderungen nicht den korrespondierenden Strömen entsprechen. Diese Unterschiede beruhen vor allem auf unterschiedlichen Bewertungsansätzen.

Die Aufgliederung einzelner Arten von Geldvermögen und Verpflichtungen findet auch für Wirtschaftssektoren statt. Die sektorale Gliederung ist in Tabelle 8 veranschaulicht. Hierin sind die verschiedenen Aggregationsebenen von links nach rechts angeordnet.

Tabelle 8: Sektorale Gliederung der Finanzierungsrechnung der Deutschen Bundesbank

Inländische nichtfinanzielle Sektoren	Private Haushalte	
	Unternehmen	Produktionsunternehmen
		Wohnungswirtschaft
	Öffentliche Haushalte	Gebietskörperschaften
		Sozialversicherungen
Finanzielle Sektoren	Banken	Deutsche Bundesbank
		Kreditinstitute
	Bausparkassen	
	Versicherungen	
Ausland		
Sektoren insgesamt		

Quellen: Deutsche Bundesbank (1990) und (1991).

Auf oberster Ebene erfolgt eine Aufspaltung in drei Gruppen: die inländischen nichtfinanziellen Sektoren, die finanziellen Sektoren und das Ausland. Die ersten beiden Gruppen werden nach institutionellen Kriterien weiter zerlegt. Die sektorale Zuordnung geschieht überwiegend analog zur Volkswirtschaftlichen Gesamtrechnung. Bedeutsame Ausnahme sind die Produktionsunternehmen. Die Finanzierungsrechnung trennt von den Produktionsunternehmen im Sinne der Volkswirtschaftlichen Gesamtrechnung die Wohnungswirtschaft ab. Dieser Begriffsdefinition wird auch in der vorliegenden Arbeit gefolgt. Auf tiefster Aggregationsebene finden sich Angaben für insgesamt zehn Sektoren.

---

[52] Vgl. Deutsche Bundesbank (1990) und (1991).

Die Geldvermögen und Verpflichtungen der Bestandsrechnung (sowie die entsprechenden Positionen der Geldvermögensbildung und Kreditaufnahme) sind nach einem mehrdimensionalen Gliederungsschema zerlegt. Dieses stellt eine Mischung der Kriterien Fristigkeit, Gläubiger- bzw. Schuldnergruppe und Verbriefungsart dar. Auf der ersten Ebene werden die Positionen nach deren Fristigkeit in zwei Teile zerlegt. Der erste Teil umfaßt die kurzfristigen, der zweite die längerfristigen Positionen. Als kurzfristige Positionen gelten jene, deren ursprünglich vereinbarte Laufzeiten ein Jahr nicht übersteigt. Längerfristige Positionen weisen ursprünglich vereinbarte Restlaufzeiten von mehr als einem Jahr auf. Problematisch dabei ist, daß nicht auf die tatsächlichen Restlaufzeiten abgestellt wird. So hat ein Teil der als längerfristig erfaßten Positionen eine tatsächlich noch verbleibende Restlaufzeit von weniger als einem Jahr, ist also binnen Jahresfrist verfügbar und damit nur noch kurzfristig gebunden. Innerhalb der nach Fristigkeit zerlegten Positionen erfolgt eine weitere Aufgliederung, im Wesentlichen nach den Kriterien Schuldner- bzw. Gläubigergruppe und Verbriefungsart.

Die Angaben zu den Geldvermögen und Verpflichtungen werden nicht aus den Bilanzunterlagen der Unternehmen, sondern überwiegend aus den Statistiken der finanziellen Unternehmen abgeleitet. Einer der wichtigen Unterschiede zum Ausweis in der Bilanzstatistik liegt in unterschiedlichen Aggregationsverfahren begründet. In der Finanzierungsrechnung werden die Forderungen und Verpflichtungen zwischen Einheiten eines Sektors gegeneinander aufgerechnet (konsolidierende Aggregation). In der Bilanzstatistik findet diese Aufrechnung nicht statt. Dort wird auf allen sektoralen Ebenen additiv aggregiert. Die weiteren konzeptionellen Unterschiede beider Datenquellen sind Gegenstand des Abschnitts 4.1.3.

3.2.2.2. Die Analyse von Jahresabschlüssen durch das Statistische Bundesamt

Eine weitere Datenquelle mit der wirtschaftszweigspezifische Analysen möglich sind, steht mit der Bilanzstatistik des Statistischen Bundesamts zur Verfügung.[53] Diese wertet die veröffentlichten Jahresabschlüsse der großen deutschen Kapitalgesellschaften aus. (Bis 1988 waren nur die Aktiengesellschaften einbezogen.) Als große Kapitalgesellschaften gelten gemäß § 267 Abs. 3 des Handelsgesetzbuches Unternehmen, die im Berichtsjahr mindestens zwei der folgenden Merkmale aufweisen: mindestens 15,5 Mio. DM Bilanzsumme, mindestens 32 Mio. DM Umsatzerlöse, mindestens 250 Arbeitnehmer. Das Statistische Bundesamt beschränkt seine Auswertung darüber hinaus auf solche großen Kapitalgesellschaften, deren Umsatzerlöse 100 Mio. DM

---

[53] Vgl. Statistisches Bundesamt (1990) und weitere Ausgaben der Fachserie 2, Reihe 2.1.

übersteigen.[54] Es liegen nach Wirtschaftszweigen disaggregierte Daten der Bilanzen und der Erfolgsrechnungen vor. Problematisch ist, daß der Kreis der erfaßten Unternehmen wechselt und damit eine intertemporale Vergleichbarkeit unmöglich gemacht wird. Neben einigen Zeitreihen zentraler Kennzahlen sind lediglich Zwei-Jahres-Vergleiche und eben Querschnittsanalysen möglich.

3.2.3. Der Untersuchungszeitraum und die Konjunkturphasen

Die Datenlage bestimmt auch den Untersuchungszeitraum der vorliegenden Arbeit. Da die Bilanzposition Forderungen aus Lieferungen und Leistungen erstmalig für das Jahr 1971 veröffentlicht wurde, kann eine Analyse der Geldvermögen der Unternehmen frühestens mit diesem Jahr beginnen. Das neueste veröffentlichte Jahr ist das Jahr 1991 (Novemberheft der Monatsberichte des Jahres 1993). Da für das Jahr 1971 nicht für alle Positionen Veränderungen ermittelt werden können, beginnt der Untersuchungszeitraum mit dem Jahr 1972.

Ein Kriterium zur Wahl des letzten Jahres des Untersuchungszeitraumes stellt die konjunkturelle Situation dar. Diese sollte in etwa der des Jahres 1972 entsprechen. Gemessen an den von der Deutschen Bundesbank errechneten Trendabweichungen des Nettoproduktionsindex liegen die Jahre 1972 und 1990 jeweils am Ende einer Phase der konjunkturellen Erholung. In beiden Jahren stiegen die prozentualen Trendabweichungen und erreichten ihr lokales Maximum zu Beginn der darauffolgenden Periode. Damit deckt der Untersuchungszeitraum zwei Konjunkturzyklen plus das Jahr 1972 ab.

Die längerfristige Entwicklung vieler ökonomischer Größen ist von einer kürzerfristigen, einer konjunkturellen Entwicklung überlagert. Damit bei der Darstellung von Zeitreihen sowohl der Geldvermögensgrößen als auch von deren Einflußgrößen der konjunkturelle Hintergrund zu Tage tritt, werden die meisten der präsentierten Diagramme entsprechend der konjunkturellen Phase schattiert. Es wird dabei von einem einfachen, zweiphasigen Schema ausgegangen: es wird auf Phasen konjunktureller Abschwächung und auf Phasen konjunktureller Erholung abgestellt. In den Diagrammen werden die Jahre, in denen eine konjunkturelle Abschwächung stattfand mit einem Schatten hinterlegt. Die Jahre mit einer konjunkturellen Erholung bleiben unschattiert.

Zur Abgrenzung der genannten Phasen kommen grundsätzlich mehrere Konzepte der Konjunkturdiagnose in Betracht.[55] In der vorliegenden Arbeit wird einem Ansatz der Deutschen Bundesbank gefolgt. Diese verwendet im

---

[54] Vgl. Statistisches Bundesamt (1990), S. 6.
[55] Eine Überblick gibt Körber-Weik (1983), S. 145 - 184.

Rahmen der Ermittlung saisonbereinigter Wirtschaftszahlen ein ursprünglich vom Bureau of the Census konzipiertes und von ihr weiterentwickeltes Verfahren zur Zeitreihendekomposition.[56] Ausgangspunkt der Dekomposition ist die Berechnung von Trendwerten mit Verfahren der gleitenden Mittelung. Dem schließt sich ein mehrstufiger, teilweise iterativer und interaktiver Algorithmus zur Ermittlung von Saisonkomponenten an. Der Index der industriellen Nettoproduktion ist die zentrale Zeitreihe, die dieser Prozedur unterworfen wird. Der so ermittelte Trend dieser Reihe dient in Verbindung mit den saisonbereinigten Werten zur Abgrenzung der besprochenen Konjunkturphasen: Phasen mit abnehmender Abweichung[57] der saisonbereinigten Werte vom Trend werden als Phasen konjunktureller Abschwächung (Abschwungsphasen) aufgefaßt; Phasen mit zunehmender Trendabweichung als Phasen der konjunkturellen Erholung (Aufschwungsphasen). Als Phasen konjunktureller Abschwächung gelten demnach die Jahre 1973, 1974, 1975, 1980, 1981 und 1982.[58]

---

56 Vgl. Deutsche Bundesbank (1987a).

57 Es wird die Differenz, nicht der Betrag der Differenz betrachtet!

58 Vgl. Deutsche Bundesbank, Saisonbereinigte Wirtschaftszahlen, Oktober 1986, S. 81, und März 1993, S. 85.

4. Entwicklung der Geldvermögen

In diesem Abschnitt soll der grundlegende Befund zur Entwicklung der Geldvermögen ermittelt werden. Es werden dazu verschiedene Variablentypen betrachtet, die je einen anderen Erkenntniswert aufweisen. Zunächst wird in Abschnitt 4.1 gezeigt, welcher Entwicklung die *Niveaus der Geldvermögen* (also ihre Bestände in DM) im hier betrachteten Zeitraum von 1972 bis 1990 unterlagen. Betrachtet werden die Geldvermögensbestände der in der Bilanzstatistik der Deutschen Bundesbank vertretenen Produktionsunternehmen als Ganzes. Dem Befund der Bilanzstatistik wird sodann der Befund der Finanzierungsrechnung der Deutschen Bundesbank gegenübergestellt. Durch diese Gegenüberstellung sollen vor allem Hinweise erlangt werden über die Geldvermögensentwicklung in jenen Produktionsunternehmen, die in der Bilanzstatistik nicht repräsentiert sind. Die Gegenüberstellung macht auch einen konzeptionellen Vergleich beider Quellenwerke erforderlich. In Abschnitt 4.2 wird die *Geldvermögensveränderung* (Veränderung von Geldvermögensbeständen in DM) nach Arten betrachtet und der Sachvermögensveränderung gegenübergestellt. Abschnitt 4.3 betrachtet die Entwicklung zweier *Geldvermögensstrukturen*. Erstens wird die Struktur nach Geldvermögensarten nachgezeichnet. Dies vermittelt einen Eindruck über die Veränderung des Geldvermögensportfolios der hier betrachteten Produktionsunternehmen. Zweitens wird die Struktur nach Sektoren nachgezeichnet. Es soll aufgezeigt werden, welchen Anteil die einzelnen in der Bilanzstatistik ausgewiesenen Sektoren am gesamten Geldvermögen der Produktionsunternehmen haben und wie sich diese Anteile im Zeitablauf verändert haben. Anhand entsprechender summarischer Maßzahlen soll aufgezeigt werden, mit welchem Tempo sich die beiden genannten Strukturen im Zeitablauf verändert haben. Der Abschnitt endet mit einer Abschätzung des Beitrages sektoraler Sonderentwicklungen auf die Haltung einzelner Geldvermögensarten. In Abschnitt 4.4 stehen *Geldvermögensquoten* (Geldvermögen in Prozent des Gesamtvermögens) im Mittelpunkt. Damit wird die Geldvermögensentwicklung vor den Hintergrund der gesamten Portfolioentwicklung gestellt. Ferner erlauben Geldvermögensquoten einen intersektoralen Vergleich, der aufgrund sehr unterschiedlicher Sektorgrößen mit Niveauwerten nicht möglich ist. Abschnitt 4.5 schließlich zeichnet die Entwicklung der *Geldvermögens-Verpflichtungs-Relation* nach. Diese kann als Kennzahl des Nettogeldvermögens aufgefaßt werden.

4.1. Entwicklung des Niveaus der Geldvermögen

4.1.1. Der Befund gemäß Bilanzstatistik

In den Abbildungen 1 bis 3 ist die Entwicklung der Geldvermögen der in der Bilanzstatistik erfaßten Unternehmen wiedergegeben. Sie vermitteln einen ersten Eindruck über die langfristigen Entwicklungstendenzen. Abbildung 1 zeigt den Anstieg des Geldvermögens der genannten Unternehmensgruppe

Abbildung 1: Geldvermögen der Unternehmen der Bilanzstatistik

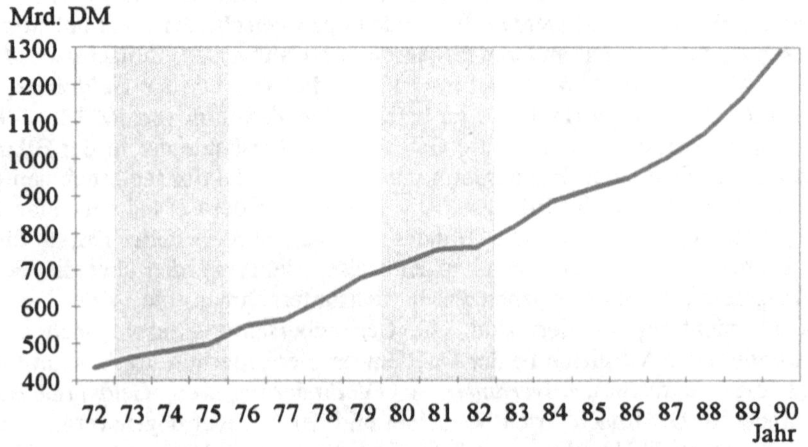

Quellen: Deutsche Bundesbank (1983); Deutsche Bundesbank, Monatsberichte, verschiedene Jahrgänge; eigene Berechnungen. *Anmerkung:* Die mit einem Schatten hinterlegten Jahre stellen Phasen einer konjunkturellen Verschlechterung dar. Vgl. dazu die Hinweise in Abschnitt 3.2.3.

von 435 Mrd. DM im Jahre 1972 auf 1267 Mrd. DM im Jahre 1990. Diese Entwicklung entspricht fast einer Verdreifachung bzw. einer jährlichen durchschnittlichen Wachstumsrate von 6,2 Prozent. Abbildung 2 enthält die Zeitreihen der drei kurzfristigen Geldvermögensarten. Die Kassenmittel konnten sich im Betrachtungszeitraum ebenfalls fast verdreifachen, die durchschnittliche Wachstumsrate betrug 6,1 Prozent. Die sonstigen kurzfristigen Forderungen wuchsen etwas stärker als die gesamten Geldvermögen um jahresdurchschnittlich 6,7 Prozent. Auffällig ist der absolute Rückgang dieser Geldvermögensart im Jahre 1977. Geringer als das gesamte Geldvermögen, nämlich um nur 4,7 Prozent pro Jahr, wuchsen die Forderungen aus Lieferungen und Leistungen. Die langfristigen Geldvermögensarten einschließlich der Wertpapiere, die auch die kurzfristigen Papiere enthalten, sind in Abbildung 3 dargestellt. Alle drei Arten weisen jeweils eine stärkere Gesamtentwicklung auf als die kurz-

Abbildung 2: Kurzfristiges Geldvermögen der Unternehmen der Bilanzstatistik

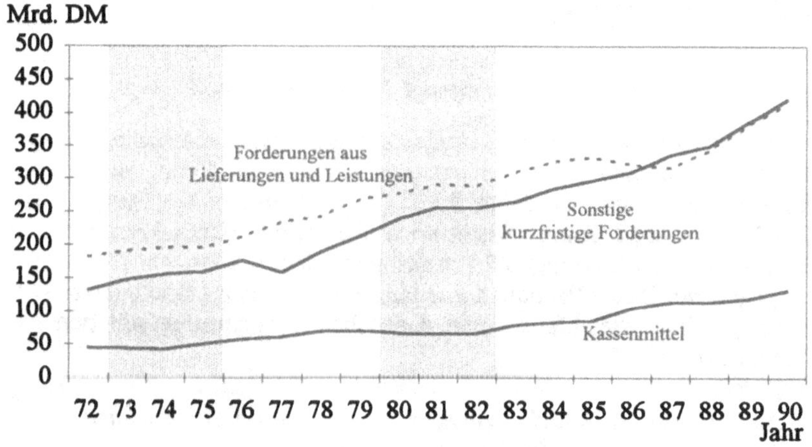

Quellen: Deutsche Bundesbank (1983); Deutsche Bundesbank, Monatsberichte, verschiedene Jahrgänge; eigene Berechnungen.

Abbildung 3: Langfristiges Geldvermögen und Wertpapiere der Unternehmen der Bilanzstatistik

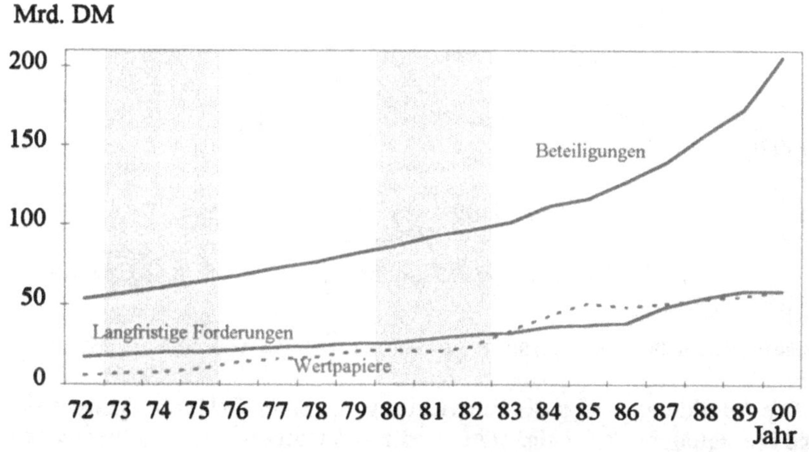

Quellen: Deutsche Bundesbank (1983); Deutsche Bundesbank, Monatsberichte, verschiedene Jahrgänge; eigene Berechnungen.

fristigen Geldvermögensarten. Um jahresdurchschnittlich 13,6 Prozent steigen die Wertpapierbestände der Unternehmen, um 7,8 Prozent die Beteiligungen und um 7,0 Prozent die langfristigen Forderungen. Besonders deutlich tritt das überproportionale Wachstum der Beteiligungen seit Anfang der achtziger Jahre in Erscheinung.

4.1.2. Der Befund gemäß Finanzierungsrechnung

Laut Finanzierungsrechnung steigen die gesamten Geldvermögen der Produktionsunternehmen im Untersuchungszeitraum auf knapp das Fünffache ihres Ausgangswertes im Jahre 1972 (vgl. Abbildung 4). Damit wird die Entwicklung gemäß Bilanzstatistik noch übertroffen. (Die jahresdurchschnittliche Wachstumsrate beträgt 9,2 Prozent gegenüber 6,2 Prozent.) Die Zeitreihe zeigt gegenüber ihrem Pendant der Bilanzstatistik einen monotoneren Verlauf. Sie weist jedoch gleichfalls einen deutlichen Trendanstieg seit den letzten achtziger Jahren auf.

Abbildung 4: Geldvermögen der Produktionsunternehmen der Finanzierungsrechnung

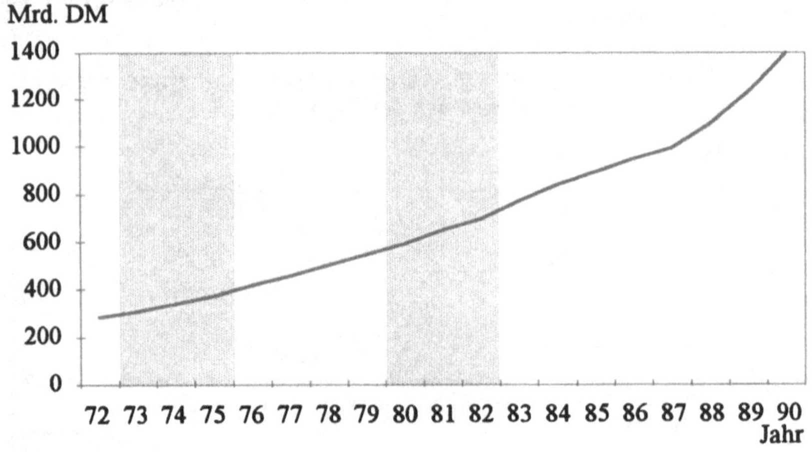

Quellen: Deutsche Bundesbank (1990), S. 52 - 54; Deutsche Bundesbank (1991), S. 35.

Die Abbildung 5 zeigt die Entwicklung einzelner Geldvermögensarten. Auf eine Zerlegung nach Fristigkeiten mußte verzichtet werden, da Finanzierungsrechnung und Bilanzstatistik einen unterschiedlichen Fristigkeitsbegriff aufweisen. In den Kassenmitteln wurden ähnliche Positionen zusammengefaßt, wie sie im Kassenmittelausweis der Bilanzstatistik enthalten sind (Bargeld und Bankguthaben). Im Gegensatz zur Bilanzstatistik stellt diese Position dem Volumen nach die bedeutendste Geldvermögensposition dar. Ihr jahresdurchschnittliches Wachstum fällt im Untersuchungszeitraum mit 7,4

Prozent im Vergleich zum gesamten Geldvermögen der Produktionsunternehmen unterdurchschnittlich aus. Die Handelsforderungen, die in der Finanzierungsrechnung im wesentlichen aus Forderungen gegen das Ausland bestehen, wachsen um durchschnittlich 9,2 Prozent pro Jahr. Die Wertpapierbestände wachsen überdurchschnittlich (10,8 Prozent pro Jahr), nur noch von den sonstigen Forderungen übertroffen (jahresdurchschnittlich 11,9 Prozent). Die Zeitreihen aller genannten Geldvermögensarten weisen kaum konjunkturelle Besonderheiten auf. Erst mit Beginn der konjunkturellen Erholung des Jahres 1983 setzt ein verstärkter Anstieg der Wertpapiere und sonstigen Forderungen ein.

Abbildung 5: Geldvermögensarten der Produktionsunternehmen der Finanzierungsrechnung

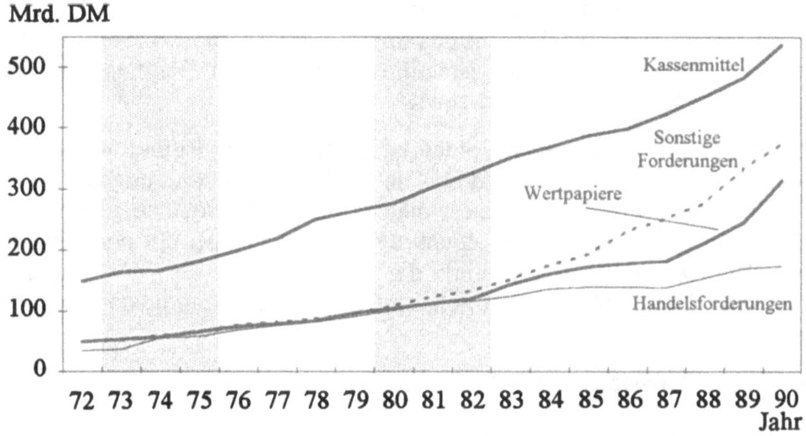

Quellen: Deutsche Bundesbank (1990), S. 52 - 54; Deutsche Bundesbank (1991), S. 35.

4.1.3. Ein Vergleich des Ausweises beider Datenquellen

Um darzulegen, wie sich der unterschiedliche Ausweis in Bilanzstatistik und Finanzierungsrechnung begründet, erfolgt anschließend ein konzeptioneller Vergleich. Von besonderem Interesse ist das unterschiedliche Niveau einzelner Geldvermögensarten.

Zunächst ist dazu festzustellen, daß sich beide Datenquellen auf der idealtypischen Ebene nicht sehr stark unterscheiden. Die hier zu treffenden Entscheidungen betreffen vor allem die Identifikation von als Geldvermögen zu erfassenden Positionen. Der Grund für die Ähnlichkeit liegt darin, daß die in der Finanzierungsrechnung ausgewiesenen Geldvermögen ihrer Art nach dem Ausweis von Forderungen in Unternehmensbilanzen sehr ähnlich sind.

Die Unterschiede stellen sich mehr auf Ebene der empirischen Operationalisierung der Einzelpositionen heraus. Zur Abschätzung dieser Unterschiede wird nun wie folgt vorgegangen. In einem ersten Schritt wird die Zusammenstellung konzeptionsbedingter Effekte vorgenommen, die den Unterschied der beiden Ansätze determinieren können. In einem zweiten Schritt werden für das Jahr 1990 vergleichbare Positionen aus beiden Statistiken gegenübergestellt. Drittens wird versucht, größenordnungsmäßig den Einfluß der Effekte auf die beobachteten Unterschiede abzuschätzen.

Als Grundlage zur Erläuterung der beiden wohl bedeutsamsten Effekte, Repräsentationseffekt und Konsolidierungseffekt, wird zunächst ein einfaches Kontenschema abgeleitet. (Von der Existenz aller weiterer Effekte wird zunächst abstrahiert.) In diesem Schema werden die finanziellen Bestandskonten folgender zwei Unternehmensgruppen abgebildet: Erstens die in der Bilanzstatistik erfaßten Produktionsunternehmen und zweitens die in der Bilanzstatistik *nicht* erfaßten Produktionsunternehmen. Daneben sind die monetären Beziehungen beider genannten Gruppen zur Wohnungswirtschaft bedeutsam und daher speziell ausgewiesen.

Die Bestände werden nach Forderungen (Abkürzung F) und Verpflichtungen (Abkürzung V) unterschieden. Die beiden den Abkürzungen F und V nachgestellten Subindizes kennzeichnen die Schuldner-/Gläubigerbeziehung. Im Falle der Forderungen (Verpflichtungen) kennzeichnet der erste Subindex den Gläubiger (Schuldner) und der zweite Subindex den Schuldner (Gläubiger). Für Gläubiger- und Schuldnergruppen gelten folgende Abkürzungen:

B = in der Bilanzstatistik erfaßte Produktionsunternehmen,

S = sonstige Produktionsunternehmen (in der Bilanzstatistik nicht erfaßte Produktionsunternehmen),

W = Unternehmen der Wohnungswirtschaft,

A = andere Sektoren (Private und Öffentliche Haushalte, Finanzielle Sektoren und Ausland).

F_{BB} verkörpert beispielsweise die Forderungen der in der Bilanzstatistik vertretenen Unternehmen gegen Unternehmen der gleichen Gruppe (z. B. gewährte Lieferantenkredite) und V_{SA} die Verpflichtungen der nicht in der Bilanzstatistik vertretenen Unternehmen gegen übrigen Sektoren (z. B. aufgenommene Bankkredite). Forderungsvariablen und Verpflichtungsvariablen, die die gleichen Subindizes in vertauschter Reihenfolge aufweisen (z. B. F_{BS} und V_{SB}), sind vom Betrag her gleich.

Unternehmen der Bilanzstatistik	
Forderungen	*Verpflichtungen*
F_{BB}	V_{BB}
F_{BS}	V_{BS}
F_{BW}	V_{BW}
F_{BA}	V_{BA}

Sonstige Produktionsunternehmen (nicht in der Bilanzstatistik repräsentiert)	
Forderungen	*Verpflichtungen*
F_{SB}	V_{SB}
F_{SS}	V_{SS}
F_{SW}	V_{SW}
F_{SA}	V_{SA}

Auf Grundlage dieser Konten ergibt sich das Geldvermögen (Forderungsvermögen) gemäß Finanzierungsrechnung als:

Geldvermögen =

$$\begin{array}{llll} +F_{BB} & +F_{BS} & -V_{BB} & -V_{SB} \\ +F_{SS} & +F_{SB} & -V_{SS} & -V_{BS} \\ +F_{BW} & +F_{SW} & -V_{BW} & -V_{SW} \\ +F_{BA} & +F_{SA} & = & \\ +F_{BW} & +F_{SW} & -V_{BW} & -V_{SW} \\ +F_{BA} & +F_{SA} & & \end{array}$$

Anhand vorstehender Übersicht lassen sich zwei Effekte definieren, die den unterschiedlichen Ausweis in Bilanzstatistik und Finanzierungsrechnung mitbestimmen:

(1) Als *Repräsentationseffekt* soll der Effekt bezeichnet werden, der darauf zurückzuführen ist, daß die in der Bilanzstatistik erfaßten Unternehmen eine Untermenge der in der Finanzierungsrechnung erfaßten Produktionsunternehmen darstellen. Es fehlt der Ausweis der gesamten Forderungen des obigen rechten Kontos.

(a) Erstens wird der Ausweis in der Bilanzstatistik um die Forderungen der nicht repräsentierten Produktionsunternehmen (Land- und Forstwirtschaft, Fischerei, die meisten Dienstleistungsbereiche) gegen andere Sektoren (private und öffentliche Haushalte, finanzielle Unternehmen und Ausland) in Höhe ihres Bruttobetrages (F_{SA}) geringer ausfallen als in der Finanzierungsrechnung.

(b) Zweitens fällt der Ansatz der Bilanzstatistik um die Forderungen der nicht repräsentierten Produktionsunternehmen (Land- und Forstwirtschaft, Fischerei, die meisten Dienstleistungsbereiche) gegen Unternehmen der nicht erfaßten (F_{SS}) und der erfaßten Unternehmen (F_{SB}) geringer aus als in der Finanzierungsrechnung. Durch den Konsolidierungseffekt (siehe (2)) wird dieser Effekt allerdings vollständig kompensiert.

(c) Drittens wird der Ausweis in der Bilanzstatistik um die Forderungen der nicht erfaßten Produktionsunternehmen gegen den zum Unternehmenssektor gehörenden Teilsektor Wohnungswirtschaft geringer ausfallen als in der Finanzierungsrechnung (F_{SW}).

(2) Der *Konsolidierungseffekt* entsteht aus folgendem Grund: Generell werden innersektorale Forderungen und Verpflichtungen in der Finanzierungsrechnung konsolidiert. Die Forderungen eines Unternehmens gegen ein Unternehmen des gleichen Sektors werden mit den entsprechenden Verpflichtungen verrechnet. Ausgewiesen wird dann nur der Saldo. Ein positiver Saldo führt zu einer Nettoforderung, ein negativer zu einer Nettoverpflichtung. (Die in der Finanzierungsrechnung ausgewiesenen innersektoralen Forderungen und Verpflichtungen des Teilsektors Produktionsunternehmen beziehen sich auf solche gegenüber den ebenfalls zum Unternehmenssektor gehörenden Teilsektor Wohnungswirtschaft. Diese werden ebenfalls konsolidiert ausgewiesen.) In der Finanzierungsrechnung werden die folgenden Verpflichtungspositionen von den (Brutto-) Forderungen abgesetzt:

- V_{BB} und V_{BS} (Enthalten sind vorwiegend Verpflichtungen aus Lieferungen und Leistungen.),
- V_{BW} und V_{SW},
- V_{SS} und V_{SB} (Dies führt zu einer vollständigen Neutralisation des Repräsentationseffektes in seiner Form (b).).

Neben den beiden genannten Effekten verbleiben noch weitere, die für einen unterschiedlichen Ausweis in beiden Quellenwerken ausschlaggebend sind. Zu nennen sind:

(3) *Erfassungseffekt.* Obwohl auf idealtypischer Ebene große Gemeinsamkeiten beider Quellenwerke hinsichtlich der als Forderungen und Verpflichtungen zu identifizierenden Positionen bestehen, gibt es in beiden solche, die nicht erfaßt werden. Beispielsweise wird in der Finanzierungsrechnung als alleinige Form der Beteiligungsrechte die Geldanlage in Aktien ausgewiesen. Die Bilanzstatistik dagegen verwendet einen weiteren Beteiligungsbegriff, der auch nicht in Aktien verbriefte Rechte umfaßt.

(4) *Hochrechnungseffekt.* Die in der Bilanzstatistik ausgewiesenen Daten werden durch eine gebundene Hochrechnung ermittelt. Hochrechnungsfaktor ist der Umsatzanteil (vgl. Abschnitt 3.2.1.1). In Höhe der aus der

Tabelle 9: Effekte der Abweichung des Ausweises der Geldvermögen in Finanzierungsrechnung und Bilanzstatistik

Finanzierungsrechnung insgesamt	
In der Bilanzstatistik *erfaßte Positionen* der Finanzierungsrechnung: F_{BB} F_{BS} F_{BW} F_{BA}	*Konsolidierungseffekt:* $-V_{BB}$ $-V_{BS}$
Repräsentationseffekt: Form a: F_{SA} Form b: F_{SS} F_{SB} Form c: F_{SW} Erhöht den Ausweis in der Finanzierungsrechnung.	$-V_{BW}$ $-V_{SW}$ $-V_{SS}$ $-V_{SB}$ Die Konsolidierung verringert den Ausweis in der Finanzierungsrechnung.
Hochrechnungseffekt: Die auf den Hochrechnungseffekt zurückführbare Abweichung läßt sich grundsätzlich nicht angeben.	
Erfassungseffekt: Da die Finanzierungsrechnung von den Beteiligungsrechten nur solche ausweist, die in Aktien verbrieft sind, dürfte sich der Erfassungseffekt verringernd auf den Ausweis in der Finanzierungsrechnung auswirken.	
Bewertungseffekt: Die Richtung der auf den Bewertungseffekt zurückzuführenden Abweichung läßt sich für die gesamten Forderungen nicht angeben.	

Hochrechnung resultierenden Ungenauigkeit weichen die veröffentlichten Ansätze von den "wahren", nur aus einer Totalerhebung ermittelbaren Ansätze ab. In der Bilanzstatistik sind bekanntermaßen nur jene Unternehmen repräsentiert, die mit Wechselkrediten operieren. Das Ausmaß der Verzerrung hängt nun davon ab, ob ein Unternehmen einer bestimmten Rechtsform und einer bestimmten Umsatzgrößenklasse, das mit Wechselkrediten operiert, je Umsatzeinheit mehr oder weniger Einheiten einer in der Bilanzstatistik ausgewiesenen Position aufweist als ein Unternehmen gleicher Rechtsform und Größenklasse, das nicht mit Wechselkrediten operiert. Die Richtung einer möglichen Verzerrung ist zunächst grundsätzlich offen, da die zuvor genannten Relationen ja unbekannt sind.

Berücksichtigt man, daß Unternehmen, die mit Wechselkrediten operieren, eine gute Bonität aufweisen und unterstellt zusätzlich, daß Unternehmen guter Bonität auch mehr Geldvermögen halten, so dürften die Geldvermögensbestände zu hoch ausgewiesen werden.

(5) *Bewertungseffekt.* Bei vielen Positionen besteht ein gewisser Spielraum, wie diese zu bewerten sind. In welche Richtung er wirkt, kann nicht angegeben werden.

Die geschilderten Effekte sind in Tabelle 9 noch einmal schematisch zusammengefaßt. Ausgangspunkt sind jene Positionen der Finanzierungsrechnung, die direkt in die Bilanzstatistik eingehen. In den weiteren Feldern der Übersicht sind die bereits abgeleiteten Repräsentations- und Konsolidierungseffekte sowie - in verbaler Notation - die übrigen Effekte vermerkt.

Tabelle 10: Repräsentationsgrade der Bilanzstatistik bezüglich der Produktionsunternehmen

	Bruttoproduktionswert	Bruttowertschöpfung	Bankkredite
		Mrd. DM	
Unternehmen der Bilanzstatistik	4129,5	1194,05	496,6
davon:			
Verarbeitendes Gewerbe	2005,7	738,5	
Baugewerbe	262,4	127,1	
Handel	1524,6	212,3	
Übrige [a)]	336,8	116,2	
Alle Produktionsunternehmen	5010,8	1736,7	1044,3
davon:			
Land-, Forstwirtschaft, Fischerei	73,0	37,4	
Produzierendes Gewerbe	2472,2	935,5	
Handel und Verkehr	1784,7	346,3	
Sonstige Dienstleistungen	680,9	417,5	
		Relation	
Repräsentationsgrade [b)]	0,82	0,69	0,48

Quellen: Statistisches Bundesamt (1992b); Deutsche Bundesbank, Monatsbericht November 1993, S. 32 - 35; Deutsche Bundesbank (1991), S. 35; eigene Berechnungen. *Anmerkungen:* a) Ermittelt als Summe der Bruttoproduktionswerte/Bruttowertschöpfungen des Verarbeitenden Gewerbes, des Baugewerbes sowie des Groß- und Einzelhandels multipliziert mit dem Anteil des Umsatzes/Rohertrages der übrigen Unternehmen an den genannten Unternehmensbereichen. Grund für diese Schätzung ist, daß die Bilanzstatistik keine genaue Auskunft darüber gibt, welche Wirtschaftszweige außer den genannten noch berücksichtigt sind. b) Anteil der Unternehmen der Bilanzstatistik an der jeweiligen, auf alle Produktionsunternehmen bezogenen Richtgröße.

In Tabelle 11 werden die Größenordnungen vergleichbarer Positionen aus Finanzierungsrechnung und Bilanzstatistik der Deutschen Bundesbank exemplarisch für das Jahr 1990 gegenübergestellt. Die Gegenüberstellung enthält auch die Relation beider Ausweise (Bilanzstatistik zu Finanzierungsrechnung). Zur Beurteilung der relativen Abweichung des Ansatzes in der Bilanzstatistik vom Ansatz der Finanzierungsrechnung wäre als Referenzgröße eine Art Repräsentationsgrad wünschenswert. Dieser würde angeben, welcher Teil einer ökonomischen Richtgröße der gesamten Produktionsunternehmen durch die Unternehmen der Bilanzstatistik repräsentiert wird. Als ökonomische Richtgrößen werden der Bruttoproduktionswert[1], die Bruttowertschöpfung und die Bankkredite herangezogen (vgl. Tabelle 10).

Tabelle 11: Gegenüberstellung vergleichbarer Geldvermögenspositionen in Finanzierungsrechnung und Bilanzstatistik der Deutschen Bundesbank für das Jahr 1990 in Mrd. DM und deren Relation

Finanzierungsrechnung (FS)	Mrd. DM	Bilanzstatistik (BS)	Mrd. DM	Relation BS/FS
Bargeld und Sichteinlagen, sowie Geldanlage bei Banken	537,0	Kassenmittel (Banknoten, Münzen, Bank- und Postscheckguthaben)	133,1	0,25
Handelsforderungen a)	174,2	Forderungen aus Lieferungen und Leistungen	411,2	2,36
Kurz- und längerfristige festverzinsliche Wertpapiere, Aktien	313,7	Wertpapiere (festverzinsliche Wertpapiere, Aktien) und Beteiligungen	252,2	0,80
Sonstige	374,5	Sonstige	470,1	1,26
Gesamt	1399,4	Gesamt	1266,6	0,91

Quellen: Deutsche Bundesbank, Monatsbericht November 1993, S. 32; Deutsche Bundesbank (1991), S. 35; eigene Berechnungen. *Anmerkung:* a) Gegenüber dem Ausland.

---

1 Auf den Umsatz kann nicht abgehoben werden, da nicht für alle Produktionsunternehmen Umsatzangaben vorliegen.

Nun zu einer Abschätzung möglicher Unterschiede zwischen beiden Ausweisen. Bei Bargeld und den Bankguthaben dürfte der Repräsentationseffekt und zwar in seiner Form (a) dominieren. Die genannten Positionen stellen Forderungen gegenüber den finanziellen Sektoren dar. Konsolidierungseffekte kommen daher nicht zum tragen. Auch Bewertungseffekte dürften kaum zu Buche schlagen. Die Position fällt demgemäß in der Bilanzstatistik niedriger aus als in der Finanzierungsrechnung. Es überrascht aber zunächst, daß der erfaßte Anteil deutlich unter allen Repräsentationsgraden liegt. Vernachlässigt man Hochrechnungsfehler, so deutet dies darauf hin, daß die nichtrepräsentierten Unternehmen pro Einheit Bruttoproduktionswert, Bruttowertschöpfung oder Bankkredit mehr Bargeld und Bankguthaben halten. Gemessen an dieser Geldvermögensposition sind in der Bilanzstatistik der Deutschen Bundesbank gerade die geldvermögensintensiven Sektoren nicht vertreten.[2]

Zwar sind auch die Handelsforderungen vom Repräsentationseffekt betroffen, dominiert wird der Unterschied allerdings vom Konsolidierungseffekt. Bei den Wertpapieren und Beteiligungen dürfte überwiegend der Erfassungseffekt zu Buche schlagen, da die Finanzierungsrechnung nur in Aktien verbriefte Beteiligungsrechte ausweist. Der unterschiedliche Ausweis der sonstigen Geldvermögen dürfte durch den Konsolidierungseffekt zu Stande kommen. Bei den zuvor drei Positionen ist wegen der Dominanz von Konsolidierungseffekt und Erfassungseffekt ein Vergleich mit den Repräsentationsgraden nicht sinnvoll.

4.2. Entwicklung der Geldvermögensveränderung

Im vorliegenden Abschnitt soll die Veränderung der Geldvermögensbestände, die der Geldvermögensbildung entspricht, auf Ebene aller Unternehmen der Bilanzstatistik der Deutschen Bundesbank empirisch nachgezeichnet werden.[3] Zunächst erfolgt eine nach Geldvermögensarten gegliederte Betrachtung der Geldvermögensveränderung (vgl. Abbildung 6).

Ein deutliches konjunkturelles Muster zeigt die Veränderung der Kassenmittelbestände. In den Phasen einer konjunkturellen Verschlechterung wachsen diese unterdurchschnittlich oder sind leicht rückläufig. Der deutlichste Zuwachs mit fast 20 Mrd. DM findet im Jahr 1986 statt.

---

2 Vgl. Härtel u. a. (1984), S. 131.

3 In Abschnitt 4.3.3 wird untersucht, in welchem Ausmaß dieser Befund auf sektorale Sonderentwicklungen zurückgeführt werden kann.

Abbildung 6: Absolute Veränderung der einzelnen Geldvermögensarten

a) Kassenmittel

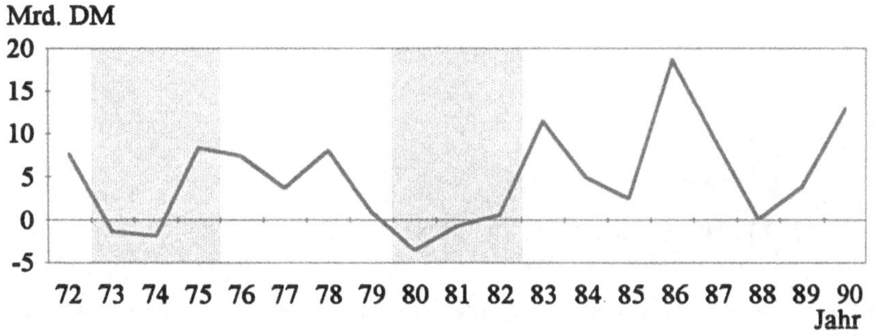

b) Forderungen aus Lieferungen und Leistungen und sonstige kurzfristige Forderungen

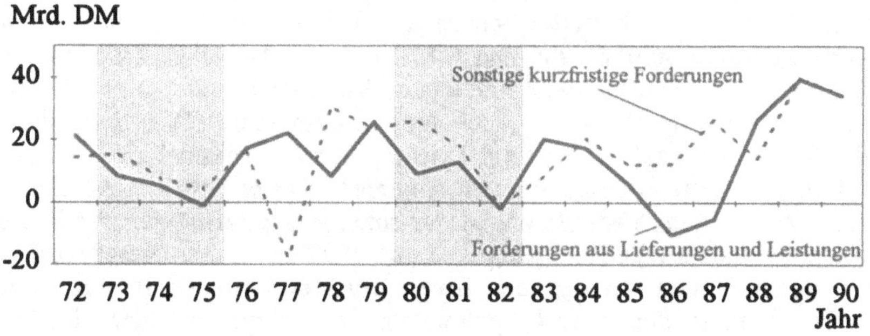

c) Langfristige Forderungen und Wertpapiere

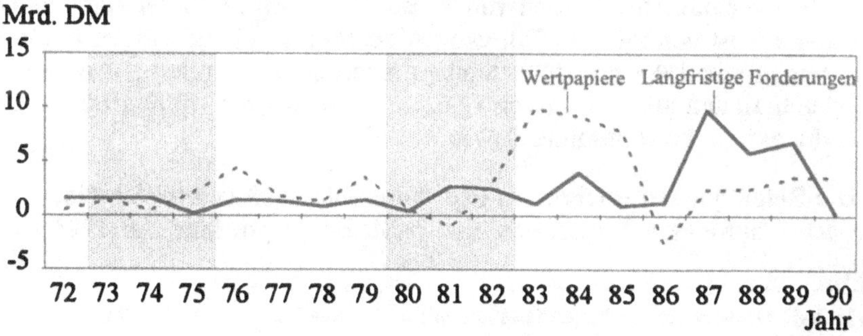

d) Beteiligungen

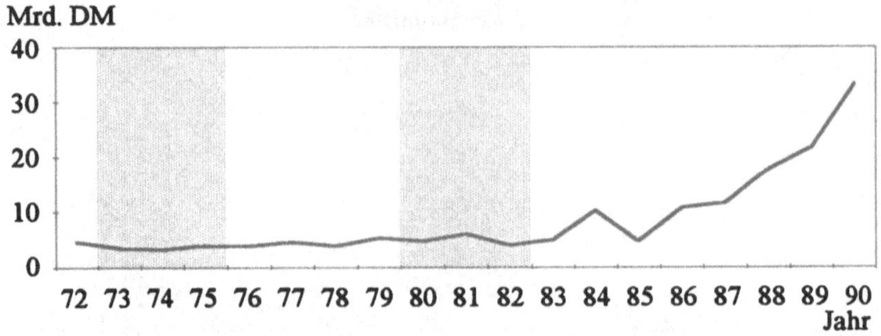

Quellen: Deutsche Bundesbank (1983); Deutsche Bundesbank, Monatsberichte, verschiedene Jahrgänge; eigene Berechnungen.

Für die Forderungen aus Lieferungen und Leistungen zeichnet sich mit sinkenden Zuwächsen in den beiden konjunkturellen Abschwüngen zwar gleichfalls ein konjunkturelles Muster ab. Auffällig sind aber die absoluten Rückgänge in den Jahren 1986 und 1987. In diesen Jahren deutet der verwendete Konjunkturindikator zwar eine leichte Verschlechterung an, als konjunktureller Abschwung ist diese jedoch nicht aufzufassen.[4] Das zeigt, daß die Forderungen aus Lieferungen und Leistungen recht sensibel und kurzfristig auf konjunkturelle Veränderungen reagieren. Neben zyklischen Entwicklungen fällt bei den Veränderungen der sonstigen kurzfristigen Forderungen vor allem der deutliche Rückgang im Jahre 1977 ins Auge. Dieser wird noch an weiteren Stellen vorliegender Arbeit erwähnt werden.[5] In quantitativer Hinsicht kommt den beiden genannten Forderungsarten der deutlichste Stellenwert bei der gesamten Geldvermögensveränderung der Unternehmen zu.

Die Entwicklung der Veränderungen der langfristigen Forderungen und der Wertpapiere ist von zwei Auffälligkeiten geprägt. Die langfristigen Forderungen steigen von 1987 bis 1989 in einem überdurchschnittlichen Ausmaß. Im Vergleich zu den anderen Jahren weisen die Wertpapiere in den Jahren 1983 bis 1985 extrem hohe absolute Zuwächse auf.

Die Beteiligungen erfahren in den Jahren bis 1983 vergleichsweise stabile Zuwächse auf einem Niveau von etwa 5 Mrd. DM pro Jahr. Ab 1985 ist ein

---

[4] Vgl. Deutsche Bundesbank, Saisonbereinigte Wirtschaftszahlen, März 1993, S. 85, sowie Abschnitt 3.2.3. vorliegender Arbeit.

[5] Im Abschnitt 4.3.3.2 wird sich zeigen, daß diese vor allem auf sektorspezifische Entwicklungen zurückzuführen ist und in Abschnitt 4.4.2.2 werden sich Indizien für eine starken Einfluß des Baugewerbes zeigen.

deutlicher jährlicher Anstieg der Zuwächse zu verzeichnen. Im Jahre 1990 stocken die Unternehmen ihre Beteiligungsbestände um gut 33 Mrd. DM auf.

Faßt man die Befunde zu den einzelnen Geldvermögensarten zur Veränderung des gesamten Geldvermögens zusammen und stellt sie der Veränderung des Sachvermögens[6] gegenüber, so ergibt sich die in Abbildung 7 dargestellte Entwicklung. Bis auf den Beginn der achtziger Jahre zeigt sich ein halbwegs vergleichbares Entwicklungsmuster beider Veränderungen. Gegen Ende der Aufschwungphasen und zu Anfang der Abschwungsphasen zeigt sich ein hohes Veränderungsniveau beider Vermögenspositionen. Im Zuge des Abschwungs geht zuerst die Geldvermögensveränderung zurück, in der Aufschwungmitte fällt die Veränderung der Geldvermögen dagegen höher aus als die Veränderung der Sachvermögen. In der beginnenden Aufschungsphase der achtziger Jahre wird das bis dahin vergleichbare Entwicklungsmuster aufgelöst: Während die Sachvermögensveränderung fast auf dem niedrigen Niveau des letzten Abschwungsjahres (1982) verharrt, ist ein deutlicher Anstieg der Geldvermögensveränderung zu verzeichnen. Erst ab 1986 findet ein deutlicher Wiederanstieg der Sachvermögensveränderung statt, der gegen Ende des Betrachtungszeitraumes jedoch nicht das Niveau der Geldvermögensveränderung erreicht.

Abbildung 7: Vermögensveränderung der Unternehmen

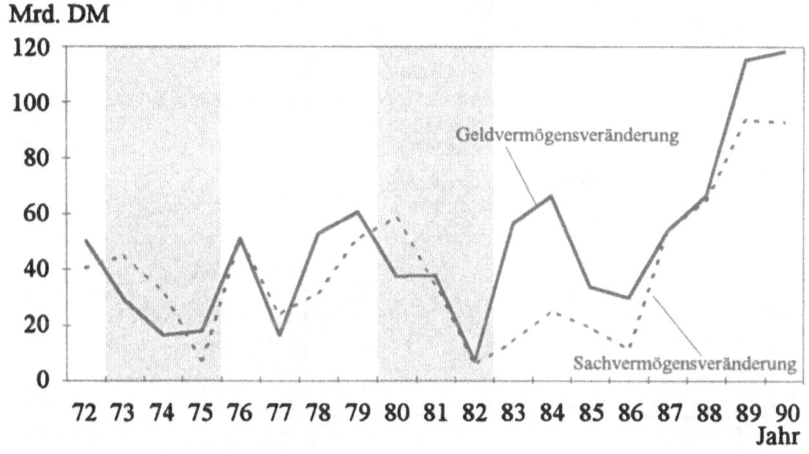

Quellen: Deutsche Bundesbank (1983); Deutsche Bundesbank, Monatsberichte, verschiedene Jahrgänge; eigene Berechnungen.

6 Zu beachten ist, daß der hier verwendete Sachvermögensbegriff auch Wertveränderungen enthält, die Sachvermögensveränderung daher mit dem Investitionsbegriff der Volkswirtschaftlichen Gesamtrechnungen nicht vergleichbar ist. Vgl. Schmidt (1992), S. 118.

4.3. Entwicklung der Struktur der Geldvermögen

4.3.1. Struktur nach Geldvermögensarten und nach Sektoren

Die Abbildungen 8 und 9 zeigen die Entwicklung der Geldvermögensstruktur. Abbildung 8 zeigt die Struktur nach Geldvermögensarten. Die geringste Veränderung erfährt der Kassenmittelanteil, der leicht um einen Wert von etwa 10 Prozent schwankt. Der Anteil der Forderungen aus Lieferungen und Leistungen erfährt den stärksten Rückgang aller Anteilswerte. Er fällt von 41,8 Prozent im Jahre 1972 auf nur noch 32,2 Prozent im Jahre 1990. Die sonstigen kurzfristigen Forderungen haben im Betrachtungszeitraum an Bedeutung gewonnen: Ihr Anteil steigt um 2,4 Prozentpunkte und erreicht im Jahre 1990 einen Wert von 32,6 Prozent. Relativ stabil ist auch der Anteil der

Abbildung 8: Struktur der Geldvermögen nach Geldvermögensarten

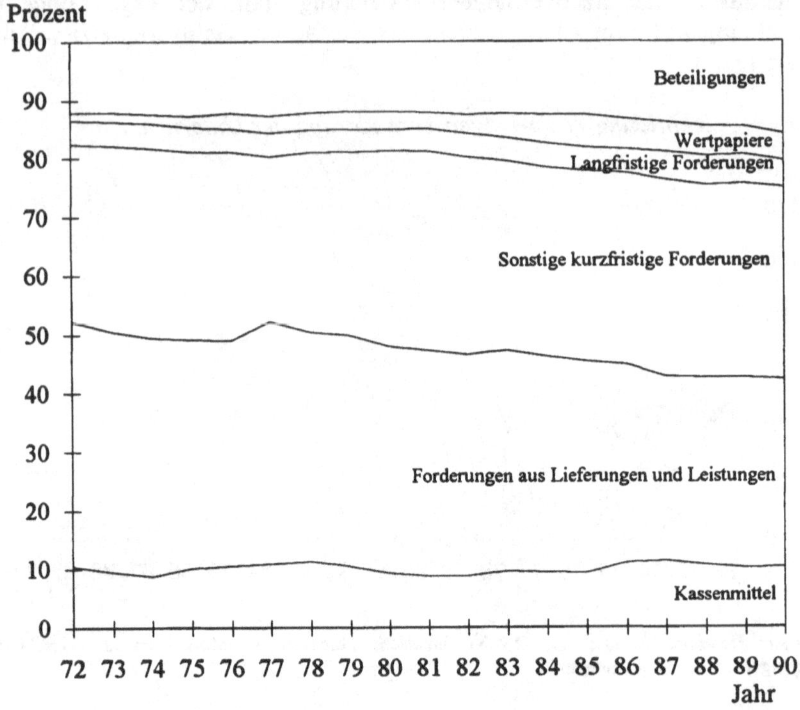

Quellen: Deutsche Bundesbank (1983); Deutsche Bundesbank, Monatsberichte, verschiedene Jahrgänge; eigene Berechnungen.

langfristigen Forderungen. Er ist seit 1972 um einen halben Prozentpunkt auf ein Niveau von 4,5 Prozent gewachsen. Deutliche Anteilsgewinne sind für die Wertpapiere und die Beteiligungen zu verzeichnen. Beträgt der Anteil der Wertpapiere im Jahre 1972 nur 1,4 Prozent, so entfallen im Jahre 1990 4,6 Prozent der Geldvermögen auf diese Position. Einen vergleichbaren absoluten Anstieg von über 3 Prozentpunkten erfahren auch die Beteiligungen. Wegen des im Vergleich zum Wertpapieranteil höheren Ausgangsniveaus im Jahre 1972 ergibt dies allerdings einen moderateren relativen Anstieg des Beteiligungsanteils. Zusammenfassend läßt sich feststellen, daß bei einem konstanten Kassenmittelanteil die Ausweitung des Wertpapier- und Beteiligungsanteils sowie des Anteils der sonstigen kurzfristigen Forderungen zu Lasten des Anteils der Forderungen aus Lieferungen und Leistungen erfolgt ist.

Abbildung 9: Struktur der Geldvermögen nach Sektoren

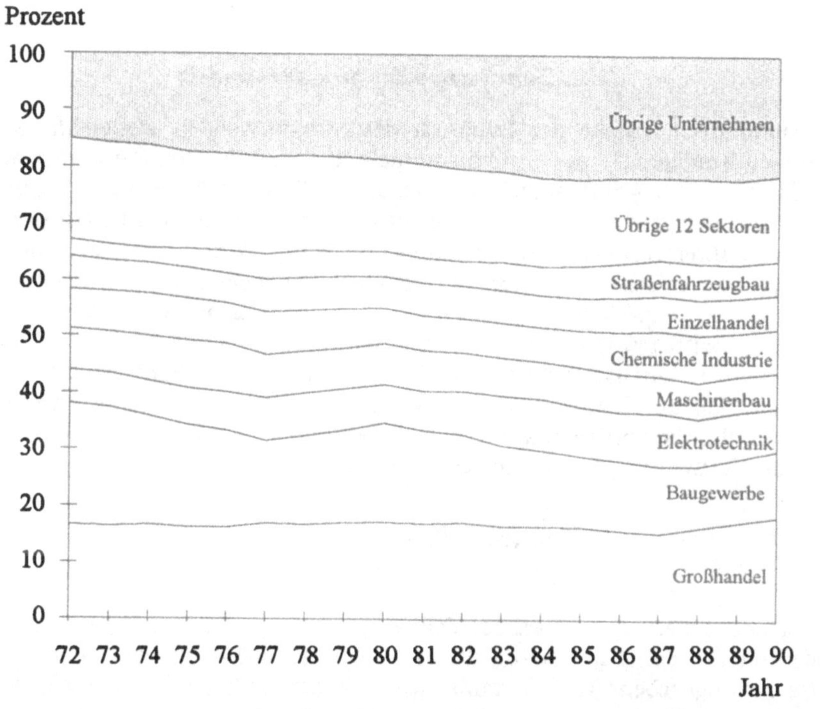

Quellen: Deutsche Bundesbank (1983); Deutsche Bundesbank, Monatsberichte, verschiedene Jahrgänge; eigene Berechnungen.

Die Abbildung 9 zeigt die Struktur der Geldvermögen nach Sektoren. Zunächst fällt die hohe Konzentration auf einige Sektoren auf: Die, gemessen an ihrem Geldvermögen, größten sieben Sektoren halten im Durchschnitt etwa 60 Prozent des Geldvermögens der Unternehmen der Bilanzstatistik. Die übrigen 12 separat ausgewiesenen Sektoren halten demgegenüber durchschnittlich nur etwa 16 Prozent. Beide Sektorengruppen büßen im Betrachtungszeitraum Anteilswerte ein. Der Anteilsverlust der ersten Gruppe ist zu einem guten Teil auf die Entwicklung im Baugewerbe zurückzuführen, das im Jahre 1990 einen Anteilswert von nur noch 11,7 Prozent (gegenüber 21,4 Prozent im Jahre 1972) ausweist. Mehr als verdoppelt hat sich demgegenüber der Geldvermögensanteil des Straßenfahrzeugbaus. Strukturgewinner sind die nicht separat ausgewiesen übrigen Unternehmen, die ihren Anteil von 15,1 Prozent im Jahre 1972 auf 21,3 Prozent im Jahre 1990 ausdehnen konnten. Dieser Bereich stellt ein recht heterogenes Sektorengemisch dar, sind hier doch sowohl Wachstumssektoren (z. B. Herstellung von Büromaschinen, ADV-Geräten und -Einrichtungen) als auch Schrumpfungssektoren (z. B. Gießereien) vertreten.

4.3.2. Zum Tempo des Strukturwandels

Summarische Maße der Intensität des Strukturwandels stellen die sogenannten Tempomaße des Strukturwandels dar. Es gibt eine Reihe derartiger Maßzahlen, die grundsätzlich zur Messung dieses Phänomens in Betracht kommen. Die großen deutschen Wirtschaftsforschungsinstitute hatten sich im Rahmen ihrer Strukturberichterstattung auch mit dem Tempo strukturellen Wandels zu befassen. Die Institute konnten sich nicht auf ein einziges Maß einigen. Als empfehlenswert wurden die Summe der absoluten Anteilsdifferenzen ("Beitragssummen-Norm"), der euklidische Abstand sowie die Summe der relativen Anteilsdifferenzen erachtet.[7] Generell muß allerdings konstatiert werden, daß die Eigenschaften einzelner Tempomaße nur wenig untersucht wurden. Für die vorliegende Arbeit soll die Summe der absoluten Anteilsdifferenzen Verwendung finden. Diese ist definiert als:

$$SAD_t = \sum_{k=1}^{K} | a_{k,t} - a_{k,t-1} | .$$

$a_{k,t}$ bezeichnet den Anteil des Teilaggregates k am Gesamtaggregat in Periode t in Prozent. Ein Vorzug dieses Maßes ist, daß seine obere und untere Grenze angegeben werden kann, was für die anderen Tempomaße nicht möglich ist. Findet von Periode t-1 zu Periode t keine Strukturveränderung statt, so weist das Maß den Wert Null auf. Die denkbare maximale Strukturverschiebung findet statt, wenn in Periode t-1 die gesamte Merkmalssumme

7 Vgl. Schmidt u. a. (1984), S. 184.

dem Teilaggregat k_1 zugeordnet war und in Periode t die gesamte Merkmalssumme dem von k_1 verschiedenen Teilaggregat k_2 zugeordnet ist. In diesem Fall nimmt SAV_t den Wert 200 Prozent an. (Auf die Struktur nach Geldvermögensarten bezogen, würde dieser theoretische Fall eintreten, wenn beispielsweise in Periode t-1 nur Kassenmittel gehalten würden und in Periode t nur Wertpapiere.)

Nachfolgend wird zunächst untersucht, wie sich das Tempo der Struktur der Geldvermögen aller Produktionsunternehmen in der Bilanzstatistik der Deutschen Bundesbank entwickelt hat. Zunächst wird die Struktur nach Geldvermögensarten betrachtet. Das verwendete Tempomaß zeigt deutliche kurzfristige Schwankungen, deren Frequenz kürzer ist als diejenige der konjunkturellen Zyklen (vgl. Abbildung 10). Das Maß deutet darauf hin, daß der stärkste Strukturwandel in der Mitte der Phasen konjunktureller Erholung stattfand, nämlich in den Jahren 1977 und 1978 sowie in den Jahren 1986 und 1987.

Abbildung 10: Tempo des Wandels der Geldvermögensstruktur nach Arten

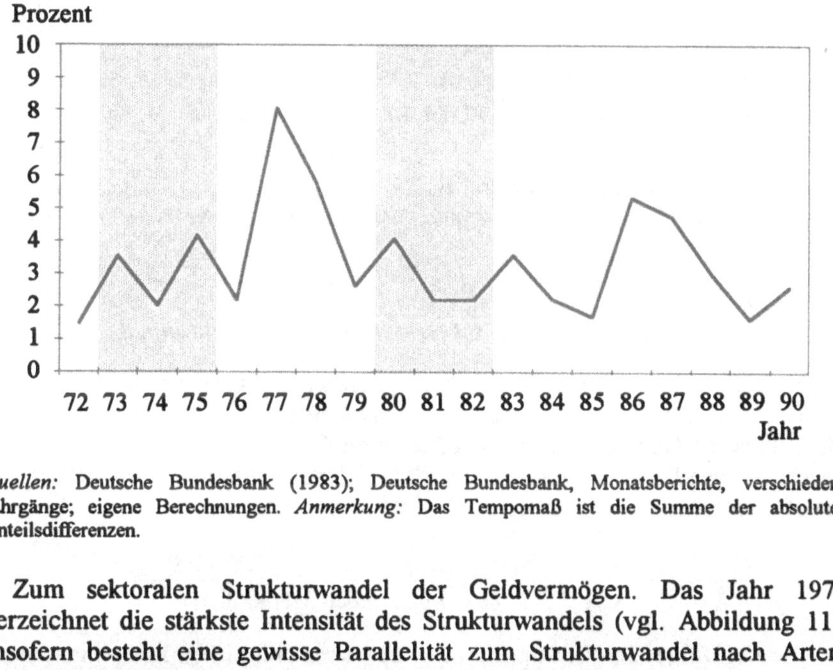

Quellen: Deutsche Bundesbank (1983); Deutsche Bundesbank, Monatsberichte, verschiedene Jahrgänge; eigene Berechnungen. *Anmerkung:* Das Tempomaß ist die Summe der absoluten Anteilsdifferenzen.

Zum sektoralen Strukturwandel der Geldvermögen. Das Jahr 1977 verzeichnet die stärkste Intensität des Strukturwandels (vgl. Abbildung 11). Insofern besteht eine gewisse Parallelität zum Strukturwandel nach Arten. Dies ist allerdings vorsichtig zu bewerten, da Tempomaße generell auf den Grad der Disaggregation reagieren.[8] (Die Struktur nach Arten weist nur 6 Teilaggregate auf, die Struktur nach Sektoren 20.) Abgesehen von dem

[8] Vgl. dazu Enke u. a. (1984), S. 25.

genannten gemeinsamen Maximum bestehen keine Ähnlichkeiten mit der Änderungsintensität der Geldvermögensstruktur nach Arten. Bezüglich der Konjunkturabhängigkeit zeigt sich kein scharfes Bild. Abgesehen von dem Wert des Jahres 1977 deutet sich allenfalls ein zunehmendes Tempo in den Abschwungsphasen an.

Abbildung 11: Tempo des sektoralen Strukturwandels der Geldvermögen

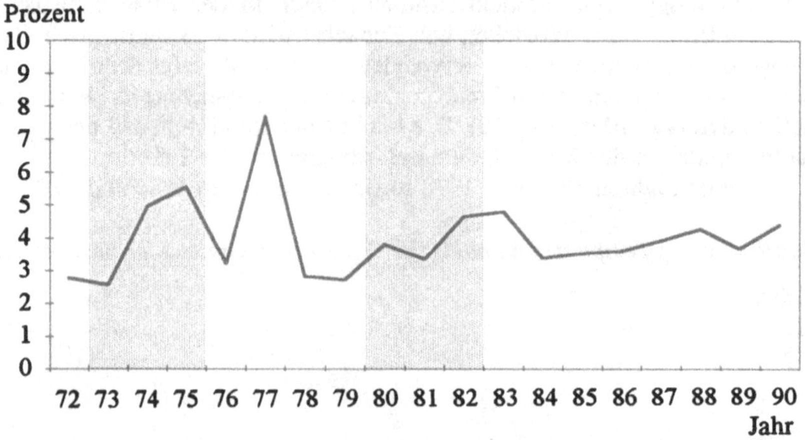

Quellen: Deutsche Bundesbank (1983); Deutsche Bundesbank, Monatsberichte, verschiedene Jahrgänge; eigene Berechnungen. *Anmerkung:* Das Tempomaß ist die Summe der absoluten Anteilsdifferenzen.

4.3.3. Der Beitrag sektoraler Sonderentwicklungen

In diesem Abschnitt soll untersucht werden, in welchem Ausmaß unterschiedliche sektorale Strukturen und sektorspezifische Veränderungsmuster der einzelnen Geldvermögensarten für deren Gesamtentwicklung bestimmend waren. Eigentliche Determinanten der Geldvermögenshaltung werden mit dieser Vorgehensweise freilich noch nicht abgeleitet.

4.3.3.1. Zur statistischen Methode

Die nachfolgenden Untersuchungen operieren mit einem komponentenanalytischen Verfahren (vgl. dazu allgemein Abschnitt 3.1.1). Formal ist es mit der in der empirischen Regionalforschung eingesetzten sogenannten Shift-Share-Analyse verwandt.[9] Es besteht allerdings nur insoweit Verwandtschaft,

---

[9] Vgl. etwa Dunn (1980), Esteban-Marquillas (1972), Tengler (1989).

als daß die sektorale Struktur einer Untersuchungsgröße berücksichtigt wird. Im Mittelpunkt steht eine nichtdefinitorische Komponentenfunktion von additivem Typ. Gegeben ist das nach Arten und Sektoren aufgegliederte Geldvermögen. Die interessierende Untersuchungsgröße ist die absolute Veränderung (ΔG_{ij}) einer Geldvermögensart j in einem Sektor i zwischen zwei Perioden (Basisperiode und Bezugsperiode). Diese Veränderung wird nun in die folgenden drei Komponenten aufgespalten:

(1) Die erste Komponente soll jene Veränderung der Geldvermögensart j erfassen, die sich in Sektor i ergeben hätte, wenn dieser in der Basisperiode die gleiche Geldvermögensstruktur aufgewiesen hätte wie die Produktionsunternehmen insgesamt und sich die betreffende Geldvermögensart mit der gleichen Rate verändert hätte wie das gesamte Geldvermögen dieses Sektors. Auf diese Weise wird versucht, sowohl den Effekt besonderer Spezialisierungen eines Sektors auf die Haltung bestimmter Geldvermögensarten als auch den Effekt unterschiedlich starker sektoraler Veränderungen der gehaltenen Geldvermögen auszuschalten. Die Komponente soll daher als *Wachstumseffekt* (WE) bezeichnet werden. Für Sektor i und Geldvermögensart j errechnet sich der Wachstumseffekt als

$$WE_{ij} = G_{ij}{*} \cdot w_i.$$

$G_{ij}{*}$ ist dabei die Höhe des hypothetischen, von Sektor i in der Basisperiode gehaltenen Geldvermögens der Art j, wenn die Geldvermögensstruktur dieses Sektors die gleiche gewesen wäre wie die der Produktionsunternehmen insgesamt. Diese hypothetische Ausstattung errechnet sich als

$$G_{ij}{*} = \frac{G_j \cdot G_i}{G}.$$

G_j bezeichnet dabei das Geldvermögen der Art j aller Sektoren, G_i das gesamte Geldvermögen des Sektors i und G das Geldvermögen insgesamt (jeweils in der Basisperiode). w_i ist die Veränderungsrate des gesamten von Sektor i gehaltenen Geldvermögens.

(2) Die zweite Komponente stellt den Beitrag zur Veränderung der Geldvermögensart j in Sektor i dar, der auf eine von der hypothetischen Ausstattung $G_{ij}{*}$ abweichenden tatsächlichen Ausstattung G_{ij} des Sektors i mit Geldvermögensart j (in der Basisperiode) zurückzuführen ist. Diese Komponente wird als *Struktureffekt* (StE) bezeichnet, da sie den Effekt einer von der hypothetischen Geldvermögensstruktur abweichenden tatsächlichen Geldvermögensstruktur zum Ausdruck bringt. Sie ergibt sich als

$$StE_{ij} = (G_{ij} - G_{ij}{*}) \cdot w_i.$$

(3) Die dritte Komponente schließlich wird als *spezifischer Effekt* (SpE) bezeichnet. Sie erfaßt jenen Beitrag zur Veränderung von Geldvermögensart j in Sektor i, der sich hier aufgrund einer von der gesamten Veränderungsrate des Sektors i abweichenden spezifischen Veränderungsrate w_{ij} der Geldvermögensart j in diesem Sektor ergeben hat, also:

$$SpE_{ij} = G_{ij} \cdot (w_{ij} - w_i).$$

Sie bringt damit die spezifische Veränderungsdynamik der Geldvermögensart j in Sektor i im Vergleich zur Veränderung des gesamten Geldvermögens des Sektors i zum Ausdruck.

Faßt man alle drei Komponenten zusammen, so ergibt sich als Komponentenfunktion:

$$\Delta G_{ij} = WE_{ij} + StE_{ij} + SpE_{ij} = G_{ij}^* \cdot w_i + (G_{ij} - G_{ij}^*) \cdot w_i + G_{ij} \cdot (w_{ij} - w_i).$$

Durch Addition der abgeleiteten Komponenten über die Sektoren gelangt man zu der Komponentenfunktion für Geldvermögensart j:

$$\Delta G_j = \sum_i WE_{ij} + \sum_i StE_{ij} + \sum_i SpE_{ij} = WE_j + StE_j + SpE_j,$$

wobei:

$$WE_j = \sum_i WE_{ij} = \sum_i G_{ij}^* \cdot w_i = \sum_i \frac{G_j \cdot G_i}{G} \cdot w_i = \frac{G_j}{G} \sum_i G_i \cdot w_i = \frac{G_j}{G} \cdot \Delta G = G_j \cdot w$$

$$StE_j = \sum_i StE_{ij} = \sum_i G_{ij} \cdot w_i - \sum_i G_{ij}^* \cdot w_i = \sum_i G_{ij} \cdot w_i - G_j \cdot w$$

$$SpE_j = \sum_i SpE_{ij} = \sum_i G_{ij} \cdot (w_{ij} - w_i) = G_j \cdot w_j - \sum_i G_{ij} \cdot w_i$$

Die Werte dieser zusammengefaßten Ausdrücke lassen Aussagen über die Bedeutung der einzelnen Komponenten für ganze Geldvermögensarten zu. Je höher hierbei der Anteil des Struktureffektes und des spezifischen Effektes an der Gesamtveränderung einer Geldvermögensart ist, umso mehr ist diese durch sektorale Sonderentwicklungen gekennzeichnet. Eine solche Situation bedeutet auch, daß eine weitere Analyse der Determinanten der Haltung dieser Geldvermögensart nicht auf die Gesamtheit der Produktionsunternehmen beschränkt bleiben sollte, sondern spezielle sektorale Bestimmungsgrößen zu berücksichtigen hat.

4.3.3.2. Der Befund

Die Analyse wird für den Zeitraum von 1972 bis 1990 mit gleitendem Basis- und Bezugsjahr vorgenommen. Betrachtet werden die absoluten Veränderungen von einem Jahr zum nächsten. Auf diese Weise werden für alle Jahre des Untersuchungszeitraumes und alle Geldvermögensarten die Komponentenwerte ermittelt. Gegenüber der Vorgehensweise, nur das erste und das letzte Jahr eines mehrere Jahre umfassenden Untersuchungszeitraumes zu verwenden, hat dies den Vorzug, auch zeitliche Sonderentwicklungen aufzudecken. Bei dieser kurzfristigen Betrachtung darf der Wert des Struktureffekts freilich nicht als Beitrag einer nachhaltigen Strukturwandlung aufgefaßt werden. Nachfolgend werden die Ergebnisse für die sechs Geldvermögensarten aus der Bilanzstatistik der Deutschen Bundesbank vorgeführt. In der dazu präsentierten Abbildung 12 sind die absoluten Gesamtveränderungen einer Geldvermögensart als Polygonzug und die Komponentenwerte als übereinander gestapelte Säulen dargestellt.

Bei allen Geldvermögensarten hat der Wachstumseffekt in allen Jahren ein positives Vorzeichen. Hätten also keine sektoralen Sonderentwicklungen stattgefunden, hätte sich der Bestand aller Geldvermögensarten von Jahr zu Jahr erhöht. Betrachtet man alle Geldvermögensarten zusammengenommen, so kommt dem Wachstumseffekt auch die größte quantitative Bedeutung aller Effekte zu. Den zweiten Stellenwert nimmt der spezifische Effekt ein. Er wirkt teils als Wachstumsverstärker, teils als Wachstumsdämpfer. Absolute Rückgänge einzelner Geldvermögensarten sind ausnahmslos auf negative spezifische Effekte zurückzuführen. Auf der anderen Seite sind aber auch zahlreiche besonders starke Geldvermögensausweitungen von einem deutlich positiven spezifischen Effekt beeinflußt. Das bedeutet, daß besonders die extremen Geldvermögensänderungen (in beiden Richtungen) gerade nicht auf eine mehr oder weniger einheitliche Entwicklung aller Sektoren zurückzuführen sind, sondern Ergebnis deutlicher Sonderentwicklungen in den Sektoren darstellen. Dies trifft besonders auch für die markanten Rückgänge der Forderungen aus Lieferungen und Leistungen in den Jahren 1986 und 1987, der sonstigen kurzfristigen Forderungen im Jahre 1977 und der Wertpapierbestände im Jahre 1986 zu. Dem Struktureffekt kommt die geringste quantitative Bedeutung zu. Bis auf die sonstigen kurzfristigen Forderungen sind positive Struktureffekte häufiger als negative Struktureffekte.

Die vorstehende Analyse zeigt, daß das deutliche Wachstum aller Geldvermögensarten zwar zu einem großen Teil von einer Wachstumsdynamik bestimmt ist, die in der Gesamtheit der Produktionsunternehmen der Bilanzstatistik herrschte. Gleichzeitig zeigen aber die hohen Veränderungsbeiträge des spezifischen Effektes, daß dies keine homogene Entwicklung ist, zu der alle Sektoren in ähnlicher Weise beitragen. Die Ergebnisse lassen es angeraten erscheinen, in den folgenden Analysen immer auch sektorale Besonderheiten zu berücksichtigen.

Abbildung 12: Absolute Veränderungen der Geldvermögensarten und ihre Komponenten

a) Kassenmittel

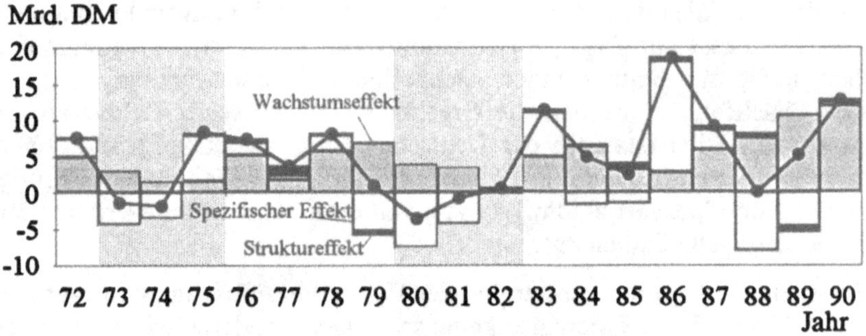

b) Forderungen aus Lieferungen und Leistungen

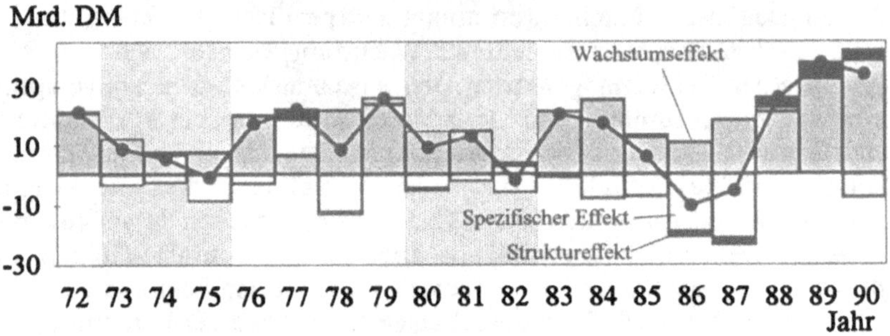

c) Sonstige kurzfristige Forderungen

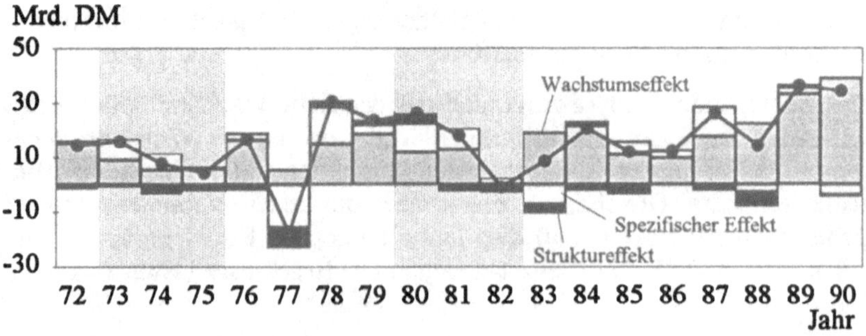

d) Langfristige Forderungen

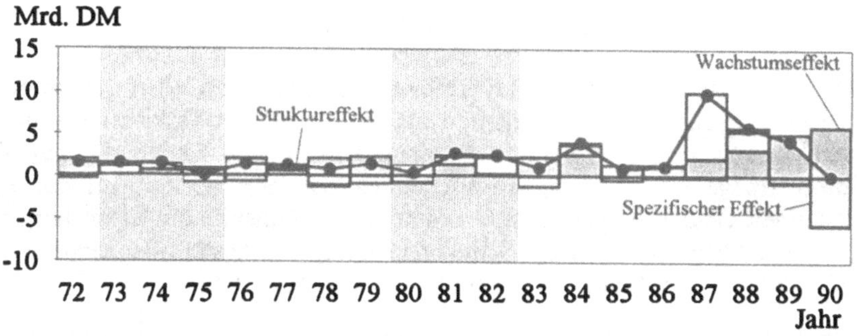

e) Wertpapiere

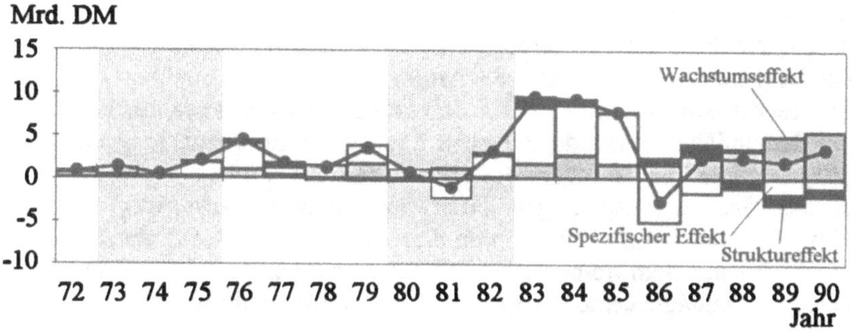

f) Beteiligungen

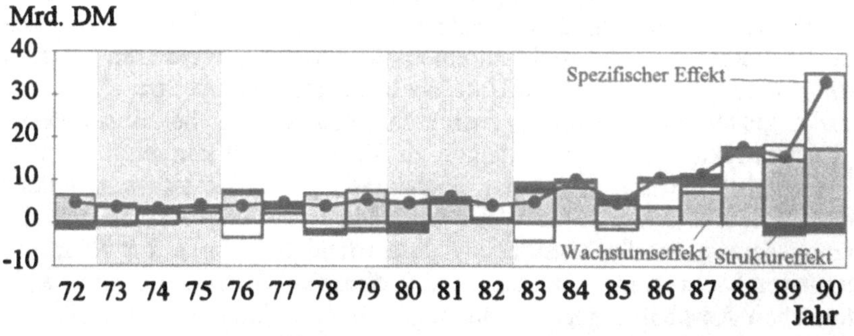

Quellen: Deutsche Bundesbank (1983); Deutsche Bundesbank, Monatsberichte, verschiedene Jahrgänge; eigene Berechnungen. *Anmerkung:* Die jeweilige Gesamtveränderung ist als Polygonzug, die Komponenten derselben sind als gestapelte Säulen dargestellt.

4.4. Entwicklung der Geldvermögensquoten

4.4.1. Zur Definition der Geldvermögensquoten

Mit der Betrachtung der Geldvermögensquote wird zu einer relativierten Größe übergegangen. Sie ist definiert als der Anteil des Geldvermögens am Gesamtvermögen, ausgedrückt in Prozent. Die Quoten zeigen die von der Gesamtvermögensentwicklung abweichenden Sonderentwicklungen der entsprechenden Geldvermögenskomponenten an. Zunächst ist die Ermittlung des Gesamtvermögens erforderlich. Seine erste Komponente stellt das Geldvermögen dar. Es wird wie bisher zu jeweiligen Preisen bewertet.

Die zweite Komponente ist das Sachvermögen, welches sich aus den Sachanlagen und den Vorräten zusammensetzt. Die Sachanlagen werden in den Unternehmensbilanzen zu Anschaffungspreisen bewertet. Davon abgesetzt sind Abschreibungen und Wertberichtigungen. Der Bilanzansatz entspricht also dem Nettosachanlagevermögen zu Anschaffungspreisen. Wenn sich die Wiederbeschaffungspreise der Sachanlagengüter im Zeitablauf verändern, stellt dieser Ansatz nicht mehr den Zeitwert der Sachanlagen, also nicht mehr die in Sachanlagen gebundene Aktiva dar. Wenn zur Ermittlung einer Geldvermögensquote die Geldvermögen zu jeweiligen Preisen bewertet werden, muß das Sachanlagevermögen einer äquivalenten Bewertung unterzogen werden. Damit wird die inflationäre Aufblähung[10] des Geldvermögens kompensiert. Die mit dem nominellen Geldvermögen vergleichbare Größe ist also das Nettosachanlagevermögen zu Wiederbeschaffungspreisen.[11]

Auch im Zusammenhang mit der Ermittlung von Sachvermögensrentabilitäten (vgl. Abschnitt 5.2.3) stellt das Nettosachanlagevermögen zu Anschaffungspreisen nicht mehr die adäquate Größe dar. Auch hier ist es ökonomisch sinnvoll, den Ertrag des Sachvermögens ins Verhältnis zum tatsächlichen Wert des Vermögens und nicht zu einem zu Anschaffungspreisen bewerteten Vermögen zu setzen. Bei einem Unternehmensvergleich oder bei einem sektoralen Vergleich von Sachvermögensrentabilitäten kann es bei einem Verzicht auf Preiskorrekturen der Sachanlagen zu Verzerrungen kommen, wenn sich die Wiederbeschaffungspreise der Sachanlagengüter der zu vergleichenden Einheiten in unterschiedlicher Weise verändert haben oder sich die sektoralen Nutzungsdauern des Sachvermögens unterscheiden.[12] Auch zur Beurteilung alternativer Sachvermögensanlagen ist es ökonomisch sinnvoll, nicht auf die historischen Anschaffungspreise der im Falle einer Investition zu kaufenden Sachvermögensgüter abzustellen, sondern auf die Anschaffungspreise der Gegenwart.

---

[10] Vgl. etwa RWI (1983b), S. 46.

[11] Vgl. Ehrlicher/Braun (1993), S. 43.

[12] Vgl. Härtel u. a. (1984), S. 70.

Nachfolgend wird das in der vorliegenden Arbeit eingesetzte Verfahren zur Preiskorrektur des in der Bilanzstatistik der Deutschen Bundesbank ausgewiesenen Sachvermögens dargestellt. Die Korrektur der im Sachvermögen enthaltenen Sachanlagen läßt sich grundsätzlich durchführen, indem man folgenden Quotienten als Korrekturfaktor ermittelt:

$$\frac{\text{Nettosachanlagevermögen zu Wiederbeschaffungspreisen}}{\text{Nettosachanlagevermögen zu Anschaffungspreisen}}.$$

Beide Vermögenswerte werden vom Statistischen Bundesamt für die Produktionsunternehmen insgesamt und für Wirtschaftsbereiche (nicht aber für Wirtschaftszweige) ausgewiesen.[13] Der Bilanzausweis multipliziert mit diesem Korrekturfaktor ergibt dann einen Schätzwert für das Sachanlagevermögen zu Wiederbeschaffungspreisen. Je ähnlicher die Güterstruktur des Ausweises des Statistischen Bundesamts und des der Bilanzstatistik der Deutschen Bundesbank ist und je ähnlicher die Preisentwicklung der einzelnen Güter ist, umso geringer werden die Schätzfehler sein.

Da sich der Korrekturfaktor aus den Angaben des Statistischen Bundesamtes für die Wirtschaftszweige des Verarbeitenden Gewerbes jedoch nicht ermitteln läßt, ist es im Rahmen sektoraler Analysen üblich, den Preiskorrekturfaktor des Verarbeitenden Gewerbes insgesamt auch auf seine Zweige anzuwenden.[14] Ist die Struktur der Anlagegüter und deren Veränderung in den Zweigen ähnlich der des gesamten Verarbeitenden Gewerbes oder erfahren alle Anlagegüter dieses Bereiches eine vergleichbare Preisentwicklung, wird man damit keine allzugroßen Fehler begehen.

Das Sachanlagevermögen im Ausweis des Statistischen Bundesamts besteht aus zwei Hauptteilen, den Ausrüstungen und den Bauten. Grundstücke werden hier im Gegensatz zur Bilanzstatistik nicht berücksichtigt.[15] (Auch die sonstigen Sachanlagen der Bilanzstatistik sind nur näherungsweise mit den Ausrüstungen identisch (vgl. Abschnitt 3.2.1.2).) Da bereits für diese beiden Gütergruppen in den letzten Jahrzehnten nicht von einer einheitlichen Preisentwicklung ausgegangen werden kann, wird man mit der obigen Vorgehensweise der Preiskorrektur dann Fehler machen, wenn sich das Verhältnis von Ausrüstungen und Bauten von Wirtschaftszweig zu Wirtschaftszweig deutlich unterscheidet. Da sich der Korrekturfaktor aus den Daten des Statistischen Bundesamtes nicht nur für das Sachanlagevermögen insgesamt, sondern auch getrennt nach Ausrüstungen und Bauten ermitteln läßt, läßt sich oben skiz-

---

13 Vgl. Statistisches Bundesamt (1992b).

14 Auch für die beiden Zweige des Handels, Großhandel und Einzelhandel, lassen sich keine separaten Preiskorrekturen durchführen. Hier wird der Korrekturfaktor, der sich für den Handel insgesamt ergibt, auf Großhandel und Einzelhandel angewandt.

15 Vgl. Statistisches Bundesamt (1992c).

zierte Prozedur der Preiskorrektur noch etwas präzisieren. Naheliegend ist, die in der Bilanzstatistik ausgewiesenen Positionen Grundstücke und Gebäude bzw. sonstige Sachanlagen mit jenen Faktoren zu korrigieren, die sich für Bauten bzw. Ausrüstungen ergeben. Man muß dabei lediglich unterstellen, daß die Preisentwicklung für Bauten auch die Preisentwicklung für Grundstücke hinreichend gut wiedergibt, da das Statistische Bundesamt nur die Bauten berücksichtigt. Sie wird dies sicherlich besser tun als die Preisentwicklung für Sachanlagen insgesamt.

Tabelle 12: Sektorale Aggregation und Berechnungsgrundlagen der Preiskorrekturfaktoren

Sektorale Aggregation (Bilanzstatistik)	Berechnungsgrundlage der Preiskorrekturfaktoren (Statistisches Bundesamt)
Alle Unternehmen der Bilanzstatistik	Verarbeitendes Gewerbe, Baugewerbe, Handel
Zweige des Verarbeitenden Gewerbes	Verarbeitendes Gewerbe
Baugewerbe	Baugewerbe
Großhandel und Einzelhandel	Handel

Abbildung 13: Preiskorrekturfaktoren, Grundstücke und Gebäude

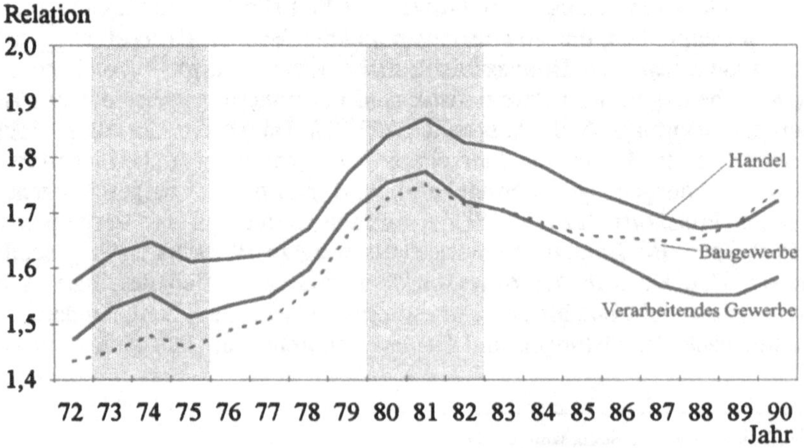

Quellen: Statistisches Bundesamt (1992b); eigene Berechnungen.

Abbildung 14: Preiskorrekturfaktoren, sonstige Sachanlagen

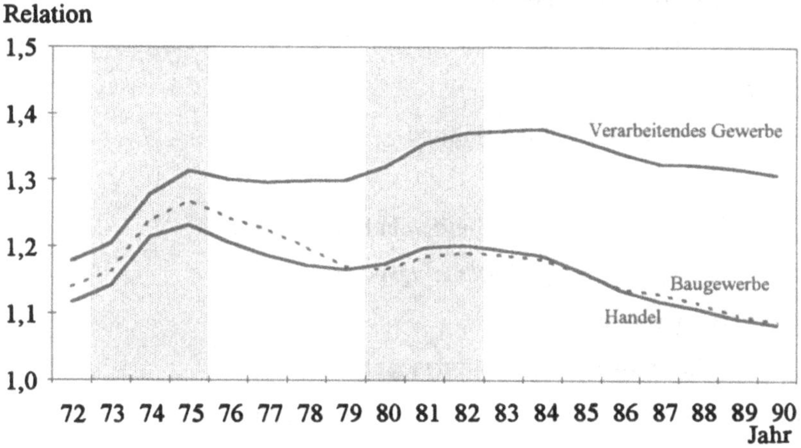

Quellen: Statistisches Bundesamt (1992b); eigene Berechnungen.

Die zweite Komponente des Sachvermögens sind die Vorräte. Diese beinhalten sowohl für die Produktion bereitstehende Güter als auch bereits produzierte, aber noch nicht abgesetzte Güter. In der vorliegenden Arbeit soll, auf eine preisliche Umbewertung der Vorräte verzichtet werden. Es wird davon ausgegangen, daß die Bewertung der Vorräte in den Bilanzen mit ihrem "zeitnahen Teilwert"[16] (Ansatz etwa gemäß Lifo- oder Hifo-Methode) und nicht zu Anschaffungspreisen erfolgt.[17] Dieser Zeitwert dürfte annähernd den Wiederbeschaffungskosten entsprechen.

Zusammengefaßt ergibt sich folgender Ansatz zur Schätzung des Sachvermögens zu Wiederbeschaffungspreisen (SV_{WB}):

$$SV_{WB} = SA_{SO} \cdot k_{Aus} + SA_{GB} \cdot k_{Bau} + VR.$$

SA_{SO} bezeichnet die in der Bilanzstatistik ausgewiesenen sonstigen Sachanlagen, SA_{GB} die Bilanzposition Grundstücke und Gebäude. Der Korrekturfaktor k_{Aus} ist das Verhältnis der Ausrüstungen zu Wiederbeschaffungspreisen zu den Ausrüstungen zu Anschaffungspreisen gemäß den Angaben des Statistischen Bundesamtes. Der Korrekturfaktor k_{Bau} ist der entsprechende Wert für die Bauten. VR bezeichnet den Bilanzansatz der Vorräte. Die Tabelle 12 zeigt die Berechnungsgrundlagen der Korrekturfaktoren, gegliedert nach dem Grad der sektoralen Aggregation. In den Abbildungen 13 und 14 ist die Entwicklung der Preiskorrekturfaktoren für die Grundstücke und Gebäude sowie die sonstigen Sachanlagen wiedergegeben.

16 RWI (1988), S. 163.

17 Anders dagegen Funke (1992), S. 146 - 147.

Das Gesamtvermögen der Unternehmen zu Wiederbeschaffungspreisen ergibt sich als preisbereinigte Bilanzsumme:

$$BS_p = GV + SV_{WB} + ARAP = BS - SV + SV_{WB}.$$

Es bedeuten:

BS_p	preisbereinigte Bilanzsumme
GV	Geldvermögen
SV_{WB}	Sachvermögen zu Wiederbeschaffungspreisen
ARAP	Aktive Rechnungsabgrenzungsposten
BS	Bilanzsumme
SV	Bilanzausweis des Sachvermögens.

Damit definiert sich die (totale) Geldvermögensquote als:

$$QGV = \frac{GV}{BS_p} \cdot 100.$$

Daneben kann für jede der sechs Geldvermögensarten deren Anteil am Gesamtvermögen als (partielle) Geldvermögensquote ausgedrückt werden. Es ergeben sich die Kassenmittelquote, die Quote der Forderungen aus Lieferungen und Leistungen, die Quote der sonstigen kurzfristigen Forderungen, die Quote der langfristigen Forderungen, die Wertpapierquote und die Beteiligungsquote.

4.4.2. Der Befund

In diesem Abschnitt wird die empirische Entwicklung der sechs partiellen Geldvermögensquoten sowie die Quote des Geldvermögens insgesamt nachvollzogen. Dies geschieht sowohl für die Unternehmen der Bilanzstatistik insgesamt als auch für die separat ausgewiesenen 19 Sektoren.[18]

4.4.2.1. Geldvermögensquoten für alle Unternehmen

Die Quote der gesamten Geldvermögen hat eine kräftige Ausweitung erfahren: von 38,6 Prozent im Jahre 1972 auf 44,8 Prozent im Jahre 1990. Dieser Anstieg ist in der Abbildung 15 verdeutlicht. Neben der langfristigen Entwick-

[18] Vergleichsrechnungen haben im übrigen gezeigt, daß die Spannweiten der in den Sektoren beobachtbaren Geldvermögensquoten deutlich größer ist als die Spannweiten der Geldvermögensquoten von Unternehmen verschiedener Rechtsformen oder verschiedener Umsatzgrößenklassen. Vgl. dazu Tabelle A.1 im Anhang 3.

lung weist die Geldvermögensquote leichte Schwankungen auf: Zu Beginn der beiden konjunkturellen Abschwünge ist die Quote leicht rückläufig. Deutlich ist der Wiederanstieg nach Ende der konjunkturellen Abschwächung besonders im Jahr 1983, während der Quotenanstieg in den siebziger Jahren noch vor dem Aufschwung einsetzt.

Abbildung 15: Geldvermögensquote

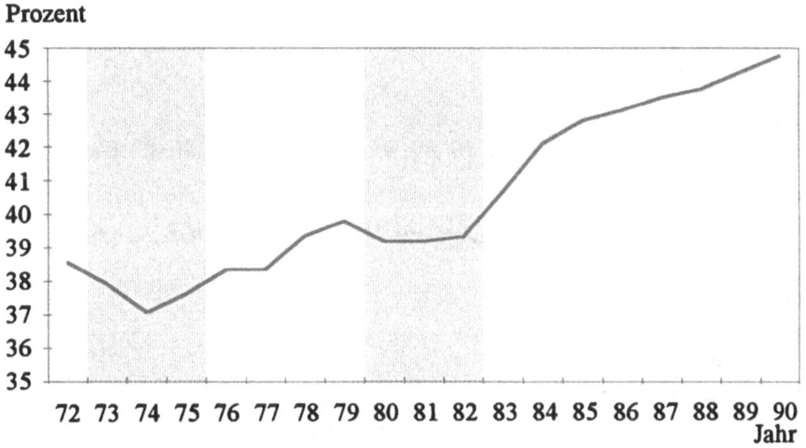

Quellen: Deutsche Bundesbank (1983); Deutsche Bundesbank, Monatsberichte, verschiedene Jahrgänge; Statistisches Bundesamt (1992b); eigene Berechnungen.

Während die Zeitreihe der totalen Geldvermögensquote von der trendmäßigen Entwicklung geprägt ist, die lediglich durch leichte Schwankungen akzentuiert wird, wird die Zeitreihe der Kassenmittelquote von ausgeprägten Schwankungen dominiert. (Zu den partiellen Geldvermögensquoten vgl. Abbildung 16.) Ein klarer Trend ist nicht zu erkennen, obwohl das Niveau der Kassenmittelquote im Jahre 1990 etwa einen halben Prozentpunkt über dem Niveau des Jahres 1972 liegt. Die Schwankungen weisen ein klares Konjunkturmuster auf. Die relativen Minima liegen in den Phasen konjunktureller Abschwächungen, die relativen Maxima etwa in der Mitte der Aufschwungphasen.

Die Quoten der Forderungen aus Lieferungen und Leistungen und der sonstigen kurzfristigen Forderungen haben sich, ausgehend von recht verschiedenen Niveaus, im Untersuchungszeitraum angenähert. Die Quote der Forderungen aus Lieferungen und Leistungen sinkt von 16,1 Prozent im Jahre 1972 auf nur mehr 14,4 Prozent in 1990, die Quote der sonstigen kurzfristigen Forderungen steigt im gleichen Zeitraum von 11,7 auf 14,6 Prozent. Die erste

Abbildung 16: Partielle Geldvermögensquoten

a) Kassenmittelquote

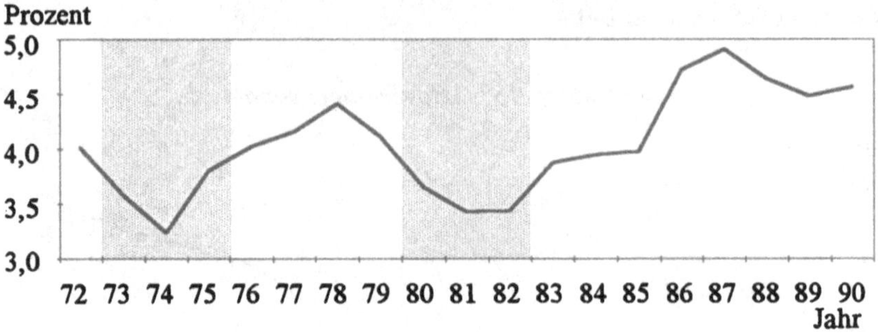

b) Quote der Forderungen aus Lieferungen und Leistungen

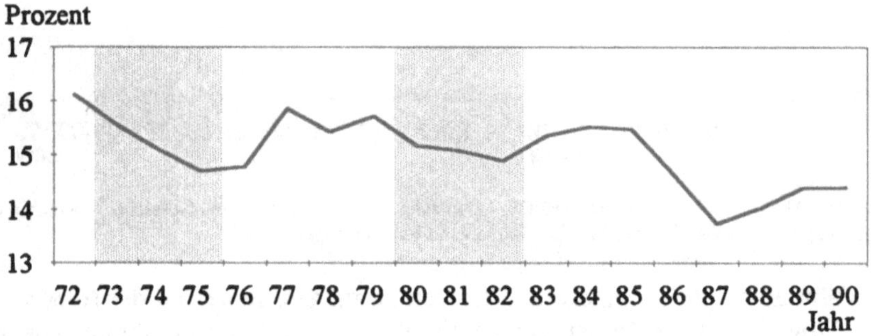

c) Quote der sonstigen kurzfristigen Forderungen

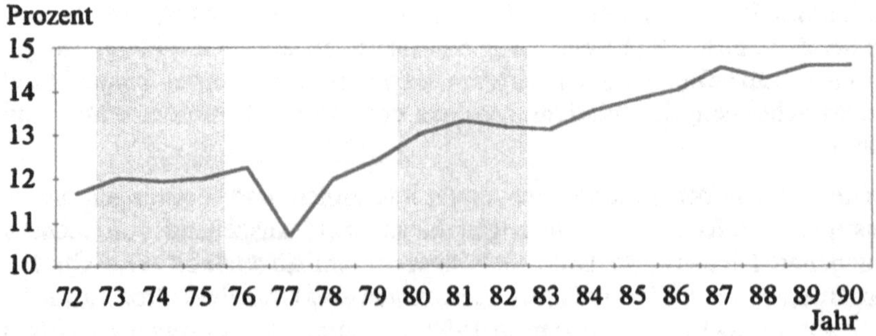

d) Quote der langfristigen Forderungen

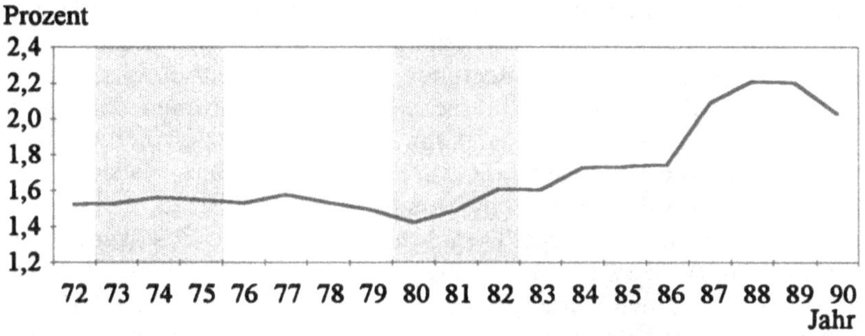

e) Wertpapierquote

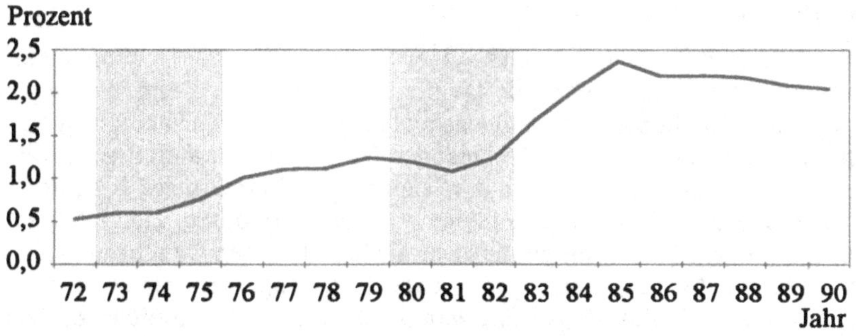

f) Beteiligungsquote

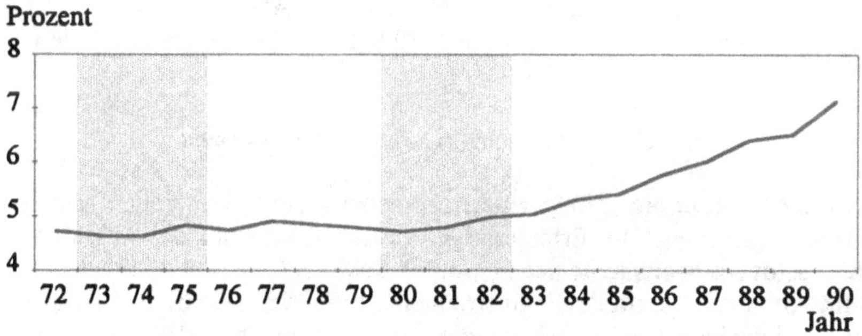

Quellen: Deutsche Bundesbank (1983); Deutsche Bundesbank, Monatsberichte, verschiedene Jahrgänge; Statistisches Bundesamt (1992b); eigene Berechnungen.

der genannten Quoten weist deutlichere Schwankungen auf als die zweite: In den Abschwungsphasen erfolgt ein Rückgang, zu Beginn des Aufschwungs ein Wiederanstieg. Der deutliche Rückgang um zusammen fast zwei Prozentpunkte in den Jahren 1986 und 1987 paßt allerdings nicht in das konjunkturelle Schema. Man kann zwar argumentieren, daß der gewählte Konjukturindikator in diesen beiden Jahren leicht rückläufig ist.[19] Von einer nachhaltigen konjunkturellen Verschlechterung kann hier dennoch nicht gesprochen werden, so daß für den Quotenrückgang in diesen Jahren andere Gründe maßgeblich sein dürften. Bereits die Analysen des Abschnitts 4.3.3.2 haben Hinweise auf sektorspezifische Ursachen des absoluten Rückgangs dieser Geldvermögensart gegeben. Die Quote der sonstigen kurzfristigen Forderungen weist, abgesehen von einem deutlichen Einbruch im Jahre 1977, einen fast monotonen Anstieg auf. Konjunkturelle Einflüsse lassen sich nicht erkennen. Den Analysen des Abschnitts 4.3.3.2 kann entnommen werden, daß dieser Quotenrückgang mit einer absoluten Schrumpfung der Bestände dieser Geldvermögensart einhergeht. Die dortigen Analysen zeigen ferner, daß sektorspezifische Ursachen geltend gemacht werden müssen.

Jeweils nur 2 Prozent ihres Gesamtvermögens halten die Unternehmen der Bilanzstatistik im Jahre 1990 als langfristige Forderungen und Wertpapiere. Die beiden partiellen Geldvermögensquoten nehmen im Untersuchungszeitraum allerdings einen grundverschiedenen Verlauf. Ohne auffällige Veränderungen entwickelt sich die Quote der langfristigen Forderungen bis Mitte der achtziger Jahre, um hier einen leichten Anstieg zu erfahren. Die Wertpapierquote ist seit 1972 deutlich gewachsen. Während in den Abschwungsphasen nur moderate Anstiege oder gar leichte Rückgänge zu verzeichnen sind, finden mit dem Beginn des Aufschwungs im Jahre 1983 deutliche Zuwächse statt. Im Jahre 1985 wird ein lokales Maximum erreicht.

Den kontinuierlichsten Verlauf aller partiellen Geldvermögensquoten nimmt die Beteiligungsquote. Auf vergleichsweise stabilem Niveau bewegt sie sich bis Anfang der achtziger Jahre. Noch in der Abschwungsphase beginnt ein Anstieg von 4,7 Prozent im Jahre 1980 auf 7,1 Prozent im Jahre 1990.

4.4.2.2. Geldvermögensquoten der Sektoren

In diesem Abschnitt erfolgt eine Besprechung der wesentlichen sektoralen Entwicklungsmuster. Die Erläuterungen beziehen sich auf die Abbildung 17 (totale Geldvermögensquote der Sektoren) sowie auf die Abbildungen A.1 bis A.6 im Anhang 2 (partielle Geldvermögensquoten der Sektoren). Erwartungsgemäß zeigt sich in den meisten der 19 Sektoren ebenfalls ein deutlicher

19 Vgl. Deutsche Bundesbank, Saisonbereinigte Wirtschaftszahlen, November 1993, S. 85.

Anstieg der totalen Geldvermögensquote. Fünf der 19 Sektoren halten im Jahre 1990 mehr als die Hälfte ihres Vermögens als Geldvermögen. Nachfolgend wird zunächst auf diese Sektoren eingegangen.

Die zu dieser Gruppe dazugehörige Chemische Industrie (CH) hat ihre totale Geldvermögensquote im Untersuchungszeitraum um rund 14 Prozentpunkte auf 52,9 Prozent ausgeweitet. Wie die partiellen Geldvermögensquoten zeigen, ist dies vor allem auf die Erhöhung der Quote der sonstigen kurzfristigen Forderungen, der Wertpapierquote und der Beteiligungsquote zurückzuführen. Bezogen auf den Gesamtzeitraum unverändert, wenn auch von deutlichen Schwankungen begleitet, bleibt die Kassenmittelquote, rückläufig ist die Quote der Forderungen aus Lieferungen und Leistungen vor allem seit Anfang der achtziger Jahre.

Die höchste durchschnittliche Geldvermögensquote weist das Baugewerbe (BA) auf. Von kleineren Schwankungen begleitet, fällt sie im Untersuchungszeitraum von 68,2 Prozent auf 65,4 Prozent. Während alle anderen partiellen Geldvermögensquoten dieses Sektors leichte Zuwächse verbuchen, fällt die Quote der sonstigen kurzfristigen Forderungen im Gesamtzeitraum von 46,6 auf 38,7 Prozent. Diese Position bestimmt somit sowohl das hohe Niveau der totalen Geldvermögensquote als auch deren Veränderung im Zeitablauf. Auffällig ist, daß die Rückgänge gerade in Phasen einer konjunkturellen Erholung stattfinden und auch auf die totale Geldvermögensquote durchschlagen. Das hohe Niveau ist auf besondere Finanzierungsstrukturen in diesem Sektor zurückzuführen.[20] Es zeigt sich auch eine deutliche Strukturverschiebung zwischen den Forderungen aus Lieferungen und Leistungen und den sonstigen kurzfristigen Forderungen im Jahre 1977. Diese dürften auch maßgeblich an den für dieses Jahr verschiedentlich festgestellten sektorspezifischen Besonderheiten beteiligt gewesen sein.

Seit 1976 beläuft sich auch in der Elektrotechnik (EL) die totale Geldvermögensquote auf über 50 Prozent. Während der trendmäßige Anstieg auf die sonstigen kurzfristigen Forderungen, die Wertpapiere und die Beteiligungen zurückzuführen ist, zeichnet sich für die Schwankungen allerdings nicht die Kassenmittelquote verantwortlich. In diesem Sektor ist es die Wertpapierquote, die eine deutliche Zyklik aufweist, die auch auf die totale Geldvermögensquote durchschlägt.

Relativ schwankungsarm ist der Verlauf der totalen Quote im Großhandel (GH). Das hohe Niveau ist hauptsächlich durch die überdurchschnittliche Quote der Forderungen aus Lieferungen und Leistungen bedingt, das Wachstum vorwiegend durch die langfristigen Forderungen, die Beteiligungen aber auch die Kassenmittel.

---

20 Vgl. DIW (1981).

Abbildung 17: Totale Geldvermögensquoten der Sektoren

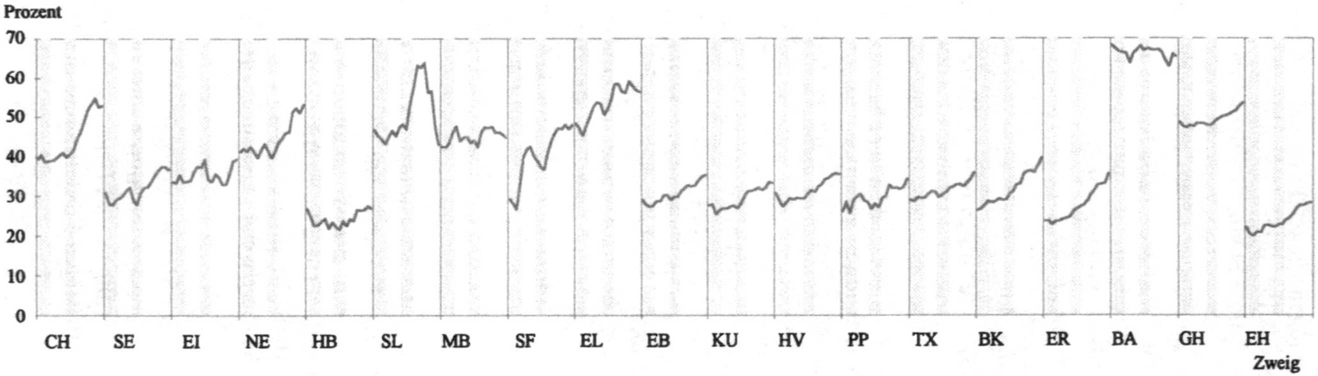

Quellen: Deutsche Bundesbank (1983), Deutsche Bundesbank, Monatsberichte, verschiedene Novemberhefte; Statistisches Bundesamt (1992b); eigene Berechnungen. *Abkürzungen der Sektorenbezeichnungen:* CH Chemische Industrie, SE Steine- und Erdengewinnung, EI Eisenschaffende Industrie, NE NE-Metallerzeugung, HB Holzbearbeitung, SL Stahl-/Leichtmetallbau, MB Maschinenbau, SF Straßenfahrzeugbau, EL Elektrotechnik, EB Eisen-/Blech-/Metallwarenherstellung, KU Kunststoffwarenherstellung, HV Holzverarbeitung, PP Papier-/Pappeverarbeitung, TX Textilgewerbe, BK Bekleidungsgewerbe, ER Ernährungsgewerbe, BA Baugewerbe, GH Großhandel, EH Einzelhandel. *Anmerkung:* Die Abbildung enthält 19 nebeneinander angeordnete Zonen, die je eine sektorale Zeitreihe für die Jahre 1972 bis 1990 enthalten. Die Phasen einer konjunkturellen Abschwächung sind mit einem Schatten hinterlegt.

Der fünfte Sektor, der 1990 mehr als die Hälfte seines Vermögens als Geldvermögen hält, ist die Nicht-Edelmetall-Erzeugung (NE). Dieses hohe Niveau wird Mitte der achtziger Jahre erreicht und ist auf die Beteiligungen und die Wertpapiere zurückzuführen, während der relative Rückgang der langfristigen Forderungen dämpfend auf die totale Geldvermögensquote wirkt.

Einen deutlichen trendmäßigen Anstieg der totalen Geldvermögensquote hat der Straßenfahrzeugbau (SF) zu verzeichnen. Gleichzeitig weist dieser Sektor die ausgeprägtesten konjunkturellen Schwankungen auf. Ein Blick auf die Entwicklung der partiellen Geldvermögensquoten zeigt, daß die Zyklik überwiegend auf die Entwicklung der Kassenmittelquote zurückzuführen ist. Diese weist das deutlichste stabile Schwankungsmuster aller hier betrachteten sektoralen Quoten auf. So weitet sie sich im Übergang zum wirtschaftlichen Aufschwung der siebziger Jahre von 2,2 Prozent im Jahre 1974 auf 13,1 Prozent im Jahre 1978 aus, um bis zum Ende des nächsten Abschwungs auf 4,9 Prozent zurückzufallen. Für das trendmäßige Wachstum der totalen Geldvermögensquote zeichnet sich vor allem die Entwicklung der sonstigen kurzfristigen Forderungen verantwortlich. Daneben wirkt auch die Entwicklung der Wertpapier- und Beteiligungsquote in diese Richtung.

Auch in den Sektoren mit insgesamt geringerem Quotenniveau kommt es zu deutlichen Veränderungen. So erhöht sich die Geldvermögensquote im Ernährungsgewerbe (ER) von 23,7 Prozent im Jahre 1972 auf 35,8 Prozent im Jahre 1990 und im Bekleidungsgewerbe im gleichen Zeitraum von 26,4 auf 39,8 Prozent. Vergleichsweise geringe Veränderungen verzeichnen die Eisenschaffende Industrie (EI), die Holzbearbeitung (HB) und die Holzverarbeitung (HV).

Eine auffällige Sonderentwicklung nimmt die Quote im Stahl- und Leichtmetallbau (SL) ein: Einer kräftigen Ausweitung noch vor Beginn des Aufschwungs der achtziger Jahre folgt bereits Mitte der achtziger Jahre ein deutlicher Abfall auf das Niveau des Jahres 1972.

4.4.2.3. Der Beitrag sektoraler Sonderentwicklungen

Die Betrachtung der Geldvermögensquoten im Vorabschnitt hat deutliche sektorale Besonderheiten erkennen lassen. Das betrifft sowohl das Niveau der Quoten als auch deren Entwicklung im Zeitablauf. Bezüglich des Niveaus wurden geldvermögensintensive und weniger geldvermögensintensive Sektoren identifiziert. Die Entwicklung der Quoten ist hinsichtlich des Trends und hinsichtlich der Schwankungen zu einem großen Teil sektorspezifisch. Diese sektoralen Besonderheiten scheinen aber teilweise auch gegenläufigen Charakter zu besitzen, wenn man sich die relativ stabile Entwicklung der Geldvermögensquote für die gesamten Unternehmen der Bilanzstatistik der Deutschen

Bundesbank vor Augen führt. Zumindest kommt es nicht zu Überlagerungen bestimmter vergleichsweise extremer Quotenveränderungen. Zu beachten ist in diesem Zusammenhang, daß die Quoten der Gesamtheit der Unternehmen natürlich gewichtete Mittel der sektoralen Quoten sind. Das einer sektoralen Quote zugeordnete Gewicht ist der relative Anteil am Vermögen der gesamten Unternehmen, den der betreffende Sektor hält. Neben der Entwicklung der sektoralen Geldvermögensquoten ist es also die sektorale Vermögensstruktur, die die Geldvermögensquote aller Unternehmen bestimmt. Im vorliegenden Abschnitt soll untersucht werden, welche quantitative Bedeutung beiden Einflüssen zukommt.

Dazu wird eine Komponentenfunktion definiert, die die absolute Veränderung der Geldvermögensquote für alle Unternehmen in folgende drei Effekte zerlegt. Erstens in einen Effekt, der den Beitrag der Veränderung sektoraler Geldvermögensquoten umfaßt, zweitens einen Effekt, der den Beitrag der Veränderung der Vermögensstruktur erfaßt und drittens einen Mischeffekt, der den Beitrag einer gemeinsamen Veränderung von sektoralen Geldvermögensquoten und der Veränderung der Vermögensstruktur beinhaltet. Formal läßt sich diese Komponentenfunktion definieren als

$$\Delta q_{it} = \sum_{j=1}^{J} \left((q_{ijt} \cdot a_{j0} - q_{ij0} \cdot a_{j0}) + (q_{ij0} \cdot a_{jt} - q_{ij0} \cdot a_{j0}) + (q_{ijt} - q_{ij0}) \cdot (a_{jt} - a_{j0}) \right) =$$

$$\underbrace{\sum_{j=1}^{J} (q_{ijt} - q_{ij0}) \cdot a_{j0}}_{\text{Quoteneffekt}} + \underbrace{\sum_{j=1}^{J} (a_{jt} - a_{j0}) \cdot q_{ij0}}_{\text{Vermögens-strukturеffekt}} + \underbrace{\sum_{j=1}^{J} (q_{ijt} - q_{ij0}) \cdot (a_{jt} - a_{j0})}_{\text{Mischeffekt}} .$$

Δq_{it} bezeichnet die absolute Veränderung der Quote der Geldvermögen der Art i von Periode 0 zu Periode t für die Gesamtheit der betrachteten Unternehmen. q_{ijt} bzw. q_{ij0} stellt die Quote der Geldvermögen der Art i in Sektor j und Periode t bzw. 0 dar. a_{jt} bzw. a_{j0} gibt den Anteil des Sektors j an dem Vermögen aller Unternehmen in Periode t bzw. 0 an. Die drei gesuchten Effekte werden von den drei vorstehenden Summenausdrücken verkörpert. Der erste Summenausdruck soll mit Quoteneffekt bezeichnet werden. Er stellt jene hypothetische absolute Veränderung dar, die die Geldvermögensquote erfahren hätte, hätten sich nur die sektoralen Geldvermögensquoten verändert, wäre aber die sektorale Vermögensstruktur konstant geblieben. Der zweite Summand stellt den Vermögensstruktureffekt dar, jene Veränderung also, die sich allein aufgrund einer Verschiebung der sektoralen Vermögensstruktur ergeben hätte. Der dritte Summand schließlich stellt einen Mischeffekt dar, der den Beitrag der gemeinsamen Veränderung von Geldvermögensquoten und

Abbildung 18: Komponenten der absoluten Veränderung der partiellen Geldvermögensquoten

a) Kassenmittelquote

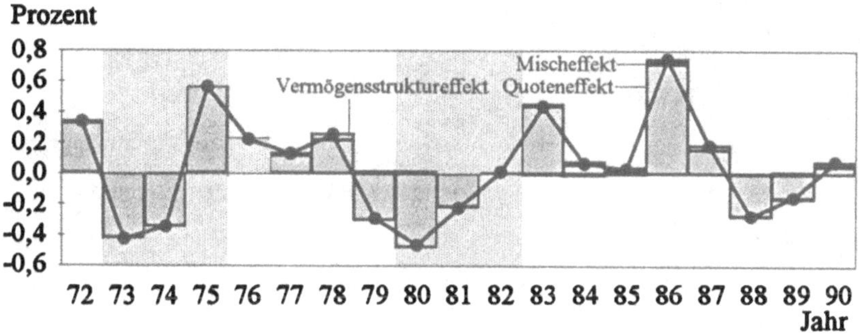

b) Quote der Forderungen aus Lieferungen und Leistungen

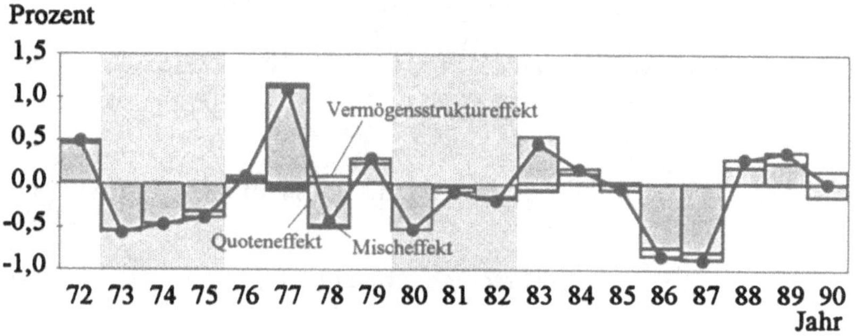

c) Quote der sonstigen kurzfristigen Forderungen

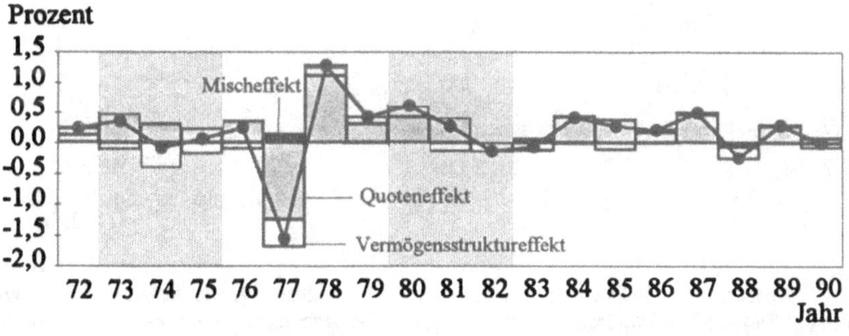

d) Quote der langfristigen Forderungen

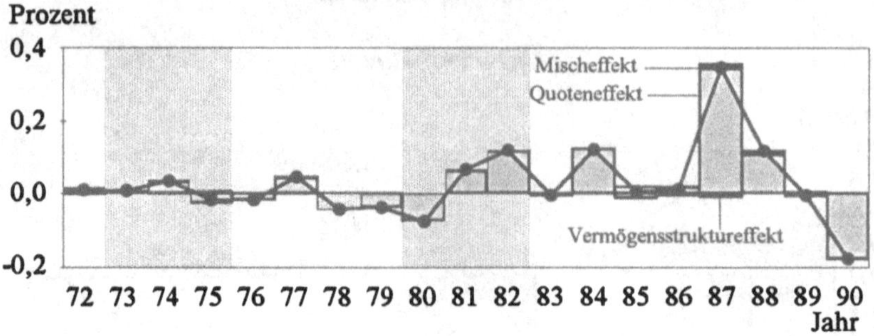

e) Wertpapierquote

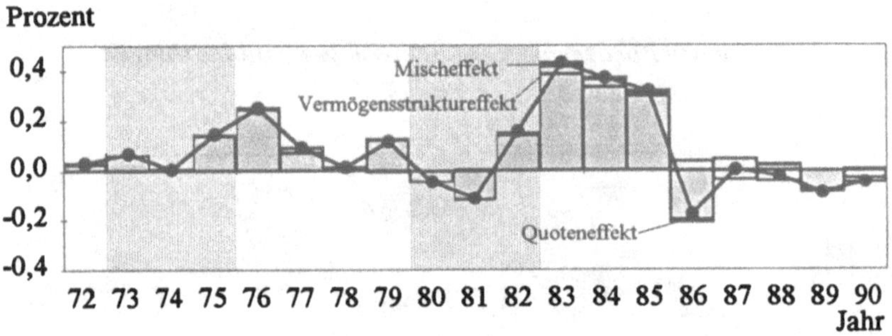

f) Beteiligungsquote

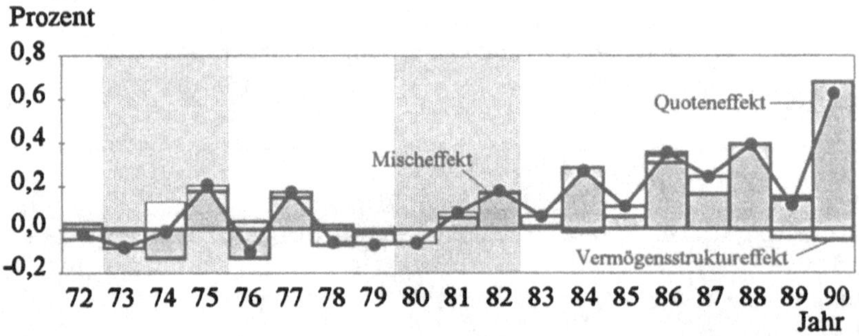

Quellen: Deutsche Bundesbank (1983); Deutsche Bundesbank, Monatsberichte, verschiedene Jahrgänge; Statistisches Bundesamt (1992b); eigene Berechnungen. *Anmerkung:* Die jeweilige Gesamtveränderung ist als Polygonzug, die Komponenten derselben sind als gestapelte Säulen dargestellt.

Vermögenssstruktur angibt. Wie in Abschnitt 4.3.3 werden nicht nur die 19 separat ausgewiesenen Sektoren betrachtet, sondern auch die Gruppe der restlichen, nicht separat ausgewiesen Sektoren.

Die Rechenergebnisse sind in der Abbildung 18 dargestellt. Bei allen sechs Geldvermögensarten zeigt sich eine überwältigende Bedeutung des Quoteneffekts. Allenfalls bei der Quote der sonstigen kurzfristigen Forderungen und bei der Beteiligungsquote tritt ein Vermögensstruktureffekt in nennenswertem Umfang auf. Der Mischeffekt ist meist vernachlässigbar gering. Angesichts dieses Ergebnisses muß davon ausgegangen werden, daß keine der auf die Gesamtheit der betrachteten Unternehmen bezogenen Quotenentwicklungen auf einen Wandel der sektoralen Vermögensstruktur zurückgeführt werden kann. Damit kann ausgeschlossen werden, daß etwa der Anstieg der Wertpapierquote und der Beteiligungsquote allein darauf zurückgeführt werden kann, daß wertpapierintensive bzw. beteiligungsintensive Sektoren in der Vermögensstruktur der Unternehmen an Gewicht gewonnen haben. Wegen der geringen Bedeutung des Vermögensstruktureffektes darf vielmehr auf Verhaltensänderungen[21] der Unternehmen geschlossen werden.

4.5. Entwicklung der Geldvermögens-Verpflichtungs-Relation

Bisher wurde Geldvermögenskennzahlen betrachtet, die auf dem Bruttokonzept der Geldvermögensmessung beruhen (vgl. Abschnitt 2.1.2). Damit sind zwar Vermögensstrukturveränderungen nachvollziehbar, verloren geht aber die Information über die Nettogläubiger- bzw. Nettoschuldnerposition der betrachteten Wirtschaftseinheit oder Wirtschaftsgruppe. Ergänzend wird daher im vorliegenden Abschnitt die Entwicklung der Geldvermögens-Verpflichtungs-Relation der Unternehmen der Bilanzstatistik und der enthaltenen Sektoren nachgezeichnet.

Als Maßzahl des Nettogeldvermögens soll die Geldvermögens-Verpflichtungs-Relation herangezogen werden. Die Geldvermögens-Verpflichtungs-Relation ist definiert als Quotient aus Geldvermögen und Verpflichtungen (multipliziert mit 100). Ist sie größer als 100 Prozent, so liegt ein positives Nettogeldvermögen vor, da die Geldvermögen die Verpflichtungen übersteigen (Nettogläubigerposition der betrachteten Wirtschaftseinheit). Ist sie kleiner als 100 Prozent, so liegt ein negatives Nettogeldvermögen vor (Nettoschuldnerposition der betrachteten Wirtschaftseinheit).

21 Vgl. Enke u. a. (1984), S. 156.

4.5.1. Der Befund für alle Unternehmen

Die Geldvermögens-Verpflichtungs-Relation der Unternehmen der Bilanzstatistik hat sich im Untersuchungszeitraum von 56,4 auf 61,3 Prozent erhöht (vgl. Abbildung 19). Der deutlichste Anstieg findet in der Aufschwungsphase der achtziger Jahre statt. Es zeigen sich ferner konjunkturelle Ausschläge: In den beiden Abschwungsphasen ist die Relation rückläufig, in den Aufschwungphasen setzt ein Wiederanstieg ein. Dieser Befund weist darauf hin, daß sich auch die Nettoschuldnerposition der betrachteten Unternehmensgruppe im Untersuchungszeitraum verringert hat.

Abbildung 19: Geldvermögens-Verpflichtungs-Relation

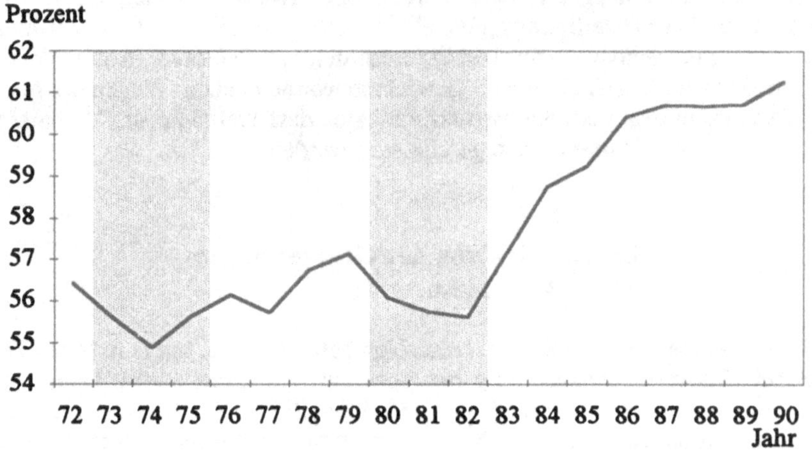

Quellen: Deutsche Bundesbank (1983); Deutsche Bundesbank, Monatsberichte, verschiedene Jahrgänge; eigene Berechnungen.

4.5.2. Zerlegung in partielle Geldvermögens-Verpflichtungs-Relationen

In diesem Abschnitt werden partielle Geldvermögens-Verpflichtungs-Relationen ermittelt, mit dem Ziel einer Zerlegung der totalen Geldvermögens-Verpflichtungs-Relation in sie konstituierende Komponenten.

4.5.2.1. Ableitung der Komponentenfunktion

Die partiellen Geldvermögens-Verpflichtungs-Relationen sind ihrem Konstruktionsprinzip nach mit den sogenannten Liquiditätsgraden der bestandsorientierten Liquiditätsanalyse[22] verwandt. Diese versucht aus Bestandsgrößen der Bilanz, Rückschlüsse auf die aus ihnen resultierenden Ein- und Auszahlungsströme und deren zeitliche Struktur zu ziehen. Aus dem Verhältnis der Aktiven und Passiven versucht man dann, Rückschlüsse auf das Verhältnis von Ein- und Auszahlungen zu ziehen. Die Konstruktion von Liquiditätsgraden basiert auf dem Grundsatz der Fristenkongruenz, welcher besagt, daß die Kapitalbindungsdauer nicht die Kapitalüberlassungsdauer übersteigen soll. Trifft dies zu, so gilt die Liquidität als gesichert: Die aus der Finanzierung resultierende Zahlungsverpflichtung könnte durch den Bestand an Aktiva entsprechender Fristigkeit stets erfüllt werden.[23] Einwände gegen diesen Ansatz[24] stellen die bestehenden zeitlichen Unterschiede bei Kapitalfreisetzung und Mittelrückfluß, die Vernachlässigung der Zinsen als Zahlungsverpflichtung und die Tatsache, daß freigesetztes Kapital nicht in allen Fällen zur Tilgung zur Verfügung steht, sondern zur Wiederanlage benötigt wird, dar. Ferner muß ein Nichteinhalten des Grundsatzes der Fristenkongruenz nicht notwendigerweise zum Liquiditätsverlust führen, da Kapital neu aufgenommen werden kann. Im Rahmen der kurzfristigen bestandsorientierten Liquiditätsanalyse werden jene Vermögenspositionen, die liquide Mittel darstellen, ins Verhältnis zum kurzfristigen Fremdkapital gesetzt. Üblich ist die Definition verschiedener Liquiditätsgrade:

$$\text{Liquidität ersten Grades} = \text{Barliquidität} = \frac{\text{liquide Mittel}}{\text{kurzfristiges Fremdkapital}}$$

$$\text{Liquidität zweiten Grades} = \text{Liquidität auf kurze Sicht} =$$

$$\frac{\text{monetäres Umlaufvermögen}}{\text{kurzfristiges Fremdkapital}}$$

$$\text{Liquidität dritten Grades} = \frac{\text{monetäres Umlaufvermögen + Vorräte}}{\text{kurzfristiges Fremdkapital}}.$$

Auf diesem Grundgedanken aufbauend erfolgt die Definition der partiellen Geldvermögens-Verpflichtungs-Relationen, indem Geldvermögens- und Verpflichtungsarten vergleichbarer Fristigkeit ins Verhältnis gesetzt werden. Im Unterschied zur totalen Geldvermögens-Verpflichtungs-Relation dürfen die partiellen Geldvermögens-Verpflichtungs-Relationen allerdings nicht als partielle Nettogeldvermögensindikatoren interpretiert werden. Schon in Abschnitt 2.1.2 wurde darauf hingewiesen, daß das Nettogeldvermögen nicht in einzelne Arten zerlegt werden kann. Orientiert an einer vergleichbaren Fristigkeit der nachgewiesenen aktiven und passiven Bilanzpositionen werden die in der Tabelle 13 gegenübergestellten Teilaggregate gebildet.

---

22 Vgl. Coenenberg (1992), S. 581 - 587.
23 Vgl. Franke/Hax (1990), S. 73.
24 Zu den nachfolgenden Einwänden vgl. Franke/Hax (1990), S. 73.

Tabelle 13: Die Positionen partieller Geldvermögens-Verpflichtungs-Relationen

Bezeichnung der Position	Abk.	Geldvermögensarten	Verpflichtungsarten
Kurzfristige Positionen	Kf	Kassenmittel und sonstige kurzfristige Forderungen	Sonstige kurzfristige Verbindlichkeiten
Positionen aus Lieferungen und Leistungen	LL	Forderungen aus Lieferungen und Leistungen	Verbindlichkeiten aus Lieferungen und Leistungen
Langfristige Positionen	Lf	Wertpapiere, langfristige Forderungen und Beteiligungen	Langfristige Verbindlichkeiten und Rückstellungen

Eine detailliertere Untergliederung ist mit den Daten der Bilanzstatistik der Deutschen Bundesbank nicht möglich. Es existieren sechs Geldvermögensarten, denen nur vier Verpflichtungsarten gegenüberstehen. Bei den kurzfristigen Positionen kann nur die Summe aus Kassenmitteln und sonstigen kurzfristigen Forderungen den sonstigen kurzfristigen Verbindlichkeiten gegenübergestellt werden. Auch bei den langfristigen Positionen ist keine weitere Aufteilung möglich. Die geringe Zahl an betrachteten Positionen dient somit aber auch der Überschaubarkeit der Komponentenfunktion. Die einzelnen Positionen sind somit genügend groß. Für den Analysezweck nicht zu betrachtende Sonderentwicklungen kleinerer Komponenten werden somit unterdrückt. Eine Ausnahme von dem Aufgliederungsmerkmal der Fristigkeit mußte bei den festverzinslichen Wertpapieren gemacht werden, da diese in der Bilanzstatistik der Deutschen Bundesbank nicht nach Fristen getrennt ausgewiesen werden. Der dadurch entstehenden Verzerrung in der entsprechenden partiellen Geldvermögens-Verpflichtungs-Relation steht der Vorteil gegenüber, daß die zinsstrukturbedingten Umschichtungen von kurzlaufenden zu langlaufenden Wertpapieren (et vice versa) ausgeschaltet sind.

Aus der Division der jeweiligen Geldvermögensaggregate durch die korrespondierenden Verpflichtungsaggregate errechnen sich die partiellen Geldvermögens-Verpflichtungs-Relationen. Die totale Geldvermögens-Verpflichtungs-Relation ergibt sich aus der Summe der partiellen Geldvermögens-Verpflichtungs-Relationen, die mit dem Anteil der jeweiligen Verpflichtungsart an allen Verpflichtungen gewichtet wurde. Dieser Zusammenhang ist in der nachstehenden Ableitung wiedergegeben (auf die Multiplikation mit 100 wird verzichtet).

$$\frac{GV}{V} = \frac{GV_{Kf} + GV_{LL} + GV_{Lf}}{V_{Kf} + V_{LL} + V_{LF}} = \frac{GV_{Kf}}{V} + \frac{GV_{LL}}{V} + \frac{GV_{Lf}}{V} =$$

$$\frac{GV_{Kf}}{V_{Kf}} \cdot \frac{V_{Kf}}{V} + \frac{GV_{LL}}{V_{LL}} \cdot \frac{V_{LL}}{V} + \frac{GV_{Lf}}{V_{Lf}} \cdot \frac{V_{Lf}}{V}.$$

GV steht für Geldvermögen und V für Verpflichtungen. Die Subindizes kennzeichnen die Positionen der jeweiligen Fristigkeiten gemäß Tabelle 13.

4.5.2.2. Der Befund

Die Abbildungen 20 und 21 zeigen die Entwicklung der partiellen Geldvermögens-Verpflichtungs-Relationen für die Gesamtheit der Unternehmen. Abbildung 20 veranschaulicht die verschiedenen Niveaus der drei Größen, in Abbildung 21 sind die entsprechenden Meßzahlen abgebildet, um die zeitlichen Veränderungen deutlicher hervorzuheben. Auf einem Niveau von knapp über Eins bewegt sich die partielle Relation der Positionen aus Lieferungen und Leistungen. Wie die Zeitreihe der Meßzahl anzeigt, fanden vergleichsweise geringe Veränderungen im Zeitablauf statt. Die Relation der kurzfristigen Positionen, die in etwa der Liquidität zweiten Grades entspricht, ist - begleitet von Schwankungen - von 0,65 im Jahre 1972 auf 0,71 im Jahre 1990 gestiegen. Der Anstieg fand überwiegend in der Aufschwungphase der achtziger Jahre statt. Die Schwankungen zeigen konjunkturelle Ausschläge: in Abschwungsphasen weist die Kennzahl geringere Werte auf als in Aufschwungphasen. Einen klaren Anstieg weist die partielle Relation der

Abbildung 20: Partielle Geldvermögens-Verpflichtungs-Relationen

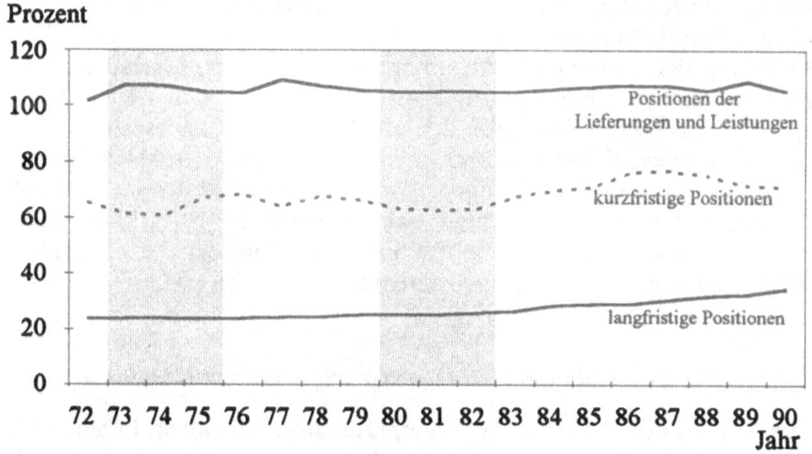

Quellen: Deutsche Bundesbank (1983); Deutsche Bundesbank, Monatsberichte, verschiedene Jahrgänge; eigene Berechnungen.

Abbildung 21: Partielle Geldvermögens-Verpflichtungs-Relationen, Meßzahlen mit 1972=100

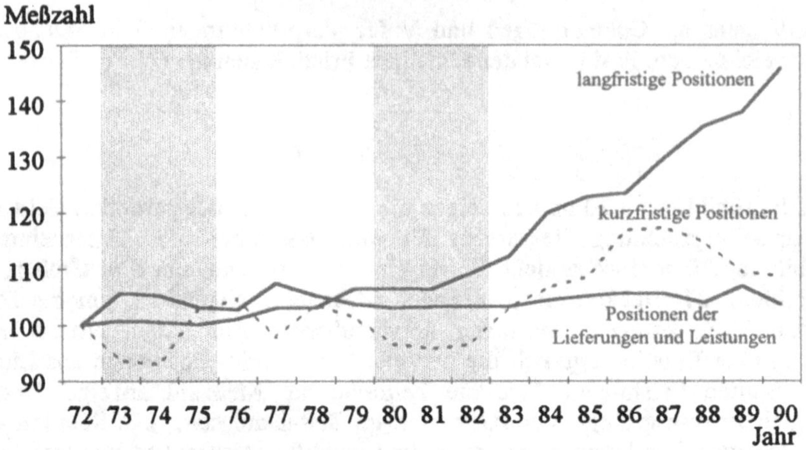

Quellen: Deutsche Bundesbank (1983); Deutsche Bundesbank, Monatsberichte, verschiedene Jahrgänge; eigene Berechnungen.

langfristigen Geldvermögen und Verpflichtungen auf. Ohne besondere Schwankungen steigt sie im Untersuchungszeitraum von 0,24 auf 0,35.

Bei der Verpflichtungsstruktur gibt es keine markanten Veränderungen. Die langfristigen und die sonstigen kurzfristigen Verpflichtungen haben zu Lasten der Verpflichtungen aus Lieferungen und Leistungen an Gewicht gewonnen. Angesichts der hohen Anteile der langfristigen und sonstigen kurzfristigen Verpflichtungen und vor dem Hintergrund der geschilderten Entwicklung der partiellen Geldvermögens-Verpflichtungs-Relationen ergibt sich hinsichtlich der Beiträge zur Entwicklung der totalen Geldvermögens-Verpflichtungs-Relation folgende Schlußfolgerungen: Erstens sind die konjunkturellen Schwankungen auf die partielle Geldvermögens-Verpflichtungs-Relation der sonstigen kurzfristigen Positionen zurückzuführen. Zweitens ist der Niveauanstieg in den achtziger Jahren durch die langfristige Relation verursacht. Drittens geht die Abflachung des Anstiegs gegen Ende der achtziger Jahre auf die sonstigen kurzfristigen Positionen zurück.

4.5.3. Sektorale Geldvermögens-Verpflichtungs-Relationen

Der Verlauf der Geldvermögens-Verpflichtungs-Relationen in den 19 Sektoren soll im vorliegenden Abschnitt nachgezeichnet werden (vgl. Abbildung 22). Mit Werten, die im Gesamtzeitraum über 66 Prozent liegen, weisen die

Abbildung 22: Sektorale Geldvermögens-Verpflichtungs-Relationen

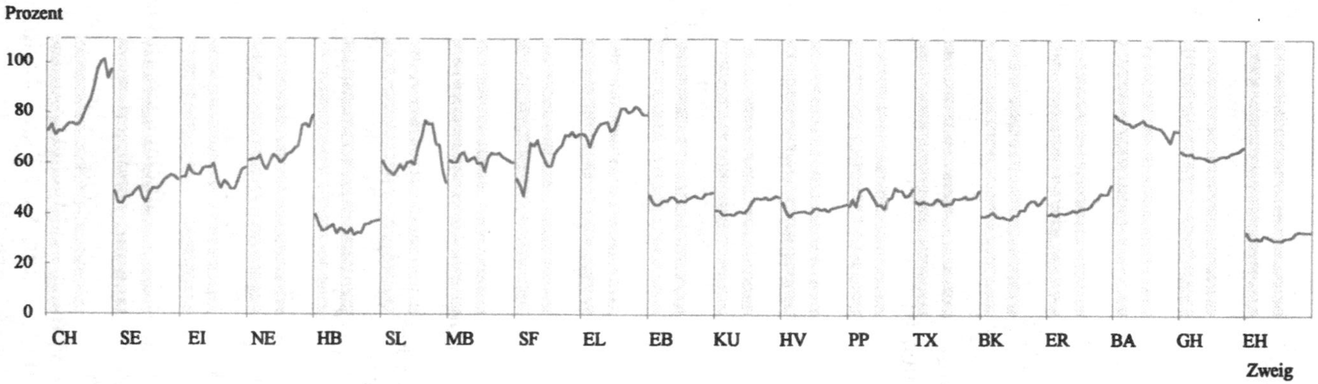

Quellen: Deutsche Bundesbank (1983), Deutsche Bundesbank, Monatsberichte, verschiedene Novemberhefte; Statistisches Bundesamt (1992b); eigene Berechnungen. *Abkürzungen der Sektorenbezeichnungen:* CH Chemische Industrie, SE Steine- und Erdengewinnung, EI Eisenschaffende Industrie, NE NE-Metallerzeugung, HB Holzbearbeitung, SL Stahl-/Leichtmetallbau, MB Maschinenbau, SF Straßenfahrzeugbau, EL Elektrotechnik, EB Eisen-/Blech-/Metallwarenherstellung, KU Kunststoffwarenherstellung, HV Holzverarbeitung, PP Papier-/Pappeverarbeitung, TX Textilgewerbe, BK Bekleidungsgewerbe, ER Ernährungsgewerbe, BA Baugewerbe, GH Großhandel, EH Einzelhandel. *Anmerkung:* Die Abbildung enthält 19 nebeneinander angeordnete Zonen, die je eine sektorale Zeitreihe für die Jahre 1972 bis 1990 enthalten. Die Phasen einer konjunkturellen Abschwächung sind mit einem Schatten hinterlegt.

Chemische Industrie (CH), das Baugewerbe (BA) und die Elektrotechnik (EL) die höchsten Niveaus der Kennzahl auf. Die Chemische Industrie hat in den beiden Jahren 1987 und 1988 gar eine Nettogläubigerposition. Eine ausgeprägt niedrige Geldvermögens-Verpflichtungs-Relation weist die Holzbearbeitung (HB) und der Einzelhandel (EH) auf.

Bereits in der Aufschwungphase der siebziger Jahre hat der Straßenfahrzeugbau (SF) seine Geldvermögens-Verpflichtungs-Relation ausgebaut. Im Aufschwung der achtziger Jahre folgen die Chemische Industrie (CH) und die Nicht-Edelmetall-Erzeugung (NE). Ein deutlicher Rückgang stellt sich für den Stahl- und Leichtmetallbau (SL) in der zweiten Hälfte der achtziger Jahre ein. Trendmäßig rückläufig ist die Relation im Baugewerbe (BA) und nahezu unverändert bleibt sie im Maschinenbau (MB) und im Einzelhandel (EH). In den meisten anderen Sektoren ist ein leichter trendmäßiger Anstieg zu verzeichnen.

4.5.4. Der Beitrag sektoraler Sonderentwicklungen

Im Vorabschnitt wurde für die Entwicklung der sektoralen Geldvermögens-Verpflichtungs-Relationen zahlreiche Besonderheiten festgestellt. Die Geldvermögens-Verpflichtungs-Relation aller betrachteten Unternehmen konstituiert sich neben den sektorspezifischen Relationen aus der sektoralen Struktur der Verpflichtungen. Einer Abschätzung, welche der beiden Einflußgrößen den größeren Beitrag leistet, dienen die Berechnungen im vorliegenden Abschnitt.

4.5.4.1. Ableitung der Komponentenfunktion

Die Geldvermögens-Verpflichtungs-Relation aller Unternehmen setzt sich zusammen aus den mit den sektoralen Anteilen an den Verpflichtungen gewichteten sektoralen Relationen (auf die Multiplikation mit 100 wurde nachfolgend verzichtet):

$$\frac{GV_t}{V_t} = \sum_{j=1}^{J} \frac{GV_{jt}}{V_{jt}} \cdot \frac{V_{jt}}{V_t} \qquad \text{bzw.} \qquad g_t = \sum_{j=1}^{J} g_{jt} \cdot v_{jt}$$

GV steht für Geldvermögen, V für Verpflichtungen, t ist der Zeitindex. Die Werte der insgesamt J Sektoren sind mit j indiziert. g und v sind die Abkürzungen für die Geldvermögens-Verpflichtungs-Relation und den Anteil der sektoralen Verpflichtungen an allen Verpflichtungen. Betrachtet man analog der Geldvermögensquoten in Abschnitt 4.4.2.3 die absoluten Veränderungen in der Zeit, so läßt sich die Differenz der Geldvermögens-Verpflichtungs-Relation aller Unternehmen wie folgt zerlegen:

$$\Delta g_t = \sum_{j=1}^{J} (g_{jt}-g_{j0}) \cdot v_{j0} + \sum_{j=1}^{J} (v_{jt}-v_{j0}) \cdot g_{j0} + \sum_{j=1}^{J} (g_{jt}-g_{j0}) \cdot (v_{jt}-v_{j0})$$

Effekt der Geldvermögens-Verpflichtungs-Relation — Verpflichtungs-struktureffekt — Mischeffekt

Der erste Summenausdruck umfaßt jene Änderung, die sich ergibt, wenn sich nur die Geldvermögens-Verpflichtungs-Relationen verändert hätten, die sektorale Verpflichtungsstruktur aber konstant geblieben wäre. Der zweite Summenausdruck entspricht der Änderung, die sich aufgrund einer veränderten sektoralen Verpflichtungsstruktur ergeben würde (Verpflichtungsstruktureffekt). Der verbleibende Mischeffekt konstituiert sich aus der gemeinsamen Veränderung der sektoralen Geldvermögens-Verpflichtungs-Relationen und der sektoralen Verpflichtungsstruktur.

4.5.4.2. Der Befund

Die Abbildung 23 zeigt, daß der Veränderung der sektoralen Verpflichtungsstruktur eine vergleichsweise geringe Bedeutung zur Erklärung der abso-

Abbildung 23: Komponenten der absoluten Veränderung der Geldvermögens-Verpflichtungs-Relation

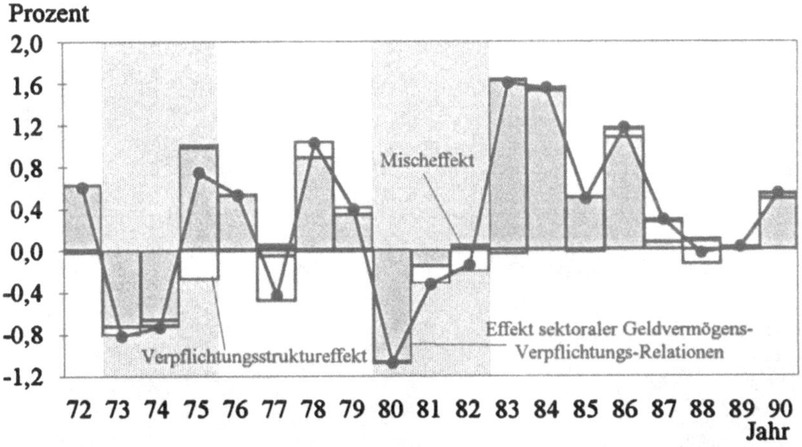

Quellen: Deutsche Bundesbank (1983); Deutsche Bundesbank, Monatsberichte, verschiedene Jahrgänge; eigene Berechnungen. *Anmerkung:* Die Gesamtveränderung ist als Polygonzug, die Komponenten derselben sind als gestapelte Säulen dargestellt.

luten Veränderung der Geldvermögens-Verpflichtungs-Relation zukommt. Lediglich die Rückgänge der Jahre 1977 und 1982 und der Anstieg des Jahres 1987 sind überwiegend auf eine entsprechende Strukturveränderung zurückzuführen. Verstärkend wirkt die strukturelle Veränderung auf den Rückgang des Jahres 1981. In allen anderen Jahren ist die Gesamtveränderung dominiert durch die Veränderung der sektoralen Geldvermögens-Verpflichtungs-Relationen. Der Mischeffekt spielt in allen Jahren eine untergeordnete Rolle.

5. Bestimmungsgründe der Geldvermögen

In Abschnitt 4 wurde die Entwicklung der Geldvermögen deutscher Produktionsunternehmen nachgezeichnet. Im vorliegenden Abschnitt erfolgt eine Betrachtung der Geldvermögensentwicklung im Zusammenhang mit möglichen Bestimmungsfaktoren.

Der Abschnitt ist wie folgt aufgebaut. Nach einer Vorbemerkung zur Durchführung der Zusammenhangsanalysen (Abschnitt 5.1) werden in den folgenden Abschnitten vier Ursachenkomplexe behandelt: Preisveränderungsraten und Renditen (Abschnitt 5.2), Rentabilitätsrisiken (Abschnitt 5.3), Transaktionsursachen (Abschnitt 5.4) und übrige Ursachen (Abschnitt 5.5). Innerhalb dieser vier Abschnitte werden Kennzahlen operationalisiert, deren zeitlicher Verlauf (für alle Unternehmen der Bilanzstatistik) nachgezeichnet und untersucht, welcher Zusammenhang zwischen diesen Kennzahlen und den Geldvermögensvariablen besteht. Bis auf die gesamtwirtschaftlichen Größen werden im Rahmen von sektoralen Zusammenhangsanalysen jeweils die sektorspezifischen Einflußgrößen berücksichtigt.

Viele der in diesem Abschnitt abgeleiteten Kennzahlen haben finanzwirtschaftlich-betriebswirtschaftlichen Charakter. Sie gelten also strenggenommen nur für die Analyse einzelner Unternehmen. Ob ihre Übertragung auf die sektorale Ebene in jedem Fall zulässig ist, läßt sich allgemeingültig nicht sagen. Dies würde spezielle Tests erforderlich machen, die den Rahmen der vorliegenden Arbeit allerdings sprengen würden. Sofern keine deutlich sichtbaren Tatbestände diesen Analogieschluß problematisch erscheinen lassen, wird in der vorliegenden Arbeit davon ausgegangen, daß er zulässig ist.[1]

5.1. Vorbemerkungen

Aus den verschiedenen Geldvermögensvariablen des Abschnitts 4 werden die Geldvermögensquoten in den Mittelpunkt der empirischen Zusammenhangsanalysen gestellt, da diese in direkter Weise die Portfoliostruktur der Produktionsunternehmen abbilden: Sie erfassen den um die gesamte Vermögensentwicklung 'bereinigten', relativen Stellenwert des Geldvermögens bzw. einzelner Geldvermögensarten. Daneben entfällt eine Inflationsbereinigung,

---

[1] Vgl. Foster (1986), S. 187 - 190.

wie sie etwa bei Verwendung von Geldvermögensniveaus erforderlich gewesen wäre. Auch die statistischen Eigenschaften der Quoten-Zeitreihen sind günstiger als die der Niveaus, da sie weniger ausgeprägt trendbehaftet sind. Eine Trendfreiheit wird freilich nicht erreicht. Diese hätte sich allerdings auch bei Verwendung von ersten Differenzen der Niveauwerte nicht ergeben. Ergänzend zu den Geldvermögensquoten wird jeweils die Geldvermögens-Verpflichtungs-Relation als Maßzahl des Nettogeldvermögens in Zusammenhang mit den Bestimmungsgrößen gebracht.

Im Vorabschnitt zeigte sich, daß die Geldvermögensentwicklung überwiegend auf sektorspezifische Entwicklungen zurückzuführen ist. Vor diesem Hintergrund muß auch mit der Existenz sektorspezifischer ökonomischer Zusammenhänge gerechnet werden. Das Sektorspezifische kann sowohl als besondere Entwicklung der berücksichtigten Bestimmungsgründe als auch in der besonderen Reaktion der Geldvermögensvariablen auf Veränderungen der Bestimmungsgründe in Erscheinung treten. Die anstehenden Zusammenhangsanalysen sollen daher sowohl für die Unternehmen insgesamt als auch für die 19 Sektoren durchgeführt werden. Die sektoralen Analysen sollen einerseits zeigen, ob ein vermuteter ökonomischer Zusammenhang nicht nur im Aggregat, sondern auch in den Teilaggregaten vorliegt. Bestätigt sich ein für alle Unternehmen gefundener Zusammenhang auch in der Mehrzahl der untersuchten Sektoren, wird dies als zusätzliche Untermauerung aufgefaßt. Im Falle eines unerwartet nicht bestätigbaren Zusammenhangs auf Ebene aller Unternehmen können die sektoralen Ergebnisse andererseits Hinweise auf mögliche Ursachen solcher Befunde geben. Eine über das zuvor Geschilderte hinausgehende Interpretation können die sektoralen Ergebnisse nur auswahlweise erfahren, da ansonsten der Rahmen der vorliegenden Arbeit gesprengt würde.

Zur Überprüfung von Zusammenhängen zwischen den abgeleiteten Kennzahlen und den betrachteten Geldvermögensvariablen (Geldvermögensquoten bzw. Geldvermögens-Verpflichtungs-Relationen) werden in den folgenden Abschnitten einfache Regressionsanalysen durchgeführt.[2] Es erfolgen Längsschnittsanalysen für die 19 separat ausgewiesenen Sektoren und die Unternehmen der Bilanzstatistik insgesamt. Der Stützzeitraum besteht aus den Jahren 1972 bis 1990. Ziel der Einfachregressionen ist nicht der Test ausformulierter ökonomischer Hypothesen, sondern die Überprüfung der grundsätzlichen empirischen Erklärungsfähigkeit der jeweiligen Kennzahlen.[3]

Als Maß des Zusammenhangs wird der Regressionskoeffizient (Steigungskoeffizient, Koeffizient b_1) präsentiert. Dieser gibt an, um welchen Betrag sich die abhängige Variable im Durchschnitt verändert, wenn die unab-

2 Zur Methode der Regressionsanalyse vgl. Abschnitt 3.1.2.

3 Ähnlich Ketterer/Vollmer (1981b), S. 176.

hängige Variable um eine Einheit variiert wird. Er ist damit eine dimensionsbehaftete Zahl.[4] Bei einer Gegenüberstellung von Regressionskoeffizienten verschiedener unabhängiger Variablen darf daher ein vergleichsweise hohes b_1 nicht als besonders starke Abhängigkeit gedeutet werden. Somit sind die sektoralen Regressionskoeffizienten für den Fall, daß sektorspezifische, also keine gesamtwirtschaftlichen unabhängigen Variablen berücksichtigt werden, nicht vergleichbar. Je kleiner in einem Sektor die Streuung der unabhängigen Variable X und je größer die Streuung der abhängigen Variable Y um so grösser fällt der Regressionskoeffizient aus. Grundsätzlich kann man zwar diese Streuungseffekte durch die Berechnung standardisierter Regressionskoeffizienten ausgleichen.[5] Da damit aber ein Informationsverlust verbunden ist, wird in der vorliegenden Arbeit darauf verzichtet. Ein Vergleich der Koeffizienten, die sich für die einzelnen partiellen Geldvermögensquoten bezüglich des Zusammenhangs mit einer bestimmten Kennzahl ergeben, ist dagegen möglich. Dieser Vergleich ermöglicht eine Abschätzung, welche Portfolioumschichtungen in den einzelnen Sektoren und bei den Unternehmen insgesamt im Verein mit einer bestimmten Veränderung der jeweiligen Kennzahl stattgefunden haben.

Da es unsicher ist, ob die Annahmen des stochastischen Regressionsmodells zutreffen, kann eine Beurteilung der Signifikanz der Regressionskoeffizienten nur näherungsweise erfolgen. Für eine Heuristik (Daumenregel) kommt das Vielfache der Standardabweichung (sogenannter t-Wert) bzw. der Korrelationskoeffizient (r) in Betracht. Bei gleicher Zahl der Freiheitsgrade ν sind beide Maßzahlen über die monotone Funktion[6]

$$r^2 = \frac{t^2}{t^2+\nu}$$

verbunden. Mit dem Festlegen eines bestimmten t-Wertes ist sogleich ein bestimmter Korrelationskoeffizient impliziert. In der vorliegenden Arbeit sollen Regressionskoeffizienten dann als signifikant bezeichnet werden, wenn sie mindestens das 2,5fache ihrer Standardabweichung betragen bzw. ein Korrelationskoeffizient von mindestens $\pm 0{,}52$ vorliegt. (Alle durchgeführten Einfachregressionen weisen 17 Freiheitsgrade auf.) Um eine weitere Abstufung innerhalb der signifikanten Regressionsbeziehungen zu erhalten, wird ein weiterer Schwellenwert eingeführt, der durch einen t-Wert von mindestens 4,0 bzw. einen Korrelationskoeffizienten von mindestens $\pm 0{,}70$ gekennzeichnet ist.[7]

---

4 Vgl. Schneeweiß (1990), S. 133.

5 Vgl. Schneeweiß (1990), S. 133.

6 Vgl. Ableitung 1 im Anhang 1.

7 Wären die Voraussetzungen des t-Tests der Koeffizienten auf den Wert Null gegeben, so würden die in der Heuristik gewählten Schranken einem Signifikanzniveau von etwa 2 Prozent bzw. weniger als 0,1 Prozent entsprechen.

Die Rechenergebnisse werden in einheitlichen Tabellen präsentiert, die die Regressionskoeffizienten (Steigungsmaße, Parameter b_1) von linearen Einfachregressionen der acht Geldvermögensvariablen auf eine Kennzahl enthalten. Zunächst sind die Regressionskoeffizienten der 19 separat ausgewiesenen Sektoren angegeben. Ergänzend zu der Aufgliederung im Material der Bundesbank findet eine weitere Unterteilung in Sektorengruppen statt. In der ersten Gruppe finden sich Sektoren der Grundstoff- und Produktionsgüterindustrie, in der zweiten Gruppe Sektoren der Investitionsgüterindustrie und in der dritten Gruppe Sektoren der Konsumgüterindustrie. In der vierten Gruppe stehen die übrigen Sektoren.

Danach erfolgt eine Auszählung der Beziehungen: Es wird ermittelt, wieviele positive und negative Regressionskoeffizienten sich in den Sektoren ergeben und wieviele davon auf Grundlage der Heuristik als signifikant gelten können. Die letzte Zeile der Tabellen enthält die Regressionskoeffizienten für die Gesamtheit der Unternehmen der Bilanzstatistik.

Die mit einem oder zwei Sternen versehenen Regressionskoeffizienten sind gemäß der verwendeten Heuristik als signifikant einzustufen. Werte, die mit zwei Sternen versehen sind, genügen zusätzlich dem Kriterium eines t-Wertes bzw. Korrelationskoeffizienten von mindestens 4,0 bzw. $\pm 0{,}70$.

5.2. Preisveränderungsraten und Renditen

Preisveränderungsraten und nominale Zinssätze stellen negative und positive Komponenten des realen Geldvermögensertrages dar. Bei der Operationalisierung steht die Auswahl geeigneter Kenngrößen aus den statistischen Quellenwerken im Mittelpunkt. Die Sachvermögensrendite ist die wichtigste Alternativrendite bezüglich der Geldvermögen. Aus der Bilanzstatistik der Deutschen Bundesbank soll nachfolgend eine geeignete Maßzahl der Sachvermögensrendite abgeleitet und errechnet werden.

5.2.1. Preisveränderungsraten

Geldvermögen unterliegt einem realen Werteverzehr durch den Anstieg der Preise jener Güter, die für den als Geldvermögen angelegten Betrag hätten gekauft werden können. Wird ein bestimmter Betrag für eine bestimmte Dauer in Geldvermögen angelegt, so sinkt die Kaufkraft dieses Betrages um die Preissteigerungsrate des für den Investor relevanten Güterbündels. Positive Preisveränderungsraten stellen daher eine negative reale Ertragskomponente von Geldvermögen dar. Nur bei den nicht verzinslichen Geldvermögen (Bar- und Giralgeld) stehen dieser keine weiteren Ertragskomponenten gegenüber. Nominal verzinsliche Geldvermögen weisen als positive reale Ertragskomponente einen Nominalzins auf. Bei bestimmten Geldvermögensformen, wie festverzinslichen Papieren, stellen daneben Kursänderungen Ertragskomponenten dar. Anteilsrechte (Aktien und Beteiligungen) weisen (nicht nominal fixierte) Erträge auf und sind gleichfalls Kurs- bzw. Wertschwankungen ausgesetzt. Wie sich angesichts einer bestimmten Preissteigerung der gesamte Realertrag einer Geldvermögensart verändert, hängt davon ab, wie die übrigen Ertragskomponenten darauf reagieren.[8] Allein bei nicht verzinslichen Geldvermögen führt jede Preissteigerung auch per Saldo zu einem realen Werteverzehr. Bei den anderen Geldvermögen kann ein Ausgleich über die übrigen Ertragskomponenten stattfinden.

In der vorliegenden Arbeit besteht ein besonderes Problem darin, daß die drei genannten Geldvermögenstypen nicht getrennt analysierbar sind, da die meisten der in der Bilanzstatistik der Deutschen Bundesbank nachgewiesenen Geldvermögensarten Gemische von Positionen verschiedenen Charakters darstellen. So enthalten die dort ausgewiesenen Kassenmittel sowohl unverzinsliches Bar- und Giralgeld als auch nominal verzinsliche Termingelder. Die Position Wertpapiere umfaßt sowohl festverzinsliche Wertpapiere als auch Aktien. Von den durchzuführenden Zusammenhangsanalysen kann daher allenfalls Aufschluß darüber erwartet werden, ob der auf Preissteigerungen zurückzuführende negative Ertagseffekt ohne Berücksichtigung möglicher Ausgleichseffekte auf die Geldvermögenshaltung durchschlägt.

Nachfolgend wird zunächst zu klären sein, der Veränderung welcher Preise der maßgebliche wertverzehrende Einfluß zukommt. Im Rahmen monetärer Analysen wird dabei meistens auf die Veränderung des gesamtwirtschaftlichen Preisniveaus, die Inflationsrate, abgestellt. Häufig werden die Preisindizes für die Lebenshaltung aller privaten Haushalte[9] und für den privaten Verbrauch[10] verwendet. Der Verzicht auf die Berücksichtigung der Preisentwicklung von Investitionsgütern ist gewollt. Das mag bei gesamtwirtschaftlichen Analysen noch statthaft sein, da es in der die Inflation betreffenden "wirtschaftspolitischen Diskussion letztlich um die Kaufkraft der privaten Haushalte geht".[11] Bei Betrachtung von Produktionsunternehmen kann allerdings die Preisentwicklung von Investitionsgütern nicht unberücksichtigt bleiben.

Als umfassenderer Preisindex findet daher in anderen Arbeiten der implizite Preisindex des Bruttoinlandsprodukts bzw. des Bruttosozialprodukts[12] Verwendung. Die Ermittlung dieses impliziten Preisindexes ist allerdings deshalb mit Problemen behaftet, weil das Bruttoinlandsprodukt (BIP) eine Ein-

---

8 Vgl. Kenny (1991), S. 702.
9 Vgl. RWI (1983b), S. 4.
10 Vgl. etwa Gerstenberger/Hölterhoff (1983), S. 5.
11 Gerstenberger/Hölterhoff (1983), S. 5.
12 Vgl. Kau (1978), S. 131, Dicke/Trapp (1987), S. 57.

kommensgröße ist. Im Gegensatz zu dem Warenkorb der privaten Haushalte und dem privaten Verbrauch, der den oben genannten Preisindizes zugrundeliegt, besitzt es keine Gütermengenstruktur. Es kann daher nur ein impliziter Preisindex ermittelt werden. Dieser ergibt sich durch die isolierte Deflationierung der beiden Größen Bruttoproduktionswert (BPW) und Vorleistungen (VL), als deren Differenz das Bruttoinlandsprodukt definiert ist. Da die beiden genannten Größen eine Gütermengenstruktur besitzen, kann für sie auch je ein echter Preisindex (P_{BPW} bzw. P_{VL}) ermittelt werden. Im Rahmen dieser als "doppelte Deflationierung" bezeichneten Prozedur errechnet sich der implizite Preisindex des Bruttoinlandsprodukts (P_{BIP}) als

$$P_{BIP} = \frac{BIP_{\text{jeweilige Preise}}}{BIP_{\text{feste Preise}}} = \frac{BPW - VL}{\frac{BPW}{P_{BPW}} - \frac{VL}{P_{VL}}}.$$

Zur Interpretation dieses impliziten Preisindexes. Formal ähnelt er einem gewichteten harmonischen Mittel der beiden beteiligten Preisindizes, die allerdings mit einem positiven und einem negativen Gewicht versehen sind. Dieses negative Gewicht auf P_{VL} sorgt für den Umstand, daß P_{BIP} sachlogisch nicht als Mittelwert von P_{BPW} und P_{VL} interpretiert werden darf. Der implizite Index P_{BIP} wird niemals zwischen den beiden Indizes liegen. Vielmehr kann er auch völlig unplausible Werte annehmen (etwa Werte kleiner Null), was bei einem echten Index nicht der Fall sein kann.[13] Von seiner Verwendung soll daher für die vorliegende Fragestellung Abstand genommen werden.

Will man die Entwicklung eines gesamtwirtschaftlichen Preisniveaus zugrundelegen, bietet sich als Alternative der in der Volkswirtschaftlichen Gesamtrechnung ermittelte Preisindex der letzten inländischen Verwendung an.[14] Letztere umfaßt den privaten und staatlichen Verbrauch sowie die Bruttoinvestitionen und stellt damit eine Art gesamtwirtschaftlichen Warenkorb dar. Es handelt sich um einen echten Preisindex. Er repräsentiert die Entwicklung der Kaufkraft der inländischen Währung, läßt also die Exportpreise bewußt unberücksichtigt. Ein Nachteil ist, daß der enthaltene Staatsverbrauch eine statistische Fiktion darstellt, da er im wesentlichen aus den Löhnen und Gehältern der Staatsbediensteten besteht und damit keine Gütermengenstruktur besitzt.

Mit diesem Index gelangt man auch zu einer adäquateren Deflationierung des Bruttoinlandsprodukts bzw. des Bruttosozialprodukts,[15] sowie anderer Wertsummen, die man um die inflatorische Komponente bereinigen will.[16] Bei der Deflationierung des Bruttosozialprodukts liegt der wesentliche quanti-

---

13 Vgl. Neubauer (1974), S. 250.

14 Vgl. Neubauer (1978), S. 134 - 135, sowie S. 137.

15 Vgl. beispielsweise Deutsche Bundesbank (1992).

16 Vgl. Neubauer (1978), S. 157.

tative Unterschied beider Verfahren darin, daß bei der doppelten Deflationierung ein terms of trade-Effekt zu Buche schlägt. Steigen die terms of trade (Relation des Preisindex der Exporte zu dem Preisindex der Importe), so fällt der implizite Preisindex des Bruttosozialprodukts höher aus als der Preisindex der letzten inländischen Verwendung.

Die realwertorientierte Deflationierung sollte auch zur Inflationsbereinigung sektoraler Bruttowertschöpfungen (Beiträge der Sektoren zum Bruttoinlandsprodukt) verwendet werden. Wie für das Bruttoinlandsprodukt lassen sich hier ebenso implizite Preisindizes nach der Methode der doppelten Deflationierung ermitteln. Die erzielten Ergebnisse führen hierbei, neben den schon genannten Einwänden, zu dem Problem, daß Verschiebungen der sektoralen Preisstrukturen unterdrückt werden würden. Gerade diese sektorale Preisstruktur ist aber eine der Determinanten der relativen Einkommenspositionen von Sektoren und sollte nicht durch eine Rechnung in festen sektoralen Preisen, die von der doppelten Deflationierung beabsichtigt ist, ausgeschaltet werden.

Für Anteilseigner ist sicherlich die gesamtwirtschaftliche Inflationsrate eine geeignete Kenngröße, um den Werteverzehr des Geldvermögens ihres Unternehmens zu erfassen, der mit Preissteigerungen einhergeht. Für den Manager einer großen Kapitalgesellschaft dagegen, der die Rentabilität der Vermögensstruktur des von ihm geleiteten Unternehmens zu beurteilen hat, dürften freilich die in den Preisindex der letzten inländischen Verwendung eingehenden Konsumgüterpreise eine geringere Rolle spielen. Es ist plausibel anzunehmen, daß er mehr die Investitionsgüterpreise im Auge hat. Dabei dürfte dann auch weniger die Preisentwicklung aller Investitionsgüter von Bedeutung sein, sondern die Preisentwicklung jener Investitionsgüter, die für das jeweilige Unternehmen relevant sind. Gesetzt den Fall, ein Unternehmen plant eine bereits bestehende Produktionsanlage durch eine neuere zu ersetzen und verfügt bereits über die dazu erforderlichen Mittel in Form von kurzfristigen Wertpapieren. Es herrsche ferner ein nur geringer gesamtwirtschaftlicher Preisniveauanstieg, aber ein deutlich schnellerer Preisauftrieb der ins Auge gefaßten Produktionsanlage. In dieser Situation wird kaum die geringe Inflationsrate Anlaß sein, die Wertpapiere noch eine Weile zu halten und die Ersatzbeschaffung aufzuschieben. Vielmehr dürfte die Preisentwicklung der Produktionsanlage zu einer baldigen Ersatzbeschaffung führen, wenn man einmal von anderen Determinanten, wie Resterlös der alten Anlage etc., abstrahiert.

Aufbauend auf diesen Überlegungen soll eine weitere Preisveränderungsrate berücksichtigt werden. Grundlage sind die impliziten Preisindizes der Anlageinvestitionen der Unternehmen der Bilanzstatistik bzw. einzelner Sektoren. Die Indizes werden auf Grundlage des sektoralen Ausweises der Investitionen gewonnen, wie er vom Statistischen Bundesamt vorliegt. Dort sind die Investitionsausgaben sowohl in jeweiligen Preisen als auch in festen Preisen des Jahres 1985 ausgewiesen. Durch Quotientenbildung wird ein Preisindex und aus dessen Veränderungsraten die Preissteigerungsraten für Investionen ermittelt.

$$P_{BAI,t} = \frac{BAI_t}{BAI_{1985,t}} \cdot 100 \qquad R_{BAI,t} = \left(\frac{P_{BAI,t}}{P_{BAI,t-1}} - 1\right) \cdot 100$$

$$P_{AusI,t} = \frac{AusI_t}{AusI_{1985,t}} \cdot 100 \qquad R_{AusI,t} = \left(\frac{P_{AusI,t}}{P_{AusI,t-1}} - 1\right) \cdot 100$$

$$P_{BauI,t} = \frac{BauI_t}{BauI_{1985,t}} \cdot 100 \qquad R_{BauI,t} = \left(\frac{P_{BauI,t}}{P_{BauI,t-1}} - 1\right) \cdot 100$$

Es bedeuten P Preisindex, R Preisveränderungsraten in Prozent, BAI Bruttoanlageninvestitionen, AusI Ausrüstungsinvestitionen und BauI Bauinvestitionen. Der Subindex t bezeichnet das laufende Jahr, t-1 entsprechend das Vorjahr, Subindex 1985 kennzeichnet die Investitionen in festen Preisen des Jahres 1985.[17] Die Abbildung 24 zeigt die Inflationsrate und die Preisveränderungsrate der Bruttoanlageinvestitionen für alle Unternehmen der Bilanzstatistik. Die beiden Zeitreihen nehmen einen recht ähnlichen Verlauf mit einem gleichen konjunkturellen Muster: Es ergeben sich relative Maxima in den

Abbildung 24: Gesamtwirtschaftliche Inflationsrate und Preisveränderungsrate der Bruttoanlageinvestitionen

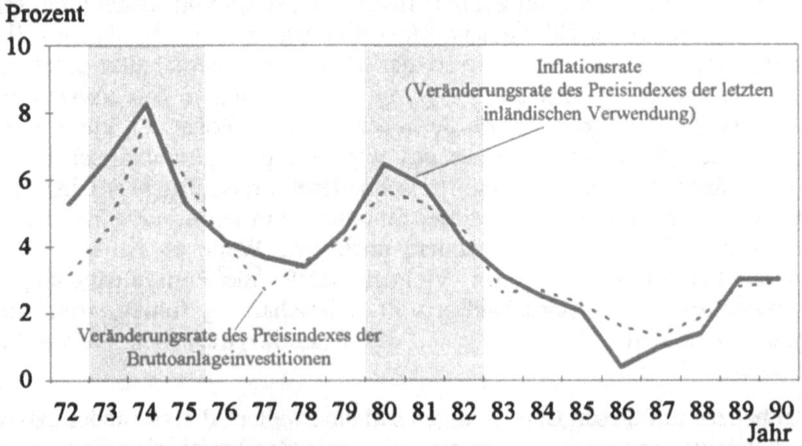

Quellen: Statistisches Bundesamt (1992a) und (1992b); eigene Berechnungen. *Anmerkung:* Die gesamtwirtschaftliche Inflationsrate ist definiert als die Veränderungsrate des Preisindexes der letzten inländischen Verwendung auf Basis 1985.

[17] Datengrundlage ist Statistisches Bundesamt (1992b).

Abschwungphasen und relative Minima in den Aufschwungphasen. Im zweiten konjunkturellen Abschwung fallen die Maxima deutlich geringer aus als im ersten. Das gleiche gilt für das Niveau der Minima im Vergleich zwischen zweitem und erstem Aufschwung. Die enge Verbundenheit beider Reihen drückt sich auch in einem Korrelationskoeffizienten von 0,92 aus. Auch zwischen der Inflationsrate und den hier nicht abgebildeten sektoralen Preisveränderungsraten der Bruttoanlageinvestitionen bestehen sehr enge Zusammenhänge. Das arithmetische Mittel des Korrelationskoeffizienten zwischen den sektoralen Preisveränderungsraten der Bruttoanlageinvestitionen und der Inflationsrate beträgt 0,83. Abgesehen von dem mit 0,46 recht niedrigen Wert im Bekleidungsgewerbe weisen alle anderen Sektoren einen Korrelationskoeffizienten von mindestens 0,77 auf.

Die Ergebnisse der mit der Inflationsrate durchgeführten Zusammenhangsanalysen finden sich in Tabelle 14. Die Mehrzahl der errechneten Regressionskoeffizienten ist signifikant negativ: Mit einer hohen Inflationsrate korrespondieren vergleichsweise niedrige Geldvermögensquoten fast aller Arten, sowie eine vergleichsweise niedrige Geldvermögens-Verpflichtungs-Relation. Bezogen auf alle Unternehmen geht die totale Geldvermögensquote bei einem Anstieg der Inflationsrate um 1 Prozentpunkt um 0,98 Prozentpunkte zurück. In 16 der 19 Sektoren ergeben sich für die totale Geldvermögensquote signifikant negative Regressionskoeffizienten. Nur in der Eisenschaffenden Industrie und im Baugewerbe liegen (insignifikant) positive Korrelationen vor. Für die Eisenschaffende Industrie könnte für den empirisch nicht bestätigbaren positiven Zusammenhang angeführt werden, daß in dieser Industrie durch die in den achtziger Jahren stark gestiegenen Subventionen[18] sonst wirksame ökonomische Kalküle außer Kraft gesetzt wurden. Bei der Sonderstellung des Baugewerbes muß bedacht werden, daß in Inflationszeiten Kapitalanleger verstärkt realwertsichernde Bauinvestitionen tätigen, was im Baugewerbe zu einem betriebsbedingten Anstieg der Geldvermögen führen kann. Diese These wird durch den signifikant positiven Zusammenhang mit der Quote der sonstigen kurzfristigen Forderungen untermauert. Die Geldvermögens-Verpflichtungs-Relation aller Unternehmen fällt bei einem Anstieg der Inflationsrate um 1 Prozentpunkt um durchschnittlich 0,88 Prozentpunkte.

Eine Sonderstellung nimmt die Quote der Forderungen aus Lieferungen und Leistungen ein. Für die Unternehmen insgesamt ergibt sich hier keine signifikante Beziehung. Zudem scheinen die einzelnen Sektoren bei dieser Geldvermögensart in unterschiedlicher Weise auf eine Veränderung der Inflationsrate zu reagieren: Das sektorale Zusammenhangsmuster ist hier sehr unterschiedlich, da sich sowohl signifikant positive als auch signifikant negative Koeffizienten ergeben.

---

[18] Vgl. Stille u. a. (1992), S. 57 und S. 59.

Tabelle 14: Regressionskoeffizienten der Inflationsrate

	QKM	QFOLL	QFOKf	QFOLf	QWP	QBT	QGV	GVR
Sektor	***Regressionskoeffizienten***							
Chemische Industrie	-0,31 *	0,45	-1,07 **	-0,22	-0,63 **	-0,54 *	-2,29 **	-4,32 **
Steine- und Erdengewinnung	-0,46 **	0,13	-0,47 **	-0,17 **	-0,15 **	-0,22 *	-1,34 **	-1,51 **
Eisenschaffende Industrie	0,07	-0,08	0,10	0,01	0,01	0,05	0,16	1,04 *
NE-Metallerzeugung	-0,04	-0,16	-0,26	0,07	-0,60 **	-0,44	-1,39 *	-1,72 *
Holzbearbeitung	-0,26 *	-0,36 **	0,14	0,14 *	0,00	-0,17	-0,49	-0,16
Stahl-/Leichtmetallbau	-0,49 **	0,49 *	-1,75 *	-0,03	-0,73 **	0,08	-2,43 **	-2,25 *
Maschinenbau	-0,28 **	0,34 *	-0,28	-0,04	-0,23 **	-0,09	-0,58 *	-0,43
Straßenfahrzeugbau	-0,80 *	0,22	-1,26 **	0,06	-0,66 *	-0,52 *	-2,91 **	-3,18 **
Elektrotechnik	-0,05	0,88 **	-1,40 **	0,10	-0,97 **	-0,40	-1,85 **	-2,09 **
Eisen-/Blech-/Metallwarenherst.	-0,29 **	0,04	-0,42 *	-0,10 *	-0,03	-0,10	-0,93 **	-0,47 *
Kunststoffwarenherstellung	-0,27 **	0,06	-0,45 *	-0,17 **	-0,10 **	-0,18 *	-0,99 **	-1,10 **
Holzverarbeitung	-0,21 *	-0,56 **	-0,08	-0,07	-0,02	-0,04	-1,03 **	-0,35
Papier-/Pappeverarbeitung	-0,27 *	-0,27	-0,36 **	-0,08	-0,04	0,04	-0,93 **	-0,83 *
Textilgewerbe	-0,31 **	-0,15	-0,12	-0,04	-0,05 *	0,05	-0,69 **	-0,44 *
Bekleidungsgewerbe	-0,39 **	-0,62 **	-0,36	-0,07	-0,10 *	0,00	-1,53 **	-0,99 **
Ernährungsgewerbe	-0,18 **	-0,25 *	-0,63 **	-0,08	-0,08 *	-0,23 *	-1,45 **	-1,23 **
Baugewerbe	-0,15 *	-0,23	1,24 **	-0,16 **	-0,26 **	-0,07 *	0,34	1,01 **
Großhandel	-0,14 *	0,26 *	-0,52 **	-0,08 *	-0,04 **	-0,15	-0,66 **	-0,18
Einzelhandel	-0,06	-0,23 **	-0,46 *	-0,08 **	-0,06 **	-0,21 **	-1,09 **	-0,40 *
Zusammenhang	***Anzahl Regressionskoeffizienten***							
signifikant negativ	15	5	11	6	14	7	16	13
negativ	3	5	5	8	4	7	1	4
positiv	1	5	2	4	1	5	2	0
signifikant positiv	0	4	1	1	0	0	0	2
	Regressionskoeffizienten							
Alle Unternehmen	-0,19 **	0,13	-0,34 *	-0,08 *	-0,27 **	-0,24 *	-0,98 **	-0,88 **

Quellen: Deutsche Bundesbank (1983); Deutsche Bundesbank, Monatsberichte, verschiedene Jahrgänge; Statistisches Bundesamt (1992a) und (1992b); eigene Berechnungen. *Anmerkungen:* Angegeben sind die Regressionskoeffizienten (Steigungsmaße) linearer Einfachregressionen. Signifikante Koeffizienten: * bzw. ** Betrag des t-Wertes mindestens 2,5 bzw. 4,0. *Abkürzungen:* QKM Kassenmittelquote, QFOLL Quote der Forderungen aus Lieferungen und Leistungen, QFOKf Quote der sonstigen kurzfristigen Forderungen, QFOLf Quote der langfristigen Forderungen, QWP Wertpapierquote, QBT Beteiligungsquote, QGV totale Geldvermögensquote, GVR Geldvermögens-Verpflichtungs-Relation.

Ob die gefundenen signifikanten Zusammenhänge allein auf eine gleiche trendmäßige Entwicklung der Geldvermögensvariablen einerseits und der Inflationsrate andererseits zurückzuführen sind oder ob etwa auch kurzfristige Steigerungen der Inflationsrate mit einem Rückgang der Geldvermögensquoten und der Geldvermögens-Verpflichtungs-Relation einhergehen, läßt sich anhand dynamischer Korrelationsdiagramme überprüfen.[19] Neben der errechneten Regressionslinie sind in diesen die beobachteten Wertepaare der unabhängigen und abhängigen Variable in einem Koordinatensystem eingetragen. Die Datenpunkte von je zwei benachbarten Beobachtungsjahren sind durch Geraden verbunden. Anhand der Steigung dieser Geraden läßt sich erkennen, welche kurzfristigen Kovariationen zwischen abhängiger und unabhängiger Variable stattgefunden haben. Je mehr sich die Steigung dieser Geraden von der Steigung der errechneten Regressionslinie unterscheidet, um so loser ist der kurzfristige Zusammenhang zwischen beiden Variablen. Ein beobachteter signifikanter Regressionskoeffizient ist dann überwiegend auf die trendmäßige (gleich- oder gegenläufige) Entwicklung beider Variablen zurückzuführen. Ist ein nur trendmäßiger Zusammenhang beobachtbar, ist dieser aber durch sachliche Hypothesen gestützt, so weist dies darauf hin, daß nur bei nachhaltigen Veränderungen der Werte der abhängigen Variablen auch mit Veränderungen der unabhängigen Variable gerechnet werden darf. Gerade wenn im Rahmen einer wirtschaftspolitischen Maßnahme über die Veränderung der unabhängigen Variable eine Veränderung der abhängigen Variablen versucht wird, darf hier nicht mit kurzfristigen Erfolgen gerechnet werden. Grundsätzlich bietet sich die geschilderte Analyse zur Beurteilung aller in der vorliegenden Arbeit errechneten Zusammenhänge an. Aus Platzgründen ist dies allerdings nur an ausgewählten Stellen möglich, da einer breiten, auch die Wirtschaftszweige umfassenden Zusammenhangsanalyse der Vorrang gegeben wurde. Die Interpretation der Regressionsergebnisse sollte aber immer vorbehaltlich des geschilderten Phänomens erfolgen.

Die Abbildungen 25 und 26 enthalten die dynamischen Korrelationsdiagramme der Kassenmittelquote und der Wertpapierquote einerseits und der Inflationsrate andererseits (jeweils für alle Unternehmen der Bilanzstatistik). Beide Quoten weisen einen deutlichen negativen Zusammenhang mit der Inflationsrate auf. Die Kassenmittelquote kovariiert in den meisten Jahren negativ mit der Inflationsrate. Demzufolge kann von der Existenz auch eines kurzfristigen negativen Zusammenhangs zwischen beiden Größen ausgegangen werden. Die Abbildung 25 zeigt zudem, daß sich der negative Zusammenhang in den Jahren 1982 bis 1986 bei einer im Vergleich zu den übrigen Jahren um einen halben Prozentpunkt niedrigeren Kassenmittelquote einstellt. Weniger deutlich fallen die kurzfristigen negativen Kovariationen von Wertpapierquote und Inflationsrate aus. Offensichtlich führen hier gegen-

---

[19] Vgl. Neubauer (1976), S. 373 - 381.

läufige trendmäßige Entwicklungen zu dem signifikant negativen Regressionsparameter. In den Jahren 1984 bis 1990 geht eine unterdurchschnittliche Inflationsrate mit einer überdurchschnittlichen Wertpapierquote einher, während in den übrigen Jahren eine durchschnittliche bis überdurchschnittliche Inflationsrate mit einer durchschnittlichen bis unterdurchschnittlichen Wertpapierquote korrespondiert. Diesem für die Wertpapierquote beobachteten Muster entsprechen auch die übrigen, hier nicht grafisch dargestellten, signifikanten Zusammenhänge zwischen Geldvermögensquoten und Inflationsrate: Von kurzfristigen negativen Kovariationen kann hier nicht ausgegangen werden.

Abbildung 25: Inflationsrate und Kassenmittelquote

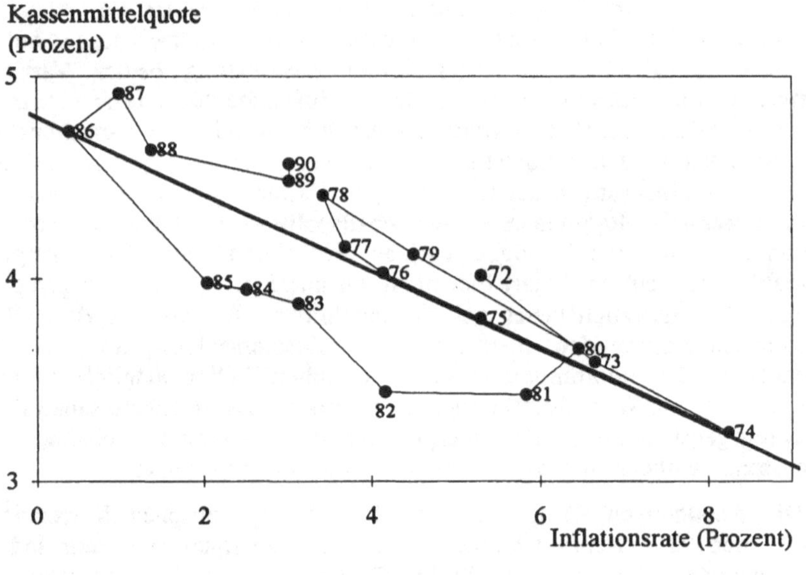

Quellen: Deutsche Bundesbank (1983); Deutsche Bundesbank, Monatsberichte, verschiedene Jahrgänge; Statistisches Bundesamt (1992b); eigene Berechnungen.

Die geschilderten Befunde deuten darauf hin, daß die Haltung der meisten Geldvermögensarten von den Produktionsunternehmen erst angesichts einer längerfristig herrschenden Geldwertstabilität ausgeweitet wird. Letztere dürfte offenbar nicht nur für die privaten Haushalte ein Motiv zu einer Ausweitung der Geldvermögenshaltung sein,[20] sondern auch für Produktionsunternehmen. Verschiedentlich werden in der Literatur Hypothesen vorgetragen, denen

20 Vgl. Deutsche Bundesbank (1987), S. 41.

zufolge Inflation die Sachvermögenshaltung zurückdrängt.[21] Dies wird damit begründet, daß es über die allein an den Anschaffungspreisen orientierten Abschreibungen zu steuerlichen Benachteiligungen des Sachvermögens kommt. Der hier vorliegende Befund eines negativen Zusammenhangs zwischen Inflation und Geldvermögensquote kann diese Hypothesen nicht stützen. Vielmehr scheinen sich gegenteilige Hypothesen zu bestätigen, die von einer die Sachvermögenshaltung stimulierenden Wirkung der Inflation ausgehen.[22]

Abbildung 26: Inflationsrate und Wertpapierquote

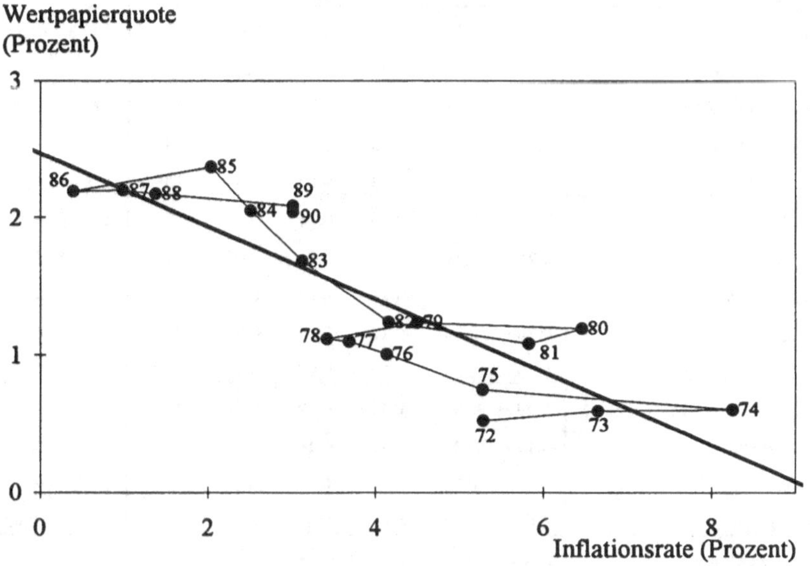

Quellen: Deutsche Bundesbank (1983); Deutsche Bundesbank, Monatsberichte, verschiedene Jahrgänge; Statistisches Bundesamt (1992b); eigene Berechnungen.

Die zwischen den Preisveränderungsraten der Bruttoanlageinvestitionen und den Geldvermögensvariablen berechneten Regressionskoeffizienten deuten auf ähnliche negative Zusammenhänge wie zwischen der gesamtwirtschaftlichen Inflationsrate und den Geldvermögensvariablen hin (vgl. Tabelle 15). Die errechneten Werte weisen eine ähnliche Größenordnung auf. Die Zahl der signifikanten Werte fällt aber geringer aus. Damit liegt kein Hinweis

21 Vgl. Feldstein (1983a), S. 17 und S. 81.

22 Vgl. Tobin (1965), S. 682 - 683.

Tabelle 15: Regressionskoeffizienten der Preisveränderungsraten der Bruttoanlageinvestitionen

	QKM	QFOLL	QFOKf	QFOLf	QWP	QBT	QGV	GVR
Sektor	***Regressionskoeffizienten***							
Chemische Industrie	-0,31	0,39	-0,95 *	-0,24	-0,60 *	-0,54 *	-2,23 *	-4,15 *
Steine- und Erdengewinnung	-0,51 **	0,07	-0,49 *	-0,18 *	-0,15 **	-0,23	-1,48 **	-1,67 **
Eisenschaffende Industrie	0,12 *	-0,08	0,23	-0,01	0,01	0,00	0,28	1,25 *
NE-Metallerzeugung	-0,06	-0,11	-0,04	0,03	-0,41 *	-0,36	-0,94	-1,14
Holzbearbeitung	-0,26 *	-0,27 *	0,01	0,08	0,00	-0,24	-0,60 *	-0,34
Stahl-/Leichtmetallbau	-0,48 *	0,30	-1,53	-0,04	-0,69 **	0,05	-2,37 *	-2,31 *
Maschinenbau	-0,33 **	0,24	-0,02	-0,05	-0,24 **	-0,09	-0,48	-0,40
Straßenfahrzeugbau	-0,91 *	0,24	-1,19 *	0,04	-0,62 *	-0,47	-2,84 **	-3,24 **
Elektrotechnik	-0,15	0,92 *	-1,56 *	0,13	-1,05 **	-0,41	-2,14 **	-2,45 **
Eisen-/Blech-/Metallwarenherst.	-0,32 **	-0,02	-0,42 *	-0,10	-0,04 *	-0,13	-1,06 **	-0,65 **
Kunststoffwarenherstellung	-0,29 **	-0,04	-0,36	-0,16 *	-0,10 *	-0,21	-1,03 *	-1,11 *
Holzverarbeitung	-0,24 *	-0,59 **	-0,08	-0,04	-0,03	-0,04	-1,06 **	-0,46 *
Papier-/Pappeverarbeitung	-0,27	-0,28	-0,38 *	-0,13 *	-0,04	0,11	-0,90 *	-0,69
Textilgewerbe	-0,28 *	-0,18	-0,18	-0,06	-0,05	-0,01	-0,81 **	-0,57 **
Bekleidungsgewerbe	-0,15	-0,30	-0,20	-0,03	-0,08 *	-0,01	-0,71	-0,48
Ernährungsgewerbe	-0,20 **	-0,32 *	-0,73 *	-0,10	-0,10 *	-0,28 *	-1,73 *	-1,46 *
Baugewerbe	-0,19 *	-0,43	1,45 **	-0,14 *	-0,26 *	-0,09 *	0,34	0,94 *
Großhandel	-0,17 *	0,21	-0,50 *	-0,08	-0,04 *	-0,18	-0,75 *	-0,33
Einzelhandel	-0,05	-0,24 *	-0,43 *	-0,09 *	-0,06 *	-0,22 *	-1,07 *	-0,43 *
Zusammenhang	***Anzahl Regressionskoeffizienten***							
signifikant negativ	12	4	9	5	14	4	14	11
negativ	6	8	7	10	4	13	3	6
positiv	0	6	2	4	1	2	2	0
signifikant positiv	1	1	1	0	0	0	0	2
	Regressionskoeffizienten							
Alle Unternehmen	-0,23 **	0,08	-0,33	-0,09 *	-0,28 **	-0,26 *	-1,11 **	-1,00 **

Quellen: Deutsche Bundesbank (1983); Deutsche Bundesbank, Monatsberichte, verschiedene Jahrgänge; Statistisches Bundesamt (1992b); eigene Berechnungen. *Anmerkungen:* Angegeben sind die Regressionskoeffizienten (Steigungsmaße) linearer Einfachregressionen. Signifikante Koeffizienten: * bzw. ** Betrag des t-Wertes mindestens 2,5 bzw. 4,0. *Abkürzungen:* QKM Kassenmittelquote, QFOLL Quote der Forderungen aus Lieferungen und Leistungen, QFOKf Quote der sonstigen kurzfristigen Forderungen, QFOLf Quote der langfristigen Forderungen, QWP Wertpapierquote, QBT Beteiligungsquote, QGV totale Geldvermögensquote, GVR Geldvermögens-Verpflichtungs-Relation.

dafür vor, daß sich Unternehmen bei der Gestaltung ihrer Vermögensportfolios eher an der Preisveränderung sektorspezifischer Investitionsgüterbündel orientieren als an der gesamtwirtschaftlichen Preisniveauveränderung. Letztere wird scheinbar von allen Sektoren als hinreichend gutes Signal des mit der Geldvermögenshaltung einhergehenden realen Werteverzehrs aufgefaßt.

In Abbildung 27 ist der Verlauf der Veränderungsraten der Preisindizes der Ausrüstungsinvestitionen und der Bauinvestitionen wiedergegeben. Der Verlauf der erstgenannten Rate ist weitgehend mit dem Verlauf der Preisveränderungen der Bruttoanlageinvestitionen vergleichbar. Die Veränderung der Preise von Bauinvestitionen weist als auffälligste Besonderheit einen deutlichen Einbruch im Jahre 1975 auf. Dieser muß vor dem Hintergrund einer extremen Bautätigkeit - vor allem im Wohnungsbau - zu Anfang der siebziger Jahre gesehen werden,[23] dem ein genereller Preisverfall folgte, von dem auch die Preise von Bauinvestitionen betroffen waren. Im Anhang 3, Tabellen A.2 und A.3, finden sich die Ergebnisse der Zusammenhangsanalysen mit den Geldvermögensvariablen. Während sich für die Preisveränderungen der Ausrüstungsinvestitionen ein ähnliches Zusammenhangsmuster abzeichnet wie bei den Preisveränderungen der Bruttoanlageninvestitionen, ist der Zusammenhang zwischen den Geldvermögensvariablen und den Preisveränderungen der Bauinvestitionen deutlich lockerer. Die meisten Koeffizienten weisen zwar ein negatives Vorzeichen auf, die wenigsten sind aber signifikant.

Abbildung 27: Preisveränderungsraten der Ausrüstungsinvestitionen und der Bauinvestitionen

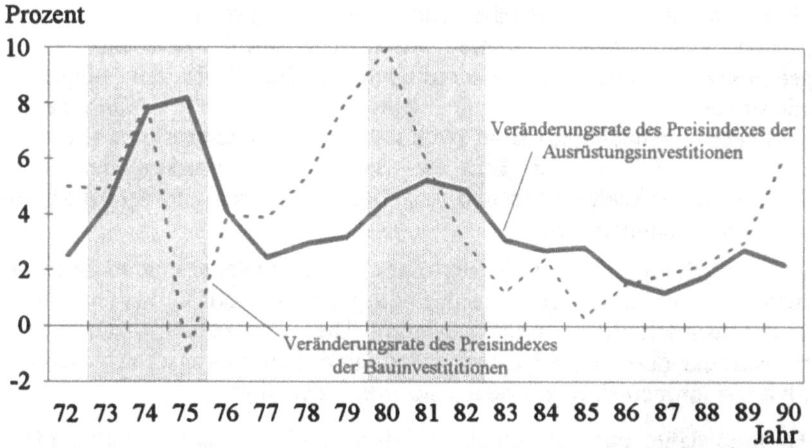

Quellen: Statistisches Bundesamt (1992b); eigene Berechnungen.

[23] Vgl. Gerstenberger/Hölterhoff (1983), S. 84 - 86.

5.2.2. Geldvermögensrenditen

5.2.2.1. Nominale Zinssätze

Die im Vorabschnitt besprochenen Preissteigerungsraten stellen negative Komponenten des realen Ertrags aller Geldvermögensarten dar. Die Zinssätze nominal verzinslicher Geldvermögen stellen für diese selbst die positive Ertragskomponente (Eigenzins) dar. Es darf von einem positiven Zusammenhang zwischen dem Eigenzins und der Quote dieser nominal verzinslichen Geldvermögen ausgegangen werden. Für nicht verzinsliche Geldvermögen verkörpern sie die Opportunitätskosten der Haltung dieser Geldvermögensarten: Sie entsprechen dem durch ihre Haltung entgangenen Nominalertrag. Je höher diese Opportunitätskosten, um so geringer dürfte der Anteil dieser Geldvermögensarten am Gesamtvermögen sein. Für nicht nominalverzinsliche Geldvermögensarten wie etwa Aktien und Beteiligungen stellen die Zinssätze nominal verzinslicher Positionen die Alternativertragssätze dar. Der Anteil dieser Geldvermögensarten dürfte bei steigenden nominalen Zinsen fallen.

Die in der Bilanzstatistik nachgewiesenen Geldvermögen können hinsichtlich der genannten Verzinsungstypen nicht klar aufgespalten werden. Dieses Problem tritt, wenn auch in abgeschwächter Form, bei Verwendung anderer monetärer Statistiken auf.[24] Lediglich die Beteiligungen werden separat ausgewiesen. Sowohl kurz- als auch langfristige Nominalzinsen weisen für diese Position den Charakter des Alternativzinses auf. In den Kassenmitteln sind dagegen sowohl Positionen enthalten, für die nominale Zinssätze Opportunitätskostensätze darstellen als auch solche Positionen, für die kurzfristige nominale Zinssätze den Eigenzins verkörpern. Da in der Position der Wertpapiere sowohl festverzinsliche Titel aller Fristigkeiten als auch Aktien enthalten sind, haben nominale Zinsen hier sowohl den Charakter des Eigenzinses als auch des Alternativzinses. Für Teile der langfristigen Forderungen (wie etwa von den Unternehmen gewährte Darlehen und Hypotheken) stellen langfristige Nominalzinsen Indikatoren des Eigenzinses dar. Das gleiche gilt für Teile der kurzfristigen Forderungen und der Forderungen aus Lieferungen und Leistungen einerseits und der kurzfristigen Nominalzinsen andererseits.

Zur Umgehung der geschilderten Zuordnungsprobleme könnte zwar an die Errechnung impliziter Zinssätze über die Gewinn- und Verlustrechnung der Produktionsunternehmen gedacht werden. Dies wird jedoch dadurch verhindert, daß die dort ausgewiesenen Zins- und Beteiligungserträge nicht den Aktiva zuzuordnen sind, aus denen sie entstanden sind.

Es muß daher auf die von der Deutschen Bundesbank in ihren Monatsberichten ausgewiesenen Zinssätze und die in der Kapitalmarktstatistik aus-

---

[24] Vgl. etwa Tödter/Wewel (1991), S. 243.

gewiesenen Renditen zurückgegriffen werden.[25] Diese Zinssätze werden als Indikatoren des herrschenden Zinsniveaus herangezogen.

Als Indikator des Zinsniveaus kurzfristiger Geldvermögen wird der Zinssatz für Festgelder mit einer Laufzeit von einem bis einschließlich drei Monaten und einem Anlagevolumen von 100.000 DM bis 1 Mio. DM verwendet. Der Zinssatz wird in den Monatsberichten nicht für den gesamten Untersuchungszeitraum mit durchschnittlichen Monatswerten ausgewiesen, da früher nur an wenigen Stichtagen eine Erhebung erfolgte. Auf die Ermittlung von Jahreswerten mittels Durchschnittsbildung der zwölf Monatswerte muß daher verzichtet werden. Die Bundesbank hat das Problem der Bildung einer längeren Zeitreihe dadurch gelöst, daß sie den Dezemberwert (für Jahre bis 1974 den Novemberwert) als repräsentativen Jahreswert wählte.[26] Der Mittelwert aus dem Dezemberwert des laufenden Jahres und dem Dezemberwert des Vorjahres wird in der vorliegenden Arbeit als repräsentativer Wert des Zinsniveaus des laufenden Jahres berechnet. Diese Mittelwertbildung mußte auch deshalb erfolgen, weil es unplausibel ist, anzunehmen der Dezember-Zinssatz hätte Einfluß auf das bis zum Jahresende gebildete Geldvermögen. Plausibler ist, daß der Einfluß eher auf die durchschnittliche Zinssituation des abgelaufenen Jahres zurückgeht.

Als repräsentativer langfristiger Zinssatz wird die Umlaufsrendite festverzinslicher Wertpapiere (Bankschuldverschreibungen, Industrieobligationen und Anleihen der öffentlichen Hand) herangezogen. In die Berechnung dieser Rendite gehen neben dem Nominalzins weitere ertragsbestimmende Komponenten wie Kauf- und Rückzahlungskurse, die Zinszahlungsperiodik und die Tilgungsmodi ein. Diese Rendite wird dadurch vergleichbar mit dem Zinssatz für Termineinlagen, da bei diesem der Nominalzinssatz die alleinige Ertragskomponente ist.[27] Die Jahreswerte errechnen sich als ungewichteter Mittelwert der durchschnittlichen Monatswerte. Diese wiederum ergeben sich aus den Werten der vier Bankwochenstichtagen eines Monats.

Abbildung 28 zeigt, daß beide Zinssätze die gleichen konjunkturellen Muster aufweisen wie die im Vorabschnitt besprochenen Preisveränderungsraten. Die Minima und Maxima im zweiten Konjunkturzyklus (1980 bis 1990) liegen bei den Preisveränderungsraten allerdings auf niedrigerem Niveau als im ersten Zyklus. Bei den Zinssätzen ist dies nicht der Fall: Minima und Maxima liegen in beiden Zyklen in etwa auf gleichem Niveau. Wegen der ausgeprägten Gleichläufigkeit beider Zinssätze kann eine unterschiedliche Wirkungsrichtung auf kurz- bzw. langfristige Geldvermögen nicht erwartet

---

[25] Vgl. den statistischen Teil der Monatsberichte der Deutschen Bundesbank und deren Beiheft Kapitalmarktstatistik.

[26] Vgl. Deutsche Bundesbank (1988).

[27] Vgl. die methodischen Erläuterungen in der Kapitalmarktstatistik der Deutschen Bundesbank.

Abbildung 28: Zinssatz für Termineinlagen und Umlaufsrendite festverzinslicher Wertpapiere

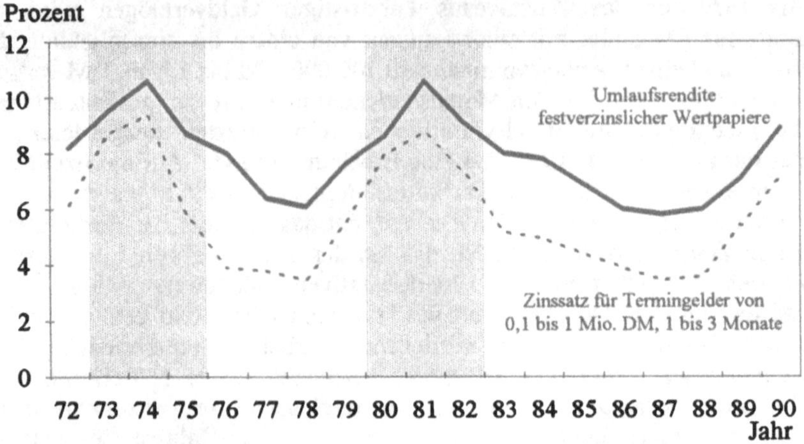

Quellen: Deutsche Bundesbank, verschiedene Monatsberichte; eigene Berechnungen.

werden. Die Reaktionen auf Veränderungen des Termingeldzinses dürften allerdings geringer ausfallen als jene auf Veränderungen des Wertpapierzinses, da der erstgenannte Zins höhere zeitliche Schwankungen aufweist. (Er geht in den Aufschwungsphasen deutlicher zurück.)

Die Tabelle 16 gibt die Ergebnisse der Regressionsrechnungen für den Zusammenhang zwischen dem Wertpapierzins und den Geldvermögensvariablen wieder. Der globale Befund ist, daß - abgesehen von der Quote der Forderungen aus Lieferungen und Leistungen - alle Geldvermögensvariablen in einem negativen Zusammenhang mit dem Wertpapierzins stehen, wobei allerdings nur rund ein Viertel aller sektoralen Koeffizienten als signifikant negativ aufgefaßt werden kann. Dies ist ein deutlich geringerer Anteil als sich bei Verwendung der Inflationsrate ergeben hat. Bezogen auf die totale Geldvermögensquote nehmen mit positiven Regressionskoeffizienten wiederum die Eisenschaffende Industrie und das Baugewerbe eine Sonderrolle ein (vgl. dazu die Hinweise in Abschnitt 5.2.1).

Für die Kassenmittelquote kann der negative Zusammenhang so gedeutet werden, daß der Effekt gestiegener Opportunitätskosten für die darin enthaltenen unverzinslichen Positionen (Bar- und Giralgeld) den ertragserhöhenden Effekt der darin enthaltenen verzinslichen Bankguthaben überkompensiert hat. Überraschend ist der signifikant negative Zusammenhang zwischen nominalem Wertpapierzins und der Wertpapierquote.

Tabelle 16: Regressionskoeffizienten des nominalen Wertpapierzinses

	QKM	QFOLL	QFOKf	QFOLf	QWP	QBT	QGV	GVR
Sektor	***Regressionskoeffizienten***							
Chemische Industrie	-0,39	0,55	-0,88	-0,25	-0,65 *	-0,53	-2,12 *	-4,08 *
Steine- und Erdengewinnung	-0,59 **	-0,04	-0,43	-0,16	-0,15 *	-0,14	-1,50 *	-1,78 **
Eisenschaffende Industrie	0,04	0,04	0,35	-0,03	0,00	-0,01	0,39	1,15 *
NE-Metallerzeugung	-0,07	-0,25	-0,03	0,08	-0,72 **	-0,25	-1,32	-1,44
Holzbearbeitung	-0,28 *	-0,42 *	0,18	0,15	0,00	0,03	-0,54	-0,30
Stahl-/Leichtmetallbau	-0,40	0,26	-1,45	-0,02	-0,79 *	0,06	-2,31	-2,17
Maschinenbau	-0,35 **	0,15	-0,08	-0,02	-0,24 *	-0,07	-0,61	-0,60
Straßenfahrzeugbau	-1,58 **	0,11	-0,97	0,05	-0,47	-0,38	-3,27 **	-3,95 **
Elektrotechnik	-0,01	0,81 *	-1,38 *	0,00	-1,06 *	-0,16	-1,83 *	-2,11 *
Eisen-/Blech-/Metallwarenherst.	-0,30 *	-0,07	-0,28	-0,07	-0,04	-0,04	-0,82	-0,51
Kunststoffwarenherstellung	-0,29 *	0,02	-0,28	-0,14	-0,10 *	-0,07	-0,74	-0,76
Holzverarbeitung	-0,18	-0,64 *	0,11	-0,06	0,00	-0,03	-0,89	-0,25
Papier-/Pappeverarbeitung	-0,28	-0,07	-0,40 *	-0,08	-0,10	-0,11	-0,93 *	-1,17 *
Textilgewerbe	-0,34 *	-0,08	-0,10	-0,05	-0,04	0,09	-0,56	-0,37
Bekleidungsgewerbe	-0,41 *	-0,53	-0,13	-0,03	-0,08	0,04	-1,17	-0,74
Ernährungsgewerbe	-0,22 **	-0,14	-0,54	-0,01	-0,05	-0,14	-1,10	-0,96
Baugewerbe	-0,22 *	-0,58 *	1,61 *	-0,14	-0,17	-0,04	0,50 *	1,06 *
Großhandel	-0,14	0,19	-0,38	-0,08	-0,04 *	-0,11	-0,56	-0,17
Einzelhandel	-0,11	-0,31 **	-0,31	-0,05	-0,07 *	-0,19	-1,04 *	-0,54 *
Zusammenhang	***Anzahl Regressionskoeffizienten***							
signifikant negativ	10	4	2	0	9	0	6	6
negativ	8	7	13	16	8	15	11	11
positiv	1	7	3	3	2	4	1	0
signifikant positiv	0	1	1	0	0	0	1	2
	Regressionskoeffizienten							
Alle Unternehmen	-0,27 **	0,09	-0,19	-0,08	-0,25 *	-0,20	-0,89 *	-0,88 *

Quellen: Deutsche Bundesbank (1983); Deutsche Bundesbank, Monatsberichte, verschiedene Jahrgänge; Statistisches Bundesamt (1992b); eigene Berechnungen. *Anmerkungen:* Angegeben sind die Regressionskoeffizienten (Steigungsmaße) linearer Einfachregressionen. Signifikante Koeffizienten: * bzw. ** Betrag des t-Wertes mindestens 2,5 bzw. 4,0. *Abkürzungen:* QKM Kassenmittelquote, QFOLL Quote der Forderungen aus Lieferungen und Leistungen, QFOKf Quote der sonstigen kurzfristigen Forderungen, QFOLf Quote der langfristigen Forderungen, QWP Wertpapierquote, QBT Beteiligungsquote, QGV totale Geldvermögensquote, GVR Geldvermögens-Verpflichtungs-Relation.

Ob dieser Befund, wie von anderen Autoren vermutet, auf die angesichts eines niedrigen Zinsniveaus verbilligte Fremdfinanzierung und die damit einhergehende Hortung von Fremdmitteln zu einer verstärkten Geldvermögenshaltung führt, kann an dieser Stelle nicht überprüft werden.[28] Die bei sinkenden nominalen Zinsen ebenfalls steigende Geldvermögens-Verpflichtungs-Relation bestätigt diese Vermutung nicht. Eher kann daher an einen Durchschlag des von der Inflationsentwicklung ausgehenden Effektes gedacht werden.[29] Auch folgende Überlegung muß berücksichtigt werden. Der Wertpapierzins stellt zwar einen guten Indikator für die festverzinslichen Wertpapiere dar, für die ebenfalls zu den Wertpapieren gerechneten Aktien dagegen stellt er den Alternativzins dar. Für die Beteiligungen ergibt sich wie erwartet ein negativer Regressionskoeffizient, der aber nicht signifikant ist.

Das Ergebnis der Zusammenhangsanalysen mit den nominalen Termingeldsätzen führt erwartungsgemäß zu keinem grundlegend verschiedenen Befund (vgl. Tabelle A.4 in Anhang 3).

5.2.2.2. Zinsstruktur

Im Vorabschnitt zeigte sich eine enge Verbundenheit zwischen dem kurzfristigen und dem langfristigen Nominalzinssatz. Eine Aufspaltung des Zinseinflusses in einen Einfluß des Eigenzinses und des Alternativzinses war daher für Geldvermögensarten verschiedener Fristigkeit nicht möglich. Die Berücksichtigung der Zinsstruktur stellt einen Versuch dar, die genannten Probleme zu umgehen. Die Zinsstruktur gibt die Rendite in Abhängigkeit von der Laufzeit an. Ein übliches Verfahren zur Beurteilung der Zinsstruktur ist die Ermittlung der Zinsstrukturkurve.[30] Steigt die Zinsstrukturkurve, wächst also mit zunehmender Laufzeit die Rendite, so spricht man von einer normalen Zinsstruktur. Fällt sie, so liegt eine inverse Zinsstruktur vor. Interessiert nicht der gesamte Verlauf einer Zinsstrukturkurve, sondern soll ein einziges beschreibendes Maß Verwendung finden, so bietet es sich an, die Differenz aus einem langfristigen Zinssatz und einem kurzfristigen Zinssatz zu bilden. Dieses Maß stellt sozusagen die beiden Enden der Zinsstrukturkurve gegenüber und darf als Annäherung an deren Steigung aufgefaßt werden. Empirische Arbeiten haben gezeigt, daß derartige Zinssatzdifferenzen die Zinsstruktursituation hinreichend abbilden können.[31] In der vorliegenden Arbeit wird als Maß der Zinsstruktur die Differenz aus der Umlaufsrendite festverzinslicher Wertpapiere und dem Termingeldzinssatz verwendet. Der Verlauf die-

---

28 Vgl. Härtel u. a. (1984), S. 132.

29 Vgl. Ketterer/Vollmer (1981b), S. 178.

30 Zur Beschreibung eines diesbezüglichen Schätzverfahrens vgl. z. B. die Erläuterungen der Deutschen Bundesbank in der Kapitalmarktstatistik.

31 Vgl. Litterman/Scheinkman/Weiss (1988), Estrella/Hardouvelis (1991) und Chen (1991).

ser Zinssatzdifferenz ist in Abbildung 29 dargestellt. Zum Teil bedingt durch die für den Termingeldzinssatz erforderlich gewesene Mittelwertbildung wird eine inverse Zinsstruktur im eigentlichen Sinne nicht angezeigt. Es zeigt sich lediglich eine mehr oder weniger ausgeprägte positive Differenz. Bei Verwendung unterjähriger Daten wären allerdings in den Phasen nur geringer Differenzen auch negative Werte aufgetreten. Vor allem in den Abschwungphasen kommt es zu einem Anstieg der Zinssatzdifferenzen. Die relativen Maxima dieser Zeitreihe liegen jeweils zu Beginn des Aufschwungs, während die Maxima der Zinssatzreihen in der Mitte der Aufschwungphasen liegen. Die Minima liegen zu Beginn des Abschwungs.

Abbildung 29: Zinssatzdifferenz

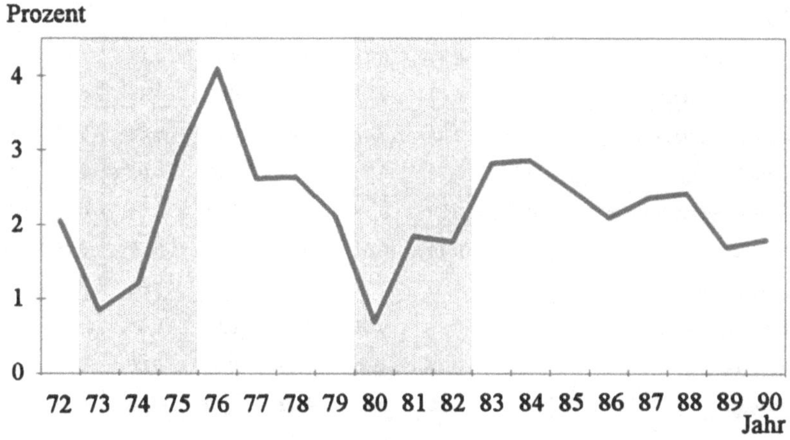

Quellen: Deutsche Bundesbank, verschiedene Monatsberichte; eigene Berechnungen. *Anmerkung:* Die Zinssatzdifferenz ist definiert als Differenz der Umlaufsrendite festverzinslicher Wertpapiere und dem Termingeldzins.

Bei steigender Zinssatzdifferenz darf mit einem Absinken der Kassenmittelquote gerechnet werden, da sich die Verzinsung der darin enthaltenen Termingelder im Vergleich zur Verzinsung festverzinslicher Wertpapiere verschlechtert. Auch die Quote der sonstigen kurzfristigen Forderungen dürfte bei hoher Zinssatzdifferenz niedrig ausfallen, da für kurzfristige Ausleihungen weniger Zinsertrag erzielt werden kann als für langfristige. Voraussetzung hierfür ist allerdings eine genügende Ertragsreagibilität dieser Geldvermögensart. Die Wertpapierquote und die Quote der langfristigen Forderungen dürften bei hoher Zinssatzdifferenz vergleichsweise hoch ausfallen.

Tabelle 17: Regressionskoeffizienten der Zinssatzdifferenz

	QKM	QFOLL	QFOKf	QFOLf	QWP	QBT	QGV	GVR
Sektor	***Regressionskoeffizienten***							
Chemische Industrie	0,16	0,08	0,04	-0,11	0,02	-0,08	0,10	0,39
Steine- und Erdengewinnung	0,18	0,20	0,06	-0,02	0,07	0,04	0,52	0,88
Eisenschaffende Industrie	0,16	-0,31	-0,76	0,08	0,00	-0,06	-0,89	-1,32
NE-Metallerzeugung	-0,27	0,02	-0,02	0,03	0,30	-0,13	-0,04	-0,84
Holzbearbeitung	-0,01	0,41	-0,30	-0,21	0,00	-0,32	-0,19	-0,47
Stahl-/Leichtmetallbau	0,27	-0,48	1,53	0,07	0,47	-0,02	1,73	1,84
Maschinenbau	0,36	-0,11	1,06	0,01	0,24	-0,01	1,55 **	1,63 *
Straßenfahrzeugbau	1,84	0,48	0,20	-0,14	0,38	-0,22	2,76	4,07
Elektrotechnik	0,04	-0,37	0,91	0,29	1,11	-0,42	1,55	1,95
Eisen-/Blech-/Metallwarenherst.	0,28	0,17	-0,07	-0,04	-0,03	-0,19	0,22	0,32
Kunststoffwarenherstellung	0,19	0,04	-0,02	0,06	0,08	-0,08	0,13	0,17
Holzverarbeitung	0,02	0,32	-0,26	-0,01	0,01	0,01	0,14	0,08
Papier-/Pappeverarbeitung	0,16	0,00	0,28	-0,04	0,08	0,69	0,93	2,03 *
Textilgewerbe	0,19	0,14	-0,01	-0,01	-0,01	-0,08	0,19	0,14
Bekleidungsgewerbe	0,30	0,09	-0,21	0,05	0,06	0,00	0,29	0,28
Ernährungsgewerbe	0,15	-0,13	-0,02	-0,17	-0,04	-0,05	-0,26	-0,11
Baugewerbe	0,12	0,28	-1,06	0,09	0,06	0,00	-0,53	-0,74
Großhandel	0,08	-0,10	0,10	-0,03	0,02	-0,06	0,01	-0,05
Einzelhandel	0,11	0,07	-0,13	0,02	0,01	0,03	0,10	0,08
Zusammenhang	***Anzahl Regressionskoeffizienten***							
signifikant negativ	0	0	0	0	0	0	0	0
negativ	2	6	11	10	5	14	5	6
positiv	17	13	8	9	14	5	13	11
signifikant positiv	0	0	0	0	0	0	1	2
	Regressionskoeffizienten							
Alle Unternehmen	0,18	-0,04	-0,13	0,01	0,14	-0,01	0,15	0,26

Quellen: Deutsche Bundesbank (1983); Deutsche Bundesbank, Monatsberichte, verschiedene Jahrgänge; Statistisches Bundesamt (1992b); eigene Berechnungen. *Anmerkungen:* Angegeben sind die Regressionskoeffizienten (Steigungsmaße) linearer Einfachregressionen. Signifikante Koeffizienten: * bzw. ** Betrag des t-Wertes mindestens 2,5 bzw. 4,0. *Abkürzungen:* QKM Kassenmittelquote, QFOLL Quote der Forderungen aus Lieferungen und Leistungen, QFOKf Quote der sonstigen kurzfristigen Forderungen, QFOLf Quote der langfristigen Forderungen, QWP Wertpapierquote, QBT Beteiligungsquote, QGV totale Geldvermögensquote, GVR Geldvermögens-Verpflichtungs-Relation.

Die empirischen Ergebnisse (vgl. Tabelle 17) können die hypothetischen Erwartungen nicht bestätigen. Die errechneten Koeffizienten sind überwiegend insignifikant. In 17 der 19 Sektoren wird die Kassenmittelquote entgegen den Erwartungen mit steigender Zinssatzdifferenz erhöht; die betreffenden Regressionskoeffizienten sind aber allesamt nicht signifikant. Die Koeffizienten der Regressionsgleichungen für die Quote der sonstigen kurzfristigen Forderungen, die Quote der langfristigen Forderungen und die Wertpapierquote weisen zwar die erwarteten Vorzeichen auf, sind aber ebenfalls insignifikant. Nach diesen Ergebnissen zu urteilen muß der Einfluß der Zinsstruktur auf die hier betrachtete Vermögensstruktur der Produktionsunternehmen als gering eingeschätzt werden. Angesichts der Heterogenität der betrachteten Geldvermögensarten kann allerdings nicht ausgeschlossen werden, daß die Struktur dieser Aggregate in Zusammenhang mit der Zinsstruktur steht. Dieser Befund deckt sich mit gesamtwirtschaftlichen Untersuchungen, wonach Zinsstrukturveränderungen lediglich die Zusammensetzung des Geldmengenaggregates M3 beeinflussen, nicht jedoch dessen Niveau.[32]

5.2.2.3. Reale Zinssätze

In vorherigen Abschnitten wurden zwei Komponenten des Realertrages von Geldvermögen betrachtet. Erstens Preissteigerungsraten als eine negative Komponente und zweitens nominale Zinssätze als positive Komponente. Durch Verwendung realer Zinssätze werden beide Komponenten zusammengeführt.

Der reale Zins wird in der vorliegenden Arbeit als jener relative Ertrag aufgefaßt, den ein Investor in Geldvermögen über die reale Substanzerhaltung seines Vermögens hinaus erhält.[33] Vom Nominalertrag ist also jener Teil abzusetzen, der dem Werteverzehr des Geldvermögens während der Anlagedauer entspricht. Dieser Werteverzehr entsteht durch steigende Preise jener Güter, die der Investor zum Zeitpunkt der Tätigung der Geldvermögensanlage hätte kaufen können. Der Realzins einer Geldvermögensanlage vom Zeitpunkt 0 bis zum Zeitpunkt t läßt sich also ermitteln, indem man den Nominalwert des Geldvermögens zum Zeitpunkt t dem Wert jenes Güterbündels zum Zeitpunkt t gegenüberstellt, das zum Zeitpunkt 0 für die angelegte Geldsumme hätte gekauft werden können. Der Nominalwert des Geldvermögens im Zeitpunkt t entspricht seinem Wert zum Zeitpunkt 0 zuzüglich der im Zeitpunkt t erhaltenen nominalen Zinserträge. Der Wert des Güterbündels zum Zeitpunkt t entspricht dem angelegten Geldbetrag erhöht um die Preissteigerung des Güterbündels von Zeitpunkt 0 zu Zeitpunkt t. Bezeichnet G den zum Zeitpunkt

---

[32] Vgl. o. V. (1993), S. 16.
[33] Vgl. Gebauer (1981), S. 21.

0 in Geldvermögen angelegten Betrag, z den darauf gewährten Nominalzins und i die Preisveränderungsrate des relevanten Güterbündels, so errechnet sich der Veränderungskoeffizient des Realwertes des Geldvermögens als

$$1+r = \frac{G \cdot (1+z)}{G \cdot (1+i)} = \frac{1+z}{1+i}$$

bzw. der Realzinssatz als[34]

$$r = \left(\frac{1+z}{1+i} - 1\right).$$

(Beachte: z, i und r sind Dezimalbrüche.)

Ist der einer nominal verzinslichen Geldvermögensart zuzuordnende Realzins größer als Null, so wird der durch die Inflation einhergehende Werteverzehr durch die nominalen Zinsen überkompensiert: Der reale Wert der in dieser Geldvermögensart angelegten Mittel steigt. Kommt es zu einem Anstieg des Realzinses, so wird die Haltung dieser Geldvermögensart attraktiver. Bei Berücksichtigung der beiden Nominalzinssätze aus dem Vorabschnitt und der Veränderungsrate des Preisindexes der letzten inländischen Verwendung ergibt sich der in Abbildung 30 wiedergegebene Verlauf der korrespondierenden realen Zinssätze (Angaben in Prozent). Die reale Umlaufsrendite festverzinslicher Wertpapiere bewegt sich bis 1980 auf einem vergleichsweise stabilen Niveau von durchschnittlich 2,75 Prozent. Im darauffolgenden Jahr erfährt sie einen deutlichen Anstieg, dem eine erneute relativ stabile Entwicklung auf erhöhtem Niveau (durchschnittlich 4,85 Prozent) folgt. Auch der reale Termingeldzins erreicht ab 1981 ein relativ stabiles Niveau von durchschnittlich 2,69 Prozent. Beide realen Zinssätze weisen auf eine deutlich verbesserte reale Ertragssituation finanzieller Aktiva in den achtziger Jahren hin.

Bei der Berücksichtigung realer Zinsen in Zusammenhangsanalysen sind grundsätzlich die gleichen Verzinsungstypen zu unterscheiden wie bei den nominalen Zinsen (nicht verzinslich, nominal verzinslich, nicht nominal verzinslich). Die oben berechneten realen Zinssätze sind den nominal verzinslichen Geldvermögensarten zuzuordnen. Ist die Inflationsrate größer als Null weisen nicht verzinsliche Geldvermögensarten einen realen Ertrag auf, der kleiner als Null ist. (Zur Ermittlung eines entsprechenden Realzinssatzes ist in der obigen Bestimmungsgleichung für z der Wert Null einzusetzen.) Zu beachten ist, daß die Opportunitätskosten der Haltung nicht verzinslicher Geldvermögen auch bei der Betrachtung realer Erträge in Höhe der nominalen Zinsen anfallen: Der relative Abstand des Realertrages der Geldvermögen beider Verzinsungstypen entspricht dem Abstand des Nominalertrages. Für nicht

34 Vgl. dazu auch Gebauer (1981), S. 14 - 17.

Abbildung 30: Reale Umlaufsrendite festverzinslicher Wertpapiere und realer Zinssatz für Termineinlagen

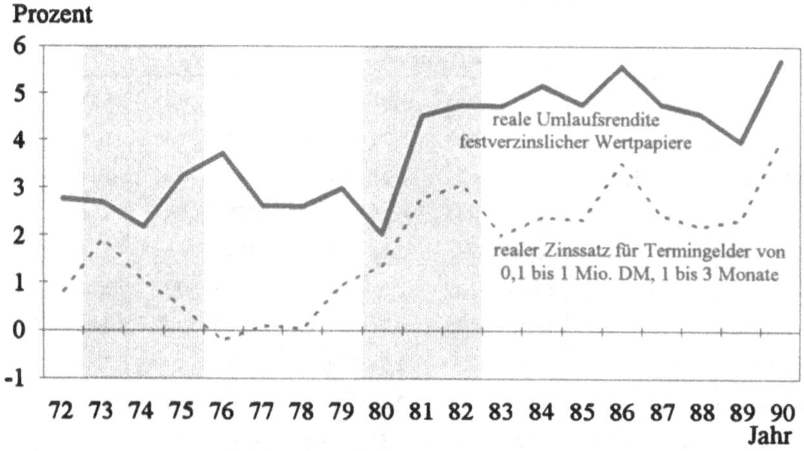

Quellen: Deutsche Bundesbank, verschiedene Monatsberichte; Statistisches Bundesamt (1992a); eigene Berechnungen.

nominal verzinsliche Geldvermögensarten stellen die oben errechneten Realzinssätze den alternativen Realertrag dar. Hinsichtlich der Zuordnung der in der Bilanzstatistik der Deutschen Bundesbank abgrenzbaren Geldvermögensarten existieren die gleichen Probleme wie in Abschnitt 5.2.2.1.

Die Zusammenhangsanalysen zeigen, daß die Wertpapierquote signifikant positiv mit der realen Umlaufsrendite festverzinslicher Wertpapiere korreliert (vgl. Tabelle 18). Im Gegensatz zu den Analysen mit dem nominalen Wertpapierzins bestätigt sich damit der erwartete Zusammenhang. Bezogen auf alle Unternehmen steigt die Wertpapierquote um 0,41 Prozentpunkte, wenn es zu einem Anstieg des genannten Realzinses um 1 Prozentpunkt kommt. Auch in den Sektoren herrschen überwiegend signifikant positive Beziehungen. Besonders deutlich erhöht sich die Wertpapierquote bei Realzinsveränderungen im Straßenfahrzeugbau und in der Elektrotechnik. Die Quote der sonstigen kurzfristigen Forderungen und die Beteiligungsquote hängen ähnlich deutlich mit der realen Umlaufsrendite festverzinslicher Wertpapiere zusammen. Der gewählte Zinssatz scheint ein hinreichend guter Indikator für das reale Ertragsklima dieser beiden Geldvermögensarten zu sein. Dieses Ergebnis ist deshalb von besonderer Bedeutung, da die reale Umlaufsrendite festverzinslicher Wertpapiere für diese beiden Geldvermögensarten aufgrund theoretischer Überlegungen eher als Alternativ- denn als Eigenrendite aufzufassen ist.

Tabelle 18: Regressionskoeffizienten der realen Umlaufsrendite festverzinslicher Wertpapiere

	QKM	QFOLL	QFOKf	QFOLf	QWP	QBT	QGV	GVR
Sektor	***Regressionskoeffizienten***							
Chemische Industrie	0,36	-0,53	1,87 ••	0,28	0,89 •	0,83 •	3,68 ••	6,82 ••
Steine- und Erdengewinnung	0,49	-0,47 •	0,78 ••	0,27 •	0,22 ••	0,45 •	1,76 •	1,83 •
Eisenschaffende Industrie	-0,14	0,31	0,24	-0,08	-0,02	-0,19	0,11	-1,37
NE-Metallerzeugung	0,01	0,11	0,75	-0,10	0,71 •	0,94 •	2,19 •	3,00 •
Holzbearbeitung	0,36 •	0,45 •	-0,14	-0,19	0,01	0,54 •	0,64	0,03
Stahl-/Leichtmetallbau	0,87 ••	-1,07 ••	3,06 •	0,07	1,01 •	-0,13	3,83 •	3,48 •
Maschinenbau	0,29	-0,78 ••	0,71	0,10 •	0,32 •	0,17 •	0,82 •	0,37
Straßenfahrzeugbau	0,00	-0,51 •	2,31 ••	-0,09	1,26 ••	1,00 ••	3,74 •	3,52 •
Elektrotechnik	0,13	-1,40 ••	2,08 •	-0,31 •	1,31 •	0,94 •	2,76 ••	3,07 ••
Eisen-/Blech-/Metallwarenherst.	0,42 ••	-0,23	0,83 ••	0,20 •	0,02	0,23	1,53 ••	0,63
Kunststoffwarenherstellung	0,38 ••	-0,15	0,92 ••	0,30 ••	0,17 ••	0,45 ••	1,84 ••	2,13 ••
Holzverarbeitung	0,36 •	0,70 •	0,42 •	0,10	0,06	0,07	1,74 ••	0,66 •
Papier-/Pappeverarbeitung	0,41	0,69 ••	0,48 •	0,11	-0,03	-0,29	1,38 •	0,71
Textilgewerbe	0,41 •	0,33 •	0,21	0,04	0,09 •	-0,01	1,23 ••	0,77 •
Bekleidungsgewerbe	0,56 ••	1,05 ••	0,90 ••	0,14 •	0,19 ••	0,06	2,82 ••	1,85 ••
Ernährungsgewerbe	0,19 •	0,54 ••	1,09 ••	0,22 •	0,17 •	0,47 ••	2,68 ••	2,23 ••
Baugewerbe	0,12	-0,20	-1,28	0,28 ••	0,51 ••	0,16 •	-0,27	-1,43 •
Großhandel	0,19 •	-0,51 •	0,98 ••	0,13 •	0,06 •	0,29	1,13 ••	0,30
Einzelhandel	0,00	0,21	0,91 ••	0,16 ••	0,09 •	0,35 ••	1,71 ••	0,38
Zusammenhang	***Anzahl Regressionskoeffizienten***							
signifikant negativ	0	6	0	1	0	0	0	1
negativ	1	4	2	4	2	4	1	1
positiv	9	3	4	5	3	4	2	6
signifikant positiv	9	6	13	9	14	11	16	11
	Regressionskoeffizienten							
Alle Unternehmen	0,17	-0,26	0,74 ••	0,12 •	0,41 ••	0,41 •	1,59 ••	1,30 ••

Quellen: Deutsche Bundesbank (1983); Deutsche Bundesbank, Monatsberichte, verschiedene Jahrgänge; Statistisches Bundesamt (1992a) und (1992b); eigene Berechnungen. *Anmerkungen:* Angegeben sind die Regressionskoeffizienten (Steigungsmaße) linearer Einfachregressionen. Signifikante Koeffizienten: * bzw. ** Betrag des t-Wertes mindestens 2,5 bzw. 4,0. *Abkürzungen:* QKM Kassenmittelquote, QFOLL Quote der Forderungen aus Lieferungen und Leistungen, QFOKf Quote der sonstigen kurzfristigen Forderungen, QFOLf Quote der langfristigen Forderungen, QWP Wertpapierquote, QBT Beteiligungsquote, QGV totale Geldvermögensquote, GVR Geldvermögens-Verpflichtungs-Relation.

Auch für die totale Geldvermögensquote stellt sich - im Gegensatz zum nominalen Zins - ein signifikant positiver Zusammenhang ein.[35] Da diesem signifikanten Anstieg der totalen Geldvermögensquote ein Rückgang der Sachvermögensquote gegenübersteht, deutet sich damit eher eine substitutionale als eine komplementäre Beziehung zwischen Sachvermögen und Beteiligungen an.[36]

Obgleich sich für die Kassenmittelquote aller Unternehmen kein signifikanter Zusammenhang ergibt, existieren in knapp der Hälfte der Sektoren signifikant positive Beziehungen. In diesen Sektoren scheint sich das bei steigenden Realzinsen verbessernde Ertragsklima für verzinsliche Bankguthaben durchzuschlagen. Auf Ebene aller Unternehmen ist der Zusammenhang des Realzinses und der Quote der Forderungen aus Lieferungen und Leistungen ebenfalls insignifikant. Hier ergeben sich aber auch keine klaren Zusammenhangsmuster in den Sektoren. Die Zusammenhangsanalysen bei Verwendung des realen Termingeldsatzes führen - wegen dessen weitgehend paralleler Entwicklung auf niedrigerem Niveau - zu vergleichbaren Ergebnissen. Sie finden sich in Tabelle A.5 des Anhangs 3.

5.2.3. Sachvermögensrendite

Nach den gemachten Definitionen kann ein Unternehmen Mittel entweder in Geldvermögen oder in Sachvermögen anlegen. Daher stellt die Sachvermögensrendite eine Alternativrendite ertragstragender Geldvermögen dar. Bei einer vergleichsweise niedrigen Sachvermögensrendite dürften die Anteile ertragstragender Geldvermögen im Vermögensportfolio der Unternehmen vergleichsweise hoch ausfallen. Das gilt für die nicht zu Transaktionszwecken gehaltenen Termingelder (enthalten in den Kassenmitteln), für gewährte Darlehen (enthalten in den sonstigen kurzfristigen und langfristigen Forderungen) und in besonderem Maße für die Wertpapiere. Ferner kann ein Unternehmen bei niedriger Sachvermögensrendite auch durch die verstärkte Haltung von Beteiligungen versuchen, die Rendite des Gesamtvermögens zu verbessern. Ist in einem Wirtschaftszweig die Sachvermögensrendite rückläufig, so kann dies allerdings nur durch das verstärkte Halten von Beteiligungen an Unternehmen anderer Wirtschaftszweige ausgeglichen werden. Auf sachlicher Ebene unscharf ist der Zusammenhang zwischen der Sachvermögensrendite und den allein Transaktionszwecken dienenden Geldvermögensarten (Bar- und Giralgeld, Forderungen aus Lieferungen und Leistungen). Sie stellen jedenfalls keine Alternativanlage zur Sachvermögenshaltung dar. Steigt im Gefolge einer verbesserten Sachvermögensrendite die Sachvermögensquote und führt

---

[35] Vgl. auch Frietsch (1991), S. 117 - 122.

[36] Vgl. Härtel u. a. (1984), S. 135.

dies zu einem Anstieg des Transaktionsvolumens, dürften die genannten Geldvermögensarten gar in einer komplementären Beziehung zum Sachvermögen stehen.

Eine offizielle oder auch nur halbwegs allgemein anerkannte Statistik der Sachvermögensrendite deutscher Unternehmen existiert nicht. Weder auf gesamtwirtschaftlichem Niveau, noch auf sektoralem Niveau. Die Ursache ist in der Zahl der Freiheitsgrade zu sehen, die bei der Ermittlung dieser Kennzahl existieren.[37] Nachfolgend wird daher für die vorliegende Arbeit und die zur Verfügung stehenden Daten ein geeignet erscheinender Ansatz zur Berechnung von Sachvermögensrenditen, sowohl für die Unternehmen der Bilanzstatistik insgesamt wie auch für die betrachteten Sektoren definiert.

Es war bereits im vierten Kapitel vorliegender Arbeit erforderlich, den Wert des Sachvermögens im Zusammenhang mit der Ermittlung des Gesamtvermögenswertes der Unternehmen zu ermitteln (vgl. Abschnitt 4.4.1). Als relevante Größe wurde der Wert der Sachanlagen zu Wiederbeschaffungspreisen und der Wert der Vorräte gemäß jeweiligem Bilanzausweis festgelegt. Die Bewertung eines Vermögensobjektes mit seinem Wiederbeschaffungspreis führt zu einer Ermittlung des Wertes der in diesem Vermögensobjekt gebundenen Mittel. Diese Mittel wären auch aufzuwenden, um ein gleichartiges Vermögensobjekt zu erwerben. Diese Sachvermögensbewertung erfüllt damit auch die Anforderungen für die Abschätzung einer ex ante-Rendite. (Bei einer reinen ex post-Betrachtung müßten natürlich die durch eine Veränderung der Wiederbeschaffungspreise entstandenen Wertveränderungen des Sachvermögens auch bei Erträgen und Aufwendungen Berücksichtigung finden.[38]) Der Ansatz aus dem vierten Kapitel wird daher im vorliegenden Abschnitt als Nennergröße der zu schätzenden Sachvermögensrendite herangezogen.

Ausgangspunkt: Jahresüberschuß vor Steuern

Ausgangspunkt der nachfolgenden Ableitungen ist der Jahresüberschuß vor Steuern wie er in den Gewinn- und Verlustrechnungen der Bilanzstatistik der Deutschen Bundesbank ausgewiesen wird. Dieser erfährt bestimmte Korrekturen und wird damit in eine Schätzgröße des Ertragsstromes des Sachvermögens überführt. Für die Vor-Steuer-Betrachtung gibt es verschiedene Gründe. Erstens berücksichtigen die obigen Geldvermögenszinssätze ebenfalls keine Steuern. Aus Gründen der Vergleichbarkeit zwischen Renditen verschiedener Vermögensarten muß daher auch bei der Sachvermögensrendite eine Vor-Steuer-Betrachtung erfolgen. Zweitens zwingt die Datenlage zu einer Vor-Steuer-Betrachtung. Je nach Rechtsform des betrachteten Unternehmens war die Deutsche Bundesbank gezwungen, eine unterschiedliche Steuerver-

---

[37] Vgl. Zinn (1986), S. 355 - 356.
[38] Vgl. Patterson (1990).

buchung vorzunehmen. Bei Kapitalgesellschaften wurde der Jahresüberschuß nach Zahlung der Körperschaftsteuer ermittelt. Für die Unternehmen anderer Rechtsformen handelt es sich dabei um den Ausweis vor Zahlung der Einkommensteuer. Die Bundesbank empfiehlt daher für Renditeberechnungen vom Jahresüberschuß vor Steuern auszugehen, um diese rechtsformtypischen Verzerrungen, die in einzelnen Sektoren unterschiedlich stark ausgeprägt sein dürften, zu vermeiden.[39] Dieser Vorgehensweise steht aber auch der Nachteil gegenüber, daß ein separater Ausweis der Gewinnsteuern erst ab dem Jahr 1989 erfolgt[40] und daher für intertemporale Analysen nicht verwendet werden kann.

Zinsaufwendungen

Da bei der abzuleitenden Renditekennzahl allein die Ertragskraft von Sachinvestitionen abgebildet werden soll, wirken unterschiedliche Verschuldungsgrade und damit einhergehende unterschiedliche Zinsaufwendungen verzerrend. An sich gleiche Sachvermögensrenditen würden durch unterschiedliche Zinsaufwendungen als unterschiedlich ermittelt. Dies gilt sowohl bei intersektoral als auch intertemporal divergierenden Verschuldungsgraden. Um diesen Effekt auszugleichen, werden die Zinsaufwendungen bei der Ermittlung der Ertragsgröße zum Jahresüberschuß vor Steuern hinzuaddiert.[41]

Betriebsneutrale Positionen

Vom Jahresüberschuß vor Steuern werden die Zinserträge (ZE) und die übrigen Erträge (ÜE) abgesetzt. Beide Positionen enthalten überwiegend Erträge, die nicht im Zusammenhang mit der Nutzung des Sachvermögens für produktive Zwecke erzielt wurden (neutrale Erträge) und müssen daher zur Berechnung einer Sachvermögensrendite abgesetzt werden.

Diesem betriebsneutralen Ertrag steht natürlich auch ein betriebsneutraler Aufwand gegenüber. Dieser kann mit dem zur Verfügung stehenden Datenmaterial nur zum Teil abgeschätzt werden. Selbst wenn die Einzelabschlüsse vorlägen, bliebe die Abgrenzung problematisch. Hier wird zwar ein betriebliches und neutrales Ergebnis ausgewiesen, die Zuordnung einzelner Positionen der Gewinn- und Verlustrechnung ist aber nicht frei von einer gewissen Willkür. Ferner ist der separate Ausweis erst seit dem neuen Bilanzrecht seit 1986 vorgesehen. Über die Größenordnung des neutralen Aufwands gibt es Hinweise in der Literatur. So sei er "relativ geringfügig und bezogen auf den Ertrag eine konstante Größe"[42]. Größenordnungsmäßig dürfte der neutrale

---

[39] Vgl. Deutsche Bundesbank (1983), S. 9.
[40] Vgl. Deutsche Bundesbank, Monatsbericht November 1992, S. 24 - 27.
[41] Vgl. auch Dicke/Trapp (1985), S. 81.
[42] Dicke/Trapp (1985), S. 79.

Aufwand knapp ein Viertel des neutralen Ertrages ausmachen.[43] Damit wird unterstellt, der neutrale Aufwand reagiere vollständig variabel auf Veränderungen des neutralen Ertrages.

Auf Grundlage der Bilanzstatistik der Deutschen Bundesbank sind allein die sonstigen Abschreibungen (sie enthalten überwiegend die Abschreibungen auf Finanzanlagen und Wertpapiere) als betriebsneutral erkennbar. Diese werden somit nicht dem Ertrag des Sachvermögens zugeordnet.

Andere neutrale Aufwendungen können nicht berücksichtigt werden.[44] Damit gelten dann alle Personalaufwendungen und alle übrigen Aufwendungen als durch Nutzung des Sachvermögens entstanden. Für Sektoren mit einer hohen relativen Bedeutung des neutralen Ertrags kommt es damit zu einer Unterschätzung der Sachvermögensrendite, da zu viele Aufwandsteile der Sachvermögensnutzung zugerechnet werden. Diese Verzerrung fällt um so geringer aus, je mehr der variable Aufwand (in DM) invariat bezüglich Veränderungen der neutralen Erträge reagiert. Für diese relative Invarianz und damit gegen die oben aufgeführten Vermutungen aus der Literatur spricht die Tatsache, daß der neutrale Ertrag renditeabhängig ist: Der Aufwand der in der Finanzabteilung eines Unternehmens entsteht, reagiert z. B. nicht auf Schwankungen der Marktzinsen. Auch Ausweitungen der "neutralen Aktivitäten" etwa in Form einer einfachen Aufstockung von Kontobeständen muß keinen Anstieg des neutralen Aufwands nach sich ziehen. Ein intensiviertes Finanzmanagement und ein steigender Diversifikationsgrad dagegen dürfte meist mit einem Anstieg der neutralen Aufwendungen verbunden sein.

Abschreibungen auf Sachanlagen und Scheingewinn

Die in den Jahresabschlüssen ausgewiesenen Abschreibungen auf Sachanlagen sind zu Anschaffungspreisen bewertet. Derartig bewertete Abschreibungen führen in Zeiten steigender Anschaffungspreise zu einem zu geringen Ansatz des tatsächlichen Werteverzehrs der Sachanlagen. Werden am Markt nur die Abschreibungen zu Anschaffungspreisen erlöst, läßt sich der Wert des Sachvermögens nicht erhalten. Während der Lebensdauer einer Anlage wurden dann weniger Mittel zu deren Neuanschaffung erlöst, als für deren Neuanschaffung aufzuwenden ist. Man spricht von fehlender (realer) Substanzerhaltung.[45] Der auf Grundlage dieses Kalküls ausgewiesene Gewinn enthält eine Komponente, die als Scheingewinn bezeichnet wird. Zu einem realistischeren Ansatz gelangt man, wenn man die Abschreibungen zu Wiederbeschaffungspreisen errechnet.[46] Grundlage der Berechnung ist dann das Sachvermögen zu Wiederbeschaffungspreisen.

---

43 Vgl. Dicke/Trapp (1985), S. 79.
44 Vgl. Dicke/Trapp (1984), S. 14.
45 Vgl. Helbling (1992), S. 91 und Coenenberg (1992), S. 745 - 746.
46 Ähnlich auch DIW (1981), S. 242 - 244.

Diese Vorgehensweise ist in der Literatur aber nicht unumstritten. Hält man das Substanzerhaltungsprinzip nur auf die gesamte Volkswirtschaft bezogen für sinnvoll, wird im Rahmen sektoraler Analysen im Falle steigender Sachvermögenspreise die intersektorale Gewinnverteilung fehlerhaft ausgewiesen.[47] In kapitalintensiven Sektoren, die mit langlebigen Anlagen ausgestattet sind, ist der Unterschied beider Abschreibungsverfahren besonders hoch. "Die Ertragslage kapitalintensiver Branchen wird damit systematisch schwächer dargestellt, als jene weniger kapitalintensiver Branchen"[48], da der Scheingewinn eine effektiv angefallene Gewinnkomponente sei, aber nicht als solche ausgewiesen würde. Nach Meinung des Verfassers ist allerdings nicht einzusehen, warum das Substanzerhaltungsprinzip nur für die Volkswirtschaft als ganzes und nicht auch für Sektoren gelten soll, wenn sogar die bisher streng auf das Anschaffungskostenprinzip abhebenden bilanztheoretischen Ansätze den Jahresabschluß ergänzende Sonderrechnungen fordern.[49]

Eine andere Kritik an der Bewertung von Abschreibungen zu Wiederbeschaffungspreisen ist, daß diese nicht zahlungsstromorientiert ist und damit nicht hinreichend die unternehmerische Planung nachbildet, die sich an eben solchen Zahlungsströmen orientiert.[50] Dem muß entgegen gehalten werden, daß Unternehmen im Rahmen interner Kostenrechnungen eine Korrektur der bilanziellen Abschreibungen durch Berücksichtigung von Wiederbeschaffungspreisen ganz bewußt vornehmen.[51]

Weiter wird kritisiert, daß die Bewertung von Abschreibungen zu Wiederbeschaffungspreisen zu Verstößen gegen elementare Bilanzierungsprinzipien führt.[52] Wesentlicher Kritikpunkt ist, daß eine Erfolgsrechnung, die Abschreibungen (und Vorräte) zu Wiederbeschaffungspreisen bewertet, nicht mit der Vermögensrechnung abgestimmt ist. Damit würde sie gegen das Prinzip der Bilanzkontinuität verstoßen. Zwei Voraussetzungen können diesen Verstoß wieder aufheben. Erstens muß auch die Vermögensrechnung zu Wiederbeschaffungspreisen durchgeführt werden. Zweitens müssen Preissteigerungen des Anlagevermögens (und der Vorräte) auch als ertragserhöhend in die Erfolgsrechnung eingehen. Wesentliches Problem hierbei ist aber, daß es "insbesondere in Zeiten steigender Preise zu erheblichen Buchgewinnen [kommt], die größer ausfallen können als der realisierte Gewinn".[53]

Die Abschreibungsaufwendungen in der Bilanzstatistik lassen sich nur vereinfacht korrigieren. Da das Statistische Bundesamt die Abschreibungs-

---

47 Vgl. Görzig (1981), S. 324 - 325, und Görzig (1985), S. 125 - 126.
48 Görzig (1985), S. 125.
49 Vgl. Coenenberg (1992), S. 756 - 757.
50 Vgl. Stille u. a. (1992), S. 118.
51 Vgl. Coenenberg (1992), S. 111.
52 Vgl. Görzig (1981), S. 325.
53 Görzig (1981), S. 325.

beträge sowohl zu Wiederbeschaffungspreisen[54] bewertet als auch zu Anschaffungspreisen ausweist, kann aus diesen Angaben ein Preiskorrekturfaktor errechnet werden. Während die Abschreibungen zu Wiederbeschaffungspreisen auch für Wirtschaftszweige vorliegen, werden die Abschreibungen zu Anschaffungspreisen nur für Wirtschaftsbereiche ausgewiesen. Damit lassen sich - wie beim Sachanlagevermögen - für die in der vorliegenden Arbeit betrachteten Zweige des Verarbeitenden Gewerbes keine eigenen Preiskorrekturfaktoren ermitteln. Auch hier muß wieder unterstellt werden, daß die Preiskorrekturfaktoren für die Wirtschaftsbereiche auch für die Zweige gelten. Bei den Abschreibungen auf Sachanlagen entsteht darüber hinaus das Problem, daß nicht ersichtlich ist, welcher Teil davon auf Ausrüstungen und welcher auf Bauten bezogen ist. Somit können die gesamten Abschreibungen für Sachanlagen nur pauschal mit einem einzigen Faktor korrigiert werden. Eine Berücksichtigung sektoraler Preiskorrekturfaktoren für Abschreibungen auf Ausrüstungen und Abschreibungen auf Bauten ist hier also - im Gegensatz zur Sachanlagenkorrektur - nicht möglich. Die Korrekturprozedur lautet formal:

$$AB_{SA,WB} = AB_{SA} + SG = AB_{SA} + (k_{AB} - 1) \cdot AB_{SA} = AB_{SA} \cdot k_{AB} \, .$$

Es bedeuten: $AB_{SA,WB}$ Abschreibungen auf Sachanlagen zu Wiederbeschaffungspreisen, AB_{SA} Abschreibungen zu Anschaffungspreisen (gemäß Jahresabschlüssen), SG Scheingewinn. Der Preiskorrekturfaktor für Abschreibungen auf Sachanlagen k_{AB} errechnet sich aufgrund der Angaben des Statistischen Bundesamtes und der gleichen sektoralen Disaggregation wie bei der Berechnung des Korrekturfaktors für die Sachanlagen (vgl. Abschnitt 4.4.1) als[55]

$$k_{AB} = \frac{\text{Abschreibungen zu Wiederbeschaffungspreisen}}{\text{Abschreibungen zu Anschaffungspreisen}} \, .$$

Verzicht auf den Ansatz kalkulatorischen Unternehmerlohns

Einige Arbeiten zur Abschätzung von Sachvermögensrenditen berücksichtigen auch einen kalkulatorischen Unternehmerlohn. Dieser entspricht seinem Idealtypus nach jenem Einkommen, das ein Unternehmensbesitzer aus nichtselbständiger Arbeit erzielen könnte, würde er kein Sachvermögen erhalten und seine eigene Arbeitskraft anderweitig einsetzen. Es handelt sich dabei also um Opportunitätskosten. Wegen des fehlenden Ausweises in den Jahresabschlüssen wäre auch hier ein Schätzansatz erforderlich. Meist wird als Näherungswert für den kalkulatorischen Lohn eines Selbständigen und eines mithelfenden Familienangehörigen der durchschnittliche Lohn eines Arbeit-

---

54 Die Bewertung von Abschreibungen zu Wiederbeschaffungspreisen stellt die übliche Vorgehensweise im Rahmen der Volkswirtschaftlichen Gesamtrechnungen dar.

55 Die zeitliche Entwicklung der Korrekturfaktors ist im Anhang 2, Abbildung A.8 dargestellt.

nehmers verwendet.[56] Für einen höheren Ansatz spricht die Überlegung, daß Unternehmern wegen der ausgeübten Managerfunktion ein höheres Entgelt zuzurechnen ist als den abhängig beschäftigten Arbeitnehmern. Andererseits dürfte den mithelfenden Familienangehörigen ein geringeres Entgelt zuzurechnen sein, da sie überwiegend minderqualifizierte Tätigkeiten ausüben.[57] Der genannte Ansatz ließe sich auch leicht auf eine Abschätzung des kalkulatorischen Unternehmerlohns aus sektoralen Bilanzdaten anwenden. Der kalkulatorische Unternehmerlohn eines bestimmten Sektors könnte abgeschätzt werden, indem man den ausgewiesenen Personalaufwand durch die Zahl der abhängig Beschäftigten in diesem Sektor dividiert und mit der Zahl der selbständigen und mithelfenden Familienangehörigen multipliziert.

In der vorliegenden Arbeit wird auf die Berücksichtigung eines kalkulatorischen Unternehmerlohns verzichtet. Für einen Verzicht spricht die Tatsache, daß die Erfolgsrechnung einer Kapitalgesellschaft durch die Berücksichtigung eines kalkulatorischen Unternehmerlohns verfälscht würde, da die Kosten der Unternehmensführung bereits im Personalaufwand enthalten sind.[58] Vor allem wenn Kapitalgesellschaften in den Sektoren unterschiedlich stark repräsentiert sind, kommt es zu Verzerrungen im intersektoralen Vergleich. Ob diese per saldo geringer ausfallen als jene Verzerrungen die durch den Verzicht auf die Berücksichtigung eines kalkulatorischen Unternehmerlohns zu erwarten sind, läßt sich nicht angeben.

Renditemaß

Zusammengefaßt lautet der Schätzwert für die reale Sachvermögensrendite (in Prozent):

$$Z_{SV} = \frac{JÜ_{VS} + ZA - (ZE+ÜE) + AB_{SO} - (k_{AB}-1) \cdot AB_{SA}}{SA_{SO} \cdot k_{Aus} + SA_{GB} \cdot k_{Bau} + VR} \cdot 100,$$

bzw.[59]

$$Z_{SV} = \frac{RE - PA - k_{AB} \cdot AB_{SA} - ÜA}{SA_{SO} \cdot k_{Aus} + SA_{GB} \cdot k_{Bau} + VR} \cdot 100.$$

Es bedeuten:

Z_{SV}	Sachvermögensrendite
$JÜ_{VS}$	Jahresüberschuß vor Steuern
ZA	Zinsaufwendungen

56 So auch bei Stille u. a. (1992), S. 113 - 114.

57 Vgl. DIW (1981), S. 238 - 239.

58 Vgl. Deutsche Bundesbank (1983), S. 9.

59 Eine weitgehend äquivalente Berechnung führen Ketterer/Vollmer (1981a), S. 72 - 75, durch.

ZE	Zinserträge
ÜE	übrige Erträge
k_{AB}	Preiskorrekturfaktor für die Abschreibungen auf Sachanlagen
AB_{SA}	Abschreibungen auf Sachanlagen zu Anschaffungspreisen
AB_{SO}	sonstige Abschreibungen
SA_{SO}	Bilanzausweis der sonstigen Sachanlagen
k_{Aus}	Preiskorrekturfaktor für die sonstigen Sachanlagen
SA_{GB}	Bilanzausweis der Grundstücke und Gebäude
k_{Bau}	Preiskorrekturfaktor für die Grundstücke und Gebäude
VR	Vorräte
RE	Rohertrag (Gesamtleistung minus Materialaufwand)
PA	Personalaufwendungen
ÜA	übrige Aufwendungen

Als in Verbindung mit der Sachvermögensnutzung entstandene Aufwendungen sind daher die gesamten Personalaufwendungen, die Abschreibungen auf Sachanlagen zu Wiederbeschaffungspreisen und die übrigen Aufwendungen. Die Zurechnung der letzteren ist insofern problematisch, als hier auch die Aufwendungen enthalten sind, die im Zusammenhang mit Finanzanlagen entstehen. Da das vorliegende Datenmaterial aber keine weitere Aufspaltung zuließ, schien ihre Zurechnung zum Sachvermögen dennoch geboten.[60] Damit besteht vor allem die Gefahr, daß die Sachvermögensrendite solcher Sektoren unterschätzt wird, die vergleichsweise viel Geldvermögen halten.

Die Abbildung 31 gibt die Zeitreihe der errechneten Sachvermögensrendite wieder. Deutlich sind die Rückgänge in den beiden Abschwungphasen erkennbar. Während nach der konjunkturellen Verschlechterung der siebziger Jahre mit dem Jahr 1976 noch eine leichte Verbesserung der Rendite zu verzeichnen ist, findet nach dem Abschwung Anfang der achtziger Jahre keine Erholung mehr statt: Die Sachvermögensrendite verharrt bis zum Ende des Untersuchungszeitraumes auf einem Niveau von knapp über 5 Prozent. Hinsichtlich des Niveaus weist diese Berechnung deutliche Unterschiede zu Berechnungen auf, die auf den Volkswirtschaftlichen Gesamtrechnungen basieren. So übersteigt das Niveau der vom Deutschen Institut für Wirtschaftsforschung (DIW) und vom Sachverständigenrat berechneten Rendite das der hier abgeschätzten.[61] Zu berücksichtigen ist, daß die beiden genannten Berechnungen das Sachvermögen zu Anschaffungspreisen bewerten. Der deutliche Rückgang zu Anfang der achtziger Jahre zeigt sich jedoch bei allen Konzepten. Allein im DIW-Ansatz wird dieser Einbruch durch einen Wiederanstieg in den achtziger Jahren ausgeglichen.

---

60 Vgl. Ketterer/Vollmer (1981a), S. 71.

61 Vgl. Stille u. a. (1992), S. 120 - 122.

Abbildung 31: Sachvermögensrendite

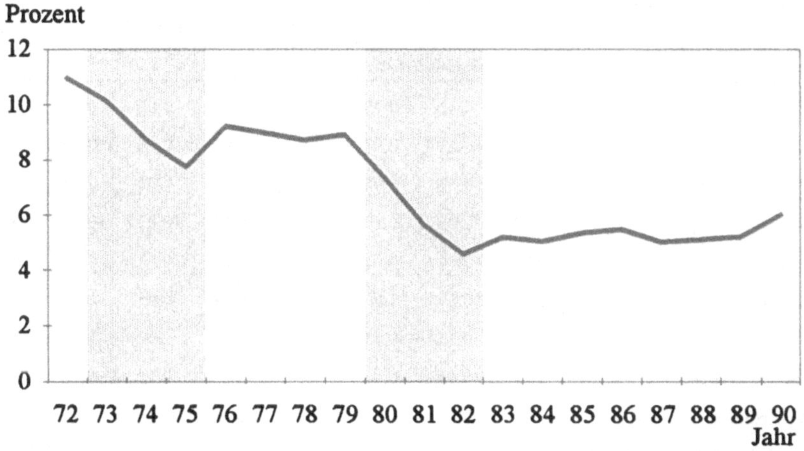

Quellen: Deutsche Bundesbank (1983); Deutsche Bundesbank, Monatsberichte, verschiedene Jahrgänge; Statistisches Bundesamt (1992a) und (1992b); eigene Berechnungen.

Die Zusammenhangsanalysen führen zu folgendem Ergebnis (vgl. Tabelle 19): Die Regressionskoeffizienten für die Unternehmen insgesamt sind für die meisten Geldvermögensvariablen signifikant negativ. Mit fallender Sachvermögensrendite scheinen die Unternehmen den Anteil ertragstragender Geldvermögensarten in ihrem Vermögensportfolio auszuweiten. In keinem der betrachteten Sektoren kommt es zu signifikant positiven Zusammenhängen zwischen der Wertpapier- und Beteiligungsquote einerseits und der Sachvermögensrendite andererseits. Zwischen der Kassenmittelquote und der Sachvermögensrendite ergibt sich auf Ebene aller Unternehmen kein signifikanter Zusammenhang. Auch in den Sektoren sind die Regressionskoeffizienten überwiegend insignifikant. Die Ausnahmen: In der Chemischen Industrie und im Straßenfahrzeugbau kommt es zu signifikant positiven Koeffizienten. Nur für den Großhandel und das Ernährungsgewerbe ergeben sich signifikant negative Koeffizienten: Angesichts einer hohen Sachvermögensrendite wird in diesen beiden Sektoren auch die Kassenmittelquote zurückgenommen.

Die Quote der Forderungen aus Lieferungen und Leistungen steht - auf Ebene aller Unternehmen - in einem signifikant positiven Zusammenhang mit der Sachvermögensrendite. Dieser Befund scheint die oben formulierte Hypothese über einen eher komplementären Zusammenhang zwischen den Forderungen aus Lieferungen und Leistungen und dem Sachvermögen zu bestätigen. Eine genauere Untersuchung der direkten, nicht über die dort geschilderte Argumentationskette vermittelte Beziehung zwischen der Quote der Forderungen aus Lieferungen und Leistungen und der Sachvermögensquote wird in Abschnitt 5.5.1 durchgeführt.

Tabelle 19: Regressionskoeffizienten der Sachvermögensrendite

	QKM	QFOLL	QFOKf	QFOLf	QWP	QBT	QGV	GVR
Sektor	***Regressionskoeffizienten***							
Chemische Industrie	0,26 *	-0,12	0,13	0,08	0,22	0,00	0,57	0,92
Steine- und Erdengewinnung	0,24	0,21	0,07	0,02	0,00	0,06	0,60	0,76
Eisenschaffende Industrie	0,01	0,02	0,08	-0,01	0,01	0,02	0,13	0,33
NE-Metallerzeugung	-0,07	0,06	-0,19	0,00	-0,13	-0,33 *	-0,56	-0,81
Holzbearbeitung	-0,27	-0,14	0,04	0,19	-0,01	-0,42 *	-0,42	-0,06
Stahl-/Leichtmetallbau	0,05	0,29	-1,07	0,01	-0,19	-0,05	-0,96	-1,04
Maschinenbau	-0,11	0,56 **	-0,45	-0,03	-0,14	-0,13 *	-0,29	0,13
Straßenfahrzeugbau	0,32 *	0,11 *	-0,17	0,00	-0,08	-0,12	0,08	0,32
Elektrotechnik	0,02	0,36 **	-0,55 **	0,08 *	-0,24 *	-0,25 *	-0,58 *	-0,57 *
Eisen-/Blech-/Metallwarenherst.	-0,14	0,27 **	-0,51 **	-0,14 *	0,01	-0,09	-0,62	-0,05
Kunststoffwarenherstellung	-0,02	0,19	-0,32	-0,10	-0,02	-0,12	-0,32	-0,46
Holzverarbeitung	-0,03	-0,09	-0,19	-0,03	-0,02	0,00	-0,36	0,06
Papier-/Pappeverarbeitung	-0,07	-0,16	-0,13	0,00	0,00	-0,01	-0,32	-0,01
Textilgewerbe	-0,16	-0,23	-0,27 *	-0,03	-0,02	-0,08	-0,88 *	-0,32
Bekleidungsgewerbe	-0,14	-0,32 *	-0,31 *	-0,03	-0,06 *	-0,01	-0,87 *	-0,56 *
Ernährungsgewerbe	-0,11 *	-0,30 **	-0,55 *	-0,08	-0,08 *	-0,15	-1,27 *	-0,95 *
Baugewerbe	0,00	0,13	0,22	-0,07 *	-0,10 *	-0,04	0,10	0,37 *
Großhandel	-0,07 *	0,21 **	-0,39 **	-0,06 **	-0,02 *	-0,11 *	-0,43 **	-0,06
Einzelhandel	0,05	-0,09	-0,38 **	-0,07 **	-0,05 **	-0,18 **	-0,71 *	-0,08
Zusammenhang	***Anzahl Regressionskoeffizienten***							
signifikant negativ	2	2	7	4	6	6	6	3
negativ	10	6	7	8	9	10	8	9
positiv	5	6	5	6	4	3	5	6
signifikant positiv	2	5	0	1	0	0	0	1
	Regressionskoeffizienten							
Alle Unternehmen	-0,06	0,18 *	-0,46 **	-0,07 *	-0,25 **	-0,21 *	-0,87 **	-0,65 *

Quellen: Deutsche Bundesbank (1983); Deutsche Bundesbank, Monatsberichte, verschiedene Jahrgänge; Statistisches Bundesamt (1992b); eigene Berechnungen. *Anmerkungen:* Angegeben sind die Regressionskoeffizienten (Steigungsmaße) linearer Einfachregressionen. Signifikante Koeffizienten: * bzw. ** Betrag des t-Wertes mindestens 2,5 bzw. 4,0. *Abkürzungen:* QKM Kassenmittelquote, QFOLL Quote der Forderungen aus Lieferungen und Leistungen, QFOKf Quote der sonstigen kurzfristigen Forderungen, QFOLf Quote der langfristigen Forderungen, QWP Wertpapierquote, QBT Beteiligungsquote, QGV totale Geldvermögensquote, GVR Geldvermögens-Verpflichtungs-Relation.

5.2.4. Relativertrag des Sachvermögens

Sollen nur die beiden Alternativen Geldvermögensanlage und Sachvermögensanlage renditeorientiert beurteilt werden, so kommt man zu einem einfachen Kalkül. Dieses stellt der Rendite für Sachvermögen die reale Geldvermögensrendite gegenüber.[62] So kann etwa der Quotient

$$\frac{\text{Sachvermögensrendite}}{\text{Geldvermögensrendite}}$$

gebildet werden. Ist dieser Quotient größer als Eins, ist bei alleiniger Berücksichtigung von Renditegesichtspunkten die Anlage von Kapital in Sachvermögen vorteilhafter als eine Anlage in Geldvermögen. Ist er kleiner als Eins, so ist die Geldvermögenshaltung vorteilhafter. Für diesen pauschalen Renditevergleich soll die oben abgeleitete Sachvermögensrendite und die reale Umlaufsrendite festverzinslicher Wertpapiere ($Z_{WP,R}$) herangezogen werden. Wegen der engen Verbundenheit der Umlaufsrendite festverzinslicher Wertpapiere mit den kurzfristigen Zinsen darf sie als hinreichend guter Indikator des allgemeinen Zinsniveaus aufgefaßt werden. Als Renditequotient ergibt sich damit

$$RQ = \frac{Z_{SV}}{Z_{WP,R}}.$$

Da beide Komponenten von RQ unabhängig voneinander bestimmt werden und deren Quantifizierung jeweils mit einer Reihe von Freiheitsgraden verbunden ist, muß von einer strengen Interpretation des Schwellenwertes RQ = 1 abgesehen werden. Insbesondere soll eine Situation, in der RQ den Wert Eins annimmt, nicht als eine wie auch immer geartete Gleichgewichtssituation interpretiert werden. Alle Werte von RQ, die nahe Eins liegen, sollen lediglich als Hinweis darauf verwendet werden, daß es - unter Renditegesichtspunkten betrachtet - keine deutlichen Vorteile der Geldvermögenshaltung gegenüber der Sachvermögenshaltung gibt. Erst bei Werten von RQ, die deutlich über oder unter Eins liegen, darf mithin von einer klaren Vorteilhaftigkeit der einen oder der anderen Anlageform gesprochen werden.

Es kann davon ausgegangen werden, daß die zinstragenden Geldvermögensarten in einem negativen Zusammenhang mit dem Renditequotienten stehen. Je mehr die Sachvermögensrendite den Realzins übersteigt, um so geringer dürfte beispielsweise die Bereitschaft der Unternehmen sein, Mittel an andere Unternehmen auszuleihen, Termingelder oder festverzinsliche Wertpapiere zu halten. Unter Renditegesichtspunkten ist in einer solchen Situation die Haltung von Sachvermögen vorteilhafter. Aus theoretischer Sicht

---

[62] Vgl. DIW (1993), S. 429.

ungeklärt ist die Beziehung zwischen den nicht nominal verzinslichen Aktien und Beteiligungen und dem Renditequotienten, stellt dieser doch für diese Geldvermögensarten die Relation zweier Alternativrenditen dar. Nur wenn der Realzins auch die Ertragslage dieser Geldvermögensarten hinreichend wiedergibt,[63] ist ebenfalls mit einem negativen Zusammenhang zu rechnen.

Die Abbildung 32 zeigt den Verlauf des Renditequotienten. Im Vergleich zur Sachvermögensrendite finden die Rückgänge im Abschwung um ein Jahr versetzt statt. Das liegt an der Entwicklung der realen Wertpapierrendite, die erst im zweiten bzw. dritten Abschwungsjahr zu steigen beginnt. Der Einbruch des Renditequotienten im Abschwung Anfang der achtziger Jahre resultiert aus dem Zusammenspiel einer im Abschwung rückläufigen Sachvermögensrendite und dem sprunghaften Anstieg der realen Umlaufsrendite festverzinslicher Wertpapiere von 1980 zu 1981. Von diesem Einbruch hat sich der Renditequotient bis zum Ende des Untersuchungszeitraumes nicht mehr erholt. Er verharrt auf einem relativ stabilen Niveau von knapp über Eins.

Abbildung 32: Renditequotient

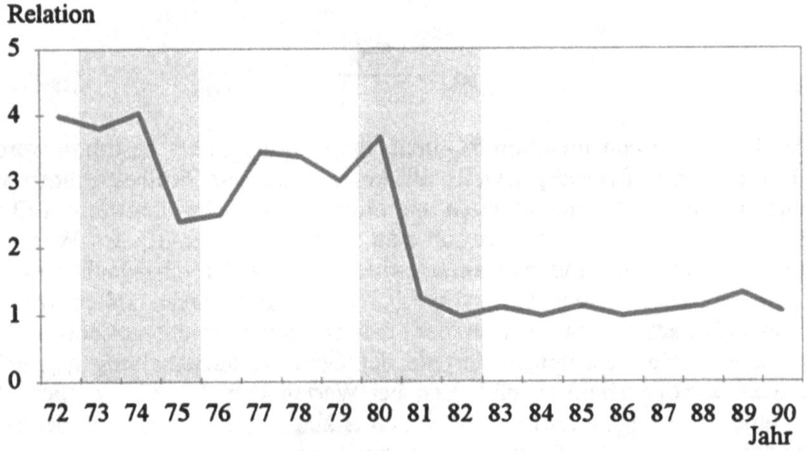

Quellen: Deutsche Bundesbank (1983); Deutsche Bundesbank, Monatsberichte, verschiedene Jahrgänge; Statistisches Bundesamt (1992a) und (1992b); eigene Berechnungen. *Anmerkung:* Der Renditequotient ergibt sich als Quotient aus der Sachvermögensrendite und der realen Rendite festverzinslicher Wertpapiere.

In der Tabelle 20 sind die Zusammenhänge dargestellt, die sich zwischen dem Renditequotient RQ und den Geldvermögensvariablen ergeben. Bezogen auf alle Unternehmen bleibt das schon für die Sachvermögensrendite gefun-

[63] Die empirischen Ergebnisse des Abschnitts 5.2.2.3 deuten darauf hin.

Tabelle 20: Regressionskoeffizienten des Renditequotienten

	QKM	QFOLL	QFOKf	QFOLf	QWP	QBT	QGV	GVR
Sektor	***Regressionskoeffizienten***							
Chemische Industrie	0,35	0,11	-1,04	-0,02	-0,16	-0,56	-1,31	-2,77
Steine- und Erdengewinnung	0,15	0,82 •	-0,46	-0,17	-0,15	-0,28	-0,10	0,22
Eisenschaffende Industrie	-0,01	0,24	0,24	-0,07	0,02	-0,05	0,38	0,88
NE-Metallerzeugung	-0,23	0,31	-0,63	-0,03	-0,36	-1,29 •	-1,92	-2,72
Holzbearbeitung	-0,58	-0,67	0,22	0,40 •	-0,01	-0,82 •	-0,93	0,05
Stahl-/Leichtmetallbau	-0,34	1,41 •	-3,74	-0,04	-0,98	-0,09	-3,76	-3,49
Maschinenbau	-0,39	1,38 ••	-1,27 •	-0,11	-0,43 •	-0,31 •	-1,12	-0,21
Straßenfahrzeugbau	0,81 •	0,30 •	-0,56	-0,01	-0,28	-0,38 •	-0,05	0,54
Elektrotechnik	0,08	1,14 ••	-1,81 ••	0,24 •	-0,84 •	-0,71 •	-1,91 ••	-1,91 •
Eisen-/Blech-/Metallwarenherst.	-0,35 •	0,28 •	-0,78 ••	-0,21 •	-0,01	-0,18	-1,29 •	-0,44
Kunststoffwarenherstellung	-0,40 •	0,23	-1,07 •	-0,35 ••	-0,17 •	-0,50 •	-2,00 •	-2,37 •
Holzverarbeitung	-0,22	-0,40	-0,37 •	-0,08	-0,05	-0,03	-1,16 •	-0,26
Papier-/Pappeverarbeitung	-0,28	-0,45 •	-0,43 •	-0,02	0,00	0,03	-1,07 •	-0,51
Textilgewerbe	-0,64	-0,61 •	-0,58 •	-0,07	-0,10	-0,07	-2,40 •	-1,10
Bekleidungsgewerbe	-0,37 •	-0,72 ••	-0,69 ••	-0,09	-0,13 ••	-0,03	-2,00 ••	-1,31 ••
Ernährungsgewerbe	-0,26 •	-0,59 ••	-1,21 ••	-0,21	-0,18 •	-0,42 •	-2,88 ••	-2,31 ••
Baugewerbe	-0,02	0,21	0,57	-0,15 ••	-0,23 •	-0,08 •	0,23	0,80 •
Großhandel	-0,12	0,37 ••	-0,69 ••	-0,10 •	-0,03 •	-0,19 •	-0,75 ••	-0,13
Einzelhandel	0,05	-0,18	-0,74 ••	-0,13 ••	-0,08 •	-0,31 ••	-1,39 ••	-0,24
Zusammenhang	***Anzahl Regressionskoeffizienten***							
signifikant negativ	4	4	11	5	8	10	10	4
negativ	10	3	5	12	10	8	7	10
positiv	4	5	3	0	1	1	2	4
signifikant positiv	1	7	0	2	0	0	0	1
	Regressionskoeffizienten							
Alle Unternehmen	-0,15	0,30 •	-0,76 ••	-0,12 •	-0,42 ••	-0,39 •	-1,54 ••	-1,21 •

Quellen: Deutsche Bundesbank (1983); Deutsche Bundesbank, Monatsberichte, verschiedene Jahrgänge; Statistisches Bundesamt (1992a) und (1992b); eigene Berechnungen. *Anmerkungen:* Angegeben sind die Regressionskoeffizienten (Steigungsmaße) linearer Einfachregressionen. Signifikante Koeffizienten: * bzw. ** Betrag des t-Wertes mindestens 2,5 bzw. 4,0. *Abkürzungen:* QKM Kassenmittelquote, QFOLL Quote der Forderungen aus Lieferungen und Leistungen, QFOKf Quote der sonstigen kurzfristigen Forderungen, QFOLf Quote der langfristigen Forderungen, QWP Wertpapierquote, QBT Beteiligungsquote, QGV totale Geldvermögensquote, GVR Geldvermögens-Verpflichtungs-Relation.

dene Bild, überwiegend signifikant negativer Beziehungen zu den meisten Geldvermögensvariablen erhalten.[64] Die Quote der Forderungen aus Lieferungen und Leistungen und die Kassenmittelquote stellen auch hier die Ausnahme dar. Durch die Relativierung der Sachvermögensrendite bezüglich des Realzinses hat sich aber in den Sektoren die Zahl signifikant negativer Koeffizienten erhöht.

Allein die Papier- und Pappeverarbeitung weist einen (insignifikanten) positiven Regressionskoeffizienten auf. Wenngleich die hier berücksichtigten Geldvermögensarten einen heterogenen Charakter aufweisen, scheinen sich mit diesem Befund die oben formulierten Hypothesen zu bestätigen.

Das in der Abbildung 33 dargestellte dynamische Korrelationsdiagramm[65] veranschaulicht, daß der gefundene negative Zusammenhang zwischen der totalen Geldvermögensquote und dem Renditequotienten überwiegend langfristiger Natur ist. Kürzerfristige negative Kovariationen beider Zeitreihen sind kaum beobachtbar. Der langfristige Zusammenhang beruht vor allem auf den hohen totalen Geldvermögensquoten der Jahre 1983 bis 1990, die mit einem besonders niedrigen Renditequotienten einhergehen. Das Diagramm macht auch deutlich, daß es im Gefolge des dramatischen Rückgangs des Renditequotienten von 1980 zu 1981 erst zeitverzögert zu einem Anstieg der totalen Geldvermögensquote kommt. Seit 1982 verharrt der Renditequotient auf einem Niveau nahe Eins. In dieser Zeit wuchs die totale Geldvermögensquote von gut 39 auf knapp 45 Prozent des Gesamtvermögens der Unternehmen. In rein statistischem Sinne stellt dies eine unabhängige Entwicklung beider Zeitreihen dar. Aus ökonomischer Sicht läßt sich dieser Verlauf allerdings begründen: Angesichts des niedrigen Renditequotienten sehen die Unternehmen keine Veranlassung, den Sachvermögensanteil in ihren Vermögensportfolios auszuweiten. Geht man zudem davon aus, daß die Sachvermögenshaltung einem höheren Ertragsrisiko ausgesetzt ist als die Geldvermögenshaltung, fehlt es angesichts eines Renditequotienten von etwa Eins insbesondere an einer deutlichen Prämie für das zusätzliche Risiko, das die Sachvermögenshaltung mit sich bringen würde.

In der vorliegenden Arbeit wurde der als RQ bezeichnete Renditekoeffizient ohne direkten Rückgriff auf die Portfoliotheorie von Tobin gewonnen. Andere empirische Arbeiten[66] verfolgen ausdrücklich das Ziel, Tobins q zu ermitteln. Indem nun kurz dargestellt wird, wie dies typischerweise geschieht, soll auf Gemeinsamkeiten und Unterschiede beider Kennzahlen hingewiesen werden.

---

64 Vgl. auch RWI (1983b).

65 Vgl. auch Abschnitt 5.2.1.

66 Vgl. etwa Ketterer/Vollmer (1981a) und (1981b), RWI (1983a), (1983b) und (1988), Funke (1992).

Abbildung 33: Renditequotient und totale Geldvermögensquote

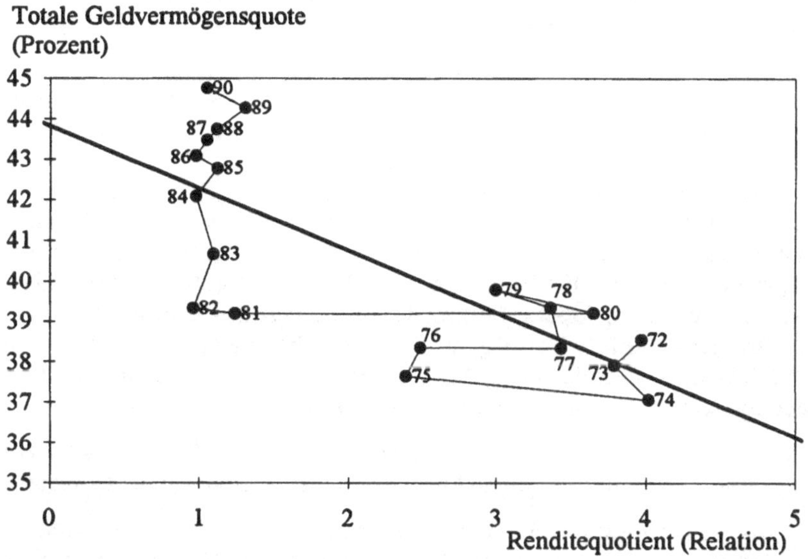

Quellen: Deutsche Bundesbank (1983); Deutsche Bundesbank, Monatsberichte, verschiedene Jahrgänge; Statistisches Bundesamt (1992a) und (1992b); eigene Berechnungen.

Zunächst ist anzumerken, daß die Bilanzstatistik der Deutschen Bundesbank auch die Datengrundlage der genannten Arbeiten darstellt. Damit unterliegen die genannten Schätzansätze ebenfalls den gleichen Freiheitsgraden bei der Auswahl und Operationalisierung der relevanten Variablen. Die grundlegende Vorgehensweise aller Arbeiten orientiert sich an dem Verfahren der Bank of England.[67] In den Arbeiten wird der Wert von q meist als Quotient aus Realertragsrate und Kapitalkostensatz definiert. Die Realertragsrate ergibt sich, wenn man den Ertrag des Realvermögens, also des Sachvermögens, ins Verhältnis zum Wert des Sachvermögens zu Wiederbeschaffungspreisen setzt. Der Realertrag erfaßt dabei den Ertrag, der dem Sachvermögen entspringt. Zwischen dem Realertrag und dem oben ermittelten Ertrag des Sachvermögens bestehen also vom Idealtypus her keine Unterschiede. Da auch das Sachvermögen zu Wiederbeschaffungspreisen bewertet wird, bestehen auch zwischen der oben abgeleiteten Sachvermögensrendite und der Realertragsrate vom Idealtypus her keine Unterschiede: beide Ansätze wollen das gleiche Phänomen messen. Daher kann für die folgenden Ausführungen davon ausgegangen werden, daß der Realertrag (E) dem

[67] Vgl. Bank of England (1976).

Rohertrag abzüglich der betrieblichen Aufwandskomponenten entspricht. Auch die Ermittlung des Sachvermögens zu Wiederbeschaffungspreisen kann in der in Abschnitt 4.4.1 dargestellten Weise erfolgen.

Der Kapitalkostensatz errechnet sich als Quotient aus Realertrag und dem Wert des Gesamtkapitals, wie es vom Markt bewertet wird. Diese Bewertung durch den Markt unterscheidet sich gerade um den gesuchten Faktor q von der Bewertung zu Wiederbeschaffungspreisen. Ist man also nur an der Ermittlung von q-Werten interessiert, so kann man dies auch ohne Ermittlung von Realertragsrate und Kapitalkostensatz durchführen, wie dies auch in einigen der empirischen Arbeiten gemacht wird[68]. Von der Ermittlung der letzteren Sätze verspricht man sich allerdings anschauliche weitere Informationen über die Komponenten von q. Übersteigt nun der Marktwert des Kapitals den Wert des aus ihm finanzierten Vermögens zu Wiederbeschaffungspreisen, so ist q größer als Eins. Gleichzeitig geht dies nach den gemachten Definitionen mit einer den Kapitalkostensatz übersteigenden Realertragsrate einher.

Realertragsrate und Kapitalkostensatz werden in der Theorie als Diskontierungsfaktoren von Investoren und Kapitalgebern aufgefaßt. Zur Interpretation:

(1) Die Realertragsrate stellt dabei die interne Verzinsung der in Sachvermögen gebundenen Mittel dar. Dieses gebundene Vermögen entspricht eben gerade dem Wert des Sachvermögens zu Wiederbeschaffungspreisen. Diskontiert man den erwarteten Zahlungsstrom aus einem Vermögensobjekt mit der internen Verzinsungsrate, so gleicht sich dieser zu Null aus.

(2) Bei gegebenem Realertrag eines Vermögensobjektes und einer gegebenen Bewertung desselben durch die Kapitalgeber (Marktbewertung), resultiert in dem Kapitalkostensatz jene Verzinsung, zu der die Kapitalgeber bereit sind, ihre Mittel den Unternehmen zu überlassen. Sie darf daher als geforderte Mindestverzinsung aufgefaßt werden.

Aus empirischer Sicht steht nach der Definition von Realertrag und gebundenem Vermögen noch die Bestimmung des Marktwertes des Gesamtkapitals aus. Das Gesamtkapital setzt sich zusammen aus Eigenkapital und Fremdkapital. Idealtypisch muß in zwei Schritten vorgegangen werden. Erstens müssen jene Teile des Gesamtkapitals isoliert werden, die im Sachvermögen gebunden sind. Zweitens muß der Marktwert dieser Kapitalteile ermittelt werden. Beide Schritte gelingen in der empirischen Praxis nur in grober Näherung und mit vereinfachenden Annahmen. Das Zuordnungsproblem wird unterschiedlich gelöst. Einigkeit besteht darin, daß die Eigenmittel (Eigenkapital plus Rücklagen) insgesamt in dem Sachvermögen gebunden sind. Dennoch handelt es sich dabei um eine Fiktion, da Teile des Eigenkapitals auch in Geldvermögen gebunden sein können. Die Rückstellungen und die langfristigen Verbindlich-

---

68 Vgl. Funke (1992).

keiten werden in den meisten Ansätzen berücksichtigt. Die bisher dargestellte Vorgehensweise erinnert an die Berechnung von Deckungsgraden. Auch dort herrscht die Fiktion, daß die genannten Kapitalkomponenten durch das Sachvermögen 'gedeckt' sind. Einige Autoren berücksichtigen zudem noch die kurzfristigen Verbindlichkeiten.

Weitere Fiktionen sind erforderlich, wenn der Marktwert dieser Komponenten ermittelt werden soll. Bei den Fremdkapitalkomponenten wird davon ausgegangen, daß ihr Marktwert gleich ihrem bilanziellen Wert ist. Der Marktwert des Eigenkapitals wird als dessen Ertragswert ermittelt. Der Ertragswert ergibt sich bei unendlicher Nutzungsdauer aus dem Quotienten aus Gewinnausschüttung und Rendite. Von dieser Fiktion einer ewig dauernden Gewinnausschüttung und einer konstanten Rendite wird bei den in der Literatur diskutierten Verfahren ausgegangen. Bei Verwendung der Daten der Bilanzstatistik der Deutschen Bundesbank gibt es zusätzliche Probleme. Die Gewinnausschüttung (im Sinne einer Bedienung des Eigenkapitals) läßt sich nicht direkt ermitteln. Die Ermittlung von Hilfsgrößen geht meistens vom Jahresüberschuß vor Steuern aus. Karl-Heinz Ketterer und Rainer Vollmer ermitteln eine Näherung für die Ausschüttungen (AUS) als:[69]

$$AUS = (JÜ_{VS} - ZE - ÜE) \cdot \frac{\text{Ausschüttungen und Entnahmen}}{\text{Gewinn}}.$$

Vom Jahresüberschuß vor Steuern ($JÜ_{VS}$) werden die Zinserträge (ZE) und die übrigen Erträge (ÜE) abgesetzt, weil sie als nicht aus dem Sachvermögen entsprungen aufgefaßt werden. Der sich so ergebende korrigierte Jahresüberschuß wird multipliziert mit einem Korrekturfaktor aus Daten des Statistischen Bundesamtes. Dieser setzt die nachgewiesenen Ausschüttungen und Entnahmen in das Verhältnis zum Gewinn.

Die zur Kapitalisierung dieses korrigierten Jahresüberschusses erforderliche Renditegröße (r') existiert für die Unternehmen der Bilanzstatistik der Deutschen Bundesbank nicht. In den empirischen Arbeiten wird sie entweder durch die Rendite von Aktiengesellschaften oder der Umlaufsrendite festverzinslicher Wertpapiere angenähert. Zusammengefaßt ergibt sich der Marktwert des eingesetzten Kapitals (MW) als

$$MW = \frac{AUS}{r'} + VB + RS,$$

mit VB Verbindlichkeiten und RS Rückstellungen. Aus den bisher abgeleiteten Kenngrößen ergibt sich die Realertragsrate r_R bzw. der Kapitalkostensatz r_K als

---

69 Vgl. Ketterer/Vollmer (1981a), S. 72.

$$r_R = \frac{E}{SV_{WB}} \text{ bzw. } r_K = \frac{E}{MW},$$

sowie Tobins q als

$$q = \frac{r_R}{r_K} = \frac{\frac{E}{SV_{WB}}}{\frac{E}{MW}} = \frac{MW}{SV_{WB}}.$$

Entspricht der Kapitalkostensatz dem Realzins, so ist der Renditequotient RQ identisch mit dem Schätzwert für Tobins q, da die Realertragsrate der in der vorliegenden Arbeit definierten Sachvermögensrendite äquivalent ist. Dann dürfte RQ ebenfalls als Schätzwert für den Quotienten aus Marktwert des Sachvermögens und Wert des Sachvermögens zu Wiederbeschaffungspreisen aufgefaßt werden.[70] Aufgrund theoretischer Überlegungen stimmen beide Werte nur dann überein, wenn Geldvermögen und Sachvermögen vollständige Substitute sind.[71] Ob der, mit den geschilderten, mit zahlreichen Freiheitsgraden behafteten Verfahren, geschätzte Kapitalkostensatz eine bessere Annäherung an den "wahren" Kapitalkostensatz darstellt als die reale Umlaufsrendite festverzinslicher Wertpapiere muß dahin gestellt bleiben.

5.3. Rentabilitätsrisiken

Risiko kann allgemein als Unsicherheit über die zukünftigen Werte von Zielgrößen aufgefaßt werden. Bezogen auf die Zielgrößen Rentabilität und Liquidität lassen sich Rentabilitäts- und Liquiditätsrisiken unterscheiden.[72] In diesem Abschnitt sollen Kennzahlen abgeleitet werden, die es erlauben, bestimmte Rentabilitätsrisiken zu quantifizieren. Anschließend wird untersucht, welche empirischen Zusammenhänge zwischen diesen Kennzahlen und den Geldvermögensquoten sowie der Geldvermögens-Verpflichtungs-Relation bestehen. Eine Kennzahl des Liquiditätsrisikos wird im Rahmen der Cash Flow-Analysen in Abschnitt 5.5.2.1 abgeleitet.

5.3.1. Zum Begriff des Rentabilitätsrisikos

Als Maßzahl des Rentabilitätsrisikos einer Anlage wird in der Portfoliotheorie die Varianz der erwarteten Rendite derselben verwendet. In empiri-

70 Vgl. Dicke/Trapp (1985), S. 77.
71 Vgl. Felderer/Homburg (1991), S. 226.
72 Vgl. Süchting (1991), S. 377 - 378.

schen Analysen ist die so definierte Risikomaßzahl nicht ermittelbar, da sie sich auf erwartete Größen bezieht. Man behilft sich daher mit historischen Varianzen, was mit spezifischen Problemen behaftet ist. Hans Peter Möller etwa stellt fest, daß die Verteilung wöchentlicher Aktienrenditen zwar gut durch eine Normalverteilung angenähert werden kann.[73] (Erwartungswert und Varianz genügen dann zur vollständigen Beschreibung dieser Verteilung, was eine der Voraussetzungen der mikroökonomischen Portfoliotheorie ist.) Es zeigt sich aber auch, daß die Verteilungen im Zeitablauf nicht stabil waren. Die Verwendung historischer Daten zur Ermittlung von Varianzen wird durch diesen Befund eingeschränkt. Da für die vorliegende Arbeit erschwerend hinzukäme, mit Jahreswerten zu operieren, wird von einer Risikomessung durch Varianzen Abstand genommen. Daher wird auch auf den Versuch einer Ermittlung von speziellen Risikokennzahlen der Geldvermögen verzichtet. Es wird aber angestrebt, wenigsten zu einer Abschätzung von Risiken zu gelangen, die aus der betrieblichen Aktivität der Unternehmen resultieren.

Einen von dem Varianzansatz der Portfoliotheorie verschiedenen Zugang gewährt die idealtypische Zerlegung des Rentabilitätsrisikos eines Unternehmens in ein Geschäftsrisiko (business risk) und ein Finanzierungsrisiko (financial risk).[74] Das Geschäftsrisiko ist dabei jener Risikoteil, der durch die unternehmerische Aktivität an sich entsteht. Abgestellt wird in erster Linie auf die unternehmerischen Aktivitäten, die mit der Investition in Sachvermögen einhergehen.[75] Erhöhend wirken auf dieses Geschäftsrisiko die folgenden Ursachen:[76]

- Schwankungen der Nachfragemengen der von dem Unternehmen produzierten Güter.
- Schwankungen der Verkaufspreise.
- Schwankungen der Preise der Produktionsfaktoren. (Das dadurch entstehende Risiko kann in dem Ausmaß gemindert werden, indem es dem Unternehmen gelingt, die Schwankungen auf die Verkaufspreise zu überwälzen.)
- Ein hohes Ausmaß fixer Kosten.

Auf Grundlage von Bilanzdaten kann allein auf jene Teile des Geschäftsrisikos abgestellt werden, die sich aus dem Ausmaß fixer Kosten ergeben.[77] Daher werden auch nur diese nachfolgend erörtert. Das Wesen dieses Teilrisikos besteht in der Tatsache, daß bei hohen Fixkosten bereits geringe Erlös-

[73] Vgl. Möller (1986), S. 112.
[74] Vgl. Brigham (1985), S. 484.
[75] Vgl. dazu auch Süchting (1991), S. 378.
[76] Vgl. Brigham (1985), S. 486 - 487.
[77] Vgl. auch Möller (1986), S. 122.

steigerungen zu einem deutlichen Anstieg des Erfolges[78] führen können.[79] Andererseits bewirken selbst geringe Erlösrückgänge einen deutlichen Rückgang des Erfolges. Dieser Effekt wird als Hebelwirkung (Leverage) bezeichnet. Werden die gesamten Fixkosten (ohne Zinskosten) des Unternehmens betrachtet, spricht man von Operating Leverage. Das damit einhergehende Risiko wird als Operating Leverage-Risiko bezeichnet.[80]

Auch das Finanzierungsrisiko (Kapitalstrukturrisiko) bestimmt sich durch die Bedeutung fixer Kosten. Es wird in diesem Zusammenhang nur auf die aus den Fremdmitteln eines Unternehmens erwachsenden fixen Kosten abgehoben. Von diesen fixen Fremdkapitalkosten geht eine ähnliche Hebelwirkung auf den Unternehmenserfolg aus wie von den gesamten Fixkosten. Man bezeichnet den zugrundeliegenden Effekt daher als Financial Leverage. Das Risiko entsprechend als Financial Leverage-Risiko. Nachfolgend werden zwei Konzepte zur Quantifizierung der genannten Leverage-Risiken besprochen und verglichen. Das erste Konzept versucht den von fixen Kosten ausgehenden Hebeleffekt als Erfolgselastizität zu quantifizieren. Es bildet damit den Hebeleffekt in sehr anschaulicher Weise ab. Das zweite, auf der Break-even-Analyse basierende, Meßkonzept erfordert im wesentlichen die Gültigkeit der gleichen Annahmen, die auch der Ermittlung von Erfolgselastizitäten zu Grunde liegen. Es stellt ein Abstandsmaß dar, das erkennen läßt, welche Beschäftigungsschwankung (gemessen als Umsatzschwankung) ein Unternehmen höchstens erfahren darf, um trotz bestehender fixer Kostenbelastungen nicht in die Verlustzone zu geraten.

5.3.2. Elastizitäten des Unternehmenserfolges

5.3.2.1. Grundmodelle

Ein in der Literatur verbreiteter Ansatz ist die Quantifizierung von Operating- und Financial-Leverage-Risiken durch Erfolgselastizitäten. Das Operating Leverage-Risiko wird als die Mengenelastizität des Bruttoerfolges gemessen.[81] Der Bruttoerfolg wird meist als betrieblicher Erfolg vor Zinsaufwendungen und vor Steuern aufgefaßt. Die genannte Elastizität drückt aus, mit welcher relativen Veränderung der Bruttoerfolg auf eine bestimmte relative Veränderung der Absatzmengen reagiert. Im Falle einer Ein-Produkt-Unternehmung ergibt sich diese auf dem Operating Leverage basierende Erfolgselastizität als

78 Der Erfolg wird hier als Differenz des Erlöses und der Gesamtkosten aufgefaßt.

79 Vgl. Brigham (1985), S. 487.

80 Vgl. auch Lev (1974).

81 Die folgenden Ableitungen basieren auf Süchting (1991), S. 378 - 385.

$$EOL = \frac{\frac{\Delta Bruttoerfolg}{Bruttoerfolg}}{\frac{\Delta Menge}{Menge}} = \frac{\frac{\Delta x \cdot (p-v)}{x \cdot (p-v)-F_{oz}}}{\frac{\Delta x}{x}} = \frac{\Delta x \cdot (p-v)}{x \cdot (p-v)-F_{oz}} \cdot \frac{x}{\Delta x} =$$

$$\frac{(p-v) \cdot x}{(p-v) \cdot x - F_{oz}}.$$

Es bedeuten x abgesetzte Stückzahl, p Preis, v variable Stückkosten, F_{oz} betriebliche Fixkosten ohne Zinskosten, Δ Differenzenoperator. Man kann diese Risikokennzahlen auch für ein Mehr-Produkt-Unternehmen annähern. Dazu muß von einer Konstanz des Preises und der variablen Stückkosten (damit auch von der Konstanz des Stückdeckungsbeitrages) sowie von einer Konstanz der Güterstruktur ausgegangen werden. Die Bestimmungsgleichung für EOL im Mehr-Produkt-Fall lautet damit:

$$EOL = \frac{\sum_{i=1}^{n} (p_i - v_i) \cdot x_i}{\sum_{i=1}^{n} x_i \cdot (p_i - v_i) - F_{oz}} = \frac{U-VK}{U-VK-F_{oz}} = \frac{RE}{RE-F_{oz}}.$$

Das Symbol VK steht für die gesamten variablen Kosten, RE für den Rohertrag.

Das zweite hier betrachtete Risiko, das Financial Leverage-Risiko, wird im Rahmen des Elastizitätenansatzes ausgedrückt als Bruttoerfolgselastizität des Nettoerfolges. Der Bruttoerfolg ist wieder der betriebliche Erfolg vor Berücksichtigung des Zins- und Steueraufwandes. Der Nettoerfolg ist der betriebliche Erfolg nach Zinsen und vor Steuern. Als Elastizitätsmaßzahl ergibt sich

$$EFL = \frac{\frac{\Delta Nettoerfolg}{Nettoerfolg}}{\frac{\Delta Bruttoerfolg}{Bruttoerfolg}} = \frac{\frac{\Delta(BE-ZA)}{BE-ZA}}{\frac{\Delta(BE)}{BE}}.$$

(BE bezeichnet den Bruttoerfolg.) Wird die Konstanz des Zinsaufwandes (ZA) im Zeitablauf unterstellt, so vereinfacht sich die Bestimmungsgleichung zu

$$EFL = \frac{\frac{\Delta BE}{BE-ZA}}{\frac{\Delta BE}{BE}} = \frac{BE}{BE-ZA}.$$

Die vorgestellten Elastizitätsdefinitionen haben den formalen Vorteil, daß sie zu einer Gesamtelastizität verknüpft werden können. Das Produkt aus EOL und EFL ergibt die Mengenelastizität des Nettoerfolges und damit eine Kennzahl des gesamten fixkostenbedingten Risikos eines Unternehmens. Diese soll als Elastizitätsmaßzahl des gesamten Leverage-Risikos bezeichnet werden und errechnet sich als

$$EGL = EOL \cdot EFL = \frac{U-VK}{U-VK-F_{oz}} \cdot \frac{U-VK-F_{oz}}{U-VK-F_{oz}-Z} = \frac{U-VK}{U-VK-F_{oz}-ZA}.$$

Die Kennzahl EGL definiert sich somit als Komponentenfunktion, die aus den beiden multiplikativ verknüpften Komponenten EOL und EFL besteht. Definitionsbedingt ermöglichen diese beiden Komponenten allerdings keine isolierende Betrachtung der Bestimmungsgründe von EGL. Der Grund liegt darin, daß die Kennzahl des Financial Leverage-Risikos nur das zusätzlich zum Operating Leverage-Risiko durch den Zinsaufwand entstehende Risiko quantifiziert. Die Komponente EFL ist also bereits definitionsgemäß abhängig von der Komponente EOL. Eine vollständige Zerlegung der Bestimmungsgründe von EGL gelingt damit nicht. Auch Änderungen im Zeitablauf oder Unterschiede im Querschnittsvergleich lassen sich nicht in entsprechende Änderungs- oder Unterschiedsbeiträge der beiden Komponenten zerlegen.

Stehen nur Jahresabschlußangaben zur Verfügung, sind weitere Modifikationen erforderlich. Erstens kann nicht mehr auf Kostengrößen, sondern nur noch auf Aufwandsgrößen zurückgegriffen werden.[82] Es muß unterstellt werden, daß die Kosten hinreichend gut durch die Aufwendungen abgebildet werden können. Zweitens müssen, wenn auf den betrieblichen Erfolg abgehoben werden soll, die betrieblichen Aufwendungen von den betriebsneutralen Aufwendungen abgetrennt werden. Nach neuem Bilanzrecht findet in der Gewinn- und Verlustrechnung zwar eine Aufspaltung des Gesamterfolges in ein Betriebsergebnis, ein Finanzergebnis und ein außerordentliches Ergebnis statt.[83] Die zugrundeliegende Aufteilung der Aufwands- und Ertragsarten ist allerdings mit Ungenauigkeiten behaftet.[84] Die Datenlage der vorliegenden Arbeit bereitet weitere Probleme. Die in den Gewinn- und Verlustrechnungen der Einzelabschlüsse vollzogene Erfolgsspaltung läßt sich mit den vorliegenden aggregierten Daten nicht nachvollziehen. Zur empirischen Analyse müssen daher weitere Vereinfachungen vorgenommen werden. Drittens muß entschieden werden, welchen der zu berücksichtigenden Aufwandsarten ein beschäftigungsfixer, welchen ein beschäftigungsvariabler Charakter zukommt. Selbst bei Vorlage unternehmensinterner Daten treten dabei Probleme auf, die vor allem in der zeitlichen Dauer der unterstellten fixen Beziehung und in der

82 Zum Unterschied vgl. Schweitzer/Küpper (1991), S. 42.

83 Vgl. Endriss/Kluge/Löschke (1991), S. 357.

84 Vgl. Schult (1991), S. 105, und Coenenberg (1992), S. 674 .

adäquaten Messung der Beschäftigung zu sehen sind.[85] Allerdings hat der unternehmensinterne Analyst mehr Informationen über die Beschäftigungsvariabilität als ein externer Analyst. Es hat sich eingebürgert, von den Aufwandsarten allein den Materialaufwand als beschäftigungsvariabel und die übrigen Aufwendungen als beschäftigungsfix aufzufassen.[86] Damit werden die variablen Aufwendungen tendenziell zu gering ausgewiesen, da Teile der sonstigen Aufwendungen, wie etwa die beschäftigungsvariablen Fertigungslöhne, als beschäftigungsfix unterstellt werden.[87]

5.3.2.2. Erweiterungen

Das Konzept des Vorabschnitts läßt sich erweitern.[88] Diese Erweiterung ermöglicht es, auch partielle fixkostenbedingte Leverage-Risiken zu erfassen. Die Kennzahlen dieser Teilrisiken werden in einem hierarchischen Kennzahlensystem auf mehreren Stufen zur Kennzahl des gesamten fixkostenbedingten Risikos eines Unternehmens aggregiert. Damit ist auch die Möglichkeit der Dekomposition von Risikokennzahlen in sie determinierende Komponenten gegeben.

Nachfolgend wird eine verallgemeinerte Ableitung vorgenommen, die zur Definition der angesprochenen Teilelastizitäten führt. Bei Gültigkeit der im Vorabschnitt formulierten Voraussetzungen ist man grundsätzlich in der Lage, aufgrund der Aufwands- und Ertragsangaben des Jahresabschlusses den betrieblichen Erfolg ($JÜ_b$) als Funktion des Umsatzes darzustellen:

$$JÜ_b = U - MA - A_b = U - m \cdot U - A_b = - A_b + (1-m) \cdot U \,.$$

U bezeichnet den Umsatz, MA die Materialaufwendungen, A_b die fixen betrieblichen Aufwendungen (gesamte betriebliche Aufwendungen ohne die Materialaufwendungen). m ist der Materialaufwand je Umsatzeinheit. Durch die Berücksichtigung nichtbetrieblicher fixer Aufwendungen und fixer Erträge lassen sich weitere, vom Umsatz abhängige, partielle Jahresüberschußfunktionen formulieren. Definiert man die Größe Y_j als die Differenz aus berücksichtigten erfolgswirksamen fixen Aufwendungen und berücksichtigten erfolgswirksamen fixen Erträgen, so errechnet sich der entsprechende partielle Jahresüberschuß als

$$JÜ_j = -Y_j + (1-m) \cdot U \,.$$

Setzt man etwa auf Grundlage der Bilanzdaten der Deutschen Bundesbank:

$$Y_j = A - ZE - ÜE - ST,$$

---

[85] Vgl. Foster (1986), S. 344.
[86] Vgl. Küting/Weber (1993), S. 330, Möller (1986), S. 135, und Coenenberg (1992), S. 710.
[87] Vgl. Küting/Weber (1993), S. 332.
[88] Vgl. Möller (1986), S. 131 - 135.

mit: A gesamte fixe Aufwendungen (gesamte Aufwendungen ohne Materialaufwendungen), ZE Zinserträge, ÜE übrige Erträge, ST Steuern), so stellt der korrespondierte $JÜ_j$ den Jahresüberschuß vor Steuern ($JÜ_{VS}$) dar. Werden zusätzlich die Zinsaufwendungen (ZA) als nicht erfolgsmindernd von den gesamten fixen Aufwendungen abgesetzt (Y_j = A – ZE – ÜE – ST – ZA), so resultiert der Jahresüberschuß vor Steuern und vor Zinsen. Die Zusammenhänge sind in der Abbildung 34 grafisch veranschaulicht. Auf der Abszisse des Koordinatensystems ist der Umsatz abgetragen, auf der Ordinate stehen die Jahresüberschußwerte.

Abbildung 34: Zur grafischen Bestimmung von Erfolgselastizitäten mittels Jahresüberschußfunktionen

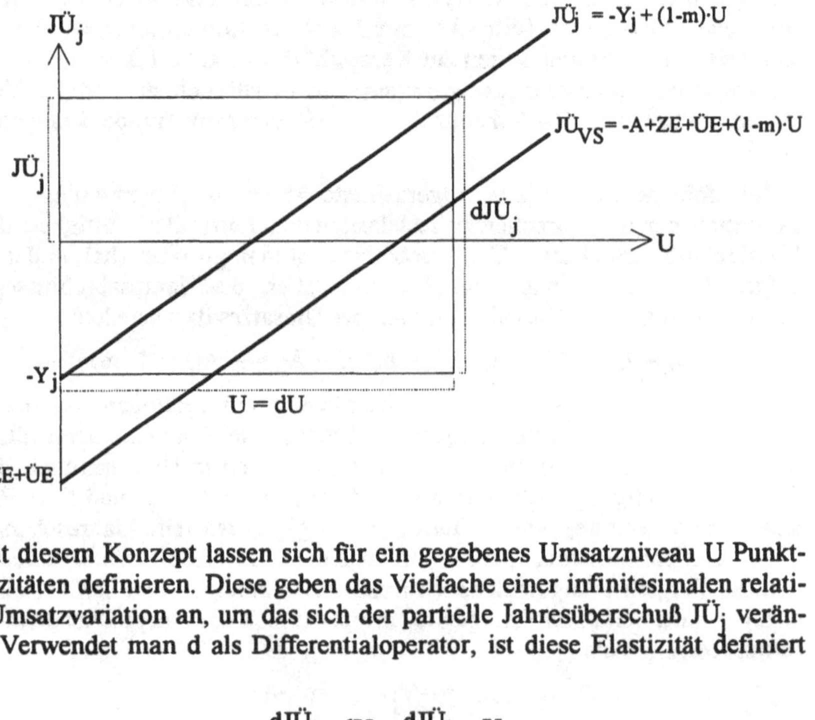

Mit diesem Konzept lassen sich für ein gegebenes Umsatzniveau U Punktelastizitäten definieren. Diese geben das Vielfache einer infinitesimalen relativen Umsatzvariation an, um das sich der partielle Jahresüberschuß $JÜ_j$ verändert. Verwendet man d als Differentialoperator, ist diese Elastizität definiert als

$$\varepsilon_j = \frac{dJÜ_j}{JÜ_j} : \frac{dU}{U} = \frac{dJÜ_j}{dU} \cdot \frac{U}{JÜ_j}.$$

Analytisch ergibt sich:

$$\varepsilon_j = (1-m) \cdot \frac{U}{JÜ_j} = \frac{(1-m) \cdot U}{(1-m) \cdot U - Y_j} = \frac{RE}{RE - Y_j} = \frac{RE}{JÜ_j}.$$

Die gesuchten Größen lassen sich auch aus der Grafik bestimmen.[89] Die entsprechenden Strecken sind dort gekennzeichnet. Stellt man die Strecken in Größen der Erfolgsrechnung dar und substituiert in die allgemeine Definitionsgleichung für Elastizitäten, so resultiert:

$$\varepsilon_j = \frac{dJÜ_j}{dU} \cdot \frac{U}{JÜ_j} = \frac{JÜ_j + Y_j}{U} \cdot \frac{U}{JÜ_j} = \frac{-Y_j + (1-m) \cdot U + Y_j}{JÜ_j} = \frac{RE}{RE - Y_j} = \frac{RE}{JÜ_j}.$$

Nach Zuordnung ausgewählter fixer Ertrags- und Aufwandskomponenten zu Y_j, gibt ε_j die Umsatzelastizität des partiellen Jahresüberschusses $JÜ_j$ an. Es ist die Umsatzelastizität jenes partiellen Jahresüberschusses $JÜ_j$, der entsteht, wenn nur die Y_j zugeordneten Aufwandsarten erfolgsmindernd und die Y_j zugeordneten Ertragsarten erfolgserhöhend wirken. Die konzeptionelle Analogie zur auf dem Operating Leverage basierenden Erfolgselastizität EOL in Abschnitt 5.3.2.1 wird hier deutlich.[90] Wird gesetzt $Y_j = A - ZE - ÜE - ST$, so resultiert die Umsatzelastizität des Gesamterfolges bzw. des Jahresüberschusses vor Steuern (Spitzenkennzahl des zu bildenden Kennzahlensystems):

$$\varepsilon_G = \frac{RE}{RE - A + ZE + ÜE + ST}.$$

Zur Konstruktion des Kennzahlensystems werden die sich so ergebenden Teilelastizitäten multiplikativ zu übergeordneten Elastizitäten zusammengefaßt. Die Beziehung zwischen Teilelastizitäten und übergeordneten Elastizitäten ergibt sich über die berücksichtigten, die jeweiligen Leverage-Risiken auslösenden fixen Aufwands- und Ertragsarten. Die Summe der Y_j der Teilelastizitäten ergibt das Y_j der übergeordneten Elastizität. Die Teilelastizitäten sind, im Gegensatz zur Zusammenfassung von Operating Leverage-Risiko und Financial Leverage-Risiko, definitionsgemäß unabhängig voneinander. Als Preis für diese Unabhängigkeit ist zu sehen, daß die (multiplikative) Zusammenfassung der Elastizitäten zu einer übergeordneten Elastizität nicht vollständig gelingt. (Entsprechend gelingt auch nicht die vollständige Dekomposition einer Elastizität in sie determinierende Elastizitäten.) Die Vorgehensweise entspricht der bei der Aufstellung nichtdefinitorischer Komponentenfunktionen:[91] Es ist ein Residualterm zu ergänzen. Sollen die beiden Teilelastizitäten ε_1 und ε_2 multiplikativ zur übergeordneten Elastizität ε_0 zusammengefaßt werden, so ist der Restfaktor

$$RF_0 = \frac{\varepsilon_0}{\varepsilon_1 \cdot \varepsilon_2}$$

---

[89] Zur grafischen Ermittlung von Elastizitäten vgl. Schumann (1992), S. 78 - 83.

[90] ε_j entspricht EOL, wenn gesetzt wird $Y_j = F_{oz}$.

[91] Zur Komponentenanalyse vgl. Abschnitt 3.1.1.

zu ergänzen. Dieser stellt sicher, daß eine Identitätsgleichung entsteht:

$$\varepsilon_0 = \varepsilon_1 \cdot \varepsilon_2 \cdot \frac{\varepsilon_0}{\varepsilon_1 \cdot \varepsilon_2}.$$

Vom typischen Fall weicht die hier vorgestellte Komponentenfunktion dahingehend ab, daß sie in ihrer reduzierten Form belassen wird und nicht in eine strukturelle Form überführt wird. Typischerweise werden ja die Faktoren der reduzierten Form durch Umgruppierung in die eigentlich interessierenden Komponenten überführt (vgl. Abschnitt 3.1.1). Im vorliegenden Fall wäre als Ergebnis einer Umgruppierung beispielsweise die folgende strukturelle Form denkbar:

$$\varepsilon_0 = \frac{\varepsilon_0}{\varepsilon_1} \cdot \frac{\varepsilon_1}{\varepsilon_2} \cdot \varepsilon_2 .$$

Diese Umgruppierung führt aber nicht zur Isolierung der eigentlich interessierenden Bestimmungsgrößen ε_1 und ε_2, sondern zu einer Komponentenfunktion, die jener in Abschnitt 5.3.2.1 vergleichbar ist: Die zweite und dritte Komponente erfassen jeweils nur zusätzliche Effekte.

Eine Bewertung: Das dargestellte Verfahren zur Ermittlung von Erfolgselastizitäten führt nur dann zu validen Ergebnissen, wenn die getroffenen Annahmen gelten. Als Ersatz würde sich grundsätzlich die auf den empirischen Differenzen basierende Elastizität anbieten. Sie ist für die Periode t definiert als:

$$\eta_{j,t} = \frac{\Delta J\ddot{U}_{j,t}}{\Delta U_t} \cdot \frac{U_t}{J\ddot{U}_{j,t}}.$$

(Δ ist der Differenzenoperator.) Diese ex post-Elastizität ist zwar ohne weitere Annahmen meßbar. Da sie aber auch alle anderen Veränderungen und stattgefundenen Anpassungsvorgänge erfaßt, ist sie als Risikomaß ungeeignet.

Für sehr kleine partielle Jahresüberschüsse $J\ddot{U}_j$ (Nenner der Kennzahl ε_j) wird die korrespondierende Elastizität sehr groß. Diese Eigenschaft von Elastizitäten mag für eine Zeitpunktbeurteilung eines Unternehmens, bei der es lediglich um die Identifikation von Leverage-Risiken geht, unproblematisch sein. Sollen jedoch die gemessenen Elastizitäten in einen Zusammenhang mit anderen Variablen gebracht werden, entstehen durch diese Eigenschaft erhebliche Probleme, da damit Datenausreißer entstehen.[92] Im folgenden Abschnitt wird daher ein alternatives Konzept zur Messung von Leverage-Risiken abgeleitet, das zwar eine vergleichbare indikatorische Funktion aufweist, kleine

92 Zur Illustration vgl. Abbildung A.7 im Anhang 2.

oder negative Jahresüberschüsse aber unproblematisch sind. Die Möglichkeit zur Dekomposition der Erfolgselastizitäten wurde zudem mit dem Preis der Existenz eines schwer interpretierbaren Restfaktors erkauft. Das im folgenden Abschnitt abgeleitete Konzept wird eine Dekomposition ohne Restfaktor zulassen.

5.3.3. Kennzahlen der Break-even-Analyse

Die Break-even-Analyse (Gewinnschwellenanalyse) stellt eine weitere Möglichkeit dar, Leverage-Risiken quantitativ zu erfassen.[93] Es erfolgt eine "Gegenüberstellung von Kosten und Erlösen in Abhängigkeit von der Beschäftigung".[94] Als Beschäftigungskenngröße wird im Ein-Produkt-Unternehmen die Ausbringungsmenge verwendet. Ziel der Analyse ist zunächst die Ermittlung jener Beschäftigung, ab der die Erlöse die Gesamtkosten übersteigen. Diese stellt die Gewinnschwelle dar. Der zugehörige Schnittpunkt im Erlös-Kosten-Beschäftigungs-Diagramm wird als Break-even-Punkt bezeichnet. Die Abbildung 35 illustriert die Zusammenhänge im einfachen Ein-Produkt-Modell.

Abbildung 35: Break-even-Analyse im Ein-Produkt-Modell

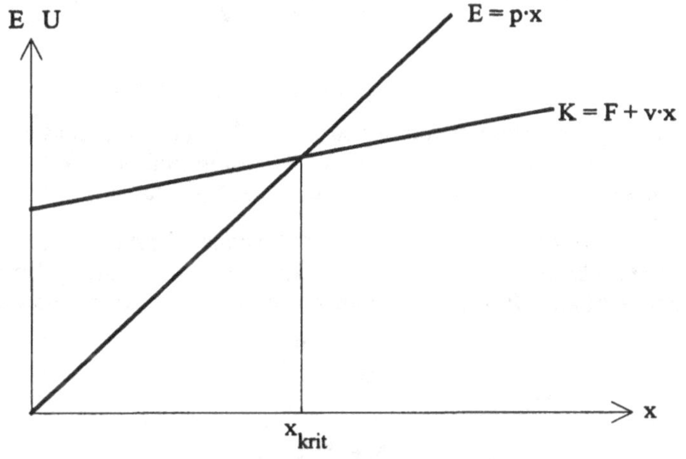

Sie gibt zunächst die getroffenen wesentlichen Annahmen wieder. Erstens wird von einer linear-homogenen Erlösfunktion ausgegangen. Dies unterstellt, daß Veränderungen der Absatzmenge nicht zu Preisänderungen führen.

93 Vgl. Coenenberg (1992), S. 707.
94 Coenenberg (1992), S. 707.

Zweitens wird eine linear-inhomogene Kostenfunktion unterstellt. Das konstante Glied verkörpert die Fixkosten, das Steigungsmaß die variablen Stückkosten. Damit ist die Abwesenheit sogenannter sprungfixer Kosten und die Konstanz der variablen Stückkosten impliziert. Grafisch stellt der Break-even-Punkt den Schnittpunkt von Kostenfunktion und Erlösfunktion dar. Geht man von der Notation

K betriebliche Geamtkosten

F betriebliche Fixkosten

v variable Stückkosten

x Ausbringungsmenge (= Absatzmenge)

E Erlöse (bzw. Umsatz)

p Stückpreis

aus, so entspricht

$$K = F + v \cdot x \quad \text{bzw.} \quad E = p \cdot x$$

der zugehörigen Kosten- bzw. Erlösfunktion. Gleichsetzen beider Funktionen und Auflösen nach x ergibt die sogenannte kritische Ausbringungsmenge x_{krit}:

$$F + v \cdot x_{krit} = p \cdot x_{krit}$$

$$x_{krit} = \frac{F}{p - v}.$$

Die kritische Ausbringungsmenge x_{krit}, ab der das Unternehmen Gewinn macht, ergibt sich somit als Quotient aus Fixkosten und dem Stückdeckungsbeitrag. Der Punkt $(x_{krit};p \cdot x_{krit})$ bezeichnet den Break-even-Punkt.

Dieses einfache Modell läßt sich in verschiedenen Varianten für ein Mehr-Produkt-Unternehmen abwandeln.[95] Die Bestimmungsgleichung für den Ein-Produkt-Fall läßt sich durch Umformungen in folgenden Ansatz überführen:[96]

$$x_{krit} = \frac{F}{p - v}$$

$$p \cdot x_{krit} = \frac{p \cdot F}{p - v}$$

$$U_{krit} = \frac{F}{1 - \frac{v}{p}} = \frac{F}{1 - \frac{v \cdot x}{p \cdot x}} = \frac{F}{1 - \frac{VK}{U}}.$$

[95] Vgl. Küting/Weber (1993), S. 324 - 329.

[96] Vgl. Coenenberg (1992), S. 709.

(VK bezeichnet die gesamten variablen Kosten.) Diesen Umsatz muß das Unternehmen zur Erzielung eines betrieblichen Gewinns mindestens erreichen. Bleibt auch bei verändertem Umsatz die Güterstruktur konstant, dann läßt sich diese Break-even-Formel auch auf ein Mehrproduktunternehmen ausdehnen:[97]

$$U_{krit} = \frac{F}{1 - \frac{v}{p}} = \frac{F}{1 - \frac{\sum_{i=1}^{n} v_i \cdot x_i}{\sum_{i=1}^{n} p_i \cdot x_i}} = \frac{F}{1 - \frac{VK}{U}}.$$

Mit i ist die Nummer des Produkts bezeichnet, n ist die Anzahl der Produkte. Sowohl das Ein-Produkt- als auch das Mehr-Produkt-Modell haben gemeinsam, daß sie grundsätzlich nur für unternehmensinterne Analysen anwendbar sind. Für externe Analysen aufgrund von veröffentlichten Jahresabschlußdaten muß das Modell weiter modifiziert werden.[98] Dazu ist die Gültigkeit der bereits im Vorabschnitt im Zusammenhang mit den Erfolgselastizitäten getroffenen Annahmen zu unterstellen.

Werden demgemäß die Materialaufwendungen (MA) als beschäftigungsvariabel aufgefaßt, die übrigen betrieblichen Aufwendungen (A_b) als beschäftigungsfix, so läßt sich U_{krit} auch aus externen Jahresabschlußdaten abschätzen:

$$U_{krit} = \frac{A_b}{1 - \frac{MA}{U}} = \frac{A_b}{1 - m}.$$

Sowohl der Zähler als auch der Nenner dieses Quotienten werden durch die Unterschätzung des variablen Aufwandes zu hoch ausgewiesen ($A_b > F$ und $m < v$). Wie die Abbildung 36 veranschaulicht, wirkt dies jedoch immer auf eine Überschätzung des kritischen Umsatzwertes hinaus: $U_{krit}^{(I)} > U_{krit}^{(II)}$. In der Abbildung kennzeichnen $A_{G,0}$ und U_0 das aktuelle (beobachtete) Niveau des gesamten betrieblichen Aufwands und des Umsatzes, das der Berechnung zu Grunde liegt.

---

97 Vgl. Coenenberg (1992), S. 710.

98 Man spricht dann auch vom Aufwands- und Ertragsmodell. Vgl. Küting/Weber (1993), S. 329 - 336.

Abbildung 36: Zur Unterschätzung des kritischen Umsatzes

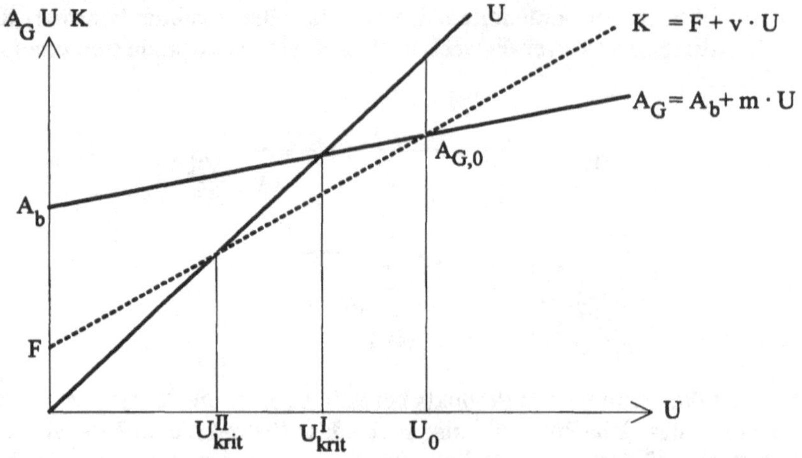

Zur Operationalisierung für die vorliegende Untersuchung. Der Umsatz und die Materialaufwendungen sind in der Bilanzstatistik der Deutschen Bundesbank ausgewiesen. Die Abgrenzung der betrieblichen beschäftigungsfixen Aufwendungen orientiert sich an der Ermittlung des Ertrages des Sachvermögens in Abschnitt 5.2.3. Als auf das Sachvermögen bezogene Aufwandsarten wurden dort die Personalaufwendungen (PA), die Abschreibungen auf Sachanlagen zu Wiederbeschaffungspreisen ($AB_{SA,WB}$) und die übrigen Aufwendungen (ÜA) aufgefaßt. Diese Aufwandsarten dienen als Schätzwert für die betrieblichen, beschäftigungsfixen Aufwendungen (weiter oben mit A_b bezeichnet). Der korrespondierende kritische Umsatzwert errechnet sich entsprechend als

$$U_{krit}^{(B)} = \frac{PA + AB_{SA,WB} + ÜA}{1-m}.$$

Durch den Vergleich des kritischen Umsatzes mit dem tatsächlichen Umsatz gelangt man zu einer Kennzahl, die mit betrieblicher Umsatzabweichung bezeichnet werden soll:[99]

$$UA_B = \frac{U_{krit}^{(B)}}{U} = \frac{PA + AB_{SA,WB} + ÜA}{U \cdot (1-m)} = \frac{PA + AB_{SA,WB} + ÜA}{U - MA} =$$

[99] Eine vergleichbare Definition findet sich bei Küting/Weber (1993), S. 330: Die Autoren prozentuieren die Differenz von tatsächlichem Umsatz und kritischem Umsatz bezüglich des kritischen Umsatzes.

$$\frac{PA+AB_{SA,WB}+ÜA}{RE}.$$

Je niedriger der Wert von UA_B, um so nachhaltiger darf die zukünftige betriebliche Gewinnerwirtschaftung eingeschätzt werden,[100] da erst deutliche Umsatzrückgänge zu einem betrieblichen Verlust führen. Das bedeutet, daß Unternehmen mit niedriger betrieblicher Umsatzabweichung weniger dem Risiko einer beschäftigungsbedingten Unterschreitung der betrieblichen Gewinnschwelle (Risiko eines betrieblichen Verlustes) ausgesetzt sind als Unternehmen mit einer hohen betrieblichen Umsatzabweichung. Gegenüber den Erfolgselastizitäten bietet die genannte Kennzahl zunächst den Vorteil, daß sie zwar auch drohende betriebliche Verluste anzeigt (Werte knapp unter Eins), daß sie aber in dieser kritischen Zone keine Unstetigkeiten aufweist.[101] Sie ist daher für eine Zusammenhangsanalysc besser geeignet. Der Aussagegehalt einer Elastizität geht zwar verloren, auf anschauliche Aussagen hinsichtlich des Risikos eines betrieblichen Verlusts muß aber nicht verzichtet werden: Beträgt UA_B etwa 0,97, so muß bei einem Umsatzrückgang von nur 3 Prozent mit einem betrieblichen Verlust gerechnet werden. Diese Aussage scheint zumindest nicht weniger anschaulich als jene, die mit Elastizitäten möglich wäre. Die Kennzahl besitzt - losgelöst von den getroffenen modellhaften Annahmen - auch eine eigenständige deskriptive Qualität, was bei den Elastizitäten nicht der Fall war.

Auch eine Dekomposition der Kennzahl ist möglich. So kann die betriebliche Umsatzabweichung ohne Rest in drei additive Komponenten zerlegt werden:

$$UA_B = UA_{PA} + UA_{ÜA} + UA_{ABSA}.$$

Die Komponenten stellen den Beitrag der einzelnen betrieblichen Aufwandskomponenten zur gesamten betrieblichen Umsatzabweichung dar. Die Interpretation dieser Komponentenfunktion erfolgt analog dem einfachen additiven Grundmodell der Komponentenanalyse (vgl. Abschnitt 3.1.1): Es läßt sich Aufschluß darüber gewinnen, welche Aufwandsarten zu Niveau und Entwickung der betrieblichen Umsatzabweichung besonders beigetragen haben. Den drei Komponenten kommt auch sachlich ein eigenständiger Charakter zu: Sie ergeben sich aufgrund jener Umsatzmengen, die zur Deckung der jeweils korrespondierenden fixen Aufwandsarten mindestens erreicht werden müssen.

---

100 Vgl. auch die Argumentation bei Küting/Weber (1993), S. 330, die sich auf die reziproke Kennzahl bezieht.

101 Für die Eisenschaffende Industrie finden sich in Anhang 2, Abbildung A.7 die Verläufe beider Kennzahlen.

Tabelle 21: Definition der Umsatzabweichungen

Stufe	Bezeichnung	Abk.	Definition
1.	Gesamte Umsatzabweichung	UA_G	$\frac{PA+AB_{SA,WB}+ÜA+ZA+AB_{SO}-ZE-ÜE}{RE}$
1.1.	Betriebliche Umsatzabweichung	UA_B	$\frac{PA+ÜA+AB_{SA,WB}}{RE}$
1.1.1.	Auf die Personalaufwendungen bezogene Umsatzabweichung	UA_{PA}	$\frac{PA}{RE}$
1.1.2.	Auf die übrigen Aufwendungen bezogene Umsatzabweichung	$UA_{ÜA}$	$\frac{ÜA}{RE}$
1.1.3.	Auf die Abschreibungen auf Sachanlagen bezogene Umsatzabweichung	UA_{ABSA}	$\frac{AB_{SA,WB}}{RE}$
1.2.	Nichtbetriebliche Umsatzabweichung	UA_{NB}	$\frac{ZA+AB_{SO}-ZE-ÜE}{RE}$
1.2.1.	Auf die Zinsaufwendungen bezogene Umsatzabweichung	UA_{ZA}	$\frac{ZA}{RE}$
1.2.2.	Auf die sonstigen Abschreibungen bezogene Umsatzabweichung	UA_{ABSO}	$\frac{AB_{SO}}{RE}$
1.2.3.	Auf die fixen Erträge bezogene Umsatzabweichung	UA_{FE}	$\frac{-ZE-ÜE}{RE}$

Die Symbole bedeuten: RE Rohertrag (Gesamtleistung minus Materialaufwand), PA Personalaufwendungen, ÜA übrige Aufwendungen, $AB_{SA,WB}$ Abschreibungen zu Wiederbeschaffungspreisen, ZA Zinsaufwendungen, AB_{SO} Sonstige Abschreibungen, ZE Zinserträge, ÜE Übrige Erträge.

Durch die Hinzunahme von nichtbetrieblichen Aufwands- und Ertragskomponenten läßt sich der Ansatz erweitern. Man gelangt so zu der gesamten Umsatzabweichung, die den relativen Abstand des aktuellen Umsatzes von jenem kritischen Umsatz angibt, der zu überschreiten ist, damit der Gesamterfolg des Unternehmens (in der vorliegenden Arbeit der Jahresüberschuß vor Steuern) größer Null wird. Unter Rückgriff auf die Daten der Bilanzstatistik der Deutschen Bundesbank ergibt sich für die gesamte Umsatzabweichung folgende Definition:

$$UA_G = \frac{U_{krit}^{(G)}}{U} = \frac{PA+AB_{SA,WB}+ÜA+ZA+AB_{SO}-ZE-ÜE}{U \cdot (1-m)} =$$

$$\frac{PA+AB_{SA,WB}+ÜA+ZA+AB_{SO}-ZE-ÜE}{RE}.$$

In der Tabelle 21 ist die Definition der mit den Daten der Bilanzstatistik der Deutschen Bundesbank berechenbaren partiellen Umsatzabweichungen wiedergegeben. In der ersten Spalte ist die Stellung der jeweiligen Kennzahlen innerhalb der Kennzahlenhierarchie angegeben. Das Kennzahlensystem ist in der Abbildung 37 wiedergegeben. Die gesamte Umsatzabweichung wird auf der zweiten Stufe in eine betriebliche und eine nichtbetriebliche partielle Umsatzabweichung zerlegt. Die betriebliche Umsatzabweichung enthält die Aufwandskomponenten, die in Abschnitt 5.2.3 dem Sachvermögen zugeordnet worden waren. Die nichtbetriebliche Umsatzabweichung enthält, abgesehen von den Steueraufwendungen, die übrigen beschäftigungsfixen Aufwands- und Ertragsarten. Die entsprechenden partiellen Umsatzabweichungen auf den untersten Stufen können wegen der additiven Zerlegbarkeit direkt als Beitrag zur gesamten Umsatzabweichung aufgefaßt werden.

Abbildung 37: System der Umsatzabweichungen

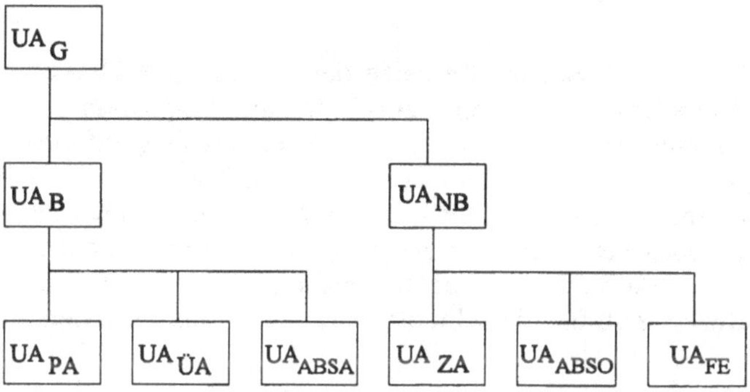

5.3.4. Empirische Analysen

Im Rahmen der folgenden Zusammenhangsanalysen soll untersucht werden, wie die Geldvermögensvariablen mit den Leverage-Risiken, gemessen in Form der im Vorabschnitt definierten Umsatzabweichungen, korrespondieren. Zentrale Bedeutung kommt hierbei der betrieblichen Umsatzabweichung zu. Sie kennzeichnet das aus der betrieblichen Aktivität resultierende Leverage-Risiko. Sie stellt eine Komponente der gesamten Umsatzabweichung des

Unternehmens dar. Die zweite Komponente stellt die nichtbetriebliche Umsatzabweichung dar. Sie enthält auch den Beitrag der zu einem Großteil auf die Geldvermögenshaltung zurückgehenden beschäftigungsfixen Erträge.

Abbildung 38: Betriebliche Umsatzabweichung

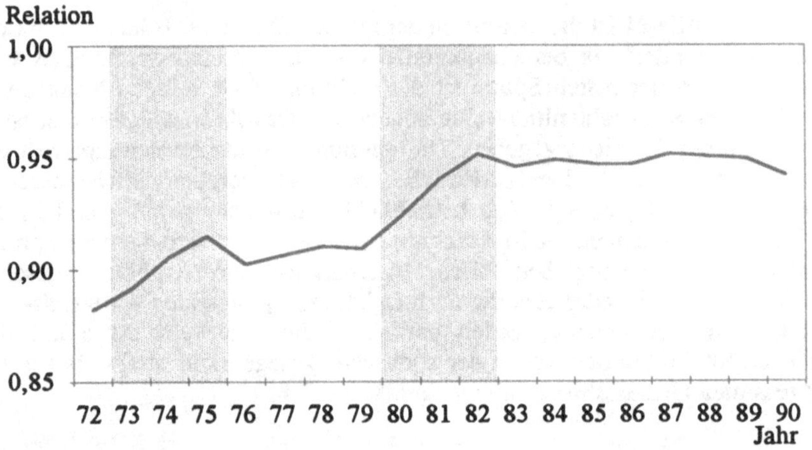

Quellen: Deutsche Bundesbank (1983); Deutsche Bundesbank, Monatsberichte, verschiedene Jahrgänge; eigene Berechnungen.

Die Abbildung 38 gibt die Zeitreihe der betrieblichen Umsatzabweichung für alle Unternehmen der Bilanzstatistik wieder. Von Anfang der siebziger Jahre bis Anfang der achtziger Jahre erfolgt ein Anstieg auf ein Niveau von etwa 0,95, das bis zum Ende des Untersuchungszeitraumes keine wesentlichen Änderungen mehr erfährt. Das bedeutet, daß die Unternehmen in den achtziger Jahren bereits bei einem Umsatzrückgang von wenig mehr als 5 Prozent einen betrieblichen Verlust befürchten mußten. Das vorhandene betriebliche Leverage-Risiko muß für die achtziger Jahre daher als besonders hoch eingestuft werden.

Das stabile Niveau zeigt im übrigen, daß es den Unternehmen scheinbar nicht gelungen ist, eine hinreichende Risikoreduktion im betrieblichen Bereich, etwa durch absatzpolitische oder kostenstrukturorientierte Maßnahmen, durchzusetzen.[102] Es darf daher vermutet werden, daß diesen Risiken, so sie nicht einfach hingenommen werden mußten, durch eine intensivierte Geldvermögenshaltung begegnet wurde. Betroffen von diesen Reaktionen dürfte insbesondere die Wertpapierquote sein. Aber auch durch die Gewäh-

102 Vgl. Härtel u. a. (1984), S. 52.

Tabelle 22: Regressionskoeffizienten der betrieblichen Umsatzabweichung

	QKM	QFOLL	QFOKf	QFOLf	QWP	QBT	QGV	GVR
Sektor	***Regressionskoeffizienten***							
Chemische Industrie	-19,1	0,2	20,0	-1,3	-3,8	13,2	8,8	28,1
Steine- und Erdengewinnung	-25,4	-20,7	-7,4	-3,2	-0,6	-4,9	-62,5	-77,4
Eisenschaffende Industrie	-0,8	-1,0	-5,7	0,8	-0,8	-1,4	-9,1	-23,1
NE-Metallerzeugung	5,7	-10,4	8,5	1,3	0,1	20,0	18,0	29,6
Holzbearbeitung	12,6 •	18,1 •	-9,4	-8,9 •	0,1	14,6	16,0	-10,1
Stahl-/Leichtmetallbau	11,2	-52,8 •	195,2 •	-0,1	47,1	0,3	200,9 •	198,7
Maschinenbau	13,5	-59,5 ••	48,4	3,4	17,0 •	13,7 •	35,9	-7,7
Straßenfahrzeugbau	-43,3 •	-15,6 •	27,6	0,2	14,6	17,9	-1,5	-37,0
Elektrotechnik	-3,3	-52,8 ••	80,8 ••	-11,1 •	34,2 •	37,2 •	85,3 •	83,2 •
Eisen-/Blech-/Metallwarenherst.	23,2 •	-26,8 ••	63,2 ••	17,6 ••	0,5	13,7	94,6 •	22,1
Kunststoffwarenherstellung	15,9	-22,3	58,0 •	17,7 •	8,2	21,5	86,7	108,8 •
Holzverarbeitung	9,7	22,9	20,6	4,4	2,0	1,4	61,9 •	4,0
Papier-/Pappeverarbeitung	10,7	17,9	16,0	-0,8	-0,5	5,2	41,5	10,0
Textilgewerbe	21,3	15,5	34,8 •	5,9	0,1	10,5	92,8	29,3
Bekleidungsgewerbe	19,1 •	41,6 •	34,8 •	3,6	7,7 •	1,1	107,4 ••	70,1 •
Ernährungsgewerbe	8,4 •	21,9 ••	43,3 ••	7,8 •	6,3 •	13,9 •	101,5 ••	79,0 ••
Baugewerbe	1,9	-25,6	-50,1	16,0 ••	23,1 •	7,9 •	-18,7	-77,6 •
Großhandel	5,5 •	-17,1 ••	31,0 ••	4,8 ••	1,6 •	9,2 •	34,6 ••	5,7
Einzelhandel	-2,6	8,4	31,2 ••	5,6 ••	3,9 ••	13,9 ••	59,8 ••	9,6
Zusammenhang	***Anzahl Regressionskoeffizienten***							
signifikant negativ	1	6	0	2	0	0	0	1
negativ	5	5	4	4	4	2	4	5
positiv	8	5	6	7	8	11	7	9
signifikant positiv	5	3	9	6	7	6	8	4
	Regressionskoeffizienten							
Alle Unternehmen	6,8	-16,2 •	41,8 ••	6,7 •	23,2 ••	20,5 •	82,7 ••	62,9 •

Quellen: Deutsche Bundesbank (1983); Deutsche Bundesbank, Monatsberichte, verschiedene Jahrgänge; Statistisches Bundesamt (1992b); eigene Berechnungen. *Anmerkungen:* Angegeben sind die Regressionskoeffizienten (Steigungsmaße) linearer Einfachregressionen. Signifikante Koeffizienten: * bzw. ** Betrag des t-Wertes mindestens 2,5 bzw. 4,0. *Abkürzungen:* QKM Kassenmittelquote, QFOLL Quote der Forderungen aus Lieferungen und Leistungen, QFOKf Quote der sonstigen kurzfristigen Forderungen, QFOLf Quote der langfristigen Forderungen, QWP Wertpapierquote, QBT Beteiligungsquote, QGV totale Geldvermögensquote, GVR Geldvermögens-Verpflichtungs-Relation.

Tabelle 23: Regressionskoeffizienten der auf die übrigen Aufwendungen bezogenen partiellen Umsatzabweichung

	QKM	QFOLL	QFOKf	QFOLf	QWP	QBT	QGV	GVR
Sektor	***Regressionskoeffizienten***							
Chemische Industrie	10,7	-21,5	108,9 **	10,4	43,0	36,2	186,3 *	347,7 *
Steine- und Erdengewinnung	45,7 *	-44,3 *	65,0 **	22,8 *	22,0 **	30,7 *	142,2 *	152,9 *
Eisenschaffende Industrie	-2,2	7,9	13,6	-2,3	-0,8	-2,2	13,1	-18,8
NE-Metallerzeugung	6,0	6,8	32,6 *	-5,0	28,2 *	31,3	92,7 *	125,6 *
Holzbearbeitung	28,3 *	33,7 *	-11,8	-10,7	0,3	32,1	49,0	-2,0
Stahl-/Leichtmetallbau	48,4 **	-56,3 **	219,7 **	2,8	67,1 **	-5,7	278,5 **	271,6 **
Maschinenbau	24,3 *	-57,1 **	41,0	4,8	23,3 **	14,4 **	50,1 *	11,6
Straßenfahrzeugbau	-4,7	-35,1 **	132,9 **	-2,3	62,6 *	64,5 **	201,4 *	175,2 *
Elektrotechnik	-3,8	-97,2 **	131,9 **	-16,2 *	66,6 *	74,3 **	154,9 **	154,2 *
Eisen-/Blech-/Metallwarenherst.	38,0 **	-23,7 *	83,0 **	21,9 **	2,3	23,1 *	147,6 **	57,2 *
Kunststoffwarenherstellung	25,4 **	-17,6	72,2 **	22,2 **	12,3 **	29,2 **	127,6 **	150,5 **
Holzverarbeitung	48,3 *	91,0 *	55,4 *	17,8	4,4	8,6	230,1 **	64,8
Papier-/Pappeverarbeitung	21,6	33,2 *	27,2 *	6,2	0,4	-11,5	75,0 **	32,8
Textilgewerbe	37,6 **	28,2 *	28,1 *	7,0	6,4	5,2	125,3 **	73,2 **
Bekleidungsgewerbe	15,5 **	32,1 **	25,2 **	2,7	4,9 **	1,2	80,6 **	51,2 **
Ernährungsgewerbe	10,6 **	25,2 **	54,1 **	11,3 **	8,6 **	19,5 **	129,2 **	105,7 **
Baugewerbe	18,6	-14,9	-158,9	35,3 **	60,7 **	16,2 *	-28,0	-164,2 *
Großhandel	9,2 *	-26,8 **	49,6 **	7,8 **	2,6 **	15,2 *	57,1 **	11,0
Einzelhandel	-1,2	15,9 *	48,7 **	7,9 **	5,4 **	20,4 **	96,6 **	22,4
Zusammenhang	***Anzahl Regressionskoeffizienten***							
signifikant negativ	0	7	0	1	0	0	0	1
negativ	4	3	2	4	1	3	1	2
positiv	4	2	2	7	6	6	2	5
signifikant positiv	11	7	15	7	12	10	16	11
	Regressionskoeffizienten							
Alle Unternehmen	12,0	-18,1 *	51,0 **	9,1 **	29,1 **	28,3 **	111,1 **	88,9 **

Quellen: Deutsche Bundesbank (1983); Deutsche Bundesbank, Monatsberichte, verschiedene Jahrgänge; Statistisches Bundesamt (1992b); eigene Berechnungen. *Anmerkungen:* Angegeben sind die Regressionskoeffizienten (Steigungsmaße) linearer Einfachregressionen. Signifikante Koeffizienten: * bzw. ** Betrag des t-Wertes mindestens 2,5 bzw. 4,0. *Abkürzungen:* QKM Kassenmittelquote, QFOLL Quote der Forderungen aus Lieferungen und Leistungen, QFOKf Quote der sonstigen kurzfristigen Forderungen, QFOLf Quote der langfristigen Forderungen, QWP Wertpapierquote, QBT Beteiligungsquote, QGV totale Geldvermögensquote, GVR Geldvermögens-Verpflichtungs-Relation.

rung von Darlehen und die Haltung von Termingeldern können beschäftigungsfixe Erträge erwirtschaftet werden, die dazu geeignet sind, betriebliche Leverage-Risiken zu kompensieren. Eine Kompensation von Leverage-Risiken durch eine Ausweitung der Beteiligungen kann allerdings nur erreicht werden, wenn sie an Unternehmen erworben werden, deren Leverage-Risiken entweder ein geringeres Niveau oder einen - im Vergleich zum eigenen Unternehmen - anderen zeitlichen Verlauf aufweisen. Diese Überlegung dürfte sinngemäß auch auf Sektoren übertragbar sein.

Die Tabelle 22 zeigt die Ergebnisse der durchgeführten Regressionsrechnungen. Bis auf den Regressionskoeffizienten der Kassenmittelquote ergeben sich für die Unternehmen insgesamt durchweg signifikante Beziehungen. Die totale Geldvermögensquote steigt bei einem Anstieg der Leverage-Kennzahl um 0,01 Einheiten (oder 1 Prozentpunkt) um 0,83 Prozentpunkte. Während etwa die Hälfte dieses Anstiegs auf die Quote der sonstigen kurzfristigen Forderungen entfällt, steigt die Wertpapierquote um 0,23 Prozentpunkte und die Beteiligungsquote um 0,21 Prozentpunkte. Der Befund bestätigt sich vom Grundsatz her auch in den einzelnen Sektoren, wenngleich zahlreiche Koeffizienten nicht signifikant sind. In nur wenigen Fällen kam es angesichts steigender Leverage-Risiken zu rückläufigen Geldvermögensquoten. So erfuhr etwa die Quote der langfristigen Forderungen in der Holzbearbeitung und in der Elektrotechnik einen signifikanten Rückgang. Die Beziehung zwischen den Leverage-Risiken und der Quote der Forderungen aus Lieferungen und Leistungen bleibt in den Sektoren uneindeutig, während sie bezogen auf alle Unternehmen signifikant negativ korreliert.

Betrachtet man die Zusammenhänge zwischen den Geldvermögensquoten und den Komponenten der betrieblichen Umsatzabweichung, so fällt vor allem auf, daß die auf die übrigen Aufwendungen bezogene Umsatzabweichung ebenfalls in signifikant positivem Zusammenhang mit den Geldvermögensvariablen steht (vgl. Tabelle 23). Hier zeigen sich für die meisten zinstragenden Geldvermögensarten auch in der überwiegenden Zahl der Sektoren zum Teil hoch signifikante positive Zusammenhänge. (Der Zusammenhang zwischen den übrigen Aufwendungen und den Geldvermögensvariablen wird in Abschnitt 5.4.2 problematisiert.) Zwischen den Geldvermögensvariablen und der auf die Personalaufwendungen und auf die Abschreibungen auf Sachanlagen bezogenen Umsatzabweichung ergeben sich keine klaren Zusammenhänge (vgl. Tabelle A.6 und A.7 im Anhang 3).

5.3.5. Zum gemeinsamen Einfluß von Erträgen und Risiken

Im Rahmen der Portfoliotheorie stellen Ertrag und Risiko die beiden relevanten Charakteristika von Vermögensformen dar. Vor diesem Hintergrund ist es naheliegend, daran zu denken, den gemeinsamen Einfluß der oben besprochenen Ertrags- und Risikodeterminanten auf die Haltung von Geldvermögen abzuschätzen. Damit könnte etwa das Ziel verfolgt werden, den isolierten Beitrag zweier Ursachenbündel der Geldvermögenshaltung zu ermitteln: erstens den Beitrag der von der Sachvermögensrendite ausgeht und zweitens einen Beitrag der von den betrieblichen Leverage-Risiken ausgeht, die aus der Sachvermögensnutzung resultieren. Ein besonderes Problem entstünde bei einem solchen Versuch dadurch, daß die Sachvermögensrendite und die relative Umsatzabweichung definitionsgemäß verbunden sind. Es hängt von bestimmten Bedingungen ab, ob etwa eine höheres Leverage-Risiko auch mit einer höheren Sachvermögensrendite einhergeht. Der Illustration dieser Zusammenhänge dient die folgende Erörterung. Ausgangspunkt ist die definitorische Zerlegung der Sachvermögensrendite dergestalt, daß die relative Umsatzabweichung als Komponente erscheint:

$$Z_{SV} = \frac{RE - A_b}{SV_{WB}} \cdot 100 = \left(\frac{RE}{SV_{WB}} - \frac{A_b}{RE} \cdot \frac{RE}{SV_{WB}} \right) \cdot 100 =$$

$$\frac{RE}{SV_{WB}} \cdot 100 \cdot \left(1 - \frac{A_b}{RE} \right) = RR \cdot (1 - UA_B)$$

mit:

Z_{SV}	Sachvermögensrendite
RE	Rohertrag (Gesamtleistung minus Materialaufwand)
A_b	fixe betriebliche Aufwendungen
SV_{WB}	Sachvermögen zu Wiederbeschaffungspreisen
UA_B	betriebliche Umsatzabweichung
RR	relativer Rohertrag ($RE / SV_{WB} \cdot 100$).

Die vorstehende Zerlegung ist in der Abbildung 39 grafisch veranschaulicht. Auf der Abszisse ist die betriebliche Umsatzabweichung abgetragen, auf der Ordinate der relative Rohertrag in Prozent. Die Sachvermögensrendite wird in Form von Iso-Rendite-Linien[103] abgebildet. Diese stellen jene Kombinationen von betrieblicher Umsatzabweichung und relativem Rohertrag dar, die zu einer gleichen Sachvermögensrendite führen. In der Abbildung sind zwei dieser Linien eingezeichnet, die eine Sachvermögensrendite von 20 Prozent (obere Kurve) bzw. 5 Prozent (untere Kurve) repräsentieren. Es sollen zwei Fälle unterschieden werden.

(1) Auf ein steigendes Leverage-Risiko (steigende betriebliche Umsatzabweichung) kann das Unternehmen nicht durch Maßnahmen reagieren, die den relativen Rohertrag erhöhen. (In der Abbildung ist dieser Fall sehr vereinfacht durch die mit Reaktionslinie 1 bezeichnete horizontale Gera-

---

[103] Vgl. auch Paul (1990), S. 1089.

de gekennzeichnet. Dieser Verlauf unterstellt, daß es dem Unternehmen nicht gelingt einen von 100 Prozent abweichenden relativen Rohertrag zu realisieren.) Dieser Fall führt bei steigender betrieblicher Umsatzabweichung zu einem Rückgang der Sachvermögensrendite. Dieser Sachverhalt wird auch klar, wenn man berücksichtigt, daß der relative Rohertrag die Sachvermögensrendite vor Berücksichtigung der fixen betrieblichen Aufwendungen ist, und die betriebliche Umsatzabweichung angibt, wie sehr der Rohertrag mit diesen fixen betrieblichen Aufwendungen "belastet" ist.

Abbildung 39: Definitorischer Zusammenhang zwischen Sachvermögensrendite, betrieblicher Umsatzabweichung und relativem Rohertrag

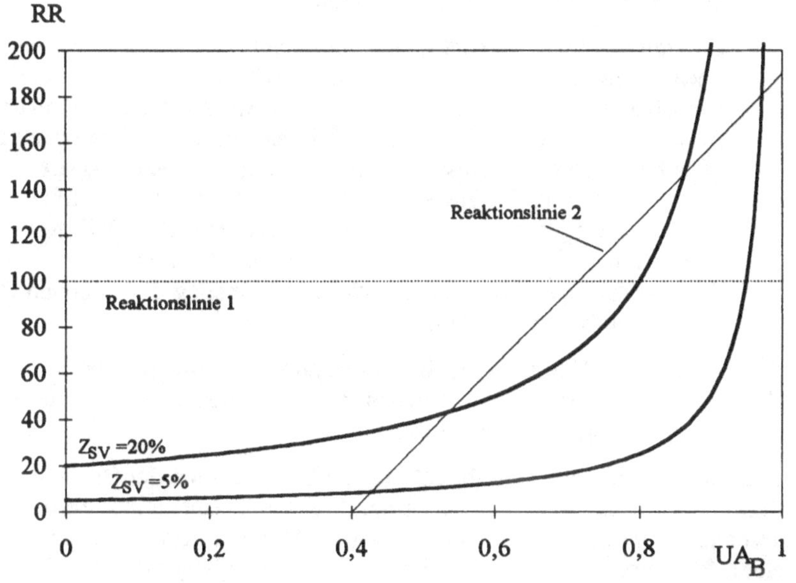

Quelle: Eigene Berechnungen.

(2) Das Unternehmen kann auf ein steigendes Leverage-Risiko (steigende betriebliche Umsatzabweichung) mit Maßnahmen reagieren, die den relativen Rohertrag erhöhen. In der Abbildung wird dieser Fall sehr vereinfacht als Reaktionslinie 2 erfaßt. Diese unterstellt, daß es dem Unternehmen lediglich gelingt, die auf dieser Linie liegenden Kombinationen von relativem Rohertrag und betrieblicher Umsatzabweichung zu realisieren. Der steigende Verlauf der Geraden impliziert, daß das Unternehmen einem bestimmten Anstieg der betrieblichen Umsatzabweichung ΔUA_B

mit der Steigerung des relativen Rohertrages um b · ΔUA_B reagieren kann (b ist der Steigungskoeffizient der Geraden). Die Definition einer Reaktionslinie kann auf bestimmte Wertebereiche der betrieblichen Umsatzabweichung beschränkt bleiben. Sie kann auch eine geplante Reaktion des Unternehmens verkörpern. Für die Analyse der Auswirkungen auf die Sachvermögensrendite lassen sich zwei Bereiche unterscheiden:

a) Im Bereich geringer betrieblicher Umsatzabweichungen kann durch die unterstellte Steigerung des relativen Rohertrages mit zunehmendem Leverage-Risiko ein Anstieg der Sachvermögensrendite erreicht werden. Finden die gemeinsamen Anstiege von betrieblicher Umsatzabweichung und relativem Rohertrag etwa auf dem unteren Teil der Reaktionslinie 2 statt, so werden zunehmend höhere Linien gleicher Sachvermögensrendite erreicht.

b) Im Bereich hoher betrieblicher Umsatzabweichungen kann der die Sachvermögensrendite reduzierende Effekt steigender betrieblicher Umsatzabweichungen kaum mehr durch Steigerungen des relativen Rohertrages ausgeglichen werden: Finden die gemeinsamen Anstiege von betrieblicher Umsatzabweichung und relativem Rohertrag auf dem oberen Teil der Reaktionslinie 2 statt, so werden zunehmend Linien niedrigerer Sachvermögensrenditen erreicht. Bei steigender betrieblicher Umsatzabweichung könnte ein Absinken der Sachvermögensrendite nur durch einen extremen Anstieg des relativen Rohertrages verhindert werden.

In Anhang 1, Ableitung 3, ist vorgeführt, bei welcher betrieblichen Umsatzabweichung sich bei gegebener linearer Reaktionslinie die maximale Sachvermögensrendite einstellt.

Die Abbildung 40 macht deutlich, daß für die Unternehmen der Bilanzstatistik der Deutschen Bundesbank der oben unter 2. b) beschriebene Fall zutrifft: Die existierenden Leverage-Risiken sind derart hoch, daß eine weitere Steigerung derselben fast immer zu einem Absinken der Sachvermögensrendite führt.[104] Vor diesem Hintergrund ist auch der deutlich inverse Verlauf von Sachvermögensrendite und betrieblicher Umsatzabweichung zu interpretieren (vgl. die Abbildungen 31 und 38 in den Abschnitten 5.2.3 und 5.3.4). Die Abbildung 40 macht ein Zweites deutlich: Aufgrund des hohen Leverage-Risikos in den achtziger Jahren reichen die beobachteten Steigerungen des relativen Rohertrages nicht aus, um zu einem Anstieg der Sachvermögensrendite zu führen. Aber selbst mit deutlicheren Steigerungen des relativen Rohertrages hätte sich keine markante Verbesserung der Sachvermögensrendite erzielen lassen.

---

[104] Ein ähnliches Ergebnis ergibt sich auch für alle betrachteten Sektoren.

Hierzu wären die Leverage-Risiken reduzierende Maßnahmen erforderlich gewesen. Die geringen Veränderungen des relativen Rohertrages sind letztlich als Ursache der engen Verbundenheit zwischen Sachvermögensrendite und betrieblicher Umsatzabweichung zu sehen. Dadurch nämlich führt ein steigendes (fallendes) Leverage-Risiko, gemessen als steigende (fallende) betriebliche Umsatzabweichung, fast immer zu einer fallenden (steigenden) Sachvermögensrendite. Für empirische Analysen hat dies die Konsequenz, daß die Wirkungen der Sachvermögensrendite und der Leverage-Risiken auf die Vermögensportfolios der Unternehmen nicht aufspaltbar sind. Multiple Regressionsrechnungen mit dem gleichzeitigen Einbezug beider Einflußgrößen sind daher nicht möglich.

Abbildung 40: Sachvermögensrendite und betriebliche Umsatzabweichung der Unternehmen der Bilanzstatistik der Deutschen Bundesbank

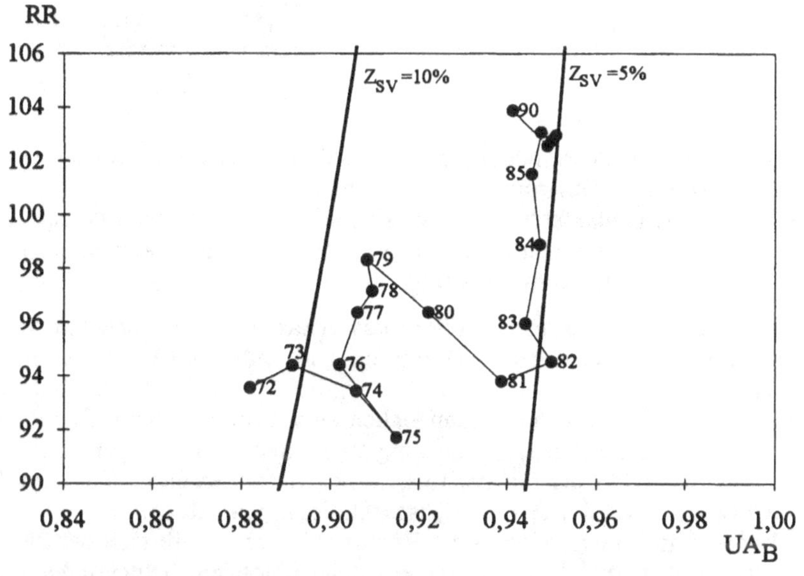

Quellen: Deutsche Bundesbank (1983); Deutsche Bundesbank, Monatsberichte, verschiedene Jahrgänge; Statistisches Bundesamt (1992b); eigene Berechnungen.

An die gemeinsame Berücksichtigung einer repräsentativen Geldvermögensrendite und der betrieblichen Umsatzabweichung in einer multiplen Regressionsgleichung kann dagegen gedacht werden, da beide Größen definitorisch völlig unverbunden sind. Oben hatte sich gezeigt, daß die reale Umlaufsrendite festverzinslicher Wertpapiere das für Geldvermögen herrschende Ertragsklima recht gut wiedergab. Nachfolgend sollen beide Einflußfaktoren in eine multiple Regressionsbeziehung aufgenommen werden, mit der eine Erklärung der totalen Geldvermögensquote beabsichtigt ist. Abstrahiert man von Anpassungsverzögerungen der Unternehmen auf einen veränderten Realzins und ein verändertes Leverage-Risiko, so läßt sich folgende multiple Regressionsbeziehung ermitteln (Betrag der t-Werte in Klammern):[105]

$$QGV = -25{,}60 + 0{,}54 \cdot Z_{WP,R} + 68{,}93 \cdot UA_B \qquad \text{(Regressionsgleichung 1)}$$

$$(0{,}8) \quad (0{,}9) \qquad\qquad (1{,}8)$$

$$n=16 \quad r^2=0{,}57 \quad dw=0{,}45 \quad s_u=1{,}53$$

Korrelationskoeffizienten:

	QGV		UA_B
	einfach	partiell	einfach
$Z_{WP,R}$	0,68	0,23	0,79
UA_B	0,74	0,45	1,00

mit:

QGV totale Geldvermögensquote (Anteil des Geldvermögens am preisbereinigten Gesamtvermögen in Prozent)

$Z_{WP,R}$ reale Umlaufsrendite festverzinslicher Wertpapiere in Prozent

UA_B betriebliche Umsatzabweichung (Relation der betrieblichen Aufwendungen zum Rohertrag)

Die errechneten Parameter weisen das erwartete Vorzeichen auf, müssen aber als nicht signifikant aufgefaßt werden. Die niedrigen t-Werte der Parameter dürften zu einem guten Teil auf die zwischen den beiden unabhängigen Variablen bestehende hohe Verbundenheit zurückzuführen sein: Der Realzins und die betriebliche Umsatzabweichung sind untereinander sogar etwas höher korreliert (r = 0,79) als mit der totalen Geldvermögensquote (r = 0,68 bzw. r = 0,74). Der Wert der Durbin-Watson-Statistik (vgl. Abschnitt 3.1.2.3) weist auf bestehende Autokorrelation der Störvariablen hin. Stellt man der Zeitreihe der empirischen die Zeitreihe der errechneten totalen Geldvermögensquote gegenüber, zeigen sich Indizien dafür, daß von der Existenz zeitlicher Anpassungen nicht abgesehen werden darf (vgl. den mit Berechnung 1 bezeichneten Polygonzug der Abbildung 41). Im Rahmen von Vergleichsrechnungen konnte erst durch die Berücksichtigung einer zeitlichen Verzögerung von drei Jahren eine Regressionsgleichung mit günstigeren formalen Eigenschaften ermittelt werden:[106]

105 Aus Gründen der Vergleichbarkeit mit den nachfolgenden Rechnungen wurde auf den Beobachtungszeitraum von 1975 bis 1990 abgestellt.

106 Die Kennzeichnung (-3) steht für die um drei Jahre zeitverzögerten Variablen.

$$QGV = -27{,}71 + 0{,}62 \cdot Z_{WP,R(-3)} + 71{,}89 \cdot UA_{B(-3)} \quad \text{(Regressionsgleichung 2)}$$
$$(2{,}8) \quad (2{,}8) \qquad\qquad (6{,}3)$$

$n=16$ $r^2=0{,}95$ $dw=1{,}37$ $s_u=0{,}52$

Korrelationskoeffizienten:

	QGV		$UA_{B(-3)}$
	einfach	partiell	einfach
$Z_{WP,R(-3)}$	0,89	0,61	0,83
$UA_{B(-3)}$	0,96	0,87	1,00

Die Eigenschaften fallen besser aus: Die t-Werte der Parameter und der Störvariablen sind deutlich höher. Auch die Durbin-Watson-Statistik verbessert sich, wenngleich das Vorhandensein von Autokorrelation der Störvariablen nicht ausgeschlossen werden kann, da die Testgröße im Unsicherheitsbereich liegt.[107]. Die Gegenüberstellung von empirischen und errechneten Werten zeigt die deutlich verbesserte Anpassung (vgl. den mit Berechnung 2 bezeichneten Polygonzug der Abbildung 41). Für reine finanzielle Größen

Abbildung 41: Empirische und errechnete Werte der totalen Geldvermögensquote (1)

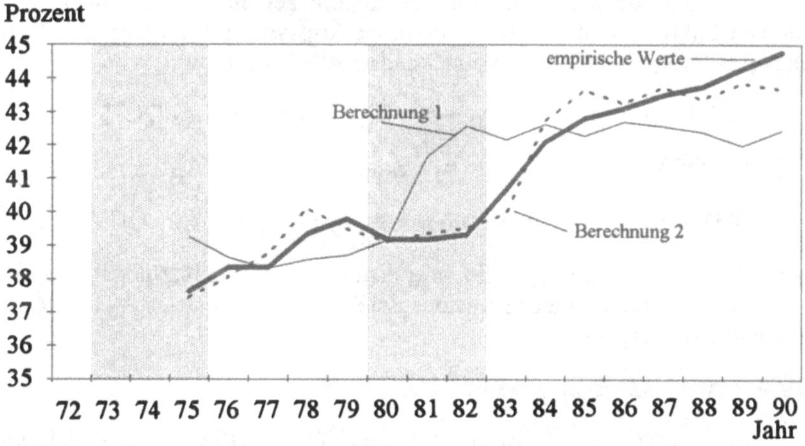

Quellen: Deutsche Bundesbank (1983); Deutsche Bundesbank, Monatsberichte, verschiedene Jahrgänge; Statistisches Bundesamt (1992b); eigene Berechnungen.

107 Bei einer Fehlerwahrscheinlichkeit von 5 Prozent.

scheint eine Anpassungsverzögerung von drei Jahren sehr lange.[108] Es muß aber bedacht werden, daß die hier verwendete Geldvermögensquote auch die hinsichtlich des Sachvermögens stattfindenden, zeitintensiveren Anpassungen implizit mitberücksichtigt. Hinsichtlich der Leverage-Risiken ist es plausibel anzunehmen, daß die Unternehmen zunächst versuchen werden, diese durch absatz- und kostenstrukturorientierte Maßnahmen zu reduzieren, bevor eine Kompensation über eine Ausweitung der Geldvermögenshaltung in Betracht gezogen wird.

Die zuletzt ermittelte Regressionsgleichung erfolgte ohne Rückgriff auf ein spezielles Anpassungsmodell. Die Auswahl der berücksichtigten zeitlichen Verzögerungen geschah nach rein empirischen Kriterien. Theoretisch gehaltvoller ist die Modellierung bestimmter Anpassungsprozesse. Ein einfaches Anpassungsmodell ist das folgende.[109] Es wird angenommen, die von den Unternehmen gewünschte totale Geldvermögensquote QGV* sei durch die Gleichung

$$QGV^* = b_0 + b_1 \cdot Z_{WP,R} + b_2 \cdot UA_B$$

beschrieben. Eine Anpassung der tatsächlichen totalen Geldvermögensquote an die gewünschte erfolge gemäß dem einfachen Anpassungsmodell

$$QGV - QGV_{(-1)} = g \cdot (QGV^* - QGV_{(-1)}), \quad 0 < g < 1.$$

Dies impliziert, daß die aktuelle totale Geldvermögensquote in einer bestimmten Periode nur zu einem Teil an die gewünschte angepaßt werden kann. Der Faktor g mißt das Ausmaß dieser Anpassung. Einsetzen der Bestimmungsgleichung für QGV* in vorstehenden Ausdruck ergibt:

$$QGV - QGV_{(-1)} = g \cdot (b_0 + b_1 \cdot Z_{WP,R} + b_2 \cdot UA_B - QGV_{(-1)})$$

$$QGV - QGV_{(-1)} = g \cdot b_0 + g \cdot b_1 \cdot Z_{WP,R} + g \cdot b_2 \cdot UA_B - g \cdot QGV_{(-1)}$$

$$QGV = g \cdot b_0 + g \cdot b_1 \cdot Z_{WP,R} + g \cdot b_2 \cdot UA_B + (1-g) \cdot QGV_{(-1)}$$

Auf diese Weise gelangt die vorjährige totale Geldvermögensquote als erklärende Variable in die Regressionsgleichung. Es läßt sich folgende Regressionsgleichung berechnen:

$$QGV = 7{,}20 + 0{,}32 \cdot Z_{WP,R} - 5{,}62 \cdot UA_B + 0{,}93 \cdot QGV_{(-1)}$$

(0,7) (1,7) (0,4) (11,8) (Regressionsgleichung 3)

$n=16 \quad r^2=0{,}97 \quad dw=1{,}60 \quad s_u=0{,}43$

---

[108] Vgl. Hanau/Weigend (1986), S. 154.

[109] Die Konstruktion orientiert sich an Westphal (1988), S. 299 - 301.

Korrelationskoeffizienten:

	QGV		UA_B	$QGV_{(-1)}$
	einfach	partiell	einfach	
$z_{WP,R}$	0,68	0,44	0,79	0,61
UA_B	0,74	-0,13	1,00	0,72
$QGV_{(-1)}$	0,98	0,96	0,72	1,00

Diese zeigt eine gute Anpassung der errechneten Werte an die empirischen Werte (vgl. den mit Berechnung 3 bezeichneten Polygonzug in Abbildung 42). Der Durbin-Watson-Test ergibt bei einer Fehlerwahrscheinlichkeit von 5 Prozent keinen Hinweis auf Autokorrelation der Störvariable. Durch Einbezug der um ein Jahr verzögerten totalen Geldvermögensquote als unabhängige Variable fallen jedoch die t-Werte der beiden übrigen Unabhängigen vergleichsweise niedrig aus. Der Vergleich von einfachen und partiellen Korrelationskoeffizienten zwischen den unabhängigen Variablen und der totalen Geldvermögensquote zeigt, daß besonders der Beitrag der betrieblichen Umsatzabweichung zurückgedrängt wird.

Abbildung 42: Empirische und errechnete Werte der totalen Geldvermögensquote (2)

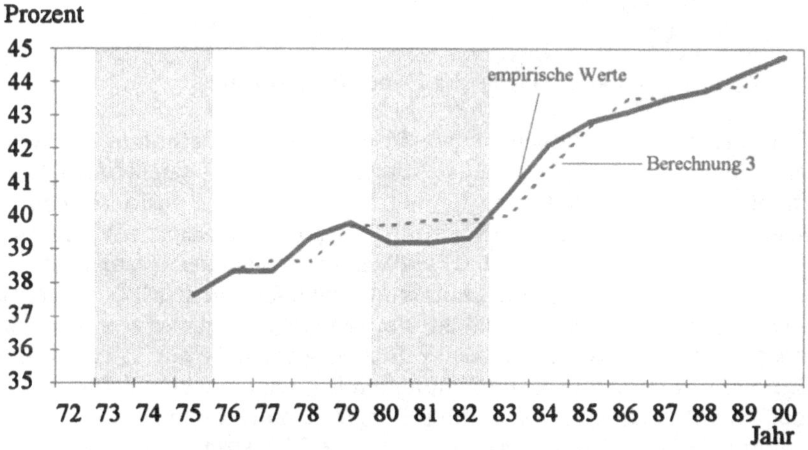

Quellen: Deutsche Bundesbank (1983); Deutsche Bundesbank, Monatsberichte, verschiedene Jahrgänge; Statistisches Bundesamt (1992b); eigene Berechnungen.

Das gewählte Anpassungsmodell ermöglicht mithin keine Aufspaltung partieller Beiträge des Realzinses und der Leverage-Risiken zur totalen Geldvermögensquote. (Zu einem weiteren multiplen Ansatz vgl. Abschnitt 5.4.1.)

5.4. Transaktionsvolumen

Die Bewältigung monetärer Transaktionen stellt eines der im Vordergrund stehenden Motive zur Haltung der als jederzeit oder doch kurzfristig verfügbaren Teile des Geldvermögens (liquide Mittel) dar. Eine scharfe Abgrenzung der liquiden Mittel kann - speziell auch im Hinblick auf die Datenlage der vorliegenden Arbeit - nicht gelingen. In einer Sonderauswertung der Bilanzstatistik zählt die Bundesbank die Kassenmittel, die Wertpapiere und die wertberichtigten kurzfristigen Forderungen zu den liquiden Mitteln.[110] Im Gefolge eines steigenden Transaktionsvolumens kann es auch zu Portfolioumschichtungen zu Gunsten der liquiden Mittel und zu Lasten der übrigen Geldvermögensarten kommen.[111]

Die gesuchten Indikatoren lassen sich aus Bestandsgrößen und Stromgrößen ableiten. Bei Verwendung von Bestandsgrößen (etwa dem Sachvermögensbestand) versucht man von den Beständen auf den damit einhergehenden Transaktionsbedarf zu schließen. Die typischerweise zur Verfügung stehenden Stromgrößen stellen zum Teil bereits selbst Transaktionen dar. Zum Beispiel machen von einem Unternehmen in einer Periode geleistete Lohnzahlungen monetäre Transaktionen in gleicher Höhe erforderlich. Wie hoch der zur Abwicklung dieser Transaktionen durchschnittlich zu haltende Bestand an Kassenmitteln ist, ist aber nicht allein vom Transaktionsvolumen abhängig, sondern beispielsweise auch von der Struktur der Auszahlungen.

5.4.1. Niveau des Transaktionsvolumens

Das Transaktionsvolumen umfaßt in einer weiten Definition die Summe aller Zahlungen, die mit güterwirtschaftlichen und finanzwirtschaftlichen Aktivitäten einhergehen. Der so definierte Begriff steht als makroökonomische statistische Größe nicht zur Verfügung. Man behilft sich in empirischen Arbeiten mit makrokökonomischen Größen, denen zugetraut werden darf, hinreichend gute Indikatoren des Transaktionsvolumens zu sein. Typischerweise findet hier das Bruttosozialprodukt Verwendung. Es gibt zwei wesentliche Vorbehalte gegen diesen Indikator.[112] Erstens werden die durch Vorleistungen ausgelösten Transaktionen nur dann hinreichend durch diesen Indikator abgebildet, wenn zwischen Vorleistungen und Bruttosozialprodukt ein festes Verhältnis besteht. Zweites werden auch die Finanztransaktionen nur dann hinreichend abgebildet, wenn diese ebenfalls in einem festen Verhältnis zum

---

110 Vgl. Deutsche Bundesbank (1985), S. 7, und Deutsche Bundesbank (1989), S. 7.

111 Zur Berücksichtigung einer Transaktionsvariable auch zur Erklärung von Geldkapital vgl. Tödter/Wewel (1991), S. 246.

112 Die gleichen Vorbehalte gelten auch für das Bruttoinlandsprodukt und das Volkseinkommen.

Bruttosozialprodukt stehen.[113] Da in einer offenen Volkswirtschaft Einkommen und Ausgaben nicht übereinstimmen, muß zudem geklärt werden, ob das Sozialprodukt als Einkommensgröße das Volumen inländischer Güterkäufe (also der Ausgaben) hinreichend anzeigt.[114]

Vor vergleichbaren Operationalisierungsproblemen steht auch die vorliegende Untersuchung. Aufgrund der vorliegenden Jahresabschlußdaten ist die Ermittlung eines hinreichenden Indikators nur approximativ möglich. Von der Verwendung des Rohertrages (Gesamtleistung minus Materialaufwendungen) als Transaktionsindikator wird abgesehen, da er hinsichtlich der Vorleistungen (Materialaufwendungen) ähnliche Probleme wie das Sozialprodukt aufweist. Gerade für sektorale Untersuchungen dürften die vernachlässigten Vorleistungen noch mehr verzerren als auf gesamtwirtschaftlicher Ebene. Unterschiede zwischen Einnahmen und Ausgaben können mehr noch als bei einer gesamtwirtschaftlichen Betrachtung bei sektoralen Analysen zu Fehlurteilen hinsichtlich des Transaktionsvolumens führen. Daher soll nachfolgend sowohl ein Ausgaben- als auch ein Einnahmenindikator definiert werden.

Die Summe der Ausgaben selbst ist in dem zur Verfügung stehenden Datenmaterial nicht nachgewiesen. Da die Erfolgsrechnungen der Jahresabschlüsse aber die Aufwendungen enthalten, sollen diese als Indikator der Ausgaben herangezogen werden.[115] Die indikatorische Qualität der Aufwendungen kann nicht pauschal beurteilt werden. So gibt es Aufwandsarten, die die getätigten Ausgaben recht gut anzeigen dürften (wie etwa Personal- und Zinsaufwendungen). Dagegen enthalten die Abschreibungen auf Sachanlagen einer bestimmten Periode nur wenig Information darüber, welche Ausgaben mit dem Kauf oder der Nutzung von Sachanlagen einherging. Auch das Ausmaß von Finanztransaktionen wird nur dann hinreichend wiedergeben, wenn es sich parallel zu den Aufwendungen entwickelt. Als Einnahmenindikator wird der Umsatz gewählt. Er spiegelt zumindest die betrieblichen Bruttoeinnahmen hinreichend gut wider. Von der zusätzlichen Berücksichtigung der Zinserträge und der übrigen Erträge wird abgesehen, da diese mit den Geldvermögensvariablen in wechselseitiger Beziehung stehen.

Da in den nachfolgenden empirischen Analysen Geldvermögensquoten im Mittelpunkt stehen sind die gewählten Transaktionsvariable noch bezüglich des Gesamtvermögens zu relativieren, so daß folgende, als Aufwandsintensität (AI) und als Umsatzintensität (UI) bezeichneten Kennzahlen, des Niveau des Transaktionsvolumens anzeigen sollen:

$$AI = \frac{\text{Aufwand}}{\text{Vermögen}} = \frac{MA+A}{BS_p} \qquad UI = \frac{\text{Umsatz}}{\text{Vermögen}} = \frac{U}{BS_p}.$$

113 Vgl. etwa Brochhausen (1989), S. 31.

114 Vgl. Sauernheimer (1987), S. 45.

115 Vgl. Schult (1991), S. 78.

MA bezeichnet die Materialaufwendungen, A die verbleibenden Aufwendungen, BS_p die preisbereinigte Bilanzsumme (Gesamtvermögen zu Wiederbeschaffungspreisen)[116].

Die Abbildung 43 zeigt die Entwicklung beider Kennzahlen für die Gesamtheit der Unternehmen in der Bilanzstatistik der Deutschen Bundesbank. Die Zeitreihe der Aufwandsintensität weist keine konjunkturellen Muster auf. Vielmehr zeigt sich ein von Schwankungen begleiteter Anstieg bis 1985. Danach findet ein deutlicher Einbruch statt, dem ab 1987 ein nahezu konstantes Niveau von etwa 1,56 folgt. Die Zeitreihe der Umsatzintensität zeigt das gleiche Entwicklungs- und Schwankungsmuster. Auf Ebene aller Unternehmen der Bilanzstatistik weisen demnach beide Kennzahlen die gleichen indikatorischen Eigenschaften auf.

Abbildung 43: Aufwandsintensität und Umsatzintensität

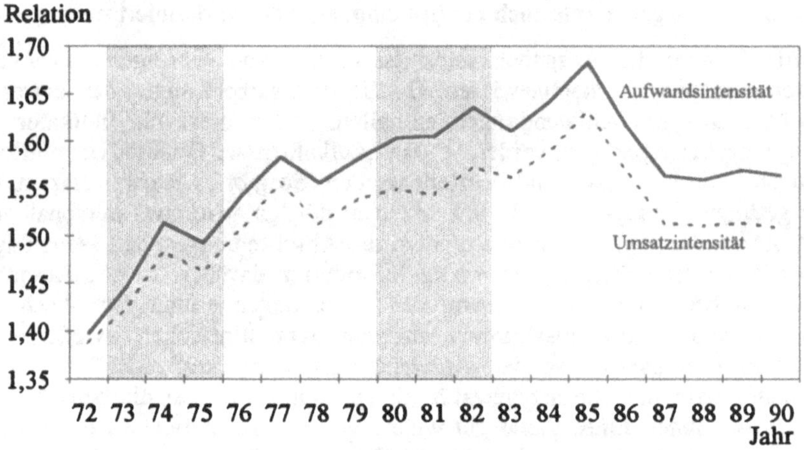

Quellen: Deutsche Bundesbank (1983); Deutsche Bundesbank, Monatsberichte, verschiedene Jahrgänge; Statistisches Bundesamt (1992b); eigene Berechnungen.

In den Zusammenhangsanalysen ergeben sich für die Unternehmen insgesamt nur für die Wertpapierquote signifikante Beziehungen zur Aufwands- und Umsatzintensität (vgl. die beiden Tabellen 24 und 25). Das deutet auf den Charakter der Liquiditätsreserve von Wertpapieren hin. Auf Ebene aller Unternehmen ergeben sich für die übrigen Geldvermögensquoten und die Geldvermögens-Verpflichtungs-Relation ausschließlich insignifikante Zusammenhänge. In den meisten Sektoren aber ist der Zusammenhang zwischen den Transaktionskennzahlen und der Kassenmittelquote sowie der Quote der

[116] Zur Definition vgl. Abschnitt 4.3.1.

Forderungen aus Lieferungen und Leistungen signifikant positiv. Auffällig ist der Befund zur Kassenmittelquote im Großhandel: Hier korrespondiert eine vergleichsweise niedrige Umsatz- bzw. Aufwandsintensität mit einer hohen Kassenmittelquote. Wie die Abbildung 44 zeigt, ist dies darauf zurückzuführen, daß die Kassenmittelquote in den achtziger Jahren einen deutlichen Anstieg erfahren hat, obwohl die Umsatzintensität rückläufig war. Erklärt werden könnte dies dadurch, daß verstärkt die in den Kassenmitteln enthaltenen Termingelder als Kapitalanlage gehalten wurden, Kassenmittel also nicht transaktionsbedingt aufgestockt wurden.

Abbildung 44: Umsatzintensität und Kassenmittelquote im Großhandel

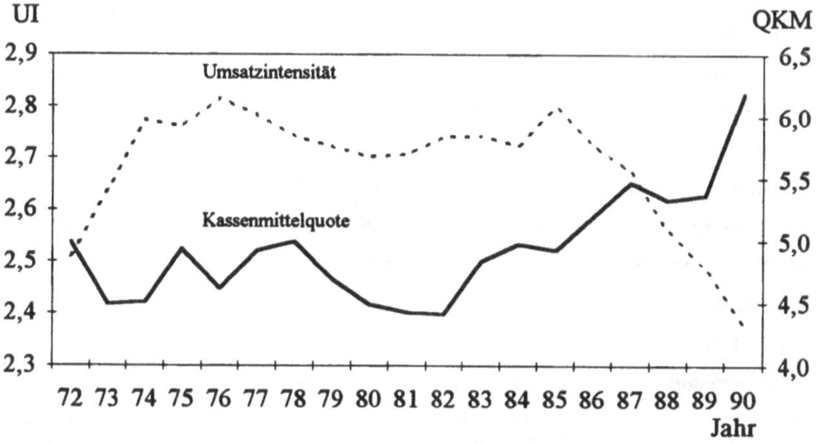

Quellen: Deutsche Bundesbank (1983); Deutsche Bundesbank, Monatsberichte, verschiedene Jahrgänge; Statistisches Bundesamt (1992b); eigene Berechnungen. *Anmerkungen:* Es bedeuten: UI Umsatzintensität, QKM Kassenmittelquote.

Auch die Zusammenhänge zwischen der Aufwandsintensität einerseits und der totalen Geldvermögensquote sowie der Geldvermögens-Verpflichtungs-Relation andererseits sind in den meisten Sektoren positiv oder signifikant positiv. Diesem Befund stehen jedoch folgende vier Sektoren gegenüber, die hier einen signifikant negativen Zusammenhang aufweisen: der Stahl- und Leichtmetallbau, die Elektrotechnik, das Baugewerbe und der Großhandel. Die genannten Sektoren weisen in Zeiten eines hohen Transaktionsvolumens vergleichsweise geringe totale Geldvermögensquoten auf. Es darf davon ausgegangen werden, daß die Gegenläufigkeit in diesen Sektoren, denen auch eine vergleichsweise große quantitative Bedeutung zukommt, den Nachweis signifikanter Zusammenhänge auf Ebene aller Unternehmen verhindert hat.

Tabelle 24: Regressionskoeffizienten der Aufwandsintensität

	QKM	QFOLL	QFOKf	QFOLf	QWP	QBT	QGV	GVR
Sektor	***Regressionskoeffizienten***							
Chemische Industrie	-1,63	3,59	8,69	-1,40	1,32	-1,23	9,18	17,45
Steine- und Erdengewinnung	9,75	-7,49	8,85	3,04	4,01 *	2,16	20,21	24,95
Eisenschaffende Industrie	-0,96	6,17 *	8,28	-1,87 **	0,02	-0,75	10,71	0,80
NE-Metallerzeugung	0,46	3,01 *	3,00	-1,11 *	2,89	-0,23	7,19	10,19
Holzbearbeitung	3,75	7,69 *	-6,30 *	-3,93 *	-0,07	1,04	1,68	-8,36
Stahl-/Leichtmetallbau	-2,21	6,15	-57,82	-0,62	-4,46	2,13	-58,85	-72,39
Maschinenbau	7,87 **	-14,11 **	5,14	1,28	7,22 **	4,33 **	11,65	1,99
Straßenfahrzeugbau	21,03	5,12	11,50	-2,87 **	12,93	-5,40	42,93	51,46
Elektrotechnik	-6,83	30,18 *	-48,67	-0,63	-26,90	-14,51	-67,32 *	-72,88 *
Eisen-/Blech-/Metallwarenherst.	8,46 *	-3,15	15,30 **	4,12 *	0,29	3,33	29,59 *	9,62
Kunststoffwarenherstellung	3,34 *	-3,02	10,05 **	3,20 **	1,77 *	2,85	15,87 *	18,66 *
Holzverarbeitung	4,73 **	10,51 **	1,66	1,24	0,51	0,82 *	20,08 **	6,04
Papier-/Pappeverarbeitung	3,45	5,95 *	4,95 *	0,66	0,08	-2,64	12,68 *	6,87
Textilgewerbe	5,43	7,19 **	3,36	0,67	0,77	-1,11	19,47 *	9,82
Bekleidungsgewerbe	6,84 **	14,57 **	8,28 *	1,71 *	1,95 *	-0,42	32,05 **	18,02 *
Ernährungsgewerbe	2,05 *	5,24 **	9,15 *	1,45	1,28	2,75	21,86 *	15,95 *
Baugewerbe	5,37 **	9,31	-36,72 **	3,60 **	6,26 **	2,22 *	-9,74 *	-23,16 **
Großhandel	-2,45 *	1,00	-3,48	-0,79	-0,31	-3,85 *	-9,92 *	-9,31 **
Einzelhandel	0,70	3,53 *	10,18 **	1,51 **	0,84 *	3,84 **	20,58 **	5,76 *
Zusammenhang	***Anzahl Regressionskoeffizienten***							
signifikant negativ	1	1	2	4	0	1	3	3
negativ	4	3	3	4	4	8	1	2
positiv	7	5	8	6	9	6	7	10
signifikant positiv	7	10	6	5	6	4	8	4
	Regressionskoeffizienten							
Alle Unternehmen	0,51	-1,29	7,86	0,52	6,13 *	2,39	16,14	9,92

Quellen: Deutsche Bundesbank (1983); Deutsche Bundesbank, Monatsberichte, verschiedene Jahrgänge; Statistisches Bundesamt (1992b); eigene Berechnungen. *Anmerkungen:* Angegeben sind die Regressionskoeffizienten (Steigungsmaße) linearer Einfachregressionen. Signifikante Koeffizienten: * bzw. ** Betrag des t-Wertes mindestens 2,5 bzw. 4,0. *Abkürzungen:* QKM Kassenmittelquote, QFOLL Quote der Forderungen aus Lieferungen und Leistungen, QFOKf Quote der sonstigen kurzfristigen Forderungen, QFOLf Quote der langfristigen Forderungen, QWP Wertpapierquote, QBT Beteiligungsquote, QGV totale Geldvermögensquote, GVR Geldvermögens-Verpflichtungs-Relation.

Tabelle 25: Regressionskoeffizienten der Umsatzintensität

	QKM	QFOLL	QFOKf	QFOLf	QWP	QBT	QGV	GVR
Sektor	***Regressionskoeffizienten***							
Chemische Industrie	-1,23	3,47	9,78	-1,30	1,87	-1,11	11,31	21,35
Steine- und Erdengewinnung	12,38 *	-4,86	9,84	3,46	4,11 *	2,95	27,78	34,10
Eisenschaffende Industrie	-0,86	5,06 *	7,24	-1,64 *	0,11	-0,55	9,29	2,29
NE-Metallerzeugung	0,43	3,25 *	3,06	-1,16 *	3,05	-0,34	7,43	10,46
Holzbearbeitung	3,63	8,39 *	-6,95 *	-3,91 *	-0,10	-0,65	1,12	-9,01
Stahl-/Leichtmetallbau	-3,71	13,76	-72,60 *	-0,23	-9,40	1,04	-72,63 *	-82,80 *
Maschinenbau	8,89 **	-13,61 *	5,76	1,60	8,28 **	4,04 *	14,98	6,87
Straßenfahrzeugbau	24,78 *	7,50 *	1,46	-2,06 *	5,52	-7,69	30,70	45,62
Elektrotechnik	-1,52	38,00 **	-65,30 **	2,81	-32,08 *	-19,54	-77,71 **	-80,47 **
Eisen-/Blech-/Metallwarenherst.	9,97 *	-1,38	14,84 *	3,84	0,49	3,41	32,63 *	11,94
Kunststoffwarenherstellung	3,69 *	-2,88	10,40 **	3,37 **	1,95 *	3,01	17,02 *	19,94 *
Holzverarbeitung	5,31 **	12,14 **	0,84	1,36	0,52	0,92 *	21,85 **	7,15 *
Papier-/Pappeverarbeitung	3,82	6,65 *	5,50 *	0,92	0,13	-3,43	14,06 *	8,39
Textilgewerbe	6,07 *	7,59 **	2,92	0,77	0,99	-1,55	20,09 *	11,40
Bekleidungsgewerbe	8,18 **	16,63 **	8,51 *	2,06 *	2,14 *	-0,72	35,78 **	19,78 *
Ernährungsgewerbe	2,30 *	5,81 **	10,13 *	1,58	1,40	3,09	24,23 *	17,75 *
Baugewerbe	3,76 *	15,34 **	-35,93 **	2,28	3,69	1,51	-10,69 *	-16,54 *
Großhandel	-2,57 *	1,97	-5,04	-1,00	-0,36	-4,17 **	-11,18 *	-9,00 **
Einzelhandel	1,20	4,08 *	10,78 **	1,54 **	0,84	3,96 **	22,38 **	6,89 *
Zusammenhang	***Anzahl Regressionskoeffizienten***							
signifikant negativ	1	1	4	4	1	1	4	4
negativ	4	3	1	3	3	9	0	1
positiv	4	3	8	9	11	6	7	9
signifikant positiv	10	12	6	3	4	3	8	5
	Regressionskoeffizienten							
Alle Unternehmen	0,45	-0,53	7,51	0,34	6,93 *	1,94	16,70	9,94

Quellen: Deutsche Bundesbank (1983); Deutsche Bundesbank, Monatsberichte, verschiedene Jahrgänge; Statistisches Bundesamt (1992b); eigene Berechnungen. *Anmerkungen:* Angegeben sind die Regressionskoeffizienten (Steigungsmaße) linearer Einfachregressionen. Signifikante Koeffizienten: * bzw. ** Betrag des t-Wertes mindestens 2,5 bzw. 4,0. *Abkürzungen:* QKM Kassenmittelquote, QFOLL Quote der Forderungen aus Lieferungen und Leistungen, QFOKf Quote der sonstigen kurzfristigen Forderungen, QFOLf Quote der langfristigen Forderungen, QWP Wertpapierquote, QBT Beteiligungsquote, QGV totale Geldvermögensquote, GVR Geldvermögens-Verpflichtungs-Relation.

In der keynesschen Theorie stehen Zinssatz und Transaktionsvolumen als gemeinsame Determinanten der Geldnachfrage im Mittelpunkt. Der Zinssatz stellt dort einen Indikator des entgangenen Ertrags dar, wenn statt verzinslichem unverzinsliches Geldvermögen gehalten wird. Nachfolgend soll der Versuch unternommen werden, mit den vorliegenden Daten eine vergleichbare multiple Beziehung zu ermitteln. In die zu erklärende Größe sollen jene Geldvermögensarten eingehen, die in weitestem Sinne zu den liquiden Mitteln zu rechnen sind. Der Verfasser lehnt sich dazu an die bereits oben genannte Definition der Bundesbank an, nach der die Kassenmittel, die kurzfristigen Forderungen und die Wertpapiere den liquiden Mitteln zugerechnet werden.[117] Die in den Rechnungen zu berücksichtigende Quote der liquiden Mittel (QLM) ist mithin definiert als

$$QLM = QKM + QFOLL + QFOKf + QWP.$$

Es bedeuten: QKM Kassenmittelquote, QFOLL Quote der Forderungen aus Lieferungen und Leistungen, QFOKf Quote der sonstigen kurzfristigen Forderungen, QWP Wertpapierquote. Als die Ertragssituation kennzeichnende Größe wird der Renditequotient (RQ) verwendet. Dieser gibt das Verhältnis von Sachvermögens- und Geldvermögensertrag wieder. Bei einem hohen Renditequotienten ist davon auszugehen, daß die Unternehmen dazu neigen, ihre Vermögensportfolios zu Gunsten des Sachvermögens umzuschichten: Die Haltung von liquiden Mitteln ist in einer solchen Ertragssituation vergleichsweise unvorteilhaft. Dies trifft grundsätzlich sowohl für verzinsliche wie für unverzinsliche Teile der liquiden Mittel zu. (Auf die Berücksichtigung des Wertpapier- oder Termingeldzinses mußte verzichtet werden, da diese Ertragsindikatoren von Teilen der liquiden Mitteln sind.) Als Transaktionsvariable soll die Umsatzintensität (UI) Verwendung finden. Die Berechnungen für alle Unternehmen ergeben folgende Regressionsgleichung (Betrag der t-Werte in Klammern):[118]

$$QLM = 26{,}23 \; -0{,}93 \cdot RQ \; +6{,}08 \cdot UI \qquad \text{(Regressionsgleichung 1)}$$

$$(2{,}1) \quad (3{,}0) \qquad (0{,}8)$$

$$n=16 \quad r^2=0{,}47 \quad dw=0{,}62 \quad s_u=1{,}08$$

Korrelationskoeffizienten:

	QLM		UI
	einfach	partiell	einfach
RQ	−0,67	−0,64	−0,26
UI	0,32	0,21	1,00

117 Vgl. Deutsche Bundesbank (1989), S. 7.

118 Aus Gründen der Vergleichbarkeit mit den nachfolgenden Rechnungen wurde auf den Beobachtungszeitraum von 1975 bis 1990 abgestellt.

mit:

QLM Quote der liquiden Mittel in Prozent

RQ Renditequotient (Quotient aus Sachvermögensrendite und realer Umlaufsrendite festverzinslicher Wertpapiere)

UI Umsatzintensität.

Das Bestimmtheitsmaß fällt vergleichsweise niedrig aus, die Durbin-Watson-Statistik deutet auf Autokorrelation der Störvariablen hin. Der Regressionskoeffizient der Umsatzintensität ist insignifikant. Da mit der Existenz von Anpassungsverzögerungen gerechnet werden muß (vgl. den mit Berechnung 1 bezeichneten Polygonzug der Abbildung 45), wurden Vergleichsrechnungen mit zeitverzögerten unabhängigen Variablen durchgeführt. Wie in den vergleichbaren Analysen des Abschnitts 5.3.5 fand sich erst bei einer zeitlichen Verzögerung von drei Jahren ein akzeptables Ergebnis:

$$QLM = 25{,}17 - 0{,}90 \cdot RQ_{(-3)} + 7{,}11 \cdot UI_{(-3)} \qquad \text{(Regressionsgleichung 2)}$$

$$(5{,}8) \quad (6{,}7) \qquad (2{,}6)$$

$$n=16 \quad r^2=0{,}91 \quad dw=2{,}20 \quad s_u=0{,}44$$

Korrelationskoeffizienten:

	QLM		$UI_{(-3)}$
	einfach	partiell	einfach
$RQ_{(-3)}$	-0,93	-0,88	-0,66
$UI_{(-3)}$	0,78	0,59	1,00

Das Bestimmtheitsmaß, die Durbin-Watson-Statistik und die Standardabweichung der Parameter haben sich gegenüber dem nicht zeitverzögerten Ansatz klar verbessert (vgl. den als Berechnung 2 benannten Polygonzug der Abbildung 45). Bezüglich der Länge der Anpassungszeiten gelten die gleichen Vorbehalte wie in Abschnitt 5.3.5 formuliert.

Analog dem Vorgehen in Abschnitt 5.3.5 wird nachfolgend ein einfaches Anpassungsmodell definiert. Es geht davon aus, daß die vor dem Hintergrund eines bestimmten Renditequotienten und einer bestimmten Umsatzintensität gewünschte Quote der liquiden Mittel in der laufenden Periode nur zu einem Teil realisiert werden kann. Unter diesen Annahmen ergibt sich folgende Regressionsgleichung:

Abbildung 45: Empirische und berechnete Quote der liquiden Mittel (1)

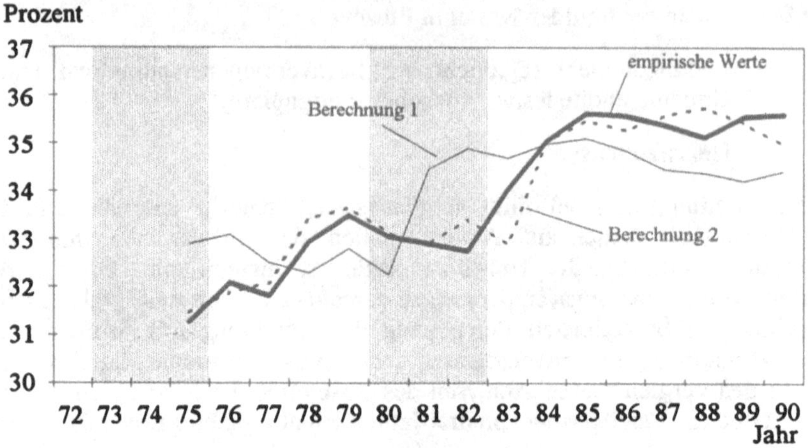

Quellen: Deutsche Bundesbank (1983); Deutsche Bundesbank, Monatsberichte, verschiedene Jahrgänge; Statistisches Bundesamt (1992b); eigene Berechnungen.

$$QLM = 3{,}87 - 0{,}17 \cdot RQ + 2{,}30 \cdot UI + 0{,}80 \cdot QLM_{(-1)} \quad \text{(Regressionsgleichung 3)}$$

(0,6) (1,0) (0,6) (7,1)

$n=16 \quad r^2=0{,}90 \quad dw=1{,}84 \quad s_u=0{,}47$

Korrelationskoeffizienten:

	QLM		UI	$QLM_{(-1)}$
	einfach	partiell	einfach	
RQ	−0,67	−0,27	−0,26	−0,63
UI	0,32	0,18	1,00	0,27
$QLM_{(-1)}$	0,94	0,90	0,27	1,00

Es ergibt sich ein Bestimmtheitsmaß von 0,90 und die Durbin-Watson-Statistik weist auf fehlende Autokorrelation der Störvariablen hin. (Die mit vorstehender Regressionsfunktion errechneten Werte sind in Abbildung 46 den empirischen Werten gegenübergestellt.) Die Parameter der interessierenden unabhängigen Variablen (Renditequotient und Umsatzintensität) müssen aber als nicht mehr signifikant aufgefaßt werden. Der deutlichste Einfluß darf, den Rechenergebnissen nach zu urteilen, der zeitverzögerten abhängigen Variablen zugemessen werden.

Abbildung 46: Empirische und berechnete Quote der liquiden Mittel (2)

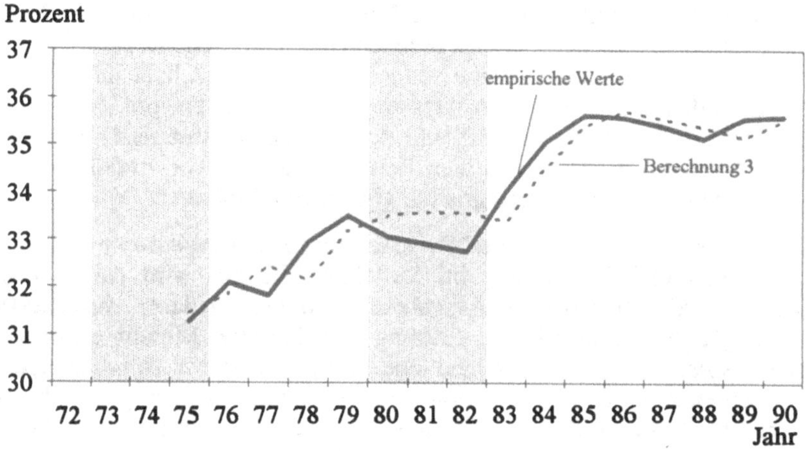

Quellen: Deutsche Bundesbank (1983); Deutsche Bundesbank, Monatsberichte, verschiedene Jahrgänge; Statistisches Bundesamt (1992b); eigene Berechnungen.

Die vorstehenden Rechnungen haben, wie bei dem Versuch einer gemeinsamen Berücksichtigung von Erträgen und Leverage-Risiken in Abschnitt 5.3.5, die Grenzen multipler Regressionsrechnungen für die Bearbeitung von Fragestellungen der vorliegenden Arbeit aufgezeigt. Im wesentlichen sind zwei Gründe zu nennen:

(1) Ohne die Existenz eines speziellen theoretischen Modells ist die Auswahl und Anzahl der in eine Schätzgleichung einzubeziehenden Variablen sowie die Berücksichtigung von Anpassungsprozessen mit zahlreichen Freiheitsgraden behaftet. In praxi kann diese nicht ohne Willkür erfolgen.

(2) Teilweise verhindern bestehende Abhängigkeiten zwischen unabhängigen Variablen die gleichzeitige Berücksichtigung verschiedener Ursachenkomplexe in einer Gleichung mit dem Ziel einer Ermittlung einzelner Erklärungsbeiträge derselben: ein isolierter Beitrag voneinander abhängiger Bestimmungsgründe läßt sich nicht ermitteln. Das Problem der Abhängigkeiten verschärft sich dann, wenn - wie in der vorliegenden Arbeit - zahlreiche Ursachenkomplexe Berücksichtigung finden müßten.[119]

[119] Vgl. Neubauer (1972), S. 256.

5.4.2. Struktur des Transaktionsvolumens

Als Bestimmungsfaktor für das Halten von Zahlungsmitteln reicht die Berücksichtigung des pro Periode beobachteten Transaktionsvolumens nicht aus. Gleiche Transaktionsvolumina können unterschiedlich hohe durchschnittliche Kassenhaltungen erfordern. Das liegt daran, daß die pro Jahr gemessenen Transaktionsvolumina ganz unterschiedliche strukturelle Dimensionen aufweisen können. Dazu zählen zum Beispiel der zeitliche Anfall von Auszahlungen und die Beschäftigungsabhängigkeit von Zahlungen.

Diese unterschiedlichen Charakteristika einzelner Ausgabearten stehen bei der nun folgenden Überlegung im Mittelpunkt. Dabei wird davon ausgegangen, daß gleiche jährliche Ausgabesummen verschiedener Ausgabearten nicht in gleicher Intensität die Haltung von liquiden Mitteln erforderlich machen. Somit können unterschiedliche Anteile einzelner Ausgabearten an den gesamten Ausgaben auch zu einem unterschiedlichen Betrag zu haltender liquider Mittel führen. Zu den in diesem Zusammenhang wichtigsten Charakteristika von Ausgabearten zählt die Periodik, mit der sie innerhalb eines Jahres anfallen und ob ihre anfallende Höhe beschäftigungsvariabel oder beschäftigungsfix ist. Beide Charakteristika hängen eng zusammen: Meist sind gerade die Ausgaben mit wiederkehrender Periodik auch beschäftigungsfix (z. B. Löhne, Mieten, Pachten). Diese Ausgaben lassen sich damit sowohl hinsichtlich ihres zeitlichen Anfalls als auch hinsichtlich ihrer Höhe gut planen. Umgekehrt dürften die meisten Ausgaben mit loser Periodik gleichzeitig beschäftigungsvariabel sein (z. B. Materialaufwendungen). Eine regelmäßige Ausgabenperiodik und eine beschäftigungsfixe Ausgabenhöhe ermöglichen eine vergleichsweise geringe Haltung liquider Mittel. Je größer der Anteil von Ausgaben mit den genannten Charakteristika an allen Ausgaben ist, um so geringer kann die Haltung liquider Mittel sein.

Die empirische Beurteilung, welche der genannten Charakteristika einer bestimmten Ausgabenart zuzuordnen sind, macht die Verwendung unterjähriger Daten erforderlich. Da die vorliegende Arbeit auf Jahresdaten basiert, muß auf eine solche empirische Analyse verzichtet werden. Hilfsweise kann lediglich abgeschätzt werden, wie ein bestimmter Anteil einer Ausgabenart mit der beobachteten Kassenhaltung korrespondiert.

Neben der Jährlichkeit der Daten birgt die Datenlage ein weiteres Problem in sich: Angaben zu Zahlungsströmen oder Zahlungssalden liegen nicht vor. Zur Verfügung stehen lediglich die Aufwendungen der Gewinn- und Verlustrechnungen. Nachfolgend werden dazu die Anteile der als beschäftigungsfix erachteten Aufwendungen an allen Aufwendungen betrachtet. Diese werden nachfolgend als Indikatoren der zugrundeliegenden Zahlungsströme verwendet. Die auf diese Weise bildbaren Kennzahlen stellen Quotienten dar, deren Nenner die gesamten Aufwendungen enthält. Eine Quote der beschäftigungsvariablen Aufwendungen wurde nicht separat definiert, ist sie doch durch ihr

Komplement, den Anteil der gesamten beschäftigungsfixen Aufwendungen an allen Aufwendungen, implizit mit erfaßt. Die Tabelle 26 gibt einen Überblick über die mit dem vorliegenden Datenmaterial berechenbaren Aufwandsstrukturkennzahlen (Aufwandsquoten).

Tabelle 26: Aufwandsstrukturkennzahlen

Stufe	Bezeichnung	Abkürzung	Berechnung
1.	Quote der gesamten fixen Aufwendungen	a_G	$\frac{A}{A+MA}$
1.1.	Quote der betrieblichen fixen Aufwendungen	a_B	$\frac{PA+ÜA+AB_{SA,WB}}{A+MA}$
1.1.1.	Personalaufwandsquote	a_{PA}	$\frac{PA}{A+MA}$
1.1.2.	Quote der übrigen Aufwendungen	$a_{ÜA}$	$\frac{ÜA}{A+MA}$
1.1.3.	Quote der Abschreibungen auf Sachanlagen	a_{ABSA}	$\frac{AB_{SA,WB}}{A+MA}$
1.2.	Quote der nichtbetrieblichen fixen Aufwendungen	a_{NB}	$\frac{ZA+AB_{SO}+ST}{A+MA}$
1.2.1.	Zinsaufwandsquote	a_{ZA}	$\frac{ZA}{A+MA}$
1.2.2.	Quote der sonstigen Abschreibungen	a_{ABSO}	$\frac{AB_{SO}}{A+MA}$
1.2.3.	Steueraufwandsquote	a_{ST}	$\frac{ST}{A+MA}$

Die Symbole bedeuten: A Gesamte fixe Aufwendungen (gesamte Aufwendungen ohne Materialaufwendungen), MA Materialaufwendungen, PA Personalaufwendungen, ÜA übrige Aufwendungen, $AB_{SA,WB}$ Abschreibungen auf Sachanlagen zu Wiederbeschaffungspreisen, ZA Zinsaufwendungen, AB_{SO} Sonstige Abschreibungen, ST Steueraufwendungen.

Die Abbildungen 47 und 48 zeigen den Verlauf ausgewählter Aufwandsquoten. Die Quote der gesamten fixen Aufwendungen ist bis zum Jahre 1985 rückläufig und erfährt danach einen Wiederanstieg um rund 0,02 Einheiten (2 Prozentpunkte). Dieser Verlauf ist damit jenem der Aufwandsintensität gegenläufig, was auch als Hinweis darauf gewertet werden darf, daß die hier betrachteten Aufwandsarten in der Tat einen beschäftigungsfixen Charakter haben. Die Personalaufwandsquote hat einen ähnlichen Verlauf wie die eben genannte Quote, während die Quote der übrigen Aufwendungen bereits seit Anfang der achtziger Jahre einen leichten Anstieg erfährt.

Abbildung 47: Quote der gesamten fixen Aufwendungen

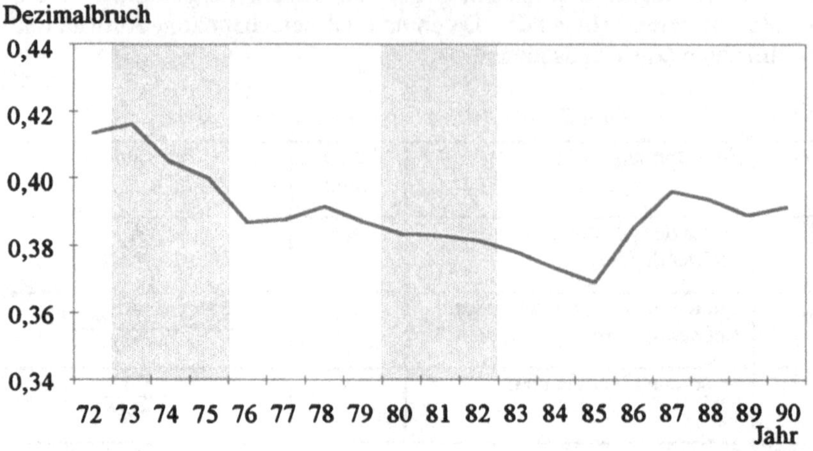

Quellen: Deutsche Bundesbank (1983); Deutsche Bundesbank, Monatsberichte, verschiedene Jahrgänge; eigene Berechnungen.

Abbildung 48: Personalaufwandsquote und Quote der übrigen Aufwendungen

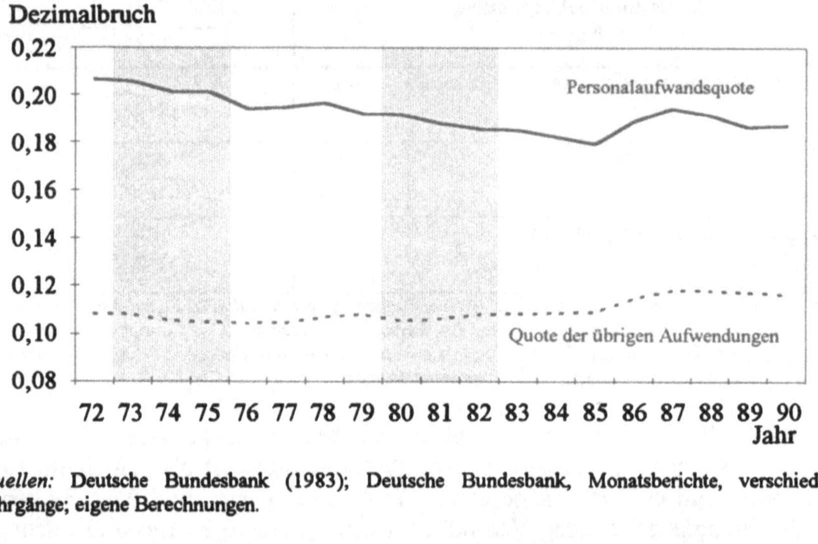

Quellen: Deutsche Bundesbank (1983); Deutsche Bundesbank, Monatsberichte, verschiedene Jahrgänge; eigene Berechnungen.

Zu den empirischen Zusammenhangsanalysen. Vor dem Hintergrund des geschilderten Transaktionsaspektes darf erwartet werden, daß ein vergleichsweise hoher Anteil beschäftigungsfixer Aufwendungen mit vergleichsweise niedrigen Quoten liquider Mittel einhergeht. Problematisch ist, daß der Transaktionsaspekt dem Aspekt der Leverage-Risiken entgegenläuft: Mit einem vergleichsweise hohen Anteil fixer Aufwendungen kann ein vergleichsweise hohes Leverage-Risiko einhergehen, das durch eine erhöhte Geldvermögenshaltung kompensiert werden kann. Diese Verwicklungen ließen sich theoretisch und empirisch nur dann auflösen, wenn eine scharfe Trennung in zinslose Transaktionsmittel und zinstragende Finanzanlagen gegeben wäre. Diese Trennung gelingt aber weder empirisch (die Geldvermögensarten stellen Gemische verschiedener Positionen dar) noch theoretisch (auch zinstragende Geldvermögensarten dienen Transaktionszwecken).

An dieser Stelle läßt sich lediglich zeigen, daß ein wachsender Anteil fixer Aufwendungen nicht zwingend zu einem steigenden Leverage-Risiko führen muß. Das läßt sich anhand der definitorischen Verbindung aufzeigen, die zwischen den hier verwendeten Kennzahlen besteht. In Abschnitt 5.3.3 wurde als Maßzahl des betrieblichen Leverage-Risikos die betriebliche Umsatzabweichung definiert. Die auf die Aufwandsart j bezogene Umsatzabweichung (UA_j) ergibt sich als:

$$UA_j = \frac{A_j}{RE}.$$

(RE bezeichnet den Rohertrag.) Durch identische Erweiterung dieses Ausdrucks mit den gesamten Aufwendungen (A+MA) ergibt sich:

$$UA_j = \frac{\frac{A_j}{A+MA}}{\frac{RE}{A+MA}} = \frac{A+MA}{RE} \cdot a_j ,$$

a_j bezeichnet den Anteil der beschäftigungsfixen Aufwandsart j an allen Aufwendungen.[120] Durch diese Komponentenfunktion wird deutlich, daß ein steigendes a_j nur dann zu einem steigenden Leverage-Risiko führt, wenn das Verhältnis der gesamten Aufwendungen zum Rohertrag gleichbleibt oder fällt. Die letztgenannte Relation bestimmt somit für alle beschäftigungsfixen Aufwandsarten, wie sehr sich deren Veränderung im Zeitablauf in einer steigenden partiellen Umsatzabweichung (einem steigenden Leverage-Risiko) niederschlägt. Findet eine Verschiebung der Aufwandsstruktur derart statt, daß fixe Aufwandsteile verringert, variable Aufwandsteile entsprechend erhöht werden und alle anderen Daten konstant bleiben, so wirkt der fallende Anteil fixer Aufwendungen reduzierend auf das Leverage-Risiko.

Die in Tabelle 27 enthaltenen Rechenergebnisse zeigen, daß zwischen dem Anteil fixer Aufwendungen an allen Aufwendungen und den Geldvermögens-

---

120 Eine Ableitung der Zusammenhänge zwischen Erfolgselastizitäten und den Anteilen fixer Aufwendungen wird in der Ableitung 2 im Anhang 1 vorgenommen.

Tabelle 27: Regressionskoeffizienten des Anteils fixer Aufwendungen an allen Aufwendungen

	QKM	QFOLL	QFOKf	QFOLf	QWP	QBT	QGV	GVR
Sektor	***Regressionskoeffizienten***							
Chemische Industrie	12	-18	-30	8	-1	8	-20	-39
Steine- und Erdengewinnung	-30	26	-37	-12	-16 •	-14	-82	-97
Eisenschaffende Industrie	-5	3	-4	0	-1	-9	-16	-27
NE-Metallerzeugung	6	-14	16	0	37	52	101	134
Holzbearbeitung	-18	-10	28	29 ••	0	-17	12	51
Stahl-/Leichtmetallbau	-37	55	-143	0	-62	-5	-188	-153
Maschinenbau	-46 ••	49	-20	-3	-29 •	-18 •	-66	-42
Straßenfahrzeugbau	-81	24	-166 ••	5	-77 •	-76 ••	-350 ••	-379 ••
Elektrotechnik	-1	143 ••	-205 •	38 ••	-123 •	-106 •	-255 ••	-265 ••
Eisen-/Blech-/Metallwarenherst.	-40	-3	-56	-16	2	-15	-133	-62
Kunststoffwarenherstellung	-25	7	-77 •	-24 •	-18 •	-33	-151 •	-170 •
Holzverarbeitung	-24	-60	49 •	3	3	-6	-42	-25
Papier-/Pappeverarbeitung	-22	-37	-28	-2	2	3	-81	-59
Textilgewerbe	-24	-42 ••	-21	-5	-4	-4	-114 ••	-70 •
Bekleidungsgewerbe	-32 ••	-70 ••	-49 ••	-7 •	-9 •	1	-164 ••	-92 ••
Ernährungsgewerbe	-8	-18	-22	2	-2	-1	-49	-26
Baugewerbe	-26 ••	-23	130 •	-13 •	-22 •	-10 •	34	82 •
Großhandel	32 ••	-67 ••	117 ••	20 ••	6 •	56 ••	163 ••	83 •
Einzelhandel	-36 •	-20	81	15	7	38	82	-41
Zusammenhang	***Anzahl Regressionskoeffizienten***							
signifikant negativ	4	3	4	3	7	4	5	5
negativ	12	9	9	6	6	9	9	10
positiv	2	6	3	7	5	5	4	2
signifikant positiv	1	1	3	3	1	1	1	2
	Regressionskoeffizienten							
Alle Unternehmen	-2	1	-36	-1	-31 •	-9	-78	-45

Quellen: Deutsche Bundesbank (1983); Deutsche Bundesbank, Monatsberichte, verschiedene Jahrgänge; Statistisches Bundesamt (1992b); eigene Berechnungen. *Anmerkungen:* Angegeben sind die Regressionskoeffizienten (Steigungsmaße) linearer Einfachregressionen. Signifikante Koeffizienten: * bzw. ** Betrag des t-Wertes mindestens 2,5 bzw. 4,0. *Abkürzungen:* QKM Kassenmittelquote, QFOLL Quote der Forderungen aus Lieferungen und Leistungen, QFOKf Quote der sonstigen kurzfristigen Forderungen, QFOLf Quote der langfristigen Forderungen, QWP Wertpapierquote, QBT Beteiligungsquote, QGV totale Geldvermögensquote, GVR Geldvermögens-Verpflichtungs-Relation.

Tabelle 28: Regressionskoeffizienten der Quote der übrigen Aufwendungen an allen Aufwendungen

	QKM	QFOLL	QFOKf	QFOLf	QWP	QBT	QGV	GVR
Sektor	***Regressionskoeffizienten***							
Chemische Industrie	89 **	-118 *	60	54 *	82	93	260	475
Steine- und Erdengewinnung	181 **	-34	170 *	65 *	45 *	92 *	519 **	572 **
Eisenschaffende Industrie	-9	30	54	-9 *	-1	-7	54	-41
NE-Metallerzeugung	19	23	108 *	-19 *	140 **	131 *	393 **	525 **
Holzbearbeitung	57	83	20	28	1	50	188 *	125
Stahl-/Leichtmetallbau	147 **	-135 *	591 **	10	182 **	-27	780 **	777 **
Maschinenbau	55 *	-128 **	96	13 *	55 **	30 *	120 *	36
Straßenfahrzeugbau	-43	-133 **	441 **	-2	191 *	225 **	622 *	527
Elektrotechnik	-16	-278 **	328	-17	173	222 *	404 *	394
Eisen-/Blech-/Metallwarenherst.	103 **	-56 *	213 **	53 **	12 *	64 *	394 **	174 *
Kunststoffwarenherstellung	80 **	-45	189 **	60 **	32 **	75 *	348 **	407 **
Holzverarbeitung	71	112	138 *	40	7	12	384 *	169
Papier-/Pappeverarbeitung	53	69	66	28	10	-51	177	80
Textilgewerbe	128 **	47	70	23	26 *	3	326 **	206 *
Bekleidungsgewerbe	55 **	107 **	85 **	8	17 **	5	274 **	179 **
Ernährungsgewerbe	21	44	144 **	45 **	27 **	70 **	352 **	332 **
Baugewerbe	-46	-82	58	42	87	-1	83	-103
Großhandel	61 **	-127 **	234 **	40 **	14 **	98 **	317 **	134 *
Einzelhandel	-10	82 *	265 **	41 **	29 **	112 **	516 **	117
Zusammenhang	***Anzahl Regressionskoeffizienten***							
signifikant negativ	0	7	0	2	0	0	0	0
negativ	5	3	0	2	1	4	0	2
positiv	5	7	8	7	6	5	4	8
signifikant positiv	9	2	11	8	12	10	15	9
	Regressionskoeffizienten							
Alle Unternehmen	77 **	-93 **	198 **	49 **	100 **	141 **	471 **	427 **

Quellen: Deutsche Bundesbank (1983); Deutsche Bundesbank, Monatsberichte, verschiedene Jahrgänge; Statistisches Bundesamt (1992b); eigene Berechnungen. *Anmerkungen:* Angegeben sind die Regressionskoeffizienten (Steigungsmaße) linearer Einfachregressionen. Signifikante Koeffizienten: * bzw. ** Betrag des t-Wertes mindestens 2,5 bzw. 4,0. *Abkürzungen:* QKM Kassenmittelquote, QFOLL Quote der Forderungen aus Lieferungen und Leistungen, QFOKf Quote der sonstigen kurzfristigen Forderungen, QFOLf Quote der langfristigen Forderungen, QWP Wertpapierquote, QBT Beteiligungsquote, QGV totale Geldvermögensquote, GVR Geldvermögens-Verpflichtungs-Relation.

variablen kaum signifikante Zusammenhänge auszumachen sind. Für die Gesamtheit der Unternehmen ergibt sich lediglich für die Wertpapierquote ein signifikant negativer Regressionskoeffizient. Auch in den Sektoren ist kein eindeutiges Zusammenhangsmuster auszumachen. Allein die Kassenmittelquote wies in 16 der 19 Sektoren (meist insignifikante) negative Koeffizienten auf. Ein insgesamt vergleichbarer Befund ergibt sich, wenn man nur auf den Anteil der fixen betrieblichen Aufwendungen abstellt (vgl. Tabelle A.8 in Anhang 3). Ein sowohl für die Gesamtheit der Unternehmen als auch für die Mehrzahl der Sektoren deutlicher Befund ergibt sich für den Zusammenhang zwischen der Quote der übrigen Aufwendungen und allen Geldvermögensvariablen (vgl. Tabelle 28): Bis auf die Quote der Forderungen aus Lieferungen und Leistungen stehen die Geldvermögensvariablen bezogen auf alle Unternehmen in einem signifikant positiven Zusammenhang. Ein überwiegend signifikant positiver Zusammenhang hatte sich auch zwischen dem auf dieser Aufwandsart beruhenden partiellen Leverage-Effekt und den Geldvermögensquoten ergeben (vgl. Abschnitt 5.3.4). Dieser Befund kann unterschiedliche Deutungen erfahren:

(1) Die übrigen Aufwendungen könnten nicht in hinreichendem Maße den ihnen unterstellten beschäftigungsfixen Charakter haben. Mit den vorliegenden Daten läßt sich allerdings keine Aussage über die konkrete Zusammensetzung dieser Aufwandsposition machen. Selbst wenn Einzelabschlüsse vorlägen, wäre dies nicht möglich. Auf den beschäftigungsfixen Charakter deuten allerdings die darin enthaltenen Mieten und Pachten hin.

(2) Da die übrigen Aufwendungen zum Teil auch die mit der Geldvermögenshaltung einhergehenden Aufwendungen enthalten, könnte es sich um eine Scheinkorrelation handeln. Gegen diese Vermutung spricht die Tatsache, daß auch andere Aufwandspositionen, die auf Grund der Datenlage dem Sachvermögen zugeordnet werden mußten, solche Aufwandsteile enthalten. Es darf sogar angenommen werden, daß sich eine hohe Geldvermögenshaltung eher im Personalaufwand niederschlägt.[121]

(3) Abgesehen von den geschilderten Problemen ist die folgende Interpretation plausibel: Die übrigen Aufwendungen sind überwiegend beschäftigungsfix und erzeugen dadurch ein Leverage-Risiko, dem die Unternehmen mit erhöhter Geldvermögenshaltung begegnen. Ein die Haltung liquider Mittel entlastender Effekt kommt nicht zustande, weil einige der enthaltenen Aufwandspositionen, trotz ihrer Beschäftigungsunabhängigkeit, mit unregelmäßiger Periodik anfallen (z. B. Forschungs- und Entwicklungsaufwand[122]).

---

[121] Vgl. Küting/Weber (1993), S. 227.
[122] Vgl. Küting/Weber (1993), S. 226.

5.5. Bilanzstruktur und andere Bestimmungsfaktoren

5.5.1. Bilanzstrukturkennzahlen

Die Entwicklung einer Bilanzposition geschieht nicht unabhängig von der Entwicklung anderer Bilanzpositionen. Im vorliegenden Abschnitt sollen mögliche Zusammenhänge zwischen der Entwicklung von Geldvermögensquoten und anderen Vermögens- und Kapitalquoten empirisch untersucht werden. Vergleichbare Fragestellungen sind im Rahmen der empirischen Bilanzanalyse die Domäne von Kapitalflußrechnungen.[123] Grundlage hierbei sind die Jahresabschlüsse zweier Geschäftsjahre. Zunächst wird die Bewegungsbilanz gebildet, die die Differenzen der einzelnen Bilanzpositionen enthält. Diese wird dann um Kontenumsätze und um die Positionen der Gewinn- und Verlustrechnung erweitert. Durch Umgruppierung der Positionen werden interessierende Gruppen von Vermögensobjekten, sogenannte Fonds, isoliert. Der Fondsveränderung steht dann die Summe der übrigen Positionen gegenüber. Es liegt eine additive definitorische Komponentenfunktion vor. Die Interpretation findet in der Weise statt, daß nach den "gewichtigsten" Veränderungen der übrigen Positionen geschaut wird, die man dann als Erklärung der Fondsveränderung auffaßt.

Mit den vorliegenden Bilanzdaten lassen sich Kapitalflußrechnungen vor allem deshalb nicht durchführen, weil keine Kontenumsätze vorliegen. Es könnten allenfalls Bewegungsbilanzen ermittelt werden. Darauf wird deshalb verzichtet, da Bewegungsbilanzen gegenüber den Bestandsbilanzen "keine grundsätzlich verschiedenen Aussageziele haben"[124] und mithin keine zusätzlichen Erkenntnisse gewinnen lassen. Als Ersatzlösung ist stattdessen beabsichtigt, auf dem Wege der Regressionsrechnung mögliche Zusammenhänge zwischen Geldvermögensvariablen und anderen Bilanzpositionen aufzudecken. Die einzelnen Passivposten werden als Kapitalquoten berücksichtigt. Diese sind definiert als Quotient aus jeweiligem Passivum und - analog der Definition der Geldvermögensquoten - der preisbereinigten Bilanzsumme (multipliziert mit 100).

Zunächst werden mögliche Zusammenhänge zwischen der totalen Geldvermögensquote und den übrigen Geldvermögensvariablen untersucht. Hierbei vermag der Zusammenhang partieller Geldvermögensquoten mit der totalen Geldvermögensquote Aufschluß darüber zu geben, in welchem Ausmaß eine bestimmte Geldvermögensart vom Sog einer die gesamten Geldvermögen betreffenden Entwicklung abhängt. Da das Komplement der totalen Geldver-

---

[123] Vgl. Käfer (1984).

[124] Küting/Weber (1993), S. 150.

Tabelle 29: Regressionskoeffizienten der totalen Geldvermögensquote

	QKM	QFOLL	QFOKf	QFOLf	QWP	QBT	GVR
Sektor	***Regressionskoeffizienten***						
Chemische Industrie	0,11 *	-0,24 **	0,46 **	0,13 **	0,29 **	0,25 **	1,80 **
Steine- und Erdengewinnung	0,33 **	-0,10	0,35 **	0,13 **	0,09 **	0,20 **	1,07 **
Eisenschaffende Industrie	0,01	0,09	0,76 **	-0,06 *	0,01	0,21 *	1,08 **
NE-Metallerzeugung	0,02	0,05	0,33 **	-0,04 *	0,28 **	0,37 **	1,40 **
Holzbearbeitung	0,31 **	0,24	0,17	0,03	0,00	0,32 *	0,99 **
Stahl-/Leichtmetallbau	0,13 **	-0,16 **	0,83 **	0,01	0,21 **	-0,03	1,03 **
Maschinenbau	0,22 *	-0,31	0,77 **	0,02	0,23 **	0,07	0,96 **
Straßenfahrzeugbau	0,25 *	-0,06	0,46 **	-0,02 *	0,24 **	0,17 *	1,07 **
Elektrotechnik	0,02	-0,46 **	0,83 **	-0,08 *	0,47 **	0,22	1,07 **
Eisen-/Blech-/Metallwarenherst.	0,26 **	-0,06	0,46 **	0,13 **	0,02 *	0,19 **	0,51 **
Kunststoffwarenherstellung	0,21 **	-0,05	0,47 **	0,15 **	0,09 **	0,24 **	1,11 **
Holzverarbeitung	0,24 **	0,44 **	0,16	0,06 *	0,02	0,04 *	0,39 **
Papier-/Pappeverarbeitung	0,34 **	0,23	0,37 **	0,09 *	0,02	0,00	0,93 **
Textilgewerbe	0,29 **	0,20 *	0,25 **	0,07 *	0,04	0,08	0,66 **
Bekleidungsgewerbe	0,19 **	0,39 **	0,31 **	0,04 *	0,06 **	0,02	0,65 **
Ernährungsgewerbe	0,08 **	0,17 **	0,42 **	0,10 **	0,07 **	0,17 **	0,86 **
Baugewerbe	-0,20	-0,58	2,03 **	-0,12	-0,13	-0,07	1,47 **
Großhandel	0,21 **	-0,33 *	0,66 **	0,11 **	0,04 **	0,31 **	0,49 *
Einzelhandel	0,03	0,19 **	0,48 **	0,07 **	0,04 *	0,18 **	0,35 **
Zusammenhang	***Anzahl Regressionskoeffizienten***						
signifikant negativ	0	4	0	4	0	0	0
negativ	1	6	0	1	1	2	0
positiv	4	4	2	3	5	5	0
signifikant positiv	14	5	17	11	13	12	19
	Regressionskoeffizienten						
Alle Unternehmen	0,14 **	-0,14 *	0,41 **	0,09 **	0,24 **	0,27 **	0,86 **

Quellen: Deutsche Bundesbank (1983); Deutsche Bundesbank, Monatsberichte, verschiedene Jahrgänge; Statistisches Bundesamt (1992b); eigene Berechnungen. *Anmerkungen:* Angegeben sind die Regressionskoeffizienten (Steigungsmaße) linearer Einfachregressionen. Signifikante Koeffizienten: * bzw. ** Betrag des t-Wertes mindestens 2,5 bzw. 4,0. *Abkürzungen:* QKM Kassenmittelquote, QFOLL Quote der Forderungen aus Lieferungen und Leistungen, QFOKf Quote der sonstigen kurzfristigen Forderungen, QFOLf Quote der langfristigen Forderungen, QWP Wertpapierquote, QBT Beteiligungsquote, QGV totale Geldvermögensquote, GVR Geldvermögens-Verpflichtungs-Relation.

mögensquote annähernd der Sachvermögensquote entspricht,[125] ist bei einer negativen Korrelation zwischen partieller Geldvermögensquote und totaler Geldvermögensquote auf eine deutlich komplementäre Beziehung der betreffenden Quote und der Sachvermögensquote zu schließen. Die empirischen Ergebnisse sind der Tabelle 29 zu entnehmen. Bis auf die Quote der Forderungen aus Lieferungen und Leistungen ergeben sich auf Ebene aller Unternehmen signifikant positive Zusammenhänge mit der totalen Geldvermögensquote, die sich auch in den meisten Sektoren zeigen. Die erstgenannte Quote steht in einem signifikant negativen Zusammenhang. Für diese ist auch das Bild in den Sektoren uneinheitlicher. Allein für diese Quote kann daher nicht von einer substitutionalen Beziehung zur Sachvermögensquote ausgegangen werden.

Abbildung 49: Eigenkapitalquote und Rücklagenquote

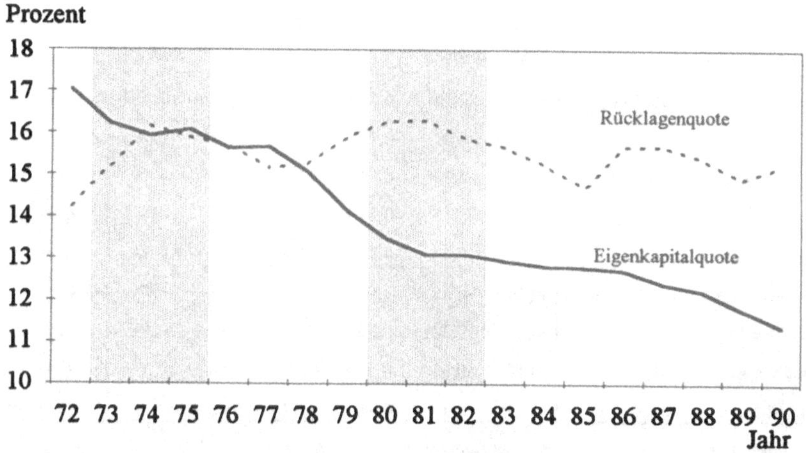

Quellen: Deutsche Bundesbank (1983); Deutsche Bundesbank, Monatsberichte, verschiedene Jahrgänge; Statistisches Bundesamt (1992b); eigene Berechnungen.

Es folgt die Untersuchung der Zusammenhänge zwischen Eigenmitteln und Geldvermögen. Es werden zwei Eigenmittelquoten berücksichtigt: die Eigenkapitalquote und die Rücklagenquote. Die Eigenkapitalquote ist definiert als Quotient aus bilanziellem Eigenkapital (bei der Aktiengesellschaft beispielsweise Grundkapital) und dem preisberichtigten Gesamtvermögen. Wegen des vielfach erörterten Zusammenhangs zwischen dem Eigenkapital und dem Sachvermögen eines Unternehmens[126] ist davon auszugehen, daß die Eigenkapitalquote und die Geldvermögensquoten in einer negativen Beziehung

---

[125] Dies ist dann der Fall, wenn man von dem quantitativ unbedeutenden Posten der Rechnungsabgrenzungen absieht.

[126] Vgl. Hanau/Weigend (1986), S. 166, und Neus/Nippel (1991), S. 86.

Tabelle 30: Regressionskoeffizienten der Eigenkapitalquote

	QKM	QFOLL	QFOKf	QFOLf	QWP	QBT	QGV	GVR
Sektor	***Regressionskoeffizienten***							
Chemische Industrie	-0,19	0,78 **	-1,59 **	-0,42 **	-0,93 **	-0,90 **	-3,24 **	-5,76 **
Steine- und Erdengewinnung	-0,42 *	0,46 **	-0,63 **	-0,23 **	-0,18 **	-0,34 *	-1,34 *	-1,34 *
Eisenschaffende Industrie	0,11	-0,30 *	-0,45	0,09 *	0,01	0,06	-0,46	0,61
NE-Metallerzeugung	0,02	-0,29	-0,88 *	0,16 *	-0,65 *	-0,45	-1,94 *	-2,69 *
Holzbearbeitung	-0,19 **	-0,12	0,01	0,07	0,00	-0,26 **	-0,35 *	-0,13
Stahl-/Leichtmetallbau	-0,98 **	1,33 **	-3,87 *	-0,04	-1,36 **	0,11	-4,89 *	-4,30 *
Maschinenbau	-0,30 *	0,89 **	-0,56	-0,07	-0,29 *	-0,24 **	-0,56	0,11
Straßenfahrzeugbau	-0,12	0,20 **	-0,94 **	0,04 *	-0,50 **	-0,37 **	-1,59 **	-1,50 **
Elektrotechnik	0,03	1,08 **	-1,78 **	0,24 **	-0,89 **	-0,65 *	-1,98 **	-2,04 **
Eisen-/Blech-/Metallwarenherst.	-0,18 **	0,10 *	-0,39 **	-0,11 **	-0,01	-0,12 *	-0,73 **	-0,28 *
Kunststoffwarenherstellung	-0,20 **	0,12	-0,56 **	-0,17 **	-0,09 **	-0,22 **	-1,00 **	-1,11 **
Holzverarbeitung	-0,23 **	-0,40 *	-0,18	-0,06	-0,03	-0,04 *	-0,94 **	-0,25
Papier-/Pappeverarbeitung	-0,25 *	-0,27 *	-0,24 *	-0,08	0,02	0,16	-0,66 **	-0,19
Textilgewerbe	-0,26 *	-0,19 *	-0,23 **	-0,06 *	-0,05 *	-0,04	-0,92 **	-0,51 *
Bekleidungsgewerbe	-0,18 *	-0,47 **	-0,32 **	-0,04	-0,05 *	0,03	-1,02 **	-0,50 *
Ernährungsgewerbe	-0,24 *	-0,62 **	-1,34 **	-0,28 *	-0,23 **	-0,48 **	-3,19 **	-2,67 **
Baugewerbe	-0,22	0,48	0,75	-0,21 *	-0,44 **	-0,17 **	0,02	1,02
Großhandel	-0,14	0,51 **	-0,93 **	-0,13 *	-0,04	-0,29 *	-0,99 **	-0,05
Einzelhandel	0,03	-0,13 *	-0,48 **	-0,07 **	-0,05 **	-0,19 **	-0,90 **	-0,15
Zusammenhang	***Anzahl Regressionskoeffizienten***							
signifikant negativ	11	7	14	9	13	13	16	11
negativ	4	2	3	5	4	2	2	5
positiv	4	2	2	1	2	4	1	3
signifikant positiv	0	8	0	4	0	0	0	0
	Regressionskoeffizienten							
Alle Unternehmen	-0,12	0,21 *	-0,61 **	-0,10 *	-0,32 **	-0,33 **	-1,26 **	-0,99 **

Quellen: Deutsche Bundesbank (1983); Deutsche Bundesbank, Monatsberichte, verschiedene Jahrgänge; Statistisches Bundesamt (1992b); eigene Berechnungen. *Anmerkungen:* Angegeben sind die Regressionskoeffizienten (Steigungsmaße) linearer Einfachregressionen. Signifikante Koeffizienten: * bzw. ** Betrag des t-Wertes mindestens 2,5 bzw. 4,0. *Abkürzungen:* QKM Kassenmittelquote, QFOLL Quote der Forderungen aus Lieferungen und Leistungen, QFOKf Quote der sonstigen kurzfristigen Forderungen, QFOLf Quote der langfristigen Forderungen, QWP Wertpapierquote, QBT Beteiligungsquote, QGV totale Geldvermögensquote, GVR Geldvermögens-Verpflichtungs-Relation.

stehen. Für ein Unternehmen dürften auch vor allem Effizienzkriterien dagegen sprechen, zum Zwecke der Geldvermögenshaltung durch Kapitalerhöhungen oder andere Maßnahmen die Eigenkapitalquote zu erhöhen.[127] Die Rücklagen werden gemäß neuem Bilanzrecht berücksichtigt. Für die Jahre vor 1986 wurde von den ausgewiesenen Rücklagen der Berichtigungsposten zum Eigenkapital abgesetzt. Die Rücklagenquote ergibt sich durch Prozentuierung der so gemessenen Rücklagen bezüglich der preisbereinigten Bilanzsumme. Die durch die preisliche Unterbewertung des Sachvermögens entstehenden stillen Rücklagen bleiben unberücksichtigt. Idealtypisch stellen sie zwar auch eine Komponente der Eigenmittel eines Unternehmens dar: Sie sind den stillen Reserven zuzurechnen.[128] Als Bestimmungsgrund der Geldvermögenshaltung dürften sie aber weniger relevant sein. Die zeitliche Entwicklung der beiden in Rede stehenden Eigenmittelquoten kann der Abbildung 49 entnommen werden. Im Vergleich zur deutlich rückläufigen Eigenkapitalquote bewegt sich die Rücklagenquote auf einem vergleichsweise stabilem Niveau zwischen 15 und 16 Prozent, das von leichteren Schwankungen überlagert ist.

Da die Entstehung beider Eigenmittelkomponenten grundverschieden ist, wird im Rahmen der Zusammenhangsanalysen einer getrennten Berücksichtigung der Vorzug gegeben. Zwischen der Eigenkapitalquote und den Geldvermögensvariablen lassen sich erwartungsgemäß überwiegend signifikant negative Zusammenhänge ausmachen (vgl. Tabelle 30). Auf Ebene aller Unternehmen gibt es zwei Ausnahmen: Für die Kassenmittelquote ergibt sich ein nicht signifikanter negativer, für die Quote der Forderungen aus Lieferungen und Leistungen ein signifikant positiver Regressionskoeffizient. Während aber die Kassenmittelquote bei sektoraler Betrachtung in der Mehrzahl negativ mit der Eigenkapitalquote zusammenhängt, sind die sektoralen Zusammenhänge zwischen der Quote der Forderungen aus Lieferungen und Leistungen und der Eigenkapitalquote recht gegensätzlich: 7 Sektoren mit einem signifikant negativen Zusammenhang stehen hier 8 Sektoren mit einem signifikant positiven Zusammenhang gegenüber. Besonders in den Sektoren des Investitionsgüterproduzierenden Gewerbes korrespondiert die genannte Geldvermögensquote positiv mit der Eigenkapitalquote, während sich für die Sektoren des Verbrauchsgüterproduzierenden Gewerbes überwiegend ein negativer Zusammenhang einstellt.

Die Abbildung 50 enthält das dynamische Korrelationsdiagramm[129] von Eigenkapitalquote und totaler Geldvermögensquote. Neben der ersichtlichen langfristigen Entwicklung ist hier erkennbar, daß auch kurzfristig meist ein negativer Zusammenhang besteht: In den meisten Jahren ging ein Rückgang der Eigenkapitalquote einher mit einem Anstieg der totalen Geldvermögens-

---

[127] Vgl. Härtel u. a. (1984), S. 130.

[128] Da sie aufgrund von Rechnungslegungsvorschriften entstehen, werden sie auch als Zwangsreserven bezeichnet. Vgl. Coenenberg (1992), S. 196.

[129] Vgl. auch Abschnitt 5.2.1.

quote. Vor allem in konjunkturellen Abschwungsjahren tritt der negative Zusammenhang allerdings weniger deutlich in Erscheinung. Beide Quoten weisen in diesen Phasen zudem nur vergleichsweise geringe Variationen auf.

Abbildung 50: Eigenkapitalquote und totale Geldvermögensquote

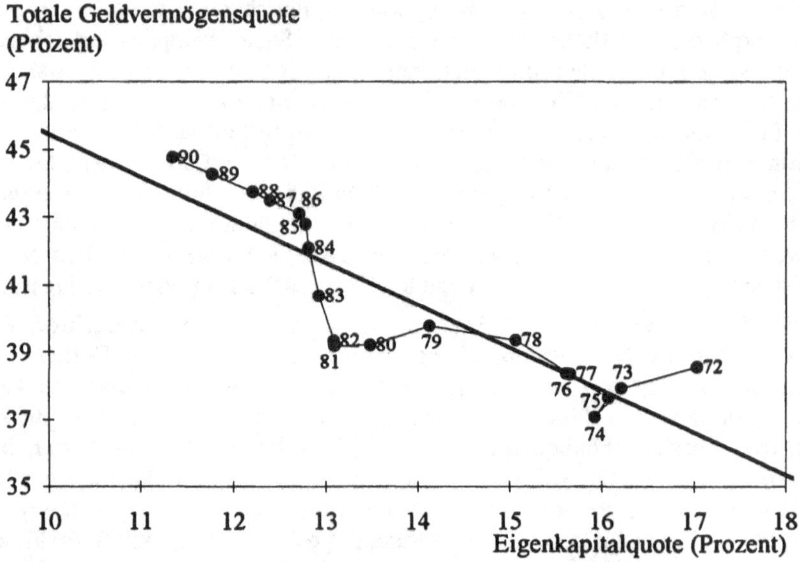

Quellen: Deutsche Bundesbank (1983); Deutsche Bundesbank, Monatsberichte, verschiedene Jahrgänge; Statistisches Bundesamt (1992b); eigene Berechnungen.

Zu einem heterogeneren Befund gelangt man hinsichtlich des Zusammenhangs zwischen der Rücklagenquote und den Geldvermögensvariablen (vgl. Tabelle 31). Auf Ebene aller Unternehmen lassen sich hier keine signifikanten Zusammenhänge mit den Geldvermögensvariablen nachweisen. Letztere scheinen sich unabhängig von der Rücklagenquote zu entwickeln. In den Sektoren zeigt sich ein unscharfes Bild. In einigen Sektoren kommt es im Verein mit einem Anstieg der Rücklagenquote zu einem Rückgang der Geldvermögensquoten, was einer Verschiebung der Vermögensstruktur zu Gunsten des Sachvermögens gleichkommt. Beispiele sind das Bekleidungsgewerbe, das Ernährungsgewerbe, der Großhandel und der Einzelhandel. Vereinzelt kommt es aber auch zu signifikant positiven Zusammenhängen. So weitet die Chemische Industrie bei einem Anstieg der Rücklagenquote ihre Geldvermögensquoten aus. Dieser heterogene Befund macht deutlich, daß mit einer verstärkten Rücklagenbildung der Unternehmen keineswegs eine Anlage dieser Mittel in Geldvermögen einhergeht. Andererseits reicht aber die Existenz hoher Rücklagen alleine nicht aus, um die Sachvermögenshaltung zu stimulieren.

Tabelle 31: Regressionskoeffizienten der Rücklagenquote

	QKM	QFOLL	QFOKf	QFOLf	QWP	QBT	QGV	GVR
Sektor	***Regressionskoeffizienten***							
Chemische Industrie	0,26	-0,72 *	1,50 **	0,37 *	0,82 **	0,88 **	3,08 **	5,81 **
Steine- und Erdengewinnung	-0,43 *	-0,11	-0,38	-0,17	-0,06	-0,29 *	-1,43 *	-1,49 *
Eisenschaffende Industrie	0,17 *	-0,27	-0,40	0,06	0,01	-0,15	-0,56	0,66
NE-Metallerzeugung	0,05	0,07	0,58	-0,09	0,13	0,23	0,82	1,56
Holzbearbeitung	0,08	-0,29 *	0,13	-0,02	0,01 *	0,34 *	-0,03	0,09
Stahl-/Leichtmetallbau	-0,69 **	0,78 **	-2,56 *	-0,04	-1,01 **	0,17 *	-3,41 **	-3,04 *
Maschinenbau	-0,16	0,26	-1,47 *	-0,01	-0,11	0,13	-1,35	-0,93
Straßenfahrzeugbau	-0,91	-0,14	-0,56	0,11 *	-0,59	-0,02	-2,21	-2,13
Elektrotechnik	0,03	-1,43 *	1,56	-0,45 *	0,95	1,11	1,80	2,16
Eisen-/Blech-/Metallwarenherst.	-0,47 *	-0,03	-0,55	-0,15	-0,06 *	-0,37 *	-1,61 *	-0,94 *
Kunststoffwarenherstellung	0,05	-0,23	0,53 *	0,14	0,08	0,13	0,58	0,85
Holzverarbeitung	-0,18 *	-0,40 **	-0,11	-0,07 *	-0,01	-0,03	-0,84 **	-0,24
Papier-/Pappeverarbeitung	-0,26	-0,51	-0,31	-0,15	0,03	0,40	-0,81	0,10
Textilgewerbe	-0,37	-0,28	-0,43 *	-0,07	0,02	-0,14	-1,37 *	-0,71
Bekleidungsgewerbe	-0,35 **	-0,78 **	-0,62 **	-0,10 *	-0,13 **	-0,03	-1,99 **	-1,25 **
Ernährungsgewerbe	-0,09 *	-0,23 **	-0,48 **	-0,11 **	-0,07 **	-0,19 **	-1,17 **	-0,95 **
Baugewerbe	-0,03	-0,07	1,16	-0,21 *	-0,31 *	-0,04	0,43	1,43 **
Großhandel	-0,33 *	0,62 *	-1,29 **	-0,20 **	-0,08 **	-0,44 *	-1,72 **	-0,47
Einzelhandel	-0,01	-0,11 **	-0,32 **	-0,05 **	-0,03 *	-0,12 **	-0,65 **	-0,20 *
Zusammenhang	***Anzahl Regressionskoeffizienten***							
signifikant negativ	7	7	7	7	7	5	9	6
negativ	6	8	6	8	4	6	5	5
positiv	5	2	4	2	6	5	4	6
signifikant positiv	1	2	2	2	2	3	1	2
	Regressionskoeffizienten							
Alle Unternehmen	-0,33	-0,33	0,00	-0,14	-0,23	-0,38	-1,40	-1,40

Quellen: Deutsche Bundesbank (1983); Deutsche Bundesbank, Monatsberichte, verschiedene Jahrgänge; Statistisches Bundesamt (1992b); eigene Berechnungen. *Anmerkungen:* Angegeben sind die Regressionskoeffizienten (Steigungsmaße) linearer Einfachregressionen. Signifikante Koeffizienten: * bzw. ** Betrag des t-Wertes mindestens 2,5 bzw. 4,0. *Abkürzungen:* QKM Kassenmittelquote, QFOLL Quote der Forderungen aus Lieferungen und Leistungen, QFOKf Quote der sonstigen kurzfristigen Forderungen, QFOLf Quote der langfristigen Forderungen, QWP Wertpapierquote, QBT Beteiligungsquote, QGV totale Geldvermögensquote, GVR Geldvermögens-Verpflichtungs-Relation.

Als letzte Kapitalquote wird hier die Rückstellungsquote betrachtet. Die Bildung von Rückstellungen wird erforderlich, wenn sich die Unternehmen Verpflichtungen gegenüberstehen, die "bezüglich ihres Eintretens oder ihrer Höhe nicht völlig, aber dennoch ausreichend sicher sind".[130] Je kürzer die Fristigkeit der gebildeten Rückstellungen, um so eher kommt ausschließlich eine Bindung der Mittel in Geldvermögen in Frage.[131] Die Abbildung 51 zeigt den deutlichen Anstieg dieser Quote im Untersuchungszeitraum von etwa 9 Prozent auf etwa 19 Prozent.

Abbildung 51: Rückstellungsquote

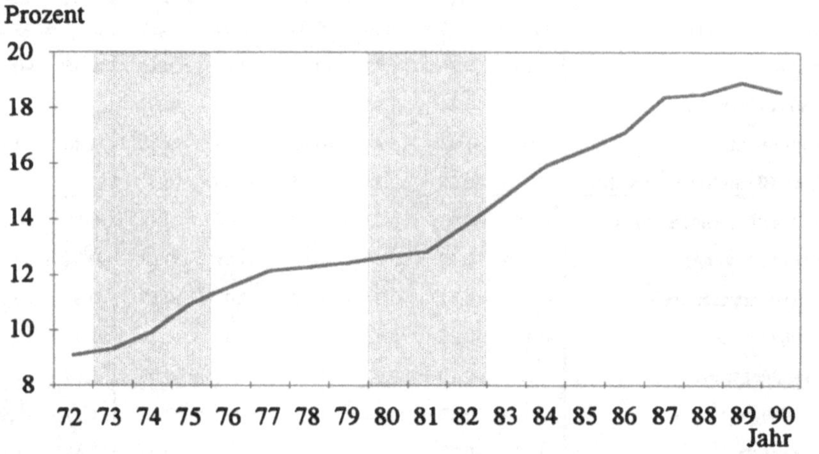

Quellen: Deutsche Bundesbank (1983); Deutsche Bundesbank, Monatsberichte, verschiedene Jahrgänge; eigene Berechnungen.

Die Ergebnisse der Regressionsrechnungen zeigen sowohl für die Unternehmen insgesamt als auch für die einzelnen Sektoren, mit Ausnahme der Quote der Forderungen aus Lieferungen und Leistungen, signifikant positive Zusammenhänge (vgl. Tabelle 32). In keinem der Sektoren kommt es angesichts einer steigenden Rückstellungsquote zu einem signifikanten Rückgang der totalen Geldvermögensquote. Sieht man von dem bilanzpolitischen Gestaltungsspielraum, den die Bildung von Rückstellungen eröffnet, ab, können steigende Rückstellungen als Ausfluß steigender Unsicherheiten unternehmerischer Aktivität gewertet werden. Eine durch die Bildung von Rückstellungen erforderlich gewordene Geldvermögenshaltung kann damit als Konsequenz gestiegener Unsicherheiten aufgefaßt werden.

130 Coenenberg (1992), S. 224.

131 Vgl. Ketterer/Vollmer (1981a), S. 75.

Tabelle 32: Regressionskoeffizienten der Rückstellungsquote

	QKM	QFOLL	QFOKf	QFOLf	QWP	QBT	QGV	GVR
Sektor	***Regressionskoeffizienten***							
Chemische Industrie	0,08	-0,20 *	0,47 **	0,10 *	0,26 **	0,23 **	0,94 **	1,71 **
Steine- und Erdengewinnung	0,30 **	-0,18 *	0,36 **	0,14 **	0,11 **	0,19 **	0,91 **	0,97 **
Eisenschaffende Industrie	-0,04	0,10 *	0,12	-0,03 *	0,00	-0,03	0,12	-0,22
NE-Metallerzeugung	0,03	0,11	0,31 *	-0,06 **	0,33 **	0,27	0,95 **	1,33 **
Holzbearbeitung	0,89 **	0,56	-0,12	-0,37 *	0,01	0,83 *	1,40 *	0,61
Stahl-/Leichtmetallbau	0,52 **	-0,51 *	1,59	0,04	0,68 **	-0,08	2,26 *	1,95
Maschinenbau	0,20 **	-0,36 **	0,20	0,03	0,18 **	0,11 **	0,36 *	0,14
Straßenfahrzeugbau	0,11	-0,10 *	0,53 **	-0,02 *	0,28 **	0,20 **	0,95 **	0,92 **
Elektrotechnik	0,00	-0,52 **	0,70 **	-0,08 *	0,43 **	0,35 **	0,88 **	0,92 **
Eisen-/Blech-/Metallwarenherst.	0,31 **	-0,11	0,55 **	0,16 **	0,02	0,15	1,11 **	0,47 *
Kunststoffwarenherstellung	0,32 **	-0,18	0,72 **	0,22 **	0,13 **	0,28 **	1,34 **	1,46 **
Holzverarbeitung	0,48 **	0,91 **	0,21	0,13 *	0,05	0,08 *	1,91 **	0,62 *
Papier-/Pappeverarbeitung	0,28 *	0,19	0,35 **	0,04	0,04	-0,06	0,79 **	0,53
Textilgewerbe	0,28 **	0,16 *	0,16 *	0,04	0,05 *	0,00	0,79 **	0,45 *
Bekleidungsgewerbe	0,58 **	1,10 **	0,78 **	0,12 *	0,16 **	0,01	2,71 **	1,67 **
Ernährungsgewerbe	0,19 **	0,35 **	0,92 **	0,19 **	0,15 **	0,35 **	2,14 **	1,84 **
Baugewerbe	0,20 *	0,07	-1,40 **	0,20 **	0,36 **	0,14 **	-0,35	-1,21 **
Großhandel	0,33 **	-0,78 **	1,33 **	0,23 **	0,08 **	0,53 **	1,70 **	0,63
Einzelhandel	0,09	0,48 **	1,33 **	0,18 **	0,11 *	0,51 **	2,70 **	0,86 *
Zusammenhang	***Anzahl Regressionskoeffizienten***							
signifikant negativ	0	7	1	5	0	0	0	1
negativ	2	2	1	0	0	4	1	1
positiv	4	4	4	4	5	3	1	5
signifikant positiv	13	6	13	10	14	12	17	12
	Regressionskoeffizienten							
Alle Unternehmen	0,10 *	-0,13 *	0,31 **	0,07 **	0,18 **	0,20 **	0,74 **	0,62 **

Quellen: Deutsche Bundesbank (1983); Deutsche Bundesbank, Monatsberichte, verschiedene Jahrgänge; Statistisches Bundesamt (1992b); eigene Berechnungen. *Anmerkungen:* Angegeben sind die Regressionskoeffizienten (Steigungsmaße) linearer Einfachregressionen. Signifikante Koeffizienten: * bzw. ** Betrag des t-Wertes mindestens 2,5 bzw. 4,0. *Abkürzungen:* QKM Kassenmittelquote, QFOLL Quote der Forderungen aus Lieferungen und Leistungen, QFOKf Quote der sonstigen kurzfristigen Forderungen, QFOLf Quote der langfristigen Forderungen, QWP Wertpapierquote, QBT Beteiligungsquote, QGV totale Geldvermögensquote, GVR Geldvermögens-Verpflichtungs-Relation.

5.5.2. Andere Bestimmungsfaktoren

5.5.2.1. Cash Flow

Der Cash Flow stellt eine vereinfachte Form des Umsatzsüberschusses dar. Der Umsatzüberschuß ist definiert als Differenz von einnahmewirksamen Erträgen und ausgabewirksamen Aufwendungen, die für Investitionsausgaben, Dividendenzahlungen und Schuldentilgungen zur Verfügung steht.[132] Zwischen dem Cash Flow und der Geldvermögenshaltung sind aus theoretischer Sicht vielgestaltige Beziehungen denkbar. Je höher der Cash Flow eines Unternehmens ist, um so mehr kann es darauf vertrauen, daß die laufenden Zahlungsverpflichtungen aus den laufenden Einnahmen bestritten werden können. Diese Sicherheit kann zu einem Abbau der für Transaktionszwecke gehaltenen liquiden Mittel führen. Durch einen erwirtschafteten hohen Cash Flow kann andererseits der Bestand an liquiden Mitteln und anderen Geldvermögensarten dann zu nehmen, wenn sie nicht unmittelbar (d. h. in der gleichen Periode in der sie erwirtschaftet wurden) für den Kauf von Sachvermögensgütern, zur Zahlung von Dividenden oder zur Schuldentilgung verwendet werden.

Der Cash Flow reagiert, ebenso wie der Ertrag eines Unternehmens, auf Umsatzschwankungen. Diese Reaktion fällt um so empfindlicher aus, je mehr beschäftigungsfixe Zahlungsverpflichtungen und je weniger beschäftigungsfixe Einzahlungen existieren. Es kann daher erwartet werden, daß Unternehmen mit einer hohen Umsatzreagibilität des Cash Flow einen höheren Bestand an liquiden Mitteln halten müssen, um ihre jederzeitige Zahlungsfähigkeit auch im Falle von Umsatzrückgängen erfüllen zu können. Gleichzeitig kann das auf einem sensibel auf Umsatzschwankungen reagierenden Cash Flow basierende Risiko durch die Erhöhung beschäftigungsfixer Einzahlungen abgemildert werden. Diesem Ziel kann die Haltung verzinslicher Geldvermögensarten dienen.

In der Bilanzanalyse existieren verschiedene Verfahren der Umsatzüberschußrechnungen, die als Vorstufe von Kapitalflußrechnungen aufgefaßt werden können. Da diese Verfahren recht komplex sind, findet als Annäherung des Umsatzüberschusses der Cash Flow Verwendung. Die für diese Maßzahl existierenden zahlreichen Definitionen weisen darauf hin, daß der Cash Flow eher als pragmatisches Analyseinstrument, denn als systematisches Meßkonzept hinsichtlich im voraus klar umrissener Zielsetzungen aufzufassen ist.[133] In der vorliegenden Arbeit kann angesichts der Datenlage nur eine grobe Annäherung erfolgen. Konzeptionell entspricht sie dem sogenannten vereinfachten Cash Flow. Dieser setzt am Jahresüberschuß an und erhöht diese

---

[132] Vgl. Coenenberg (1992), S. 588.

[133] Vgl. Küting/Weber (1993), S. 123.

Erfolgsgröße um auszahlungsunwirksame Positionen: erstens um die Differenz aus Abschreibungen und Zuschreibungen, zweitens um die Veränderung der langfristigen Rückstellungen. In der vorliegenden Arbeit liegen die Zuschreibungen nicht vor, ferner läßt sich die Fristigkeit der Rückstellungen nicht erkennen. Geht man davon aus, daß die Zuschreibungen von einer vernachlässigbaren Größe sind und der größte Teil der Rückstellungen langfristigen Charakter hat, so läßt sich mit den vorliegenden Daten folgender, sozusagen doppelt vereinfachter Cash Flow (CF) berechnen:

$$CF = JÜ + AB + \Delta RS ,$$

JÜ kennzeichnet den Jahresüberschuß, AB die gesamten Abschreibungen und ΔRS die Veränderung der Rückstellungen im Betrachtungsjahr. Es wird davon ausgegangen, daß diese Kennzahl eine hinreichende Tendenzaussage über den Umsatzüberschuß erlaubt. Die gemachten Annahmen sind im intersektoralen Vergleich um so weniger bedeutsam, je ähnlicher das Verhältnis von Abschreibungen und Zuschreibungen sowie die Fristigkeitsstruktur der Rückstellungen in den einzelnen Sektoren ist.

Auf Grundlage des Cash Flow sollen zwei Kennzahlen definiert werden. Erstens wird die sogenannte Cash Flow-Intensität (CFI) definiert. Sie stellt eine bezüglich des Gesamtvermögens relativierte Niveaugröße des Cash Flow dar. Sie errechnet sich als

$$CFI = \frac{CF}{BS_p} .$$

Der Nenner vorstehenden Ausdrucks stellt die preisbereinigte Bilanzsumme (Gesamtvermögen zu Wiederbeschaffungspreisen) dar. Durch diese Relativierung wird eine intersektorale Vergleichbarkeit hergestellt und die Möglichkeit eines direkten Vergleichs mit den Geldvermögensquoten geschaffen.[134] Je höher die Cash Flow-Intensität ist, um so mehr flüssige Mittel fließen pro Periode je Vermögenseinheit zu.

In Abschnitt 5.3 wurden Maßzahlen der auf Leverage-Effekte zurückgehenden Erfolgsrisiken besprochen. Da beschäftigungsfixe Ausgaben auch ein Liquiditätsrisiko bergen, sollen nachfolgend entsprechende Kennzahlen erörtert werden. In Anlehnung an den konzeptionellen Grundgedanken der Erfolgselastizitäten läßt sich die Maßzahl der Cash Flow-Elastizität definieren.[135] Sie gibt die Reagibilität des Cash Flow bei Umsatzschwankungen angesichts bestehender beschäftigungsfixer Auszahlungen an. (Sie ist mit der

[134] Bei einer Gegenüberstellung mit den Geldvermögensquoten ist lediglich zu berücksichtigen, daß diese als Prozentwert, die Cash Flow-Intensität aber als Dezimalbruch definiert ist.

[135] Sowohl Rentabilität als auch Liquidität unterliegen Leverage-Risiken. Vgl. Süchting (1991), S. 377 - 378.

von Eberhard Schult definierten Liquiditätselastizität verwandt.[136] In Letzterer ist im Zähler zusätzlich die Veränderung des sogenannten Net Working Capital berücksichtigt, in das die Kassenmittel und die Forderungen aus Lieferungen und Leistungen eingehen.) Die Ableitung sei anhand Abbildung 52 illustriert. Wie bei der Break-even-Analyse und der Ableitung der Erfolgselastizitäten wird davon ausgegangen, daß die Materialaufwendungen den beschäftigungsvariablen Aufwendungen entsprechen, alle anderen Aufwandsarten beschäftigungsfixen Charakter haben. Sind die Preise und die variablen Stückkosten (mithin also der Stückdeckungsbeitrag) kurzfristig konstant, läßt sich der Jahresüberschuß als Funktion des Umsatzes notieren (vgl. auch Abschnitt 5.3.2.2):

$$\text{JÜ} = -A + ZE + \text{ÜE} + (1-m) \cdot U.$$

Es bedeuten: A gesamte übrige Aufwendungen (Gesamtaufwendungen ohne Materialaufwendungen), ZE Zinserträge, ÜE übrige Erträge, m geschätzter variabler Aufwand pro Umsatzeinheit, U Umsatz. Mit Hilfe dieser Jahresüberschußfunktion läßt sich entsprechend der Cash Flow-Definition durch Berücksichtigung der Abschreibungen und der Rückstellungsveränderungen eine vom Umsatz abhängige Cash Flow-Funktion definieren. Damit kann - analog der Vorgehensweise in Abschnitt 5.3.2.2 - die Punktelastizität des Cash Flow (CFE) ermittelt werden:

$$CFE = \frac{dCF}{dU} \cdot \frac{U}{CF} = \frac{CF + A - ZE - \text{ÜE} - AB - \Delta RS}{CF}.$$

Abbildung 52: Zur grafischen Ableitung der Umsatzelastizität des Cash Flow

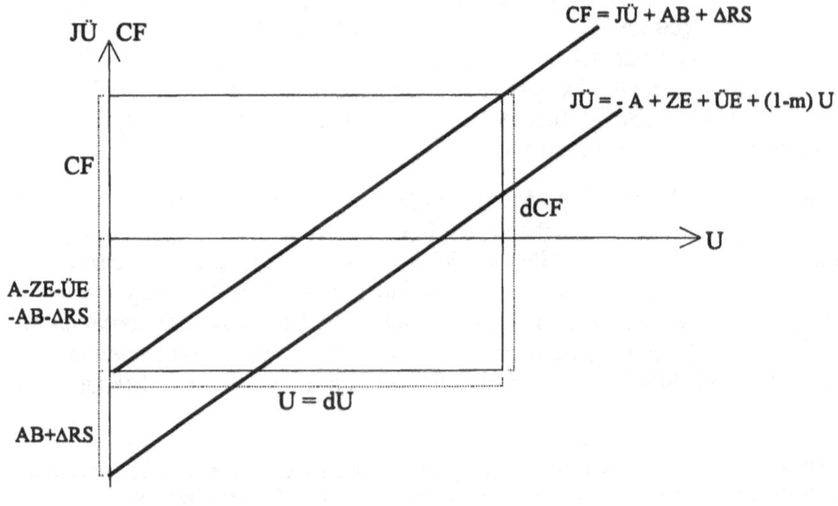

136 Vgl. Schult (1975), S. 573 - 574.

Hinsichtlich der Zusammenhangsanalyse mit Geldvermögensquoten treten bei dieser Elastizitätsmaßzahl die gleichen kausalen Probleme auf wie bei der Umsatzelastizität des Gesamterfolges, da die Erträge des Geldvermögens in der Maßzahl berücksichtigt sind. Es müßte also auch hier an eine Aufspaltung der Elastizität gedacht werden.

Wegen der Eigenschaft der Maßzahl im Bereich kleiner Cash Flow-Werte soll davon Abstand genommen. Ähnlich wie bei der Break-even-Analyse soll das kritische Umsatzvolumen, bei dessen Unterschreitung der Cash Flow negativ würde, ins Verhältnis zum tatsächlichen Umsatz gesetzt werden. Wie bereits in Abschnitt 5.3.3 gezeigt, lassen sich damit validere Zerlegungen und stabilere Messungen durchführen. Zu jener kritischen Umsatzmenge, bei deren Unterschreitung der gesamte Cash Flow negativ würde, gelangt man durch Nullsetzen der Bestimmungsgleichung des Cash Flow:

$$CF = JÜ + AB + \Delta RS = -A + ZE + ÜE + (1-m) \cdot U + AB + \Delta RS = 0$$

$$U_{krit}^{(CF)} = \frac{A - ZE - ÜE - AB - \Delta RS}{1-m} .$$

Relativiert man diesen kritischen Umsatz bezüglich des tatsächlichen Umsatzes, so ergibt sich die auf den Cash Flow bezogene Umsatzabweichung

$$UA_G^{(CF)} = \frac{U_{krit}^{(CF)}}{U} = \frac{A - ZE - ÜE - AB - \Delta RS}{U \cdot (1-m)} = \frac{A - ZE - ÜE - AB - \Delta RS}{RE} ,$$

bzw. nach Umformungen

$$UA_G^{(CF)} = \frac{PA + AB + ÜA + ZA + ST - ZE - ÜE - AB - \Delta RS}{RE}$$

$$= \frac{(PA + ÜA - \Delta RS) + (ZA + ST - ZE - ÜE)}{RE} .$$

Unterstellt man, daß die Rückstellungen überwiegend aus betriebsbedingten Gründen gebildet werden, läßt sich von dieser die folgende betriebliche Cash Flow-orientierte Umsatzabweichung abspalten:

$$UA_B^{(CF)} = \frac{PA + ÜA - \Delta RS}{RE} .$$

Der betrieblichen Cash Flow-orientierten Umsatzabweichung liegt die Idee eines betrieblichen Cash Flow zugrunde, der sich ergibt, wenn neben dem einzahlungswirksamen Rohertrag nur die betrieblichen auszahlungswirksamen Aufwendungen berücksichtigt werden: Personalaufwendungen (PA) und übrige Aufwendungen (ÜA) vermindert um die Veränderung der Rückstellungen (ΔRS). Dieser betriebliche Cash Flow läßt sich - unter den oben gemachten Annahmen - als Funktion des Umsatzes darstellen (vgl. Abbildung 53). Jener kritische Umsatzwert, der den betrieblichen Cash Flow Null werden läßt, ergibt sich durch Nullsetzen der betrieblichen Cash Flow-Funktion und dem Auflösen nach dem Umsatz:

$$CF_B = -PA-ÜA+\Delta RS+(1-m) \cdot U = 0$$

$$U_{krit}^{(CF,B)} = \frac{PA+ÜA-\Delta RS}{(1-m)}.$$

Abbildung 53: Cash Flow in Abhängigkeit vom Umsatz

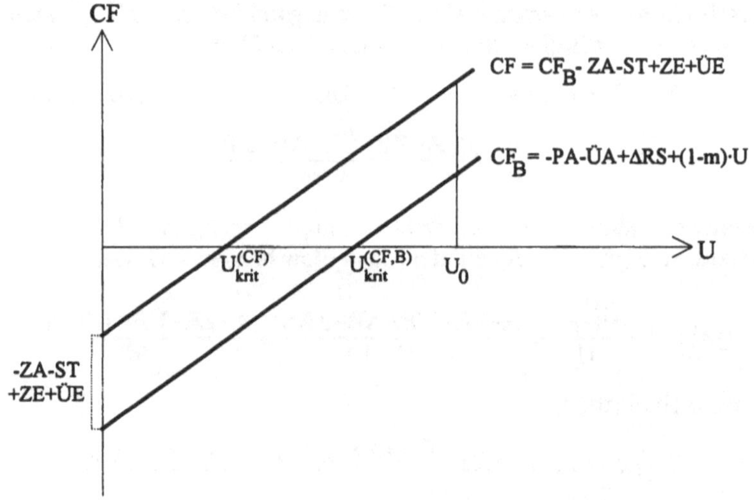

Durch additive Ergänzung des betrieblichen Cash Flow um die zahlungswirksamen nichtbetrieblichen beschäftigungsfixen Aufwendungen und Erträge gelangt man ausgehend von der betrieblichen Cash Flow-Funktion zur Cash Flow-Funktion des gesamten Unternehmens. (In der Abbildung 53 wurde davon ausgegangen, daß die nichtbetrieblichen Erträge die nichtbetrieblichen Aufwendungen übersteigen.) Die Bestimmungsgleichung der Cash Flow-orientierten betrieblichen Umsatzabweichung läßt sich somit auch direkt wie folgt darstellen:

$$UA_B^{(CF)} = \frac{U_{krit}^{(CF,B)}}{U} = \frac{PA+ÜA-\Delta RS}{(1-m) \cdot U} = \frac{PA+ÜA-\Delta RS}{RE}.$$

Zur Interpretation der abgeleiteten Kennzahl: Je weiter die betriebliche Cash Flow-orientierte Umsatzabweichung unter dem Wert Eins liegt, um so

Abbildung 54: Cash Flow-Intensität

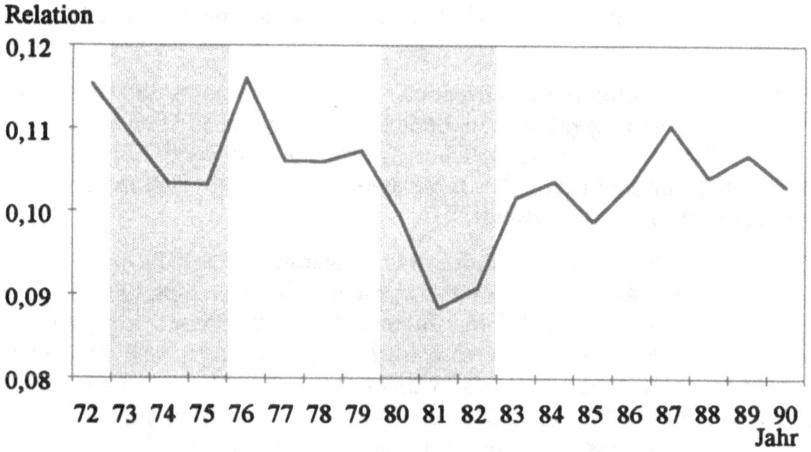

Quellen: Deutsche Bundesbank (1983); Deutsche Bundesbank, Monatsberichte, verschiedene Jahrgänge; Statistisches Bundesamt (1992b); eigene Berechnungen.

Abbildung 55: Betriebliche Cash Flow-orientierte Umsatzabweichung

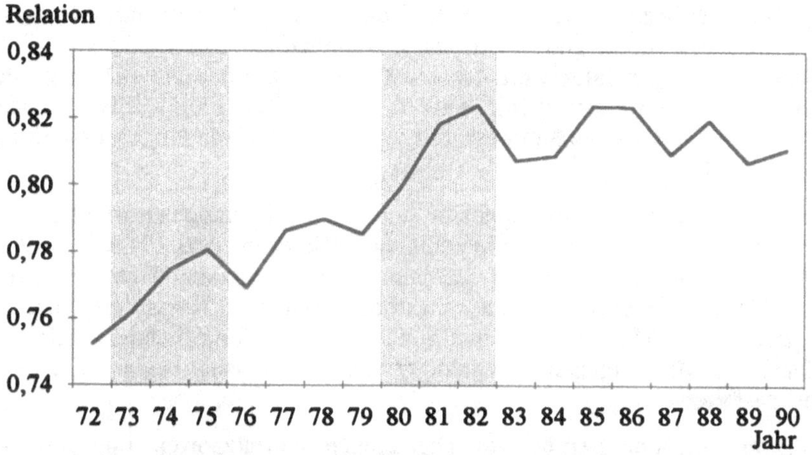

Quellen: Deutsche Bundesbank (1983); Deutsche Bundesbank, Monatsberichte, verschiedene Jahrgänge; eigene Berechnungen.

höher können Umsatzrückgänge ausfallen, ohne daß der betriebliche Cash Flow (Cash Flow des Unternehmens vor Berücksichtigung der nichtbetrieblichen beschäftigungsfixen Aufwendungen und Erträge) negativ wird. Ein Beispiel: Der auf den betrieblichen Cash Flow bezogene kritische Umsatzwert betrage 400, der tatsächliche Umsatz des Unternehmens 500. Die Kennzahl

$UA_B^{(CF)}$ nimmt dann den Wert 400/500 = 0,8 an. Fiele der tatsächliche Umsatz in dieser Situation um mehr 20 Prozent, so würde der betriebliche Cash Flow negativ.

Die Cash Flow-orientierte betriebliche Umsatzabweichung soll in den anstehenden Zusammenhangsanalysen berücksichtigt werden. Dies vermag Aufschluß darüber zu geben, in welcher Weise ein sich veränderndes, auf die betriebliche Liquidität bezogenes Leverage-Risiko mit der Haltung bestimmter Geldvermögensarten korrespondiert.

Die zeitliche Entwicklung beider oben abgeleiteter Cash Flow-Kennzahlen ist in den Abbildungen 54 und 55 wiedergegeben. Zum Teil deutliche Rückgänge erfährt die Cash Flow-Intensität in den Phasen konjunktureller Verschlechterung. Während sie sich in der Aufschwungsphase der siebziger Jahre kaum erholt, findet im Aufschwung der achtziger Jahre ein von Schwankungen begleiteter Anstieg auf einen Wert von etwa 0,10 gegen Ende des Betrachtungszeitraums statt, der unter dem durchschnittlichen Niveau der siebziger Jahre verbleibt.

Die betriebliche Cash Flow-orientierte Umsatzabweichung zeigt neben konjunkturellen Ausschlägen auch Schwankungsirregularitäten innerhalb vergleichbarer Konjunkturphasen. Während die Reihe zunächst einen steigenden Trend aufweist, erreicht sie zu Beginn der achtziger Jahre eine von Schwankungen überlagerte stationäre trendmäßige Entwicklung. In den gesamten achtziger Jahren mußten die Unternehmen bei einem Umsatzrückgang um rund 18 Prozent damit rechnen, daß der Cash Flow vor Berücksichtigung der nicht betrieblichen beschäftigungsfixen Aufwendungen und Erträge negativ wird.

Zwischen der Cash Flow-Intensität und den Geldvermögensvariablen lassen sich kaum signifikante Zusammenhänge erkennen (vgl. Tabelle A.9 in Anhang 3). Das gilt sowohl für die Analyse auf Ebene aller Unternehmen als auch für die Befunde in den einzelnen Sektoren. Abstrahiert man von aufgetretenen Meßfehlern, so heißt das, daß die Unternehmen ihre Vermögensstruktur weitgehend unabhängig von der Intensität des aktuellen Cash Flow gestalten.

Klarer fällt der Befund zur abgeleiteten Umsatzabweichung aus (vgl. Tabelle 33). Hier lassen sich für die Gesamtheit der Unternehmen signifikant positive Zusammenhänge für die Quote der sonstigen kurzfristigen Forderungen, die Wertpapierquote und die Beteiligungsquote nachweisen. Offensichtlich begegnen die Unternehmen einem riskanter werdenden betrieblichen Cash Flow durch verstärkte Haltung bestimmter Geldvermögensarten. In eine gleiche Richtung weisen zwar auch die sektoralen Zusammenhänge der genannten Geldvermögensquoten, wenngleich hier auch zahlreiche nicht signifikante Werte zu verzeichnen sind.

Tabelle 33: Regressionskoeffizienten der betrieblichen Cash Flow-orientierten Umsatzabweichung

	QKM	QFOLL	QFOKf	QFOLf	QWP	QBT	QGV	GVR
Sektor	***Regressionskoeffizienten***							
Chemische Industrie	-14,0	1,8	21,1	-1,5	2,1	7,9	17,1	35,5
Steine- und Erdengewinnung	3,8	-21,7 •	16,1	6,2	5,9	6,7	16,6	11,7
Eisenschaffende Industrie	-0,5	-3,4	-1,1	0,7	-0,5	0,9	-4,3	-15,1
NE-Metallerzeugung	4,0	-3,6	-6,5	0,8	-2,1	-1,7	-12,7	-19,4
Holzbearbeitung	5,9	16,4 •	-12,0 •	-7,2	0,0	6,8	1,5	-21,9
Stahl-/Leichtmetallbau	18,4	-36,2 •	130,1 •	-0,3	36,8 •	-3,0	148,2 •	145,0 •
Maschinenbau	6,3	-35,4 •	23,6	0,7	9,4	9,8 •	13,9	-14,9
Straßenfahrzeugbau	-47,2 •	-15,2 •	30,4	1,0	10,2	22,4	-5,5	-44,3
Elektrotechnik	-10,9	-37,3 •	57,0 •	-9,0 •	22,5	31,2 •	52,9	49,2
Eisen-/Blech-/Metallwarenherst.	15,3	-28,9 ••	54,6 ••	13,9 •	-0,1	4,2	63,6	6,4
Kunststoffwarenherstellung	7,7	-17,4	35,0	12,2 •	4,1	8,5	42,1	54,6
Holzverarbeitung	7,4	19,6	16,8	3,0	1,7	1,1	50,6 •	4,0
Papier-/Pappeverarbeitung	0,4	14,8	4,3	-2,5	-2,3	1,3	14,4	-12,6
Textilgewerbe	-1,4	6,4	19,5	3,1	-2,9	2,6	29,1	-6,3
Bekleidungsgewerbe	16,7	39,2 •	29,9 •	3,4	6,6 •	-0,4	95,5 •	58,9 •
Ernährungsgewerbe	7,1 •	16,9 ••	34,2 ••	5,9	5,1 •	10,2	79,2 ••	61,4 •
Baugewerbe	2,8	-11,8	-56,2	13,5 ••	19,6 •	6,2 •	-20,4	-69,8 •
Großhandel	4,9	-18,0 ••	32,2 ••	4,8 ••	1,5 •	8,1	33,1 ••	2,2
Einzelhandel	-3,2	7,9	29,3 ••	5,4 ••	3,8 ••	13,3 ••	55,9 ••	7,2
Zusammenhang	***Anzahl Regressionskoeffizienten***							
signifikant negativ	1	7	1	1	0	0	0	1
negativ	5	4	3	4	6	3	4	7
positiv	12	5	8	9	7	12	9	8
signifikant positiv	1	3	7	5	6	4	6	3
	Regressionskoeffizienten							
Alle Unternehmen	6,1	-13,7	39,3 ••	5,5	22,9 ••	18,6 •	78,6 •	57,5 •

Quellen: Deutsche Bundesbank (1983); Deutsche Bundesbank, Monatsberichte, verschiedene Jahrgänge; Statistisches Bundesamt (1992b); eigene Berechnungen. *Anmerkungen:* Angegeben sind die Regressionskoeffizienten (Steigungsmaße) linearer Einfachregressionen. Signifikante Koeffizienten: * bzw. ** Betrag des t-Wertes mindestens 2,5 bzw. 4,0. *Abkürzungen:* QKM Kassenmittelquote, QFOLL Quote der Forderungen aus Lieferungen und Leistungen, QFOKf Quote der sonstigen kurzfristigen Forderungen, QFOLf Quote der langfristigen Forderungen, QWP Wertpapierquote, QBT Beteiligungsquote, QGV totale Geldvermögensquote, GVR Geldvermögens-Verpflichtungs-Relation.

5.5.2.2. Umschlagskoeffizienten

In einem in der theoretischen Grundlegung vorliegender Arbeit besprochenen mikrotheoretischen Ansatz zur Geldvermögenshaltung eines Unternehmens wurden auch betriebliche Effizienzmaße als Einflußfaktoren abgeleitet (vgl. Abschnitt 2.2.3). Die dort behandelten Kenngrößen haben allerdings einen stark produktionstheoretischen Charakter. Ihre empirische Abschätzung ist vor allem deshalb problembehaftet, da sie nur aufgrund sehr restriktiver Annahmen erfolgen könnte. Mit den vorliegender Arbeit zugrundliegenden Daten ist sie überhaupt nicht möglich. Als Ersatz bietet es sich an, auf Kennziffern abzuheben, mit denen in der bilanzanalytischen Praxis bestimmte Effizienzaussagen gewonnen werden. An zentraler Stelle steht hier die Gruppe der sogenannten Umschlagskoeffizienten. Dem Idealtypus nach geben Umschlagskoeffizienten Auskunft über die Häufigkeit oder die Geschwindigkeit mit der ein bestimmter Vermögensposten in einer Betrachtungsperiode umgeschlagen wurde.[137] (Für die Analysen aufgrund von Jahresabschlußdaten sind vereinfachende Annahmen erforderlich, da unterjährige Daten meist nicht vorhanden sind.) Je häufiger das Vermögen umgeschlagen wird, um so mehr wird einerseits das Liquditätspotential des Unternehmens erhöht, da das Vermögen nur kurze Zeit gebunden ist. Andererseits wird "die Dispositionselastizität der Unternehmensleitung erhöht und damit die Anpassungsfähigkeit an Beschäftigungs- und Strukturveränderungen verstärkt"[138]. Nachfolgend werden zwei wichtige Umschlagskennzahlen erörtert und sodann in einer dritten zusammengeführt.

In der Bilanzanalyse sind Umschlagskoeffizienten vor allem im Rahmen der Liquiditätsanalyse geläufig. Eine dieser Kennzahlen ist die Umschlagsdauer des Vorratsvermögens ($UDVR_t$). Diese errechnet sich wie folgt:

$$UDVR_t = \frac{\frac{VR_t + VR_{t-1}}{2}}{U_t} \cdot 365,$$

mit VR_t Vorratsendbestand des Jahres t, VR_{t-1} Vorratsanfangsbestand des Jahres t, U_t Umsatz des Jahres t. Der Zähler enthält den näherungsweise geschätzten jahresdurchschnittlichen Bestand an Vorräten. Die Multiplikation mit 365 bewirkt, daß die Umschlagsdauer die Dimension Tage aufweist. Ein Anstieg dieser Kennzahl "deutet auf eine suboptimale Vorratshaltung hin, deren Gründe entweder in einem vernachlässigten Beschaffungswesen oder in einer Überschätzung der Absatzmöglichkeiten liegen können"[139].

---

137 Vgl. Coenenberg (1992), S. 571.
138 Vgl. Coenenberg (1992), S. 567.
139 Küting/Weber (1993), S. 97.

Der Zusammenhang zur Haltung liquider Mittel ist in der Literatur umstritten. Einerseits kann eine kurze Umschlagsdauer darauf hindeuten, daß ein Unternehmen Anspannungen der Liquiditätslage durch den laufenden Umsatzprozeß abmildern kann.[140] Andererseits bedeutet aber eine vergleichsweise kurze Umschlagsdauer bei gleichem jährlichen Umsatzvolumen auch eine vergleichsweise hohe Zahl von Kauf- und Verkaufsakten.[141] Dies könnte einen vergleichsweise hohen Bestand an liquiden Mitteln erforderlich machen.

Das von einem Unternehmen an seine Kunden gewährte Zahlungsziel kann im intertemporalen Vergleich Aufschluß über die Zahlungsfähigkeit der Kunden geben. Generell kann ein steigendes Kundenziel darauf hindeuten, daß Zahlungsschwierigkeiten der Kunden vorliegen. Speziell kann es ein Hinweis darauf sein, daß das Unternehmen zur Beschleunigung seines Umsatzwachstums zunehmend an Kunden schlechterer Bonität geliefert hat.[142] Das Kundenziel der Periode t (KZ_t) wird üblicherweise errechnet als

$$KZ_t = \frac{\frac{FO_{LL,t}+FO_{LL,t-1}}{2}}{U_t} \cdot 365 \,,$$

mit $FO_{LL,t}$ ($FO_{LL,t-1}$) Bestand an Forderungen aus Lieferungen und Leistungen am Ende (am Anfang) von Periode t, U_t Umsatz in Periode t.

Als Geschwindigkeitsmaß (reziproke Häufigkeit) ist das Absatztempo (AT) konzipiert. Es führt die beiden eben besprochenen Kennzahlen zusammen und stellt eine von mehreren Kennzahlen dar, die im Rahmen des sogenannten Capitalyse-Verfahrens aufgrund veröffentlichter Jahresabschlüsse gebildet werden.[143] Sie ist definiert als

$$AT_t = \frac{U_t}{\frac{VR_t+VR_{t-1}}{2} + \frac{FO_{LL,t}+FO_{LL,t-1}}{2}} \,.$$

Es bedeuten: VR_t Vorratsendbestand des Jahres t, VR_{t-1} Vorratsanfangsbestand des Jahres t, $FO_{LL,t}$ ($FO_{LL,t-1}$) Bestand an Forderungen aus Lieferungen und Leistungen am Ende (am Anfang) von Periode t und U_t Umsatz des Jahres t. Im Rahmen der Capitalyse soll damit die Effizienz des Betriebsablaufes ausgedrückt werden. Inhaltlich stellt sie eine Annäherung an die Umschlagsgeschwindigkeit des Bestandes an Vorräten und Forderungen aus Lieferungen und Leistungen dar. Der reziproke Wert ist analog der um die Berücksichti-

---

140 Vgl. Gräfer (1990), S.111.

141 Vgl. Schult (1991), S. 122.

142 Vgl. Küting/Weber (1993), S. 95.

143 Dieses Verfahren wurde von der Arthur Anderson & Co. GmbH in Zusammenarbeit mit der Redaktion der Wirtschaftszeitschrift Capital entworfen. Vgl. Küting/Weber (1993), S. 374 - 382.

gung der Forderungen aus Lieferungen und Leistungen erweiterten Kennzahl UDVR aufzufassen.

Wie bei der Umschlagsdauer des Vorratsvermögens ist der Zusammenhang zur Geldvermögenshaltung auf theoretischer Ebene unklar. Einerseits geht mit einem hohen Absatztempo ein schnellerer Rückfluß der Mittel einher, was eine geringere Kassenhaltung ermöglichen würde. Andererseits steigt bei gegebenem Umsatz mit dem Absatztempo die Zahl der Transaktionen, was wiederum eine erhöhte Kassenhaltung erforderlich machen würde. Ferner können sich gerade durch einen schnellen Mittelrückfluß Potentiale zur Geldvermögensausweitung ergeben. Die Abbildung 56 zeigt die zeitliche Entwicklung des Absatztempos. Die relativen Maxima werden in den Aufschwungsphasen erreicht. Auffällig ist, daß der Tempoanstieg auch im konjunkturellen Abschwung stattfindet. Sieht man von Meßproblemen ab, deutet dies darauf hin, daß die Unternehmen gerade bei schlechter Konjunktur in besonderer Weise gezwungen sind, die betriebliche Effizienz zu verbessern.

Abbildung 56: Absatztempo

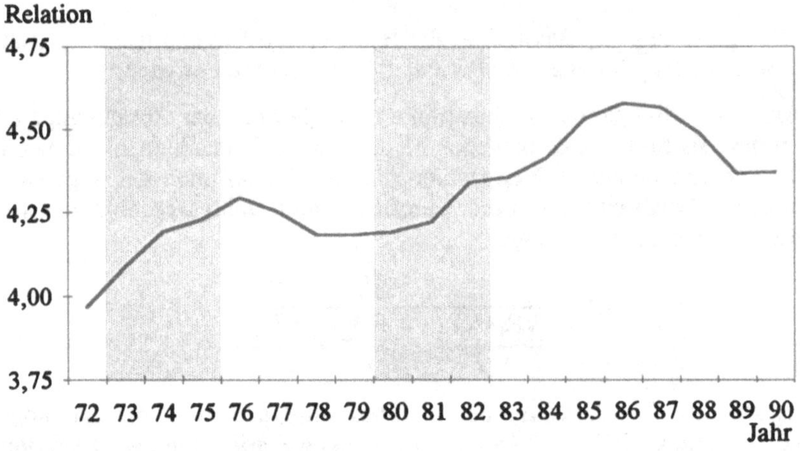

Quellen: Deutsche Bundesbank (1983); Deutsche Bundesbank, Monatsberichte, verschiedene Jahrgänge; eigene Berechnungen.

Die Zusammenhangsanalysen ergeben bezogen auf alle Unternehmen, bis auf die Quote der Forderungen aus Lieferungen und Leistungen, signifikante positive Zusammenhänge (vgl. Tabelle 34). Auch in der Mehrzahl der Sektoren werden, ebenfalls bis auf die genannte Quote, die Geldvermögensquoten im Zuge eines steigenden Absatztempos erhöht. Signifikante Koeffizienten treten vor allem in den Sektoren des Grundstoff- und Produktionsgütergewerbes und des Investitionsgüterproduzierenden Gewerbes auf. Die Sonderrolle

Tabelle 34: Regressionskoeffizienten des Absatztempos

	QKM	QFOLL	QFOKf	QFOLf	QWP	QBT	QGV	GVR
Sektor	***Regressionskoeffizienten***							
Chemische Industrie	1,14	-2,69 **	5,79 **	1,42 **	3,41 **	2,91 **	11,92 **	21,59 **
Steine- und Erdengewinnung	3,89 **	-2,91 *	4,57 **	1,60 *	1,22 *	2,40 *	10,76 *	11,50 *
Eisenschaffende Industrie	0,29	-0,34	0,86	-0,31	0,09	-0,20	0,45	2,52
NE-Metallerzeugung	0,09	0,25	3,39 *	-0,32	1,47	3,31 *	7,66 *	11,30 *
Holzbearbeitung	3,78	-0,93	4,13 *	0,76	0,04	2,83	10,97 *	15,87 **
Stahl-/Leichtmetallbau	2,44 **	-2,94 **	14,97 **	0,18	3,88 **	-0,56	18,20 **	18,71 **
Maschinenbau	2,42 *	-4,48 *	4,41	0,63 *	2,35 **	0,93	6,29 *	4,67
Straßenfahrzeugbau	1,53	-1,07 *	4,91 **	-0,22 *	2,74 **	1,91 **	9,50 **	9,63 **
Elektrotechnik	0,26	-7,77 **	11,36 **	-1,35 *	7,10 **	4,50 *	14,17 **	15,32 **
Eisen-/Blech-/Metallwarenherst.	4,79 **	-1,41	7,92 **	2,11 **	0,51 *	3,09 *	17,17 **	7,78 *
Kunststoffwarenherstellung	2,26 **	-2,24 *	5,71 **	1,76 **	0,95 *	1,79 *	9,04 *	10,17 *
Holzverarbeitung	3,47	4,66	-0,05	1,53	0,79	0,27	10,95	7,40
Papier-/Pappeverarbeitung	2,87 *	-0,05	3,72 **	0,08	0,48	0,10	7,13 *	9,26 *
Textilgewerbe	5,69 **	0,91	2,21	1,02	0,79	-0,64	11,35 *	9,20 *
Bekleidungsgewerbe	5,11	3,99	4,19	0,92	0,57	2,83 *	16,64	17,90 *
Ernährungsgewerbe	1,24 *	1,59	5,24 *	1,00	0,79 *	1,65	11,49 *	9,93 *
Baugewerbe	-1,01 *	-1,02	5,92 *	-0,44	-0,71	-0,48 *	2,17 *	4,43 *
Großhandel	-1,24	-0,31	-1,69	-0,40	-0,14	-2,01	-5,82	-4,66 *
Einzelhandel	0,95	-0,86	-2,22	-0,16	-0,42	-0,97	-3,63	1,22
Zusammenhang	***Anzahl Regressionskoeffizienten***							
signifikant negativ	1	7	0	2	0	1	0	1
negativ	1	7	3	5	3	5	2	0
positiv	9	5	4	7	7	5	3	4
signifikant positiv	8	0	12	5	9	8	14	14
	Regressionskoeffizienten							
Alle Unternehmen	1,62 *	-2,47 *	5,24 **	1,01 *	3,49 **	2,93 *	11,80 **	10,10 **

Quellen: Deutsche Bundesbank (1983); Deutsche Bundesbank, Monatsberichte, verschiedene Jahrgänge; Statistisches Bundesamt (1992b); eigene Berechnungen. *Anmerkungen:* Angegeben sind die Regressionskoeffizienten (Steigungsmaße) linearer Einfachregressionen. Signifikante Koeffizienten: * bzw. ** Betrag des t-Wertes mindestens 2,5 bzw. 4,0. *Abkürzungen:* QKM Kassenmittelquote, QFOLL Quote der Forderungen aus Lieferungen und Leistungen, QFOKf Quote der sonstigen kurzfristigen Forderungen, QFOLf Quote der langfristigen Forderungen, QWP Wertpapierquote, QBT Beteiligungsquote, QGV totale Geldvermögensquote, GVR Geldvermögens-Verpflichtungs-Relation.

der Forderungen aus Lieferungen und Leistungen tritt auch in dieser Zusammenhangsanalyse deutlich zu Tage. Obwohl diese auch im Rahmen anderer untersuchter Zusammenhänge auffiel, kann eine Scheinkorrelation nicht völlig ausgeschlossen werden, da die Forderungen aus Lieferungen und Leistungen Bestandteil des Nenners der betrachteten Kennzahl sind. Generell liefern die durchgeführten Zusammenhangsanalysen aber Indizien dafür, daß eine Steigerung der betrieblichen Leistungsfähigkeit auch mit einer Steigerung des gehaltenen Geldvermögens einherzugehen scheint.

6. Zusammenfassung

Die vorliegende Untersuchung hat zwei Ziele verfolgt: Erstens sollte die Entwicklung des Niveaus und der Struktur der von Unternehmen gehaltenen Geldvermögen - insbesondere im Portfoliozusammenhang - nachgezeichnet werden. Zweitens sollten Hinweise auf mögliche Ursachen der gefundenen Entwicklung gegeben werden.

Befunde zur Entwicklung der Geldvermögen

Die Geldvermögen der untersuchten, in der Bilanzstatistik der Deutschen Bundesbank repräsentierten Unternehmen haben von 1972 bis 1990 ein deutliches Wachstum um jahresdurchschnittlich 6,2 Prozent erfahren. Ihr Bestand hat sich damit fast verdreifacht. Wurde die Entwicklung in den siebziger Jahren noch deutlich durch die kurzfristigen Geldvermögensarten geprägt, trugen in den achtziger Jahren auch die Wertpapiere und die Beteiligungen zu dieser expansiven Entwicklung bei.

Dem Befund aus der Bilanzstatistik wurde der Befund aus der *Finanzierungsrechnung* gegenübergestellt, die bezüglich der repräsentierten Unternehmensbereiche die umfassender Statistik darstellt, Konzeptionen aber nur bedingt vergleichbar ist. Hier zeichnete sich eine noch stärkere Expansion der von Produktionsunternehmen gehaltenen Geldvermögen ab, die auch das gesamtwirtschaftliche Geldvermögenswachstum übertraf. Nach einer Herausarbeitung der wesentlichen konzeptionellen Unterschiede zwischen Bilanzstatistik und Finanzierungsrechnung konnten ausgewählte Positionen beider Statistiken gegenüber gestellt werden. Aus dieser Gegenüberstellung resultierte vor allem der Befund, daß die in der Bilanzstatistik unterrepräsentierten Unternehmensbereiche (z. B. Dienstleistungsbereiche, freie Berufe) eine intensivere Geldvermögenshaltung aufweisen als die vertretenen Bereiche. Hier tritt ein Defizit der zur Zeit existierenden monetären Statistiken zu Tage, da diese geldvermögensintensiven Bereiche durch ihr Verhalten die gesamtwirtschaftliche Entwicklung in einer nicht vernachlässigbaren Weise mitprägen dürften.

Zur *Geldvermögensveränderung* der Unternehmen trugen die einzelnen Geldvermögensarten in unterschiedlicher Weise bei. Einen markanten Beitrag leisteten die Forderungen aus Lieferungen und Leistungen sowie die sonstigen kurzfristigen Forderungen. Zu Anfang der achtziger Jahre fanden die deutlichsten Zuwächse der Wertpapierbestände statt. Die Beteiligungen hatten ab

1985 ständig zunehmende Zuwächse. Bei einer Gegenüberstellung von Geld- und Sachvermögensveränderung zeigte sich vor allem eine deutliche Entkoppelung eines ansonsten vergleichbaren konjunkturellen Entwicklungsmusters zu Anfang der achtziger Jahre. Hier lag die Geldvermögensbildung deutlich über der Sachvermögensbildung. Auch im letzten Aufschwungjahr überstieg die Geldvermögensbildung regelmäßig die Sachvermögensbildung.

Neben der Entwicklung der Geldvermögensniveaus und der Geldvermögensbildung wurde die *Geldvermögensstruktur* analysiert. Die Analyse der Geldvermögensstruktur nach Geldvermögensarten ergab im wesentlichen einen Rückgang der Forderungen aus Lieferungen und Leistungen, während der Anteil der Wertpapiere und Beteiligungen am Geldvermögensportfolio der Unternehmen im Untersuchungszeitraum zunahm. Bei der Betrachtung der sektoralen Geldvermögensstruktur fällt vor allem der deutlich rückläufige Anteil des Baugewerbes auf, deutlicher Anteilsgewinner war der Straßenfahrzeugbau. Auch die nicht separat ausgewiesenen Sektoren konnten ihren Beitrag im Untersuchungszeitraum aufstocken. Diesen gehören sowohl typische Wachstumssektoren (z. B. Herstellung von Büromaschinen, ADV-Geräten und -Einrichtung) als auch typische Schrumpfungssektoren (z. B. Gießereien) an. Das Tempo des Wandels beider betrachteter Strukturen folgte keinem einheitlichen Muster im Zeitablauf. Allenfalls für den Wandel der sektoralen Struktur deutet sich in konjunkturellen Abschwungsphasen ein leicht zunehmendes Tempo an.

Mit Hilfe eines komponentenanalytischen Ansatzes konnte gezeigt werden, daß der beschriebenen Veränderung der sektoralen Struktur ein vergleichsweise geringer Beitrag zur Erklärung der absoluten Veränderung einzelner Geldvermögensarten zukommt. Ein deutlicherer Einfluß kam hier der von der gesamten Geldvermögensentwicklung ausgehenden Dynamik und sektorspezifischen Entwicklungen zu.

Mit der Betrachtung von *Geldvermögensquoten*[1] wurde die Entwicklung der Geldvermögen im gesamten Portfoliozusammenhang der Unternehmen analysiert. Insgesamt weiteten die Unternehmen die totale Geldvermögensquote von etwa 38 Prozent zu Beginn der siebziger Jahre auf knapp 45 Prozent im Jahre 1990 aus. Es zeigte sich, daß die Unternehmen den Anteil des Geldvermögens in ihren Portfolios vor allem in den Phasen eines konjunkturellen Aufschwungs ausweiteten. Während konjunktureller Verschlechterungen war dieser Anteil leicht rückläufig. Dieses konjunkturelle Muster war bei den einzelnen Geldvermögensarten unterschiedlich stark ausgeprägt. Während die Kassenmittelquote deutlich auf unterschiedliche konjunkturelle Situationen reagierte, ist dies bei den anderen Quoten weniger stark ausgeprägt. Von Aus-

---

1 Die Geldvermögensquote entspricht dem Anteil des Geldvermögens und einzelner Geldvermögensarten am Gesamtvermögen in Prozent.

nahmen abgesehen fanden aber die deutlichsten Quotenanstiege im konjunkturellen Aufschwung, besonders in der langen Aufschwungphase der achtziger Jahre, statt.

Die Veränderung der Geldvermögensquoten war überwiegend auf Verhaltensänderungen in den Sektoren der hier betrachteten Unternehmensgruppe zurückzuführen. Dies zeigte sich durch den, von Ausnahmen abgesehen, geringen Stellenwert, der der Veränderung der sektoralen Vermögensstruktur[2] bei der Erklärung der Quotenveränderungen zukam. Dieser Nachweis war deshalb erforderlich, weil z. B. ein auf alle Unternehmen bezogener Quotenanstieg allein dadurch zustande kommen kann, daß im Zuge einer Veränderung der sektoralen Vermögensstruktur geldvermögensintensive Unternehmen an Bedeutung gewonnen haben.[3]

Als Kennzahl des Nettogeldvermögens wurde die *Geldvermögens-Verpflichtungs-Relation* einer Analyse unterzogen. Der deutliche Anstieg dieser Relation von etwa 55 Prozent zu Anfang der siebziger Jahre auf etwa 61 Prozent im Jahre 1990 weist auch auf einen Rückgang der Nettoschuldner-Position der hier betrachteten Unternehmen hin. Indem Geldvermögens- und Verpflichtungspositionen vergleichbarer Fristigkeit zueinander ins Verhältnis gesetzt wurden, wurden sogenannnte partielle Geldvermögens-Verpflichtungs-Relationen berechnet. Hier zeigte sich, daß das Verhältnis von langfristigem Geldvermögen zu langfristigen Verpflichtungen ein besonders deutliches Wachstum erfahren hat: Es wuchs im Betrachtungszeitraum um knapp 50 Prozent. Auch im Rahmen einer Zerlegung der Geldvermögens-Verpflichtungs-Relation der Unternehmen insgesamt in entsprechende sektorale Relationen, zeigte sich die Dominanz sektorspezifischer Entwicklungen, da der hier maßgeblichen Verpflichtungsstruktur ein nur geringer Beitrag zur Gesamtentwicklung zuzuschreiben ist.

Befunde zu den Ursachen der Geldvermögensentwicklung

Die Entwicklung der Geldvermögensquoten und der Geldvermögens-Verpflichtungs-Relation wurde im Abschnitt 5 dieser Arbeit der Entwicklung von Kennzahlen gegenübergestellt, die die wesentlich erscheinenden Ursachenkomplexe der Geldvermögenshaltung abdecken.[4] Im einzelnen handelte es sich dabei um Ertrags-, Risiko- und Transaktionskennzahlen. Ein großer Teil der Arbeit bestand in der empirischen Operationalisierung dieser Kennzahlen, derart, daß die spezifischen Bestimmungsgründe unternehmerischer Geldver-

[2] Maßgeblich für diese Fragestellung ist die Struktur des Gesamtvermögens, nicht die des Geldvermögens.

[3] Generell kommt derartigen Struktureffekten in makroökonomischen Untersuchungen ein guter Erklärungsanteil zu. Vgl. Enke u. a. (1984), S. 156.

[4] Bestimmte Aspekte, wie etwa das sogenannte Unterinvestitionsproblem in Publikumsgesellschaften (vgl. Wosnitza (1990)), mußten ausgeklammert werden, da sie mit dem vorliegenden Datenmaterial nicht faßbar waren.

mögenshaltung hinreichend abgedeckt wurden. Die Zusammenhangsanalysen selbst wurden mit einfachen Regressionsanalysen sowohl für die Unternehmen insgesamt als auch für jene 19 Sektoren durchgeführt, für die separate Angaben zur Verfügung standen.

Als Ertragsraten wurden Preisveränderungsraten, nominale und reale Zinssätze, die Zinsstruktur, die Sachvermögensrendite und ein mit Tobins q verwandter Renditequotient[5] betrachtet. Die empirischen Ergebnisse lassen sich wie folgt zusammenfassen: Die meisten Geldvermögensquoten[6] und die Geldvermögens-Verpflichtungs-Relation erfuhren einen Anstieg

- bei rückläufiger gesamtwirtschaftlicher Inflationsrate,[7]
- bei steigenden realen Zinsen und
- bei einem Rückgang der Sachvermögensrendite und des Renditequotienten.

Mit einem Anstieg der *realen Zinsen* ging eine Ausweitung der meisten Geldvermögensquoten und der Geldvermögens-Verpflichtungs-Relation einher. Allein für die Kassenmittelquote und die Quote der Forderungen aus Lieferungen und Leistungen ergaben sich auf Ebene aller Unternehmen keine signifikanten Zusammenhänge.

Für die Kassenmittelquote fand sich bei Verwendung des *nominalen Wertpapierzinses* eine signifikant negative Beziehung. Der Befund eines eher inversen Zusammenhangs bestätigte bereits früher in der Literatur formulierte Vermutungen.[8] Auf empirischem Wege lassen sich allerdings der Inflationseinfluß und der Nominalzinseinfluß nicht trennen, da beide Größen im Betrachtungszeitraum eng korreliert sind. Beachtet man

- den unerwartet signifikant negativen Zusammenhang zwischen Wertpapierquote und totaler Geldvermögensquote einerseits und nominalem Wertpapierzins andererseits sowie
- die schon vorgetragenen Befunde des negativen Zusammenhangs fast aller Geldvermögensquoten mit der Inflationsrate und des positiven Zusammenhangs mit dem Realzins,

darf vermutet werden, daß sich in den gefundenen Beziehungen der Inflationseinfluß durchgesetzt hat. Dieser Befund deutet darauf hin, daß Geldwert-

---

5 Der Renditequotient ist definiert als Quotient aus Sachvermögensrendite und realer Umlaufsrendite festverzinslicher Wertpapiere.

6 Nicht in dieses Erklärungsmuster paßt die Quote der Forderungen aus Lieferungen und Leistungen.

7 Es fanden sich zudem keine Hinweise dafür, daß sich Unternehmen bei der Gestaltung ihrer Vermögensportfolios eher an den Preisveränderungen der betreffenden sektoralen Investitionsgüter orientieren als an der gesamtwirtschaftlichen Inflationsrate.

8 Vgl. Härtel u. a. (1984), S. 131.

stabilität nicht nur für die privaten Haushalte ein Motiv zur Geldvermögenshaltung sein dürfte,[9] sondern auch für Produktionsunternehmen. Hypothesen, denen zufolge Inflation via steuerlicher Benachteiligungen die Sachvermögenshaltung von Unternehmen zurückdrängt, lassen sich nicht bestätigen.[10] Eher finden gegenteilige Hypothesen Bestätigung.[11]

Kein Zusammenhang ließ sich zwischen der *Zinsstruktur* (gemessen als Differenz des Wertpapierzinses und des Termingeldzinses) und den Geldvermögensvariablen ausmachen. Eine Wirkung der Zinsstruktur auf die Zusammensetzung der hier betrachteten Geldvermögensarten kann damit freilich nicht ausgeschlossen werden.

Zwischen den Ertragsraten des Sachvermögens, gemessen als *Sachvermögensrendite* und als *Renditequotient* und den meisten Geldvermögensvariablen bestand eine negative Beziehung. Das bestätigt, daß angesichts fallender Sachvermögenserträge die Portfolios zu Gunsten finanzieller Aktiva umgeschichtet werden. Es zeigten sich allerdings zwei Ausnahmen: Erstens ergab sich für die Kassenmittelquote auf Ebene aller Unternehmen ein insignifikanter (negativer) Koeffizient. Zweitens stand die Quote der Forderungen aus Lieferungen und Leistungen in einer signifikant positiven Beziehung zu den genannten Ertragsraten. Diese Ausnahmen deuten auf die in Verbindung mit der Sachvermögensnutzung stehenden Geldvermögensarten hin (vgl. aber den Befund weiter unten). Durchgeführte dynamische Korrelationsanalysen ergaben keine Hinweise auf auch kurzfristige negative Kovariationen von Renditequotient und der totalen Geldvermögensquote. Vielmehr zeigte sich, daß in einer Phase, in der der Renditequotient auf einem Niveau nahe Eins verharrte, die deutlichste Ausweitung der totalen Geldvermögensquote stattfand. Die in einem Renditequotient von nahe Eins zum Ausdruck kommende Ähnlichkeit von Sachvermögens- und Geldvermögensrendite hielt die Unternehmen offensichtlich davon ab, ihre Portfolios zu Gunsten des als riskanter zu bewertenden Sachvermögens umzuschichten.

Zur Bedeutung von *Rentabilitätsrisiken*. Aufgrund der Datenlage war es nicht möglich, den einzelnen Geldvermögensarten spezifische Risikoindikatoren zuzuordnen. Mit dem zur Verfügung stehenden Datenmaterial schien es lediglich statthaft, den Versuch zu machen, jene Rentabilitätsrisiken zu erfassen, die durch Leverage-Effekte aus der Aufwands- und Ertragsstruktur der Unternehmen erwachsen. Es folgte eine umfassende kritische Diskussion entsprechender bilanzanalytischer Verfahren. Darauf aufbauend wurden Kennzahlen des betrieblichen Erfolgsrisikos ermittelt, die im wesentlichen auf der Break-even-Analyse basieren. Ausgehend von dem gesamten Leverage-Risiko,

9 Vgl. Deutsche Bundesbank (1987), S. 41.
10 Vgl. Feldstein (1983a), S. 17, und S. 81.
11 Vgl. Tobin (1965), S. 682 - 683.

dem ein Unternehmen ausgesetzt ist, findet eine Aufspaltung in partielle Leverage-Kennzahlen statt. Die darin enthaltene Kennzahl des betrieblichen Leverage-Risikos wurde der Entwicklung der Geldvermögensvariablen gegenüber gestellt. (Die genannte Kennzahl wurde in der vorliegenden Arbeit als betriebliche Umsatzabweichung bezeichnet.) Die durchgeführten Rechnungen ergaben überwiegend signifikant positive Zusammenhänge zwischen der Höhe des Leverage-Risikos und den Geldvermögensvariablen. (Ausnahmen stellten die Kassenmittelquote und die Quote der Forderungen aus Lieferungen und Leistungen dar.) Dieser Befund weist darauf hin, daß Unternehmen zur Reduktion der aus der betrieblichen Aufwands- und Ertragsstruktur erwachsenden Rentabilitätsrisiken Geldvermögen halten, daß also Risiken des betrieblichen Bereiches mit Maßnahmen im Finanzbereich begegnet wird.[12] Bei einer Analyse partieller, auf einzelne Aufwandsarten bezogenen Risikokennzahlen ergaben sich insbesondere für die auf die übrigen Aufwendungen bezogene Umsatzabweichung in der Gesamtheit der Unternehmen überwiegend signifikant positive Koeffizienten.

Es konnte gezeigt werden, daß eine Aufspaltung des Einflusses der Sachvermögensrendite auf der einen Seite und der Leverage-Risiken auf der anderen Seite aufgrund der gewählten Meßkonzepte nicht möglich ist. Die beobachteten Leverage-Risiken lagen auf einem derart hohen Niveau, daß jede Steigerung derselben mit einem Rückgang der Sachvermögensrendite einherging. Daher wurde der Versuch unternommen, die betriebliche Umsatzabweichung als Indikator des betrieblichen Leverage-Risikos und den realen Wertpapierzins als Indikator der Ertragssituation für Geldvermögen gemeinsam als erklärende Variable der totalen Geldvermögensquote zu berücksichtigen. Die durchgeführten multiplen Regressionsrechnungen wurden erschwert durch die auch zwischen den unabhängigen Variablen bestehende empirische Korrelation. Die Ergebnisse wiesen darauf hin, daß die totale Geldvermögensquote erst mit erheblicher Verzögerung auf Variationen sowohl des realen Wertpapierzinses als auch der Leverage-Risiken reagierte. Der Versuch der Modellierung eines einfachen Anpassungsmodells machte allerdings die Grenzen multipler Regressionsrechnungen deutlich, wenn nicht auf ein spezielles ökonomisches Modell zurückgegriffen werden kann.

Das *Transaktionsvolumen* wurde in der vorliegenden Arbeit als Aufwands- und als Umsatzintensität operationalisiert (Relation von Aufwand bzw. Umsatz zu Gesamtvermögen). Überraschenderweise konnten für die Gesamtheit der Unternehmen kaum signifikante Befunde ermittelt werden. Allein die Wertpapierquote wies einen signifikant positiven Koeffizienten auf, was darauf hinweist, daß Wertpapierhaltung auch zum Zwecke der Transaktionsbewältigung erfolgt. Ferner fanden sich in der Mehrzahl der Sektoren signifi-

---

[12] Zur Risikopolitik von Unternehmen vgl. auch Perlitz (1988), S. 334.

kant positive Beziehungen für die Kassenmittelquote und die Quote der Forderungen aus Lieferungen und Leistungen. Daß für die Unternehmensgesamtheit hier keine sicheren Ergebnisse zu Stande kamen, mag an auffälligen sektoralen Sonderentwicklungen liegen. So wies etwa der Großhandel bei hoher Absatz- und Umsatzintensität eine vergleichsweise geringe Kassenmittelquote auf.

Im Anschluß an die Einfachregressionen wurde der Versuch gemacht, neben einer Transaktionsvariable eine Ertragskennzahl in einen gemeinsamen Erklärungsansatz einzubeziehen. Erklärt werden sollte die Quote der liquiden Mittel[13]. Da die darin enthaltenen Geldvermögensarten nicht oder unterschiedlich verzinslich sind, wurde als Ertragskennzahl der Renditequotient gewählt, da dieser das Ertragsgefälle hinreichend wiedergibt, das entsteht, wenn Unternehmen ihre Vermögensportfolios zu Lasten der Sachvermögen und zu Gunsten der liquiden Mittel (die zu einem guten Teil verzinslich sind) umschichten. Die Rechenergebnisse wiesen vor allem auf bestehende deutliche Anpassungsverzögerungen der Quote der liquiden Mittel hin. Der Versuch, ad hoc einen einfachen Anpassungsprozeß bei der Berechnung einer multiplen Regression zu berücksichtigen, gelang nicht in befriedigender Weise. Unter anderem muß dies darauf zurückgeführt werden, daß den Berechnungen kein ausformuliertes theoretisches Modell zugrunde liegen konnte, da ein solches nicht existiert.

Zur *Aufwandstruktur*: Aufgrund theoretischer Überlegungen kann das Ausmaß von als beschäftigungsfix geltenden Aufwendungen die Geldvermögenshaltung in unterschiedlicher Weise beeinflussen. Oben wurde auf die damit einhergehenden Rentabiltitätsrisiken abgehoben. Aufgrund der Überlegung, daß beschäftigungsfixe Aufwendungen typischerweise mit einer regelmäßigen Periodik anfallen (z. B. Löhne, Mieten, Pachten), stellen sie eine gute Planungsgrundlage dar. Bei einem hohen Anteil derartig gut vorhersehbarer Aufwendungen, kann die Kassenhaltung vergleichsweise niedriger ausfallen. Die empirischen Zusammenhangsanalysen konnten aber bei Verwendung des Anteils der gesamten Aufwendungen an allen Aufwendungen keine in diese Richtung gehenden klaren Befunde aufdecken, weder für die Unternehmen insgesamt noch für einzelne Sektoren. Daneben wurden auch partielle Aufwandsquoten einer Zusammenhangsanalyse unterzogen. Hier ergaben sich für den Anteil der übrigen Aufwendungen an allen Aufwendungen in der Mehrzahl der Fälle signifikante positive Beziehungen. Eine hohe Bedeutung dieser Aufwandsart führt also zu einem Anstieg der meisten Geldvermögensquoten. Ob dies transaktionsbedingt ist oder auf eine besondere Leverage-relevante Wirkung zurückzuführen ist (vgl. oben), muß offen bleiben.

---

13 Summe aus Kassenmittel, Forderungen aus Lieferungen und Leistungen, sonstige kurzfristige Forderungen und Wertpapiere in Prozent des Gesamtvermögens zu Wiederbeschaffungspreisen.

Es folgte eine Analyse von Zusammenhängen zwischen den Geldvermögensquoten und anderen Bilanzstrukturkennzahlen. Zunächst wurden Zusammenhänge zwischen der *totalen Geldvermögensquote* und den partiellen Geldvermögensquoten untersucht. Bis auf die Quote der Forderungen aus Lieferungen und Leistungen standen alle anderen partiellen Geldvermögensquoten in einem deutlichen positiven Zusammenhang mit der totalen Geldvermögensquote. Die Quote der Forderungen aus Lieferungen und Leistungen wies - bezogen auf alle Unternehmen - einen signifikant negativen Koeffizienten auf. Zwischen dieser Quote und der Sachvermögensquote scheint daher eine eher komplementäre denn substitutionale Beziehung zu bestehen. Hinsichtlich der Kassenmittel ergab sich hier eher eine substitutionale Beziehung zu den Sachvermögen (vgl. weiter oben). Eine geringe *Eigenkapitalquote*[14] korrespondiert in den meisten der untersuchten Unternehmensektoren mit einer vergleichsweise hohen Geldvermögensquote. Umgekehrt kommt hierin die sowohl aus empirischer Sicht als auch aus theoretischer Sicht[15] enge Verbindung zwischen Eigenkapital und Sachvermögen zum Ausdruck.

Auf Ebene aller Unternehmen zeigten sich keine signifikanten Zusammenhänge zwischen den Geldvermögensvariablen und der *Rücklagenquote*. Das macht deutlich daß mit einer verstärkten Rücklagenbildung der Unternehmen keineswegs eine Anlage dieser Mittel in Geldvermögen einhergeht. Hohe Rücklagen alleine aber reichen auch nicht zur Stimulation einer verstärkten Sachvermögenshaltung aus. Der Zusammenhang zwischen den meisten Geldvermögensquoten und der *Rückstellungsquote* war signifikant positiv (sowohl für alle Unternehmen als auch für die meisten Sektoren). Abgesehen von bilanzpolitischen Gestaltungsmöglichkeiten darf dies als Ausdruck einer mit steigenden Unsicherheiten einhergehenden verstärkten Geldvermögenshaltung gewertet werden.

Um abzuschätzen, in welchem Zusammenhang der Nettozufluß liquider Mittel mit dem Vermögensportfolio stand, wurde aus den zur Verfügung stehenden Daten ein vereinfachter Cash Flow ermittelt. In die Zusammenhangsanalysen ging die Maßzahl der *Cash Flow-Intensität* (Cash Flow relativiert zum Gesamtvermögen) ein. Die Berechnungen ergaben keinen klaren Befund, da die Mehrzahl der Koeffizienten insignifikant war. Danach hängt keine der betrachteten Geldvermögensvariablen von der Höhe des aktuellen Cash Flow ab. Andererseits zeigt dies aber auch, daß die Cash Flow-Intensität in keiner klaren Beziehung zur Sachvermögensquote[16] steht. Das heißt, daß

---

[14] Das Eigenkapital besteht je nach Rechtsform aus Grundkapital, Stammkapital, Eigentümereinlagen etc. Die Rücklagen sind nicht enthalten.

[15] Vgl. Neus/Nippel (1991), S. 86.

[16] Die Sachvermögensquote ist in etwa das Komplement der totalen Geldvermögensquote (100 minus Geldvermögensquote).

von Veränderungen des Mittelzuflusses keine direkten Portfolioeffekte ausgehen.[17]

Das Verfahren zur Abschätzung von *Liquiditätsrisiken* basiert auf dem konzeptionellen Ansatz zur Abschätzung von betrieblichen Rentabilitätsrisiken. Die ermittelte Kennzahl läßt erkennen, wie stark Umsatzschwankungen sein dürfen, damit der vom Unternehmen erwirtschaftete Cash Flow noch positiv bleibt. Das Maß wird in der vorliegenden Arbeit als Cash Flow-orientierte Umsatzabweichung bezeichnet. Eine Aufspaltung dieser das gesamte Liquiditätsrisiko charakterisierenden Kennzahl ergab eine auf den betrieblichen Cash Flow bezogene Umsatzabweichung. Diese war Gegenstand der durchgeführten Zusammenhangsanalysen. Die empirischen Rechnungen ergaben für die Gesamtheit der Unternehmen signifikant positive Beziehungen für die Quote der sonstigen kurzfristigen Forderungen, die Wertpapierquote und die Beteiligungsquote. Dies zeigt, daß die Unternehmen durch die relative Ausweitung bestimmter Geldvermögensbestände die aus der Aufwands- und Ertragsstruktur resultierenden Cash Flow-bezogenen Leverage-Risiken zu reduzieren versuchen.

Um Zusammenhänge zwischen der *Effizienz der betrieblichen Aktivität* der Unternehmen und der Geldvermögenshaltung zu analysieren, wurde als Effizienzmaß das sogenannte Absatztempo ermittelt. Es erfaßt den gemeinsamen Einfluß der Umschlagsdauer des Vorratsvermögens und dem von Unternehmen im Durchschnitt gewährten Kundenziel. Je höher das Absatztempo, um so schneller ist die Umschlagsgeschwindigkeit der Vorräte und um so kürzer ist das vom Unternehmen gewährte Kundenziel. In den Zusammenhangsanalysen ergaben sich für fast alle Geldvermögensvariablen der Unternehmen insgesamt und auch für die vieler Sektoren signifikant positive Beziehungen. Das zeigt, daß eine durch dieses Maß gemessene betriebliche Effizienz eine erhöhte Geldvermögenshaltung erforderlich macht - oder ermöglicht.

Eine Kategorisierung der Befunde

Die nachfolgende Schematisierung ist ein Versuch, die in der vorliegenden Arbeit erlangten empirischen Befunde gemäß zweier Kategorien zu gruppieren. Die erste Kategorie stellt die Nachhaltigkeit dar, mit der eine bestimmte Geldvermögensdeterminante wirkt. Ein in diesem Schema als nachhaltig bezeichneter Einfluß bewirkt eine auf Dauer hohe oder steigende Geldvermögensquote. Der Natur nach vorübergehend sind Einflußgrößen, die eine bestimmte Zyklik aufweisen. Diese bewirken demgemäß eine zyklische Veränderung der Geldvermögenshaltung. Die zweite Kategorie stellt den Grad der Betriebsbedingtheit der jeweiligen Einflußgröße dar.

---

[17] Vgl. auch Juesten/Villiez (1992), S. 127.

Abbildung 57: Kategorisierung der Ursachen einer erhöhten Geldvermögenshaltung von Produktionsunternehmen

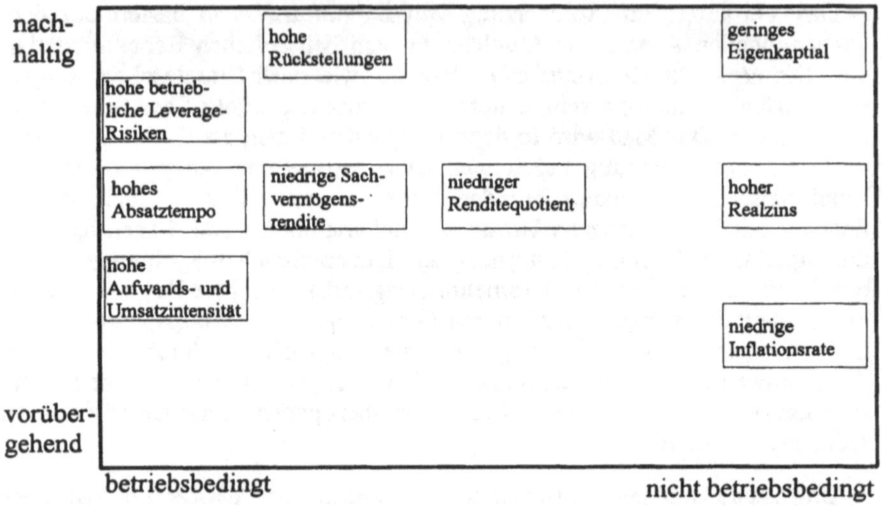

In die Abbildung 57 sind die in der vorliegenden Arbeit untersuchten und für eine erhöhte Geldvermögenshaltung von Produktionsunternehmen in Frage kommenden Ursachen einbeschrieben. Nachhaltig auf eine erhöhte Geldvermögenshaltung wirken hohe Rückstellungen und ein geringes Eigenkapital. Eine niedrige Inflationsrate und hohe Realzinsen sind Einflüsse konjunktureller Natur. Ihr Einfluß bewirkt typischerweise eine nur vorübergehende konjunkturbedingte Steigerung der Geldvermögensquote von Unternehmen. Ist eine antiinflationäre Politik allerdings auch über Konjunkturzyklen hinweg erfolgreich, kann sich daraus auch eine nachhaltigere stimulierende Wirkung auf die Haltung von Geldvermögen ergeben.

Der Renditequotient nimmt eine Mittelstellung in dem Merkmalsraum ein. Er ist einerseits bedingt durch die Realzinsen, die ihrerseits mit der Inflationsrate in enger Beziehung stehen. Andererseits sind die Komponenten der Sachvermögensrendite seine Determinanten. Letztere sind, was die Kosten- und Erlöskomponenten anbelangt, betriebsbedingt. Die Entwicklung des Renditequotienten im Untersuchungszeitraum war durch einen deutlichen Niveaurückgang zu Beginn der achtziger Jahre gekennzeichnet, der auf einen Rückgang der Sachvermögensrendite und einen gleichzeitigen Anstieg des Realzinses zurückzuführen ist.

Hohe betriebliche Leverage-Risiken und die aufgrund verschiedener betrieblicher Unsicherheiten gebildeten Rückstellungen können gleichfalls als Auslöser eines Anstiegs der Geldvermögensquote von Unternehmen gewertet werden. In den achtziger Jahren zeigte sich, was die Entwicklung beider genannten Einflußgrößen anbelangt, eine gewisse Nachhaltigkeit. Die betrieblichen Leverage-Risiken verharrten auf einem hohen Niveau und die Rückstellungsquote erfuhr eine nur wenig durch konjunkturelle Einflüsse überlagerte stetige Aufwärtsentwicklung.

Gelingt eine nachhaltige Effizienzverbesserung des Betriebsablaufes, so kann auch dies zu einem nachhaltigen Anstieg der Geldvermögensquote führen. Die betrieblichen Verbesserungen jedenfalls, die zu einem Anstieg des Absatztempos führen können, scheinen in einem Zusammenhang mit der Geldvermögensquote zu stehen. Die Entwicklung des Absatztempos weist im Untersuchungszeitraum zwar keine dramatischen Veränderungen auf, dennoch zeigt sie einen von deutlichen konjunkturellen Schwankungen überlagerten steigenden Trend. Setzt sich dieser fort, so ist aufgrund der gefundenen Zusammenhänge auch mit einem Anstieg der Geldvermögensquote zu rechnen.

Ausblick

Der Untersuchungszeitraum der vorliegenden Arbeit endet mit dem Jahr 1990. Ob die in den achtziger Jahren stattgefundene deutliche Ausweitung der Geldvermögen der Unternehmen ein Phänomen des langen Konjunkturaufschwunges dieser Zeitspanne sind oder ob es um eine nachhaltigere Veränderung handelt, läßt sich nicht abschätzen. Wie zuvor geschildert, dürfte es von der Entwicklung der maßgeblichen Einflußgrößen abhängen, ob sich die Geldvermögensquote der Unternehmen weiter erhöht.

Aus theoretischer Sicht können sich in einer Makroökonomie mit fortschreitenden Strukturverschiebungen vom Sachvermögen hin zum Geldvermögen Gegenkräfte mobilisieren, etwa durch einen Anstieg inflationärer Tendenzen.[18] Ferner darf von Rückwirkungen einer steigenden Geldvermögenshaltung auf das Zinsniveau ausgegangen werden.[19]

Aus empirischer Sicht gab es Anfang der neunziger Jahre Signale, die auf einen zumindest gedämpften Anstieg der Geldvermögensquote hindeuten. Im Jahr 1991 etwa kann das Verarbeitende Gewerbe einen Anstieg seines Sachvermögens verzeichnen, wie zuletzt 1973.[20] Die Bilanzdaten der Deutschen Bundesbank[21] weisen für 1991 noch auf eine steigende Geldvermögensbildung der Unternehmen hin. Im Krisenjahr 1992 dagegen sackte das Ausmaß der Bildung neuer Geldvermögen nach den vorliegenden vorläufigen Auswertungen ab. Lediglich die Veränderung der Wertpapiere und der Beteiligungen konnte das Niveau des Jahres 1990 halten.

18 Vgl. Zinn (1986), S. 354 - 355.
19 Vgl. RWI (1983b), S. 58 - 59.
20 Vgl. Stille u. a. (1991), S. 134.
21 Vgl. Deutsche Bundesbank, Monatsbericht November 1993, S. 26 - 29.

Anhang 1: Ableitungen

Ableitung 1: Der Zusammenhang zwischen t-Wert und Bestimmtheitsmaß

Zwischen dem Korrelationskoeffizienten und dem Regressionskoeffizienten einer linearen Einfachregression besteht die Beziehung[1]

$$r = \frac{b_1}{\sqrt{b_1^2 + \nu \cdot s_{b_1}^2}} \quad \text{bzw.} \quad r^2 = B = \frac{b_1^2}{b_1^2 + \nu \cdot s_{b_1}^2} = \frac{b_1^2}{s_{b_1}^2 \left(\frac{b_1^2}{s_{b_1}^2} + \nu \right)} = \frac{t^2}{t^2 + \nu}.$$

r Korrelationskoeffizient, B Bestimmtheitsmaß, b_1 Regressionskoeffizient (Steigungsmaß), $s_{b_1}^2$ Standardabweichung des Regressionskoeffizienten, ν Zahl der Freiheitsgrade (Zahl der Wertepaare minus zwei). Der Graph dieser Funktion ist in der nachstehenden Abbildung für ν = 17 dargestellt.

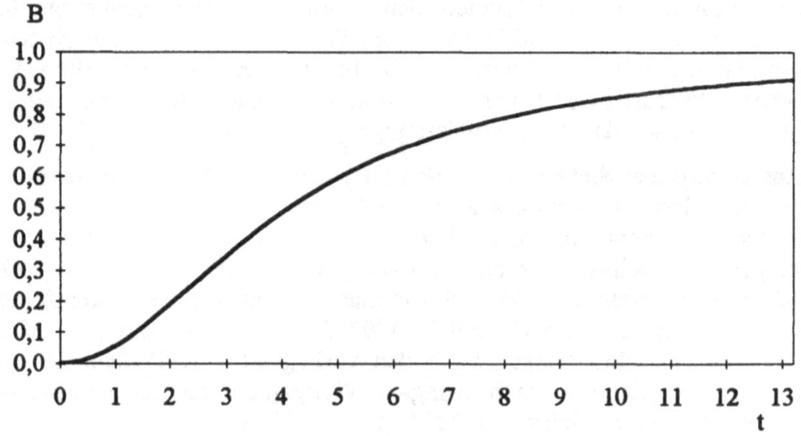

[1] Vgl. Schneeweiß (1978), S. 134. Dieser Zusammenhang wird für die partiellen Korrelationskoeffizienten der multiplen Regression vorgeführt. In der linearen Einfachregression gilt sie entsprechend für den einfachen Korrelationskoffizienten nach Bravais-Pearson.

Ableitung 2: Ableitung der Beziehung zwischen der Umsatzelastizität des Erfolges und dem Anteil beschäftigungsfixer Aufwendungen an allen Aufwendungen

Die Umsatzelastizität des Gesamterfolges (ε_G) läßt sich als Komponentenfunktion darstellen, die den Anteil fixer Aufwendungen an allen Aufwendungen (a_G) enthält.

Es bedeuten:

ε_G	Umsatzelastizität des Gesamterfolges
a_G	Anteil beschäftigungsfixer Aufwendungen an allen Aufwendungen
U	Umsatz
MA	Materialaufwand
A	restliche (fixe) Aufwendungen
ZE	Zinserträge
ÜE	Übrige Erträge
$JÜ_{VS}$	Jahresüberschuß vor Steuern = U−A−MA+ZE+ÜE+ST (Der Einfachheit halber wird der Umsatz gleich den Gesamtleistungen gesetzt.)

Zur analytischen Ableitung wird die Bestimmungsgleichung für die Umsatzelastizität des Gesamterfolges identisch mit dem Ausdruck $\frac{A+MA}{A+MA}$ erweitert und sodann wie folgt umgeformt:

$$\varepsilon_G = \frac{U-MA}{U-MA-A+ZE+ÜE+ST} = \frac{\frac{U-MA}{A+MA}}{\frac{U-MA-A+ZE+ÜE+ST}{A+MA}} =$$

$$\frac{\frac{JÜ_{VS}}{A+MA} + a_G - \frac{ZE+ÜE+ST}{A+MA}}{\frac{JÜ_{VS}}{A+MA}} = 1 - \frac{ZE+ÜE+ST}{JÜ_{VS}} + \frac{A+MA}{JÜ_{VS}} \cdot a_G\,.$$

Bei Konstanz der beiden übrigen Komponenten handelt es sich hier um eine linear-inhomogene Funktion von a_G, die für alle von Null verschiedenen Jahresüberschüsse vor Steuern definiert ist. Die Gestalt der Funktion hängt ab von den Quotienten aus neutralen Erträgen plus Steueraufwand und Jahresüberschuß vor Steuern sowie Gesamtaufwendungen und Jahresüberschuß vor Steuern. Ist $a_G = \frac{ZE+ÜE+ST}{MA+A}$, so ist $\varepsilon_G = 1$.

Der Wert des Ordinatenabschnitts (Bedingung ist $a_G = 0$) beträgt:

$$\varepsilon_G(0) = 1 - \frac{ZE+ÜE+ST}{JÜ_{VS}}.$$

Der Wert für $a_G = 1$ beträgt:

$$\varepsilon_G(1) = 1 - \frac{ZE+ÜE+ST}{JÜ_{VS}} + \frac{A+MA}{JÜ_{VS}} = 1 + \frac{A+MA-ZE-ÜE-ST}{JÜ_{VS}} =$$

$$\frac{JÜ_{VS}+A+MA-ZE-ÜE-ST}{JÜ_{VS}} = \frac{U}{JÜ_{VS}}.$$

Da die fixen Aufwendungen im allgemeinen die neutralen Erträge plus Steueraufwand übersteigen, weist die Umsatzelastizität des Gesamterfolges einen Wert größer Eins auf.

Umsatzelastizität des Gesamterfolges in Abhängigkeit vom Anteil fixer Aufwendungen an allen Aufwendungen

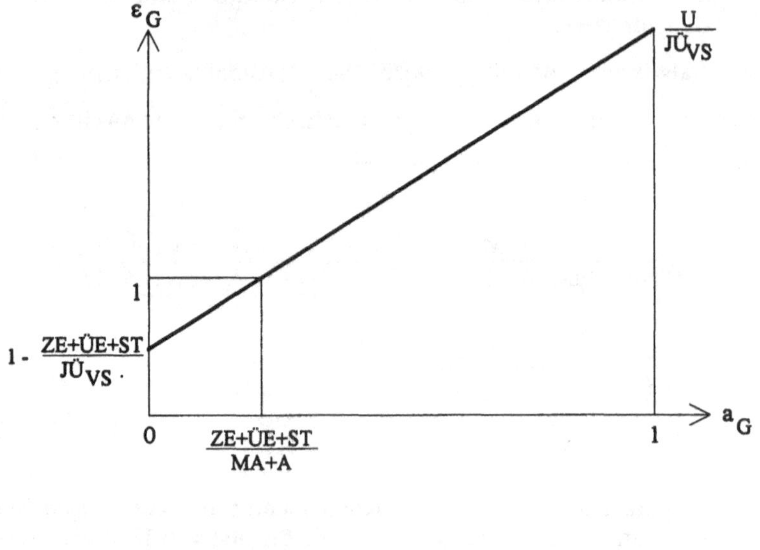

Ableitung 3: Zur Ermittlung Sachvermögensrendite-maximaler betrieblicher Umsatzabweichungen bei linearer Reaktionslinie

Die folgende Ableitung zeigt, bei welcher betrieblichen Umsatzabweichung eine maximale Sachvermögensrendite erreicht wird.

Es bedeuten:

Z_{SV} Sachvermögensrendite in Prozent

RR relativer Rohertrag (Quotient aus Rohertrag und Sachvermögen zu Wiederbeschaffungspreisen multipliziert mit 100)

UA_B betriebliche Umsatzabweichung

Gegeben ist die Definitionsgleichung der Sachvermögensrendite (in Prozent):

$$Z_{SV} = RR \cdot (1-UA_B). \qquad (1)$$

Unterstellt sei in diesem Fall ferner, daß ein Unternehmen auf einen Anstieg der betrieblichen Umsatzabweichung mit einer Anpassung des relativen Rohertrages in einer Weise reagieren kann, die durch die lineare Beziehung

$$RR = a + b \cdot UA_B \qquad (2)$$

beschrieben werden kann. Einsetzen von (2) in (1) ergibt

$$Z_{SV} = (a + b \cdot UA_B) \cdot (1-UA_B)$$

und nach Umformungen

$$Z_{SV} = -b \cdot UA_B^2 + (b-a) \cdot UA_B + a . \qquad (3)$$

Die erste und zweite Ableitung von (3) nach UA_B ergeben sich als:

$$\frac{dZ_{SV}}{dUA_B} = -2 \cdot b \cdot UA_B + (b-a) \quad \text{und} \quad \frac{d^2Z_{SV}}{dUA_B^2} = -2 \cdot b .$$

Nullsetzen der ersten Ableitung und auflösen nach UA_B ergibt:

$$UA_B^* = \frac{b-a}{2 \cdot b} . \qquad (4)$$

Für positive Parameter b stellt dies die Sachvermögensrendite-maximale betriebliche Umsatzabweichung bei Gültigkeit der Reaktionslinie (2) dar. Für den Spezialfall einer linear-homogenen Reaktionsgleichung (a = 0) beträgt diese 0,5.

Anhang 2: Abbildungen

Abbildung A.1: Sektorale Kassenmittelquoten

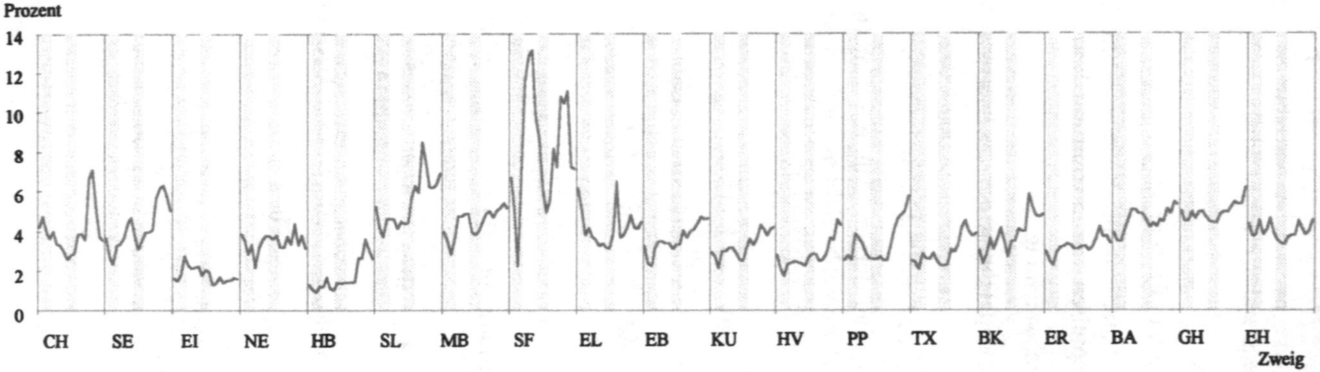

Quellen: Deutsche Bundesbank (1983), Deutsche Bundesbank, Monatsberichte, verschiedene Novemberhefte; Statistisches Bundesamt (1992b); eigene Berechnungen. *Abkürzungen der Sektorenbezeichnungen:* CH Chemische Industrie, SE Steine- und Erdengewinnung, EI Eisenschaffende Industrie, NE NE-Metallerzeugung, HB Holzbearbeitung, SL Stahl-/Leichtmetallbau, MB Maschinenbau, SF Straßenfahrzeugbau, EL Elektrotechnik, EB Eisen-/Blech-/Metallwarenherstellung, KU Kunststoffwarenherstellung, HV Holzverarbeitung, PP Papier-/Pappeverarbeitung, TX Textilgewerbe, BK Bekleidungsgewerbe, ER Ernährungsgewerbe, BA Baugewerbe, GH Großhandel, EH Einzelhandel. *Anmerkung:* Die Abbildung enthält 19 nebeneinander angeordnete Zonen, die je eine sektorale Zeitreihe für die Jahre 1972 bis 1990 enthalten. Die Phasen einer konjunkturellen Abschwächung sind mit einem Schatten hinterlegt.

Abbildung A.2: Sektorale Quoten der Forderungen aus Lieferungen und Leistungen

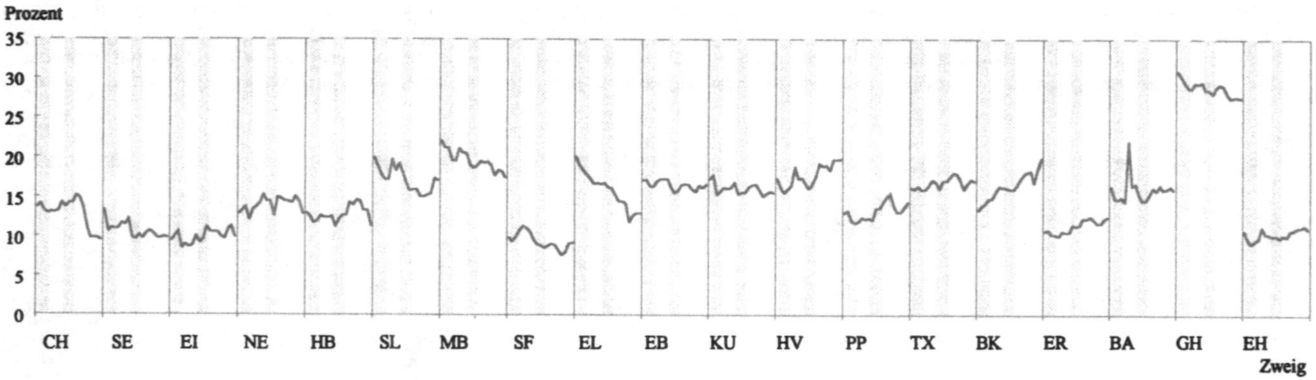

Quellen: Deutsche Bundesbank (1983), Deutsche Bundesbank, Monatsberichte, verschiedene Novemberhefte; Statistisches Bundesamt (1992b); eigene Berechnungen. *Abkürzungen der Sektorenbezeichnungen:* CH Chemische Industrie, SE Steine- und Erdengewinnung, EI Eisenschaffende Industrie, NE NE-Metallerzeugung, HB Holzbearbeitung, SL Stahl-/Leichtmetallbau, MB Maschinenbau, SF Straßenfahrzeugbau, EL Elektrotechnik, EB Eisen-/Blech-/Metallwarenherstellung, KU Kunststoffwarenherstellung, HV Holzverarbeitung, PP Papier-/Pappeverarbeitung, TX Textilgewerbe, BK Bekleidungsgewerbe, ER Ernährungsgewerbe, BA Baugewerbe, GH Großhandel, EH Einzelhandel. *Anmerkung:* Die Abbildung enthält 19 nebeneinander angeordnete Zonen, die je eine sektorale Zeitreihe für die Jahre 1972 bis 1990 enthalten. Die Phasen einer konjunkturellen Abschwächung sind mit einem Schatten hinterlegt.

Abbildung A.3: Sektorale Quoten der sonstigen kurzfristigen Forderungen

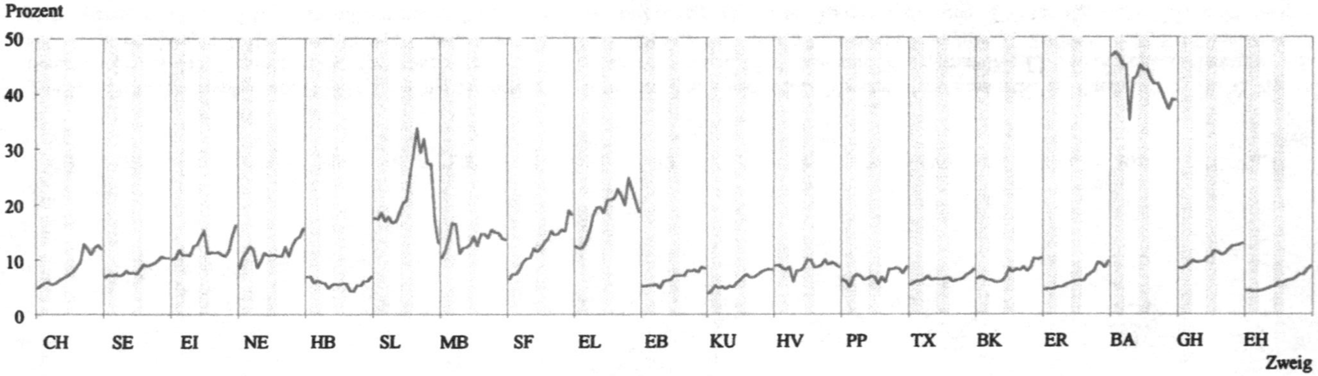

Quellen: Deutsche Bundesbank (1983), Deutsche Bundesbank, Monatsberichte, verschiedene Novemberhefte; Statistisches Bundesamt (1992b); eigene Berechnungen. *Abkürzungen der Sektorenbezeichnungen:* CH Chemische Industrie, SE Steine- und Erdengewinnung, EI Eisenschaffende Industrie, NE NE-Metallerzeugung, HB Holzbearbeitung, SL Stahl-/Leichtmetallbau, MB Maschinenbau, SF Straßenfahrzeugbau, EL Elektrotechnik, EB Eisen-/Blech-/Metallwarenherstellung, KU Kunststoffwarenherstellung, HV Holzverarbeitung, PP Papier-/Pappeverarbeitung, TX Textilgewerbe, BK Bekleidungsgewerbe, ER Ernährungsgewerbe, BA Baugewerbe, GH Großhandel, EH Einzelhandel. *Anmerkung:* Die Abbildung enthält 19 nebeneinander angeordnete Zonen, die je eine sektorale Zeitreihe für die Jahre 1972 bis 1990 enthalten. Die Phasen einer konjunkturellen Abschwächung sind mit einem Schatten hinterlegt.

Abbildung A.4: Sektorale Quoten der langfristigen Forderungen

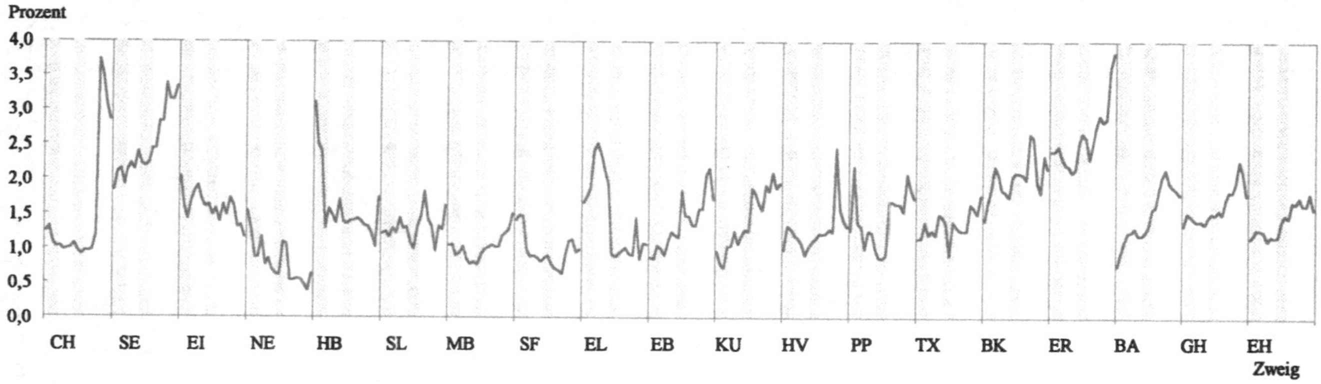

Quellen: Deutsche Bundesbank (1983), Deutsche Bundesbank, Monatsberichte, verschiedene Novemberhefte; Statistisches Bundesamt (1992b); eigene Berechnungen. *Abkürzungen der Sektorenbezeichnungen:* CH Chemische Industrie, SE Steine- und Erdengewinnung, EI Eisenschaffende Industrie, NE NE-Metallerzeugung, HB Holzbearbeitung, SL Stahl-/Leichtmetallbau, MB Maschinenbau, SF Straßenfahrzeugbau, EL Elektrotechnik, EB Eisen-/Blech-/ Metallwarenherstellung, KU Kunststoffwarenherstellung, HV Holzverarbeitung, PP Papier-/Pappeverarbeitung, TX Textilgewerbe, BK Bekleidungsgewerbe, ER Ernährungsgewerbe, BA Baugewerbe, GH Großhandel, EH Einzelhandel. *Anmerkung:* Die Abbildung enthält 19 nebeneinander angeordnete Zonen, die je eine sektorale Zeitreihe für die Jahre 1972 bis 1990 enthalten. Die Phasen einer konjunkturellen Abschwächung sind mit einem Schatten hinterlegt.

Abbildung A.5: Sektorale Wertpapierquoten

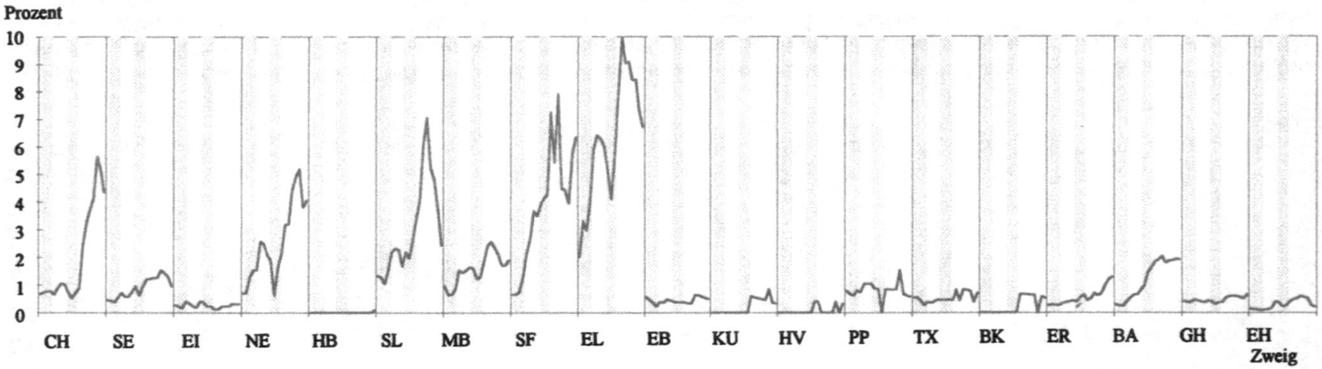

Quellen: Deutsche Bundesbank (1983), Deutsche Bundesbank, Monatsberichte, verschiedene Novemberhefte; Statistisches Bundesamt (1992b); eigene Berechnungen. *Abkürzungen der Sektorenbezeichnungen:* CH Chemische Industrie, SE Steine- und Erdengewinnung, EI Eisenschaffende Industrie, NE NE-Metallerzeugung, HB Holzbearbeitung, SL Stahl-/Leichtmetallbau, MB Maschinenbau, SF Straßenfahrzeugbau, EL Elektrotechnik, EB Eisen-/Blech-/Metallwarenherstellung, KU Kunststoffwarenherstellung, HV Holzverarbeitung, PP Papier-/Pappeverarbeitung, TX Textilgewerbe, BK Bekleidungsgewerbe, ER Ernährungsgewerbe, BA Baugewerbe, GH Großhandel, EH Einzelhandel. *Anmerkung:* Die Abbildung enthält 19 nebeneinander angeordnete Zonen, die je eine sektorale Zeitreihe für die Jahre 1972 bis 1990 enthalten. Die Phasen einer konjunkturellen Abschwächung sind mit einem Schatten hinterlegt.

Abbildung A.6: Sektorale Beteiligungsquoten

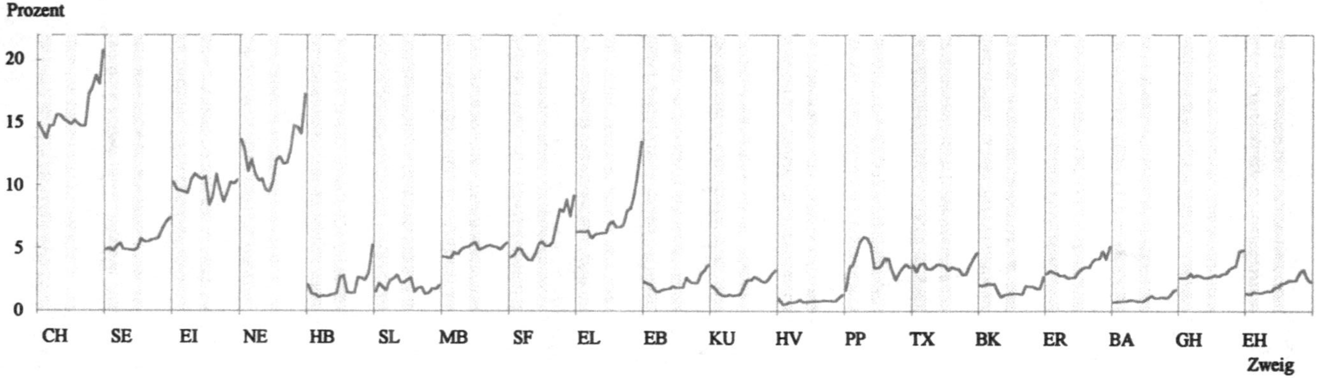

Quellen: Deutsche Bundesbank (1983), Deutsche Bundesbank, Monatsberichte, verschiedene Novemberhefte; Statistisches Bundesamt (1992b); eigene Berechnungen. *Abkürzungen der Sektorenbezeichnungen:* CH Chemische Industrie, SE Steine- und Erdengewinnung, EI Eisenschaffende Industrie, NE NE-Metallerzeugung, HB Holzbearbeitung, SL Stahl-/Leichtmetallbau, MB Maschinenbau, SF Straßenfahrzeugbau, EL Elektrotechnik, EB Eisen-/Blech-/ Metallwarenherstellung, KU Kunststoffwarenherstellung, HV Holzverarbeitung, PP Papier-/Pappeverarbeitung, TX Textilgewerbe, BK Bekleidungsgewerbe, ER Ernährungsgewerbe, BA Baugewerbe, GH Großhandel, EH Einzelhandel. *Anmerkung:* Die Abbildung enthält 19 nebeneinander angeordnete Zonen, die je eine sektorale Zeitreihe für die Jahre 1972 bis 1990 enthalten. Die Phasen einer konjunkturellen Abschwächung sind mit einem Schatten hinterlegt.

Abbildung A.7: Umsatzelastizität des Gesamterfolges (ε_G) und gesamte Umsatzabweichung (UA_G) in der Eisenschaffenden Industrie

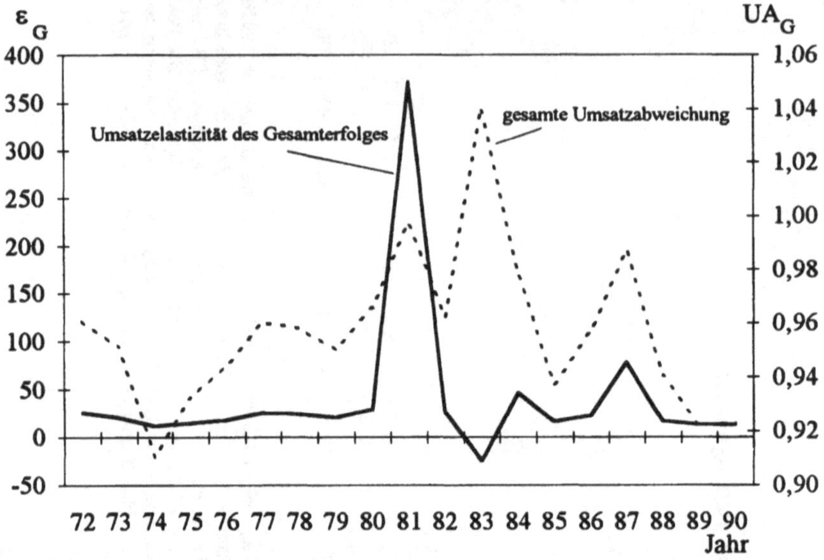

Quellen: Deutsche Bundesbank (1983); Deutsche Bundesbank, Monatsberichte, verschiedene Novemberhefte; eigene Berechnungen.

Abbildung A.8: Preiskorrekturfaktoren, Abschreibungen auf Sachanlagen

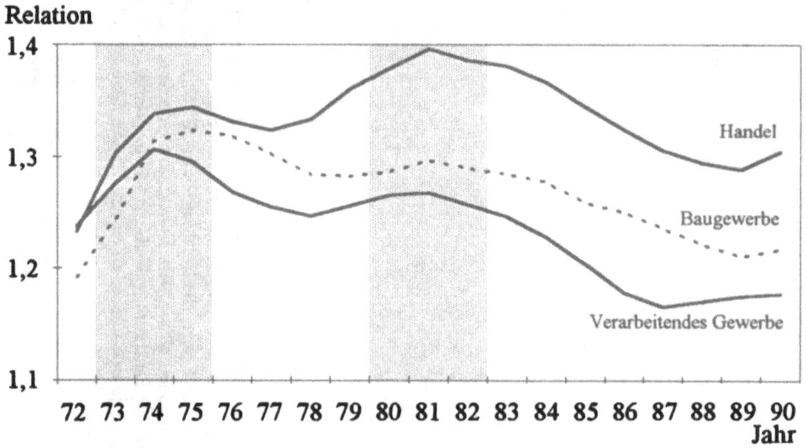

Quellen: Statistisches Bundesamt (1992b); eigene Berechnungen.

Anhang 3: Tabellen

Tabelle A.1: Geldvermögensquoten in unterschiedlichen Unternehmensgruppen im Jahre 1986

Aufgliederung nach ...	Anteil des Geldvermögens an der berichtigten Bilanzsumme[a)] in Prozent		
	Minimum	Maximum	Spannweite
Sektoren	25,4	62,5	37,1
Rechtsformen	29,3	36,2	6,9
Umsatzgrößenklassen	33,8	38,2	4,4
Rechtsformen und Umsatzgrößenklassen	27,3	43,4	16,1
Sektoren und Rechtsformen	17,8	69,8	52,0
Sektoren und Umsatzgrößenklassen	21,2	70,1	48,9
Sektoren und Rechtsformen und Umsatz-größenklassen	16,2	75,9	59,7

Quellen: Deutsche Bundesbank (1989); eigene Berechnungen. *Anmerkungen:* a) Abweichend von der in der vorliegenden Arbeit verwendeten totalen Geldvermögensquote wurde die Bilanzsumme nicht um die Preisveränderungen des Sachvermögens korrigiert. Es wurden lediglich die Wertberichtigungen und der Berichtigungsposten zum Eigenkapital berücksichtigt.

Tabelle A.2: Regressionskoeffizienten der Preisveränderungen der Ausrüstungsinvestitionen

	QKM	QFOLL	QFOKf	QFOLf	QWP	QBT	QGV	GVR
Sektor	***Regressionskoeffizienten***							
Chemische Industrie	-0,22	0,32	-0,73 •	-0,20	-0,48 •	-0,48 •	-1,77 •	-3,27 •
Steine- und Erdengewinnung	-0,46 ••	0,05	-0,41 •	-0,16 •	-0,12 •	-0,19	-1,29 ••	-1,45 ••
Eisenschaffende Industrie	0,12 •	-0,06	0,10	-0,01	0,01	-0,04	0,12	0,91 •
NE-Metallerzeugung	-0,07	-0,12	0,00	0,03	-0,39 •	-0,29	-0,86	-1,05
Holzbearbeitung	-0,26 ••	-0,19	-0,04	0,04	0,00	-0,22	-0,62 ••	-0,50
Stahl-/Leichtmetallbau	-0,31	0,12	-0,96	-0,02	-0,49 •	0,02	-1,61	-1,57
Maschinenbau	-0,29 ••	0,17	0,17	-0,04	-0,20 •	-0,08	-0,26	-0,21
Straßenfahrzeugbau	-0,89 •	0,23	-1,03 •	0,03	-0,51	-0,40	-2,51 ••	-2,90 ••
Elektrotechnik	-0,09	0,73 •	-1,31 •	0,11	-0,81 •	-0,35	-1,73 ••	-1,95 ••
Eisen-/Blech-/Metallwarenherst.	-0,24 •	-0,05	-0,31	-0,08	-0,04 •	-0,12	-0,85 •	-0,57 ••
Kunststoffwarenherstellung	-0,22 •	-0,04	-0,27	-0,13 •	-0,08	-0,16	-0,80 •	-0,85 •
Holzverarbeitung	-0,21 •	-0,51 ••	-0,05	-0,03	-0,02	-0,04 •	-0,90 ••	-0,43 •
Papier-/Pappeverarbeitung	-0,21	-0,21	-0,32 •	-0,08	-0,04	0,09	-0,70 •	-0,44
Textilgewerbe	-0,19 •	-0,12	-0,15	-0,05 •	-0,04	-0,02	-0,62 •	-0,46 •
Bekleidungsgewerbe	-0,14	-0,30	-0,22	0,00	-0,06	0,00	-0,69	-0,40
Ernährungsgewerbe	-0,15 •	-0,23	-0,52 •	-0,08	-0,08	-0,18	-1,23 •	-1,03 •
Baugewerbe	-0,17 •	-0,36	1,13 •	-0,09	-0,20 •	-0,07	0,23	0,68
Großhandel	-0,15 ••	0,15	-0,39 •	-0,05	-0,03 •	-0,17 •	-0,65 ••	-0,27
Einzelhandel	-0,03	-0,28 ••	-0,37	-0,04	-0,05 •	-0,14	-0,92 •	-0,41 •
Zusammenhang	***Anzahl Regressionskoeffizienten***							
signifikant negativ	11	2	7	3	10	3	13	10
negativ	7	10	8	12	8	13	4	7
positiv	0	6	3	4	1	3	2	1
signifikant positiv	1	1	1	0	0	0	0	1
	Regressionskoeffizienten							
Alle Unternehmen	-0,20 ••	0,04	-0,27	-0,07 •	-0,22 •	-0,22 •	-0,93 ••	-0,84 ••

Quellen: Deutsche Bundesbank (1983); Deutsche Bundesbank, Monatsberichte, verschiedene Jahrgänge; Statistisches Bundesamt (1992a) und (1992b); eigene Berechnungen. *Anmerkungen:* Angegeben sind die Regressionskoeffizienten (Steigungsmaße) linearer Einfachregressionen. Signifikante Koeffizienten: * bzw. ** Betrag des t-Wertes mindestens 2,5 bzw. 4,0. *Abkürzungen:* QKM Kassenmittelquote, QFOLL Quote der Forderungen aus Lieferungen und Leistungen, QFOKf Quote der sonstigen kurzfristigen Forderungen, QFOLf Quote der langfristigen Forderungen, QWP Wertpapierquote, QBT Beteiligungsquote, QGV totale Geldvermögensquote, GVR Geldvermögens-Verpflichtungs-Relation.

Tabelle A.3: Regressionskoeffizienten der Preisveränderungen der Bauinvestitionen

	QKM	QFOLL	QFOKf	QFOLf	QWP	QBT	QGV	GVR
Sektor	***Regressionskoeffizienten***							
Chemische Industrie	-0,16	0,10	-0,38	-0,05	-0,19	-0,07	-0,74	-1,43
Steine- und Erdengewinnung	-0,07	0,05	-0,13	-0,02	-0,04	-0,07	-0,30	-0,36
Eisenschaffende Industrie	0,00	-0,04	0,27	0,00	0,00	0,09	0,33	0,67 *
NE-Metallerzeugung	0,00	0,03	-0,06	0,01	-0,06	-0,14	-0,19	-0,23
Holzbearbeitung	-0,01	-0,09	0,05	0,04	0,00	-0,01	-0,01	0,12
Stahl-/Leichtmetallbau	-0,19 *	0,20	-0,63	-0,02	-0,22	0,04	-0,84	-0,83
Maschinenbau	-0,07	0,11	-0,30	-0,02	-0,06	-0,01	-0,35 *	-0,31
Straßenfahrzeugbau	-0,12	0,05	-0,31	0,02	-0,21	-0,14	-0,73	-0,74
Elektrotechnik	-0,12	0,23	-0,31	0,01	-0,33	-0,04	-0,57	-0,72
Eisen-/Blech-/Metallwarenherst.	-0,09	0,03	-0,12	-0,03	0,00	-0,01	-0,23	-0,08
Kunststoffwarenherstellung	-0,12 *	0,00	-0,15	-0,06	-0,04	-0,09	-0,40	-0,45
Holzverarbeitung	-0,05	-0,13	-0,05	-0,01	-0,01	0,00	-0,26	-0,08
Papier-/Pappeverarbeitung	-0,05	-0,08	-0,05	-0,04	0,00	0,01	-0,19	-0,26
Textilgewerbe	-0,07	-0,05	0,01	0,01	0,00	0,04	-0,10	-0,03
Bekleidungsgewerbe	-0,05	-0,08	-0,05	-0,02	-0,04 *	-0,01	-0,22	-0,19
Ernährungsgewerbe	-0,05	-0,09	-0,18	-0,01	-0,02	-0,10	-0,44	-0,36
Baugewerbe	0,02	0,00	0,39	-0,08	-0,11	-0,03	0,18	0,49
Großhandel	-0,05	0,10	-0,19	-0,04	-0,02	-0,05	-0,24	-0,13
Einzelhandel	-0,02	-0,06	-0,14	-0,05 *	-0,02	-0,11	-0,40	-0,16
Zusammenhang	***Anzahl Regressionskoeffizienten***							
signifikant negativ	2	0	0	1	1	0	1	0
negativ	14	9	15	12	13	15	16	16
positiv	3	10	4	6	5	4	2	2
signifikant positiv	0	0	0	0	0	0	0	1
	Regressionskoeffizienten							
Alle Unternehmen	-0,05	0,06	-0,10	-0,03	-0,10	-0,07	-0,29	-0,27

Quellen: Deutsche Bundesbank (1983); Deutsche Bundesbank, Monatsberichte, verschiedene Jahrgänge; Statistisches Bundesamt (1992a) und (1992b); eigene Berechnungen. *Anmerkungen:* Angegeben sind die Regressionskoeffizienten (Steigungsmaße) linearer Einfachregressionen. Signifikante Koeffizienten: * bzw. ** Betrag des t-Wertes mindestens 2,5 bzw. 4,0. *Abkürzungen:* QKM Kassenmittelquote, QFOLL Quote der Forderungen aus Lieferungen und Leistungen, QFOKf Quote der sonstigen kurzfristigen Forderungen, QFOLf Quote der langfristigen Forderungen, QWP Wertpapierquote, QBT Beteiligungsquote, QGV totale Geldvermögensquote, GVR Geldvermögens-Verpflichtungs-Relation.

Tabelle A.4: Regressionskoeffizienten des nominalen Termingeldzinses

	QKM	QFOLL	QFOKf	QFOLf	QWP	QBT	QGV	GVR
Sektor	***Regressionskoeffizienten***							
Chemische Industrie	-0,25	0,31	-0,52	-0,13	-0,38	-0,29	-1,24	-2,42
Steine- und Erdengewinnung	-0,37 *	-0,06	-0,25	-0,09	-0,10	-0,09	-0,95 *	-1,17 *
Eisenschaffende Industrie	0,00	0,07	0,33	-0,03	0,00	0,00	0,37	0,88 *
NE-Metallerzeugung	0,00	-0,15	-0,01	0,04	-0,46 *	-0,12	-0,75	-0,69
Holzbearbeitung	-0,16	-0,31 *	0,16	0,12	0,00	0,07	-0,28	-0,09
Stahl-/Leichtmetallbau	-0,28	0,23	-1,09	-0,02	-0,53 *	0,04	-1,62	-1,55
Maschinenbau	-0,26 **	0,11	-0,22	-0,01	-0,18 *	-0,04	-0,60 *	-0,62 *
Straßenfahrzeugbau	-1,21 **	-0,02	-0,59	0,05	-0,33	-0,18	-2,34 *	-2,95 **
Elektrotechnik	-0,01	0,53	-0,95	-0,05	-0,79 *	-0,02	-1,31 *	-1,54 *
Eisen-/Blech-/Metallwarenherst.	-0,22 *	-0,07	-0,15	-0,03	-0,02	0,01	-0,51	-0,35
Kunststoffwarenherstellung	-0,20 *	0,01	-0,16	-0,09	-0,07	-0,03	-0,45	-0,47
Holzverarbeitung	-0,10	-0,42 *	0,11	-0,04	0,00	-0,02	-0,54	-0,16
Papier-/Pappeverarbeitung	-0,19	-0,04	-0,28	-0,04	-0,07	-0,18	-0,69 *	-1,01 **
Textilgewerbe	-0,23 *	-0,07	-0,05	-0,03	-0,02	0,06	-0,36	-0,24
Bekleidungsgewerbe	-0,29 *	-0,32	-0,04	-0,03	-0,06	0,02	-0,72	-0,47
Ernährungsgewerbe	-0,15 *	-0,06	-0,31	0,02	-0,03	-0,07	-0,59	-0,54
Baugewerbe	-0,15	-0,38	1,11 *	-0,09	-0,11	-0,02	0,38 *	0,73 *
Großhandel	-0,10	0,12	-0,24	-0,04	-0,03	-0,05	-0,33	-0,09
Einzelhandel	-0,08	-0,19 *	-0,16	-0,03	-0,04	-0,12	-0,62	-0,32
Zusammenhang	***Anzahl Regressionskoeffizienten***							
signifikant negativ	8	3	0	0	4	0	5	5
negativ	10	9	15	15	12	13	12	12
positiv	1	7	3	4	3	6	1	0
signifikant positiv	0	0	1	0	0	0	1	2
	Regressionskoeffizienten							
Alle Unternehmen	-0,18 **	0,06	-0,09	-0,05	-0,17 *	-0,11	-0,54	-0,55

Quellen: Deutsche Bundesbank (1983); Deutsche Bundesbank, Monatsberichte, verschiedene Jahrgänge; Statistisches Bundesamt (1992a) und (1992b); eigene Berechnungen. *Anmerkungen:* Angegeben sind die Regressionskoeffizienten (Steigungsmaße) linearer Einfachregressionen. Signifikante Koeffizienten: * bzw. ** Betrag des t-Wertes mindestens 2,5 bzw. 4,0. *Abkürzungen:* QKM Kassenmittelquote, QFOLL Quote der Forderungen aus Lieferungen und Leistungen, QFOKf Quote der sonstigen kurzfristigen Forderungen, QFOLf Quote der langfristigen Forderungen, QWP Wertpapierquote, QBT Beteiligungsquote, QGV totale Geldvermögensquote, GVR Geldvermögens-Verpflichtungs-Relation.

Tabelle A.5: Regressionskoeffizienten des realen Termingeldzinses

	QKM	QFOLL	QFOKf	QFOLf	QWP	QBT	QGV	GVR
Sektor	***Regressionskoeffizienten***							
Chemische Industrie	0,27	-0,54	1,77 **	0,31	0,83 *	0,82 *	3,46 *	6,32 **
Steine- und Erdengewinnung	0,38	-0,54 *	0,72 *	0,26 *	0,18 *	0,42 *	1,45 *	1,36
Eisenschaffende Industrie	-0,20 *	0,43 *	0,57	-0,11 *	-0,02	-0,16	0,49	-0,74
NE-Metallerzeugung	0,12	0,09	0,73	-0,11	0,54	0,96 *	2,10 *	3,22 *
Holzbearbeitung	0,35 *	0,25	0,00	-0,10	0,01	0,66 **	0,69	0,22
Stahl-/Leichtmetallbau	0,72 *	-0,83 *	2,27	0,03	0,76 *	-0,12	2,90	2,52
Maschinenbau	0,12	-0,70 *	0,24	0,09 *	0,21	0,16	0,13	-0,34
Straßenfahrzeugbau	-0,81	-0,69 **	2,13 **	-0,03	1,05 *	1,05 **	2,38	1,60
Elektrotechnik	0,11	-1,18 *	1,60	-0,42 **	0,77	1,09 *	1,98 *	2,10 *
Eisen-/Blech-/Metallwarenherst.	0,28	-0,29 *	0,82 **	0,21 *	0,03	0,30 *	1,37 *	0,47
Kunststoffwarenherstellung	0,28 *	-0,16	0,89 **	0,26 **	0,12 *	0,47 **	1,71 **	1,97 **
Holzverarbeitung	0,34 *	0,53	0,52 *	0,10	0,06	0,06	1,60 **	0,60
Papier-/Pappeverarbeitung	0,32	0,66 **	0,34	0,12	-0,07	-0,57 *	0,93	-0,19
Textilgewerbe	0,31	0,25	0,20	0,04	0,09 *	0,02	1,10 *	0,68 *
Bekleidungsgewerbe	0,41 *	0,96 *	0,96 **	0,12	0,16 *	0,06	2,58 **	1,65 *
Ernährungsgewerbe	0,12	0,57 **	1,05 **	0,29 **	0,17 *	0,47 **	2,67 **	2,18 **
Baugewerbe	0,06	-0,33	-0,76	0,23 *	0,46 **	0,15 *	-0,02	-1,05
Großhandel	0,15	-0,45 *	0,90 **	0,13 *	0,04	0,30 *	1,07 *	0,30
Einzelhandel	-0,05	0,16	0,93 **	0,15 **	0,08 *	0,32 *	1,58 *	0,32
Zusammenhang	***Anzahl Regressionskoeffizienten***							
signifikant negativ	1	7	0	2	0	1	0	0
negativ	2	3	1	3	2	2	1	4
positiv	11	5	8	6	7	4	6	8
signifikant positiv	5	4	10	8	10	12	12	7
	Regressionskoeffizienten							
Alle Unternehmen	0,08	-0,23	0,77 **	0,11	0,34 *	0,40 *	1,45 *	1,13 *

Quellen: Deutsche Bundesbank (1983); Deutsche Bundesbank, Monatsberichte, verschiedene Jahrgänge; Statistisches Bundesamt (1992a) und (1992b); eigene Berechnungen. *Anmerkungen:* Angegeben sind die Regressionskoeffizienten (Steigungsmaße) linearer Einfachregressionen. Signifikante Koeffizienten: * bzw. ** Betrag des t-Wertes mindestens 2,5 bzw. 4,0. *Abkürzungen:* QKM Kassenmittelquote, QFOLL Quote der Forderungen aus Lieferungen und Leistungen, QFOKf Quote der sonstigen kurzfristigen Forderungen, QFOLf Quote der langfristigen Forderungen, QWP Wertpapierquote, QBT Beteiligungsquote, QGV totale Geldvermögensquote, GVR Geldvermögens-Verpflichtungs-Relation.

Tabelle A.6: Regressionskoeffizienten der auf den Personalaufwand bezogenen Umsatzabweichung

	QKM	QFOLL	QFOKf	QFOLf	QWP	QBT	QGV	GVR
Sektor	***Regressionskoeffizienten***							
Chemische Industrie	-22,2	-5,6	32,2	0,2	2,2	22,6	28,4	74,1
Steine- und Erdengewinnung	-7,0	-34,1	10,8	5,1	5,5	1,5	-19,2	-32,4
Eisenschaffende Industrie	0,9	-10,9	-20,7	3,7 *	-0,9	-2,4	-30,6	-38,0
NE-Metallerzeugung	4,2	-21,9 *	-26,5	6,8 *	-27,8	-8,5	-79,2	-99,5
Holzbearbeitung	8,0	24,9	-23,9 *	-16,2 *	-0,2	5,7	-11,1	-46,6
Stahl-/Leichtmetallbau	-41,6 *	0,1	-14,5	-3,8	-20,1	6,2	-77,1	-69,6
Maschinenbau	-39,0 *	27,4	3,6	-11,5 *	-24,7	-5,1	-49,9	-45,7
Straßenfahrzeugbau	-68,1 *	-4,1	-37,7	2,1	-19,3	-9,3	-131,4	-178,9 *
Elektrotechnik	-14,7	-54,1	134,3 *	-17,8	36,2	18,4	105,3	94,6
Eisen-/Blech-/Metallwarenherst.	-43,7 *	-20,1	-50,2	-9,7	-7,2 *	-43,1 *	-169,3 *	-122,2 **
Kunststoffwarenherstellung	-30,6	-8,3	-58,1	-14,9	-14,7	-38,7 *	-152,8 *	-162,5 *
Holzverarbeitung	8,2	25,8	17,6	3,9	2,3	0,9	60,4	-1,3
Papier-/Pappeverarbeitung	-27,8	-12,8	-21,8	-14,7 *	-0,7	28,1	-56,4	-50,9
Textilgewerbe	-35,3 **	-10,3	-11,5	-5,7	-7,6 *	-4,0	-84,1 *	-72,4 **
Bekleidungsgewerbe	-30,2 **	-59,0 **	-46,6 **	-4,7	-7,9 *	-3,6	-149,0 **	-95,3 **
Ernährungsgewerbe	10,2	12,9	27,2	-8,7	-1,2	-6,7	32,8	6,2
Baugewerbe	8,4	-20,1	-95,6	20,4 **	29,0 *	12,5 *	-36,1	-112,6 *
Großhandel	12,0	-48,4 **	82,6 **	12,2 **	3,9 *	19,4	80,3 *	0,9
Einzelhandel	-14,7	1,7	44,0	11,2 *	8,7 *	25,1 *	73,9	-17,5
Zusammenhang	***Anzahl Regressionskoeffizienten***							
signifikant negativ	6	3	2	3	3	2	4	6
negativ	6	10	9	7	9	7	9	9
positiv	7	6	6	4	4	8	5	4
signifikant positiv	0	0	2	5	3	2	1	0
	Regressionskoeffizienten							
Alle Unternehmen	-16,7	-21,7	27,2	-4,4	16,0	-14,7	-14,3	-46,0

Quellen: Deutsche Bundesbank (1983); Deutsche Bundesbank, Monatsberichte, verschiedene Jahrgänge; Statistisches Bundesamt (1992a) und (1992b); eigene Berechnungen. *Anmerkungen:* Angegeben sind die Regressionskoeffizienten (Steigungsmaße) linearer Einfachregressionen. Signifikante Koeffizienten: * bzw. ** Betrag des t-Wertes mindestens 2,5 bzw. 4,0. *Abkürzungen:* QKM Kassenmittelquote, QFOLL Quote der Forderungen aus Lieferungen und Leistungen, QFOKf Quote der sonstigen kurzfristigen Forderungen, QFOLf Quote der langfristigen Forderungen, QWP Wertpapierquote, QBT Beteiligungsquote, QGV totale Geldvermögensquote, GVR Geldvermögens-Verpflichtungs-Relation.

Tabelle A.7: Regressionskoeffizienten der auf die Abschreibungen auf Sachanlagen bezogenen Umsatzabweichung

	QKM	QFOLL	QFOKf	QFOLf	QWP	QBT	QGV	GVR
Sektor	***Regressionskoeffizienten***							
Chemische Industrie	-30	38	-148 ••	-18	-72 •	-50	-277 ••	-518 ••
Steine- und Erdengewinnung	-51 ••	23	-53 ••	-20 ••	-17 ••	-24 •	-142 ••	-157 ••
Eisenschaffende Industrie	-4	-8	-80 •	8 •	-2	6	-78	-55
NE-Metallerzeugung	1	-65 •	20	17 •	-61	77	-12	7
Holzbearbeitung	39	-2	50 •	3	1	72 •	135 •	146 •
Stahl-/Leichtmetallbau	-133 ••	157 ••	-607 ••	-5	-183 ••	19	-757 ••	-749 ••
Maschinenbau	-1	-29	-20	27 ••	-12	-16	-49	-41
Straßenfahrzeugbau	-163 ••	-36	21	1	32	22	-123	-222
Elektrotechnik	43	-175	79	-34	70	203 •	182	202
Eisen-/Blech-/Metallwarenherst.	81 •	-40	174 ••	45 •	9	96 ••	361 ••	153
Kunststoffwarenherstellung	-33	28	-88	-34	-13	-13	-130	-158
Holzverarbeitung	-61	-159 •	-19	-20	-6	-9	-291 •	-80
Papier-/Pappeverarbeitung	84 •	-15	63	16	-5	8	126	103
Textilgewerbe	25	-20	5	5	4	10	30	44
Bekleidungsgewerbe	18	8	114	-12	19	49	189	249
Ernährungsgewerbe	-70 ••	-59	-247 ••	-38	-37 •	-83 •	-535 ••	-493 ••
Baugewerbe	-57 ••	-54	366 ••	-47 ••	-84 ••	-31 ••	80	269 ••
Großhandel	111 ••	-172 •	364 ••	60 •	21 •	193 ••	575 ••	296 •
Einzelhandel	-7	-8	60	7	-14	16	58	135
Zusammenhang	***Anzahl Regressionskoeffizienten***							
signifikant negativ	5	3	5	2	5	3	5	4
negativ	6	11	3	7	7	4	5	5
positiv	5	4	7	5	6	8	6	7
signifikant positiv	3	1	4	5	1	4	3	3
	Regressionskoeffizienten							
Alle Unternehmen	-56	-8	-3	12	-57	13	-102	-74

Quellen: Deutsche Bundesbank (1983); Deutsche Bundesbank, Monatsberichte, verschiedene Jahrgänge; Statistisches Bundesamt (1992a) und (1992b); eigene Berechnungen. *Anmerkungen:* Angegeben sind die Regressionskoeffizienten (Steigungsmaße) linearer Einfachregressionen. Signifikante Koeffizienten: * bzw. ** Betrag des t-Wertes mindestens 2,5 bzw. 4,0. *Abkürzungen:* QKM Kassenmittelquote, QFOLL Quote der Forderungen aus Lieferungen und Leistungen, QFOKf Quote der sonstigen kurzfristigen Forderungen, QFOLf Quote der langfristigen Forderungen, QWP Wertpapierquote, QBT Beteiligungsquote, QGV totale Geldvermögensquote, GVR Geldvermögens-Verpflichtungs-Relation.

Tabelle A.8: Regressionskoeffizienten des Anteils fixer betrieblicher Aufwendungen an allen Aufwendungen

	QKM	QFOLL	QFOKf	QFOLf	QWP	QBT	QGV	GVR
Sektor	***Regressionskoeffizienten***							
Chemische Industrie	15	-24	-34	11	1	13	-17	-32
Steine- und Erdengewinnung	-29	35	-44	-14	-18 *	-18	-89	-101
Eisenschaffende Industrie	-9	8	-5	-1	-1	-8	-18	-76
NE-Metallerzeugung	8	-8	23	-2	47 *	54	122	163
Holzbearbeitung	12	42	19	25	0	0	82	85
Stahl-/Leichtmetallbau	-32	56	-111	-1	-48	-11	-141	-103
Maschinenbau	-33	21	7	2	-17	-15	-33	-21
Straßenfahrzeugbau	-110 *	9	-143 **	8 *	-74 *	-50 *	-344 **	-391 **
Elektrotechnik	-10	105	-165	47 **	-122	-77	-225	-250
Eisen-/Blech-/Metallwarenherst.	-25	3	-47	-15	5	-12	-96	-33
Kunststoffwarenherstellung	-11	11	-75	-19	-15	-33	-127	-146
Holzverarbeitung	-17	-31	66 *	9	3	-5	21	-5
Papier-/Pappeverarbeitung	-21	-37	-24	-1	5	9	-70	-42
Textilgewerbe	-15	-54 **	-25	-3	-1	-11	-125 *	-71
Bekleidungsgewerbe	-35 **	-80 **	-57 **	-9 *	-10 *	1	-187 **	-103 **
Ernährungsgewerbe	-4	-12	5	10	3	13	15	38
Baugewerbe	-28 **	-22	137 *	-15 *	-26 *	-11 *	33	87 *
Großhandel	35 **	-70 **	127 **	22 **	8 **	57 **	178 **	83 *
Einzelhandel	-43 *	0	133	27 *	21 *	73 *	206	-29
Zusammenhang	***Anzahl Regressionskoeffizienten***							
signifikant negativ	4	3	2	2	4	2	3	2
negativ	11	6	9	8	7	9	9	12
positiv	3	10	5	5	5	6	6	3
signifikant positiv	1	0	3	4	3	2	1	2
	Regressionskoeffizienten							
Alle Unternehmen	10	-9	-25	4	-25	3	-42	-4

Quellen: Deutsche Bundesbank (1983); Deutsche Bundesbank, Monatsberichte, verschiedene Jahrgänge; Statistisches Bundesamt (1992a) und (1992b); eigene Berechnungen. *Anmerkungen:* Angegeben sind die Regressionskoeffizienten (Steigungsmaße) linearer Einfachregressionen. Signifikante Koeffizienten: * bzw. ** Betrag des t-Wertes mindestens 2,5 bzw. 4,0. *Abkürzungen:* QKM Kassenmittelquote, QFOLL Quote der Forderungen aus Lieferungen und Leistungen, QFOKf Quote der sonstigen kurzfristigen Forderungen, QFOLf Quote der langfristigen Forderungen, QWP Wertpapierquote, QBT Beteiligungsquote, QGV totale Geldvermögensquote, GVR Geldvermögens-Verpflichtungs-Relation.

Tabelle A.9: Regressionskoeffizienten der Cash Flow-Intensität

	QKM	QFOLL	QFOKf	QFOLf	QWP	QBT	QGV	GVR
Sektor	***Regressionskoeffizienten***							
Chemische Industrie	48 •	-32	85	20	53	26	198	359
Steine- und Erdengewinnung	25	23	4	1	0	4	58	76
Eisenschaffende Industrie	-1	22 •	2	-3	1	-8	12	13
NE-Metallerzeugung	-1	19	50 •	-9 •	46 ••	44	151 ••	214 ••
Holzbearbeitung	10	2	18	12	0	-5	59	90
Stahl-/Leichtmetallbau	-20	60 •	-239 •	1	-50	2	-251 •	-264 •
Maschinenbau	29	9	-2	6	19	-3	59	86
Straßenfahrzeugbau	72 •	18	-27	-3	-2	-28	40	103
Elektrotechnik	33 •	45	-75	10	-18	-42	-45	-27
Eisen-/Blech-/Metallwarenherst.	21	29 •	-4	-1	4	12	59	59
Kunststoffwarenherstellung	21	9	14	5	9	9	61	66
Holzverarbeitung	6	9	-24	0	-1	2	-7	20
Papier-/Pappeverarbeitung	20	0	20	7	4	-9	43	61 •
Textilgewerbe	34 •	0	0	3	5	-2	44	49
Bekleidungsgewerbe	-7	-47	-46	-6	-4	4	-106	-45
Ernährungsgewerbe	10	8	50	15	8	30 •	120	125
Baugewerbe	12	57	-12	-14	-18	-5	9	58
Großhandel	-2	62 •	-105 •	-12	-1	-17	-73	40
Einzelhandel	13 •	-5	-44 •	-9 •	-6 •	-21 •	-71	6
Zusammenhang	***Anzahl Regressionskoeffizienten***							
signifikant negativ	0	0	3	2	1	1	1	1
negativ	5	3	7	7	8	9	5	2
positiv	9	12	8	10	9	8	12	14
signifikant positiv	5	4	1	0	1	1	1	2
	Regressionskoeffizienten							
Alle Unternehmen	30	6	-43	4	-14	2	-15	39

Quellen: Deutsche Bundesbank (1983); Deutsche Bundesbank, Monatsberichte, verschiedene Jahrgänge; Statistisches Bundesamt (1992a) und (1992b); eigene Berechnungen. *Anmerkungen:* Angegeben sind die Regressionskoeffizienten (Steigungsmaße) linearer Einfachregressionen. Signifikante Koeffizienten: * bzw. ** Betrag des t-Wertes mindestens 2,5 bzw. 4,0. *Abkürzungen:* QKM Kassenmittelquote, QFOLL Quote der Forderungen aus Lieferungen und Leistungen, QFOKf Quote der sonstigen kurzfristigen Forderungen, QFOLf Quote der langfristigen Forderungen, QWP Wertpapierquote, QBT Beteiligungsquote, QGV totale Geldvermögensquote, GVR Geldvermögens-Verpflichtungs-Relation.

Literaturverzeichnis

Auerbach, Alan J. (1987): The tax reform act of 1986 and the cost of capital, in: Economic Perspectives, Vol. 1, Nr. 1, S. 73 - 86.

Backus, David / Brainard, William C. / Smith, Gary / Tobin, James (1980): A model of U. S. financial and nonfinancial economic behavior, in: Journal of Money, Credit, and Banking, Jg. 12, Nr. 2 (Mai 1980), S. 259 - 293.

Bank of Enland (1976): Trends in company profitability, in: Quarterly Bulletin, März 1976, S. 36 - 52.

Baumol, W. J. (1952): The transaction demand for cash: An inventory theoretic approach, in: The Quarterly Journal of Economics, Jg. 67, S. 545 - 556.

Benavie, Arthur (1976): Monetary and fiscal policy in a two-sector Keynesian model, in: Journal of Money, Credit, and Banking, Vol. 8, S. 63 - 84.

Bombach, Gottfried (1964): Der Strukturbegriff in der Ökonomie, in: Neumark (1964), S. 10 - 17.

Brigham, Eugene F. (1985): Financial management. Theory and practice, Chicago etc.

Brochhausen, Ewald (1989): Geldnachfragefunktionen für die Bundesrepublik Deutschland. Eine ökonometrische Untersuchung für die Jahre 1960 bis 1977, Köln.

Brunner, Karl / Meltzer, Allan H. (1971): The uses of money: money in the theory of an exchange economy, in: The American Economic Review, Jg. LXI, Nr. 5, S. 784 - 805.

Bub, Norbert / Duwendag, Dieter / Richter, Rudolf (Hg.) (1989): Geldwertsicherung und Wirtschaftsstabilität. Festschrift für Helmut Schlesinger zum 65. Geburtstag, Frankfurt am Main.

Buchner, Robert (1985): Finanzwirtschaftliche Statistik und Kennzahlenrechnung, München.

Chen, Nai-Fu (1991): Financial investment opportunities and the macroeconomy, in: The Journal of Finance, Vol. 46, No.2, S. 529 - 554.

Christensen, L. R. / Jorgensen, D. W. (1970): U. S. real product and real factor input 1929 - 1967, in: Review of Income and Wealth, Series 16, March 1970, S. 19 - 50.

Ciccolo, John H. jr. (1978): Money, Equity Values, and Income, in: Journal of Money, Credit, and Banking, Jg. 10, Nr. 1 (Februar 1978), S. 46 - 64.

Coenenberg, Adolf G. (1992): Jahresabschluß und Jahresabschlußanalyse, 13. Auflage, Landsberg/Lech.

Deutsche Bundesbank, Monatsberichte, verschiedene Jahrgänge.

Deutsche Bundesbank, Saisonbereinigte Wirtschaftszahlen, verschiedene Jahrgänge.

Deutsche Bundesbank, Kapitalmarktstatistik, verschiedene Jahrgänge.

Deutsche Bundesbank (1983): Abschlüsse der Unternehmen in der Bundesrepublik Deutschland 1965 - 1981, (Sonderdruck Nr. 5), 3. Auflage, Frankfurt am Main.

Deutsche Bundesbank (1985): Verhältniszahlen aus den Jahresabschlüssen der Unternehmen in der Bundesrepublik Deutschland für 1983, (Sonderdruck Nr. 6), 2. Auflage, Frankfurt am Main.

Deutsche Bundesbank (1987a): Die Saisonbereinigung als Hilfsmittel der Wirtschaftsbeobachtung, in: Deutsche Bundesbank, Monatsbericht Oktober 1987.

Deutsche Bundesbank (1987b): Private Sach- und Geldvermögensbildung und ihre Finanzierung, in: Deutsche Bundesbank, Monatsbericht August 1987, S. 41 - 46.

Deutsche Bundesbank (1988): Vierzig Jahre Deutsche Mark. Monetäre Statistiken 1948 - 1987, Frankfurt am Main.

Deutsche Bundesbank (1989): Verhältniszahlen aus den Jahresabschlüssen der Unternehmen in der Bundesrepublik Deutschland für 1986, (Sonderdruck Nr. 6), 3. Auflage, Frankfurt am Main.

Deutsche Bundesbank (1990): Zahlenübersichten und methodische Erläuterungen zur gesamtwirtschaftlichen Finanzierungsrechnung der Deutschen Bundesbank 1960 bis 1989, 6. Auflage, (Sonderdruck Nr. 4), Frankfurt am Main.

Deutsche Bundesbank (1991): Ergebnisse der gesamtwirtschaftlichen Finanzierungsrechnung der Deutschen Bundesbank 1981 bis 1990. Ergänzungslieferung, (Sonderdruck Nr. 4), Frankfurt am Main.

Deutsche Bundesbank (1992): Zum Zusammenhang zwischen Geldmengen- und Preisentwicklung in der Bundesrepublik Deutschland, in: Monatsbericht der Deutschen Bundesbank, Januar 1992, S. 20 - 29.

Dicke, Hugo / Trapp, Peter (1984): Zinsen, Gewinne, Nettoinvestitionen. Zu den Bestimmungsfaktoren der Sachvermögensbildung westdeutscher Unternehmen, Kiel.

Dicke, Hugo / Trapp, Peter (1985): Zur Ertragskraft von öffentlichen und privaten Investitionen, in: Die Weltwirtschaft, Heft 1/1985, S. 70 - 87.

Dicke, Hugo / Trapp, Peter (1987): Zur Rentabilität der Investitionen in der Bundesrepublik Deutschland, in: Die Weltwirtschaft, Heft 2/1987, S. 46 - 59.

DIW (1981): Abschwächung der Wachstumsimpulse. Analyse der strukturellen Entwicklung der deutschen Wirtschaft, Materialband 1 zur Strukturberichterstattung 1980, Berlin.

DIW (1989): Geld- und Kapitalmärkte im Zeichen steigender Zinsen. Ergebnisse der Geldvermögensrechnung für die Bundesrepublik Deutschland 1988/89, in: DIW-Wochenbericht, Jg. 56, Heft 11, S. 113 - 118.

DIW (1993): Langfristige Zinsen, Zinsstruktur und Staatsdefizite, in: DIW-Wochenbericht, Jg. 60, Heft 32, S. 429 - 433.

Dumas, Bernhard / Luciano, Elisa (1991): An exact solution to a dynamic portfolio choice problem under transactions costs, in: The Journal of Finance, Vol. XLVI, No. 2, S. 577 - 595.

Dunn jr., Edgar S. (1980): The development of the U. S. urban system. Volume I, Concepts, structures, regional shifts, Baltimore etc.

Ehrlicher, Werner (1956): Geldkapitalbildung und Realkapitalbildung, Tübingen.

Ehrlicher, Werner, Hg. (1981): Geldpolitik, Zins und Staatsverschuldung, Berlin.

Ehrlicher, Werner / Francke, Hans-Hermann (1988): Zum Phänomen überproportionaler Geldvermögensbildung im Finanzierungssystem der Bundesrepublik Deutschland, in: Rudolph / Wilhelm (1988), S. 393 - 407.

Ehrlicher, Werner / Braun, Rüdiger (1993): Der Einfluß des Wandels in der Geldvermögensbildung auf die Realvermögensbildung, Berlin.

Endriss, Horst Walter / Kluge, Hans-Jürgen / Löschke, Norbert (1991): Jahresabschluß. Bilanzbuchhalter, Bd. 2, München.

Enke, Harald u. a. (1984): Struktur, Konjunktur und Wirtschaftswachstum. Eine Bestandsaufnahme übergreifender Ansätze, Tübingen.

Esteban-Marquillas, J. M. (1972): A reinterpretation of shift share analysis, in: Regional and Urban Economics, Vol. 2, No. 3.

Estrella, Asturo / Hardouvelis, Gikas A. (1991): The term structure as a predictor of real economic activity, in: The Journal of Finance, Vol. XLVI, No. 2, S. 555 - 576.

Ewerhart, Georg (1991): Geld und Produktionsstruktur. Eine empirische Analyse für die Bundesrepublik Deutschland, Berlin.

Felderer, Bernhard / Homburg, Stefan (1991): Makroökonomik und neue Makroökonomik, 5. Auflage, Berlin etc.

Feldstein, Martin (1983a): Inflation, tax rules, and capital formation, Chicago etc.

Feldstein, Martin (1983b): Has the rate of investment fallen? in: The Review of Economics and Statistics, Vol. LXV, Nr. 1, S. 144 - 149.

Fisher, Irving (1913): The purchasing power of money. Its determination and relation to credit interest and crises, New York.

Flassbeck, Heiner (1987): Geldmenge, Löhne und Beschäftigung, in: DIW-Vierteljahreshefte zur Wirtschaftsforschung, Heft 3/1987, S. 157 - 161.

Foster, George (1986): Financial statement analysis, 2. Auflage, Englewood Cliffs, New Jersey.

Fourastié, Jean (1969): Die große Hoffnung des zwanzigsten Jahrhunderts, 2. Auflage, Köln. [Original: Le grand espoir du XXe siècle, edition definitive, Paris 1963, übersetzt von K. Drill und D. Kreuz].

Franke, Günter / Hax, Herbert (1990): Finanzwirtschaft des Unternehmens und Kapitalmarkt, 2. Auflage, Berlin etc.

Friedman, Milton (1956a): Studies in the quantity theory of money, Chicago.

Friedman, Milton (1956b): The quantity theory of money - a restatement, in: Friedman (1956a), S. 3 - 21.

Friedman, M. / Schwartz, A. J. (1963): A monetary history of the United States, New York.

Friedman, M. / Schwartz, A. J. (1970): Monetary statistics of the Unites States, New York.

Frietsch, Heinz (1991): Bestimmungsgründe der Sparquote, Berlin.

Frohn, Joachim, Hg. (1978): Makroökonometrische Modelle für die Bundesrepublik Deutschland, Göttingen.

Funke, Michael (1992): Tobin's Q und die Investitionsentwicklung in den Wirtschaftszweigen des Unternehmenssektors in der Bundesrepublik Deutschland, Berlin.

Gahlen, Bernhard, Hg. (1982): Strukturberichterstattung der Wirtschaftsforschungsinstitute. Analyse und Diskussion, Tübingen

Gahlen, Bernhard, Hg. (1992): Strukturberichte und Strukturforschung. Ausgewählte Beiträge, Tübingen.

Gebauer, Wolfgang (1976): Preisbereinigter Realzins und Ertragsrate des Realkapitals. Die Konzepte von Fisher und Tobin, in: Jahrbücher für Nationalökonomie und Statistik, Bd. 191, S. 1 - 27.

Gebauer, Wolfgang (1981): Theorie und Realität des Realzinses, in: Ehrlicher (1981), S. 9 - 44.

Gerstenberger, Wolfgang / Hölterhoff, Volker (1983): Wechselwirkungen von Geldpolitik, Inflation und Strukturwandel. Ergänzungsband zur Ifo-Strukturberichterstattung 1983, München.

Gerstenberger, Wolfgang, Hg. (1985): Ansätze und Methoden zur Strukturanalyse. Ausgewählte Ergebnisse der Strukturberichterstattung, Göttingen.

Göppl, Hermann (1987): Neue Instrumente zum Management finanzieller Risiken, in: Opitz/Rauhut (1987), S. 409 - 415.

Görzig, Bernd (1981): Entwicklung von Gewinnen und Renditen im Unternehmensbereich, in: DIW-Vierteljahreshefte zur Wirtschaftsforschung, Heft 4/1981, S. 321 - 334.

Görzig, Bernd (1985): Zur Rentabilitätsentwicklung in der deutschen Wirtschaft. Meßkonzepte und -probleme, Entwicklungstendenzen, in: Gerstenberger (1985), S. 111 - 128.

Goldsmith, Raymond W. (1985): Comparative National Balance Sheets. A study of twenty countries, Chicago.

Gräfer, H. (1990): Bilanzanalyse. Eine Einführung mit Aufgaben und Lösungen, 5. Auflage, Herne und Berlin.

Granger, C. W. J. (1969): Investing causal relations by econometric modells and cross spectral methods, in: Econometrica, Jg. 37, S. 424 - 438.

Grohmann, Heinz (1976): Statistik im Dienste von Wirtschaftswissenschaft und Wirtschaftspolitik. Einige methodologische Betrachtungen zu ihren Zielen und Möglichkeiten, in: Allgemeines Statistisches Archiv, Bd. 60, S. 320 - 356.

Hanau, Klaus / Hujer, Reinhard / Neubauer, Werner, Hg. (1986): Wirtschafts- und Sozialstatistik. Empirische Grundlagen politischer Entscheidungen, Festschrift für Heinz Grohmann, Göttingen.

Hanau, Klaus / Weigend, Arno (1986): Zum Zusammenhang zwischen Erträgen, Eigenmitteln und Investitionen der Unternehmen - eine Untersuchung anhand von Querschnittsdaten, in: Hanau / Hujer / Neubauer (1986), S. 145 - 166.

Harris, Frederick H. deB. (1988): Capital intensity and the firms cost of capital, in: The Review of Economics and Statistics, Jg. LXX, Nr. 4, S. 587 - 594.

Härtel, Hans-Hagen u. a. (1984): Wechselwirkungen von Geldpolitik, Inflation und Strukturwandel, (Ergänzungsband 1 zum HWWA-Strukturbericht 1983), Hamburg.

Helbling, Carl (1992): Bilanz- und Erfolgsanalyse. Lehrbuch und Nachschlagewerk für die Praxis mit besonderer Berücksichtigung der Darstellung im Jahresabschluß- und Revisionsbericht, 8. Auflage, Stuttgart etc.

Henn, Rudolf / Nakhaeizadeh, Gholamreza (1989): Neuere Entwicklungen in der Geldnachfrage. Einige theoretische und empirische Ergebnisse im Überblick, in: Jahrbücher für Nationalökonomie und Statistik, Bd. 206, Heft 4/5, S. 395 - 406.

Hielscher, Udo (1991): Asset allocation, in: Kredit und Kapital, Jg. 24, S. 254 - 269.

Ifo (1981): Analyse der strukturellen Entwicklung der deutschen Wirtschaft. Strukturberichterstattung 1980, Methodenband, Berlin.

Issing, Otmar (1990): Einführung in die Geldtheorie, 7. Auflage, München.

Jarchow, Hans-Joachim (1990): Theorie und Politik des Geldes, I. Geldtheorie, 8. Auflage, Stuttgart.

Juesten, Wolfgang / Villiez, Christian von (1992): Cash Flow und Unternehmensbeurteilung, 6. Auflage, Berlin.

Käfer, Karl (1984): Kapitalflußrechnungen, 2. Auflage, Stuttgart.

Karmann, Alexander / Ketterer, Karl-Heinz / Nakhaeizadeh, Gholamreza (1987): Zu den Beziehungen zwischen Geldmenge und Gesamtnachfrage. Einige Ergebnisse einer Kausalitätsuntersuchung, in: Opitz/Rauhut (1987), S. 549 - 557.

Kau, Winand (1978): Grundzüge und Spezifikationsprobleme eines monetären ökonometrischen Vierteljahresmodells für die Bundesrepublik, in: Frohn (1978), S. 123 - 155.

Kenny, Lawrence W. (1991): Cross-country estimates of the demand for money and its components, in: Economic Inquiry, Vol. XXIX, Oktober 1991, S. 696 - 705.

Ketterer, Karl-Heinz / Vollmer, Rainer (1981a): Bestimmungsgründe des Realzinsniveaus. Eine empirische Untersuchung für die Bundesrepublik Deutschland, in: Ehrlicher (1981), S. 55 - 102.

Ketterer, Karl-Heinz / Vollmer, Rainer (1981b): Tobin's q und private Investitionsausgaben, in: Zeitschrift für Wirtschafts- und Sozialwissenschaften, Jg. 101, S. 153 - 180.

Keynes, John Maynard (1936): The general theory of employment interest and money, (Nachdruck 1983), Cambridge.

Knorring, Ekkehard von (1978): Die statistische Ermittlung von Strukturfaktoren. Einige kritische Anmerkungen, in: Jahrbücher für Nationalökonomie und Statistik, Bd. 193, S. 558 - 563.

Köhler, Claus / Pohl, Rüdiger, Hg. (1987): Aspekte der Geldpolitik in offenen Volkswirtschaften, Berlin.

Körber-Weik, Margot (1983): Konjunkturdiagnose und Konjunkturmessung. Eine Untersuchung der Adäquationsprobleme, Tübingen.

Kremer, Egon (1987): Finanzinnovationen und ihre Akzeptanz auf den internationalen Märkten, in: Optiz/Rauhut (1987), S. 445 - 460.

Küting, Karlheinz / Weber, Claus-Peter (1993): Die Bilanzanalyse. Lehrbuch zur Beurteilung von Einzel- und Konzernabschlüssen, Stuttgart.

Lev, B. (1974): On the association between operating leverage and risk, in: Journal of Financial and Quantitative Analysis, September 1974, S. 627 - 641.

Lieberman, Charles (1980): Inventory demand and cost of capital effects, in: The Review of Economics and Statistics, Jg. LXII, Nr. 3, S. 348 - 356.

Litterman, Robert / Scheinkman, Jose / Weiss, Laurence (1988): Volatility and yield curve, Discussion paper, Goldman Sachs.

MacDonald, Glenn M. / Slivinski, Alan (1987): The simple analytics of competitive equilibrium with multiproduct firms, in: The American Economic Review, Jg. 77, Nr. 5, S. 941 - 953.

MacKie-Mason, Jefrey (1990): Do taxes effect corporate financing decisions?, in: The Journal of Finance, Vol. 45, No. 5, S. 1471 - 1493.

Markowitz, Harry M. (1959): Portfolio Selection, 2. Auflage, New York.

Marshall, Alfred (1923): Money, credit, and commerce, London.

Mayer, Andreas (1989): Auswirkungen des Bilanzrichtlinien-Gesetzes auf die externe Analyse der Einzelabschlüsse von Kapitalgesellschaften. Eine theoretische Untersuchung, Frankfurt am Main.

Mertens, Peter (1989): Expertisesysteme als Variante der Expertensysteme zur Führungsinformation, in: ZfBF, Jg. 41, S. 835 - 854.

Meyer, Bernd (1981): Relative Preise, Produktionsstruktur und Konjunktur, Tübingen.

Meyer, Olaf (1990): Finanzinnovationen und Geldnachfrage, Hamburg.

Möller, Hans Peter (1986): Bilanzkennzahlen und Ertragsrisiken des Kapitalmarktes. Eine empirische Untersuchung des Ertrags-Risiko-Informationsgehaltes von Bilanzkennzahlen deutscher Aktiengesellschaften, Stuttgart.

Moroney, John R. (1972): On the status and relevance of economic theory: The current state of money and produktion theory, in: The American Economic Review, Jg. LXII, Nr. 2, S. 335 - 343.

Nehrig, Karl-Dietrich (1985): Strukturberichterstattung. Zielsetzung, Ergebnisse und Akzente im neuen Forschungsprogramm, in: Gerstenberger (1985), S. 7 - 27.

Neubauer, Werner (1972): Strategien, Techniken und Wirkungen der Geld- und Kreditpolitik, Göttingen.

Neubauer, Werner (1974): Irreales Inlandsprodukt in konstanten Preisen. Kritisches zur Deflationierung in der Volkswirtschaftlichen Gesamtrechnung, in: Allgemeines Statistisches Archiv, Bd. 58, Heft 3, S. 237 - 271.

Neubauer, Werner (1976): Über Adäquationsprobleme in der Geldstatistik, in: Allgemeines Statistisches Archiv, Bd. 60, S. 357 - 389.

Neubauer, Werner (1978): Reales Inlandsprodukt: "preisbereinigt" oder "inflationsbereinigt"? Zur Deflationierung bei veränderter Preisstruktur, in: Allgemeines Statistisches Archiv, Bd. 62, Heft 2, S. 115 - 160.

Neubauer, Werner (1989): Geldmenge, Geldvermögen, Kredite und Finanzierungsstruktur in der Bundesrepublik Deutschland seit 1960: Über langfristige Wandlungen auf dem Operationsfeld der Geld- und Kreditpolitik, in: Bub / Duwendag / Richter (1989), S. 139 - 157.

Neubauer, Werner (1990): Komponentenanalyse: Ein deskriptives Pendant zur stochastischen Kausalanalyse, Frankfurt am Main.

Neubauer, Werner (1991): Statistische Methoden. Ausgewählte Kapitel für das wirtschaftswissenschaftliche Grundstudium, Frankfurt am Main.

Neubauer, Werner (1994): Wirtschaftsstatistik. Ausgewählte Kapitel für das wirtschaftswissenschaftliche Grundstudium, erscheint in Kürze.

Neumark, Fritz, Hg. (1964): Strukturwandlungen einer wachsenden Wirtschaft, Berlin.

Neus, Werner (1991): Unternehmensgröße und Kreditversorgung, in: ZfBF, Jg. 43, S. 130 - 156.

Neus, Werner / Nippel, Peter (1991): Investitionsvolumen und Risikoallokation, in: Kredit und Kapital, Jg. 24, S. 85 - 106.

Niehans, Jürg (1971): Money and barter in general equilibrium with transactions costs, in: The American Economic Review, Vol. LXI, S. 773 - 783.

Opitz, Otto / Rauhut, Burkhard, Hg. (1987): Ökonomie und Mathematik, Berlin etc.

o. V. (1993): Die Geldmenge wächst trotz Zinssenkung, in: Frankfurter Allgemeine Zeitung vom 7. September 1993, S. 16.

Parkin, M. (1970): Discount house portfolio and debt selection, in: The Review of Economic Studies, Vol. 37, S. 469 - 497.

Patterson, K. D. (1990): Stock flow consistent income for industrial and commercial companies, in: Review of Income and Wealth, Series 36, Number 3, S. 289 - 308.

Paul, Walter (1990): Finanzmanagement mit Hilfe von Kennzahlen - dargestellt am Beispiel der BASF, in: ZfBF, Jg. 42, S. 1076 - 1106.

Peles, Yoram C. / Sarnat, Marshall (1979): Corporate taxes and capital structure: some evidence drawn from the british experience, in: The Review of Economics and Statistics, Vol. LXI, Nr. 1, S. 118 - 120.

Perlitz, Manfred (1988): Wird der Finanzmanager der mächtigste Mann im Industrieunternehmen?, in: Rudolph/Wilhelm (1988), S. 309 - 335.

Pigou, Arthur C. (1917): The value of money, in: The Quarterly Journal of Economics, Vol. 32, No. 4, S. 38 - 65.

Rangazas, Peter / Abdullah, Dewan (1987): Taxes and the corporate sector debt ratio: some time series evidence, in: The Review of Economics and Statistics, Vol. LXIX, Nr. 2, S. 357 - 362.

Rudolph, Bernd / Wilhelm, Jochen, Hg. (1988): Bankpolitik, finanzielle Unternehmensführung und die Theorie der Finanzmärkte. Festschrift für Hans-Jakob Krümmel zur Vollendung des 60. Lebensjahres, Berlin.

Ruggles, Nancy / Ruggles, Richard (1992): Household and enterprise saving and capital formation in the United States: A market transaction view, in: Review of Income and Wealth, Series 38, Number 2, June 1992, S. 119 - 163.

RWI (1983a): Analyse der strukturellen Entwicklung der deutschen Wirtschaft. Strukturbericht 1983, Bd. 1, Gesamtdarstellung und Zusammenfassung, Essen.

RWI (1983b): Analyse der strukturellen Entwicklung der deutschen Wirtschaft. Strukturbericht 1983, Bd. 2, Problembereiche des Strukturwandels. Einzeldarstellungen, Essen.

RWI (1983c): Analyse der strukturellen Entwicklung der deutschen Wirtschaft. Strukturbericht 1983, Bd. 3, Methoden und Materialien, Essen.

RWI (1988): Analyse der strukturellen Entwicklung der deutschen Wirtschaft. Strukturbericht 1987, Bd. 6, Methoden und Materialien, Essen.

Sachverständigenrat (1990): Auf dem Weg zur wirtschaftlichen Einheit Deutschlands. Jahresgutachten 1990/91, Stuttgart.

Sachverständigenrat (1992): Für Wachstumsorientierung - Gegen lähmenden Verteilungsstreit, Jahresgutachten 1992/93.

Sauernheimer, Karlhans (1987): Determinanten der Geldnachfrage in offenen Volkswirtschaften, in: Köhler/Pohl (1987), S. 43 - 59.

Scherf, Harald (1987): Lohnpolitik und Geldpolitik, in: DIW-Vierteljahreshefte zur Wirtschaftsforschung, Heft 3/1987, S. 181 - 182.

Schlesinger, Helmut (1987): Kapitalmarkt, Kapitalbildung und Kapitalallokation, in: Schneider (1987), S. 17 - 38.

Schmalensee, R. / Willig, R. D., Hg. (1989): Handbook of industrial organization, Vol. II, Amsterdam.

Schmalensee, R. (1989): Inter-industry studies of structure and performance, in: Schmalensee / Willig (1989), S. 951 - 1009.

Schmidt, Klaus-Dieter u. a. (1984): Im Anpassungsprozeß zurückgeworfen. Die deutsche Wirtschaft vor neuen Herausforderungen, Tübingen.

Schmidt, Liane (1992): Reproduzierbares Anlagevermögen 1950 bis 1992. Revidierte Ergebnisse für das frühere Gebiet der Bundesrepublik Deutschland, in: Wirtschaft und Statistik, Heft 2, S. 115 - 124.

Schneeweiß, Hans (1990): Ökonometrie, 4. Auflage, Heidelberg etc.

Schneider, Dieter, Hg. (1987): Kapitalmarkt und Finanzierung, Berlin.

Schöler, Klaus (1988): Ist Geld wirklich ein Produktionsfaktor, in: Kredit und Kapital, Jg. 21, S. 182 - 196.

Schult, Eberhard (1975): Wirksame Liquiditätsprognose mit Hilfe der Kennzahl: Liquiditätselastizität, in: Die Wirtschaftsprüfung, Heft 21/1975, S. 570 - 576.

Schult, Eberhard (1991): Bilanzanalyse. Möglichkeiten und Grenzen externer Unternehmensbeurteilung, 8. Auflage, Freiburg im Breisgau.

Schumann, Jochen (1992): Grundzüge der mikroökonomischen Theorie, 6. Auflage, Berlin etc.

Schweitzer, Marcell / Küpper, Hans-Ulrich (1991): Systeme der Kostenrechnung, 5. Auflage, Landsberg.

Servaes, Henri (1991): Tobin's Q and the gains from takeovers, in: The Journal of Finance, Vol. LXVI, No. 1, S. 409 - 419.

Sinai, Allen / Stokes, Housten H. (1972): Real money balances: an omitted variable from the production function?, in: The Review of Economics and Statistics, Vol. 54, (1972), S. 290 - 296.

Statistisches Bundesamt (1990): Unternehmen und Arbeitsstätten, Abschlüsse von Kapitalgesellschaften, Vorbericht, (Fachserie 2, Reihe 2.1), Stuttgart.

Statistisches Bundesamt (1992a): Volkswirtschaftliche Gesamtrechnungen. Konten und Standardtabellen 1960 bis 1991, Hauptbericht, (Fachserie 18, Reihe 1.3), Stuttgart.

Statistisches Bundesamt (1992b): Volkswirtschaftliche Gesamtrechnungen. Ergebnisse für Wirtschaftsbereiche (Branchenblätter) 1960 bis 1991, (Fachserie 18, Reihe S. 18), Stuttgart.

Statistisches Bundesamt (1992c): Volkswirtschaftliche Gesamtrechnungen. Vermögensrechnung 1950 bis 1991, (Fachserie 18, Reihe S. 17), Stuttgart.

Steiner, Manfred / Jaschke, Thomas (1988): Finanzwirtschaftliche Analyse des Jahresabschlusses nach neuem Recht, in: Betriebswirtschaftliche Forschung und Praxis, Heft 1/1988, S. 22 - 36.

Stille, Frank u. a. (1992): Strukturwandel im Prozeß der deutschen Vereinigung. Analyse der strukturellen Entwicklung, Strukturberichterstattung 1992, Berlin.

Stobbe, Alfred (1989): Volkswirtschaftliches Rechnungswesen, 7. Auflage, Berlin etc.

Stützel, Wolfgang (1978): Volkswirtschaftliche Saldenmechanik, 2. Auflage, Tübingen.

Süchting, Joachim (1991): Finanzmanagement. Theorie und Politik der Unternehmensfinanzierung, Wiesbaden.

Swoboda, Peter (1991): Irrelevanz oder Relevanz der Kapitalstruktur und Dividendenpolitik von Kapitalgesellschaften in Deutschland und in Österreich nach der Steuerreform 1990 bzw. 1989?, in: ZfBF, Jg. 43, Heft 10, S. 851 - 866.

Tengler, Hermann (1989): Die Shift-Analyse als Instrument der Regionalforschung, Stuttgart.

Timmermann, Vincenz (1982): Methoden und Instrumente der empirischen Strukturanalyse, in: Gahlen (1982), S. 29 - 51.

Tobin, James (1956): The interest-elasticity of transaction demand for cash, in: The Review of Economics and Statistics, Vol. 38, S. 241 - 247.

Tobin, James (1958): Liquidity preference as behaviour towards risk, in: Review of Economic Studies, Vol. 25, S. 65 - 86.

Tobin, James (1961): Money, capital, and other stores of value, in: The American Economic Review, Papers and Proceedings, Vol. LI, No. 2, May 1961, S. 26 - 37.

Tobin, James (1965): Money and economic growth, in: Econometrica, Jg. 33, Oktober 1965, S. 671 - 684.

Tödter, Karl-Heinz / Wewel, Max Christoph (1991): Ein ökonometrisches Portfoliomodell für den privaten Sektor in der Bundesrepublik Deutschland, in: Kredit und Kapital, Jg. 24, S. 235 - 253.

Vogler-Ludwig, Kurt (1985): Kapitalstockentwicklung und Einflußnahme des Staates auf die Kapitalbildung, in: Gerstenberger (1985), S. 70 - 96.

Wagner, Adolf (1972): Die Wachstumszyklen in der Bundesrepublik Deutschland. Eine komparativ-dynamische Komponentenanalyse für die Jahre 1951 - 1970, Tübingen.

Westphal, Uwe (1988): Makroökonomik. Theorie, Empirie und Politikanalyse, Berlin etc.

Wosnitza, Michael (1990): Das Unterinvestitionsproblem in der Publikumsgesellschaft, in: ZfBF, Jg. 42, S. 947 - 962.

Wöhe, Günter (1988): Bilanzpolitische Spielräume nach neuem Handelsrecht, in: BFuP, 1/88, S. 50 - 64.

Zinn, Karl Georg (1986): Geldvermögen, Zinseinkommensquote und Inflation, in: Jahrbücher für Nationalökonomie und Statistik, Bd. 201, Heft 4, S. 350 - 369.

ZVEI (1989): ZVEI-Kennzahlensystem, 4. Auflage, Frankfurt am Main.

Sachwortverzeichnis